JN021802

音が語る、日本映画の黄金時代

映画録音技師の撮影現場60年

紅谷愷一

Kenichi Benitani

河出書房新社

はじめに

金澤　誠

映画録音技師・紅谷愃一が、六〇年にわたる映画人生の中で出会った人と作品を振り返る一代記をお送りする。１９４９年、大映京都撮影所に録音助手として入社した彼は、54年に戦後製作を再開した日活へ移籍。日活で今村昌平監督と出会い、「赤い殺意」（64）や「神々の深き欲望」（68）など今村監督の代表作を手掛け、二人のコンビは今村監督の遺作「おとなしい日本人」（02）まで続いた。一方で「黒部の太陽」（68）や「栄光への５０００キロ」（69）といった石原プロの大作を経て、77年の「人間の証明」からは「復活の日」（80）、「セーラー服と機関銃」（81）などの角川映画のヒット作も担当。

その間に「野性の証明」（78）で高倉健との出会いがあり、以降は大ヒット作「南極物語」（83）や「夜叉」（85）、「鉄道員（ぽっぽや）」（99）をはじめ、高倉健の出演作に欠かせないスタッフになった。90年の「夢」では黒澤明監督の信頼を得て、「八月の狂詩曲」（91）にも参加。その黒澤組で知り合った小泉堯史監督とは「雨あがる」（00）から「明日への遺言」（08）まで四本でコンビを組んでいる。

日本映画の黄金期を経験し、名優・名監督たちと大作・話題作でコンビを組んだ彼の人生は、20世紀後半の日本映画史と見事に重なっている。そんな紅谷愃一の物語は、太平洋戦争終結後の京都から始まる――。

目次

はじめに　1

第一章　大映京都撮影所から　音にこだわる映画人生が始まった――9

就職難の時代、勤め先として大映京都撮影所に入社　10
京マチ子、森雅之、長谷川一夫、そして黒澤明の「羅生門」　12
「羅生門」のアフレコは屋外で　15
ダビング作業中に火事が！　16
吉村公三郎監督の構図はマイクマン泣かせ　19
「源氏物語」で大失態！　20
「雨月物語」溝口組の静まりかえった現場の空気　23
聞きしに勝るマキノ雅弘監督の早撮り　24
若尾文子の美しさにときめく　27
日活へ行くことを決めてはみたけれど　29

第二章　日活時代　今村昌平、石原裕次郎との出会い――33

日活撮影所へ松竹、大映、新東宝、各社から集まってくる　34
一年に一〇本、とにかく忙しい！　37
川島雄三監督の「風船」で遭遇、鬼のイマヘイの存在　39
石原裕次郎の出現で日活撮影所の空気が一変した！　42
予告篇づくりで選曲のセンスを発揮　45
今村昌平「盗まれた欲情」で満を持しての監督デビュー　47
師・神谷正和と赤木圭一郎の死去　51
ＰＲ映画で録音技師に！　54
「赤い殺意」オールロケ、オール同時録音　57

駅から電車に乗り込む一シーン一カット の長廻し 59

第三章 録音技師デビュー 依頼が殺到 その仕事ぶりが注目を浴びる—— 65

「三匹の野良犬」で録音技師・紅谷愃一、誕生 66
蔵原惟繕監督「愛と死の記録」で現場に復帰 70
ドキュメンタリー「人間蒸発」の仕上げを担当 72
今村組「神々の深き欲望」第一次ロケ、沖縄へ 75
帰京したら待っていた大作「黒部の太陽」の仕上げ 79
浦山桐郎監督「私が棄てた女」に参加するが…… 82
「神々の深き欲望」の第二次ロケ始まる 84
石原プロの「栄光への5000キロ」 88
混成スタッフの間に生じる微妙なズレ 90
今村組TVドキュメンタリーで東南アジアへ 95
日活はロマンポルノへ方向転換 101
蔵原惟繕監督「陽は沈み陽は昇る」でパリからインドへ 104
音楽にニーノ・ロータ 105
「札幌オリンピック」で笠谷幸生選手ににらまれる 106
藤田敏八監督の一般作品「赤ちょうちん」 108
「妹」の音楽録りの日に監督と作曲家が失踪? 110
「炎の肖像」、仕事的にも人間的にも沢田研二はいい男 113
ロマンポルノ路線が続く撮影所の沈滞した雰囲気 114
低迷の時期、自分はこのままでいいのか 116

第四章 大作映画に次々と参加 録音技師として引っ張りだこに—— 119

「人間の証明」で角川映画に初参加 120
「野性の証明」で、高倉健、薬師丸ひろ子と出会う 123
健さんにあの三白眼でにらまれた 125

キティ・フィルム作品にも参加　128
長谷川和彦監督との再会「太陽を盗んだ男」　130
深作欣二監督のＳＦ大作「復活の日」　133
「復活の日」の海外ロケがスタート　135
カナダからアメリカ・ワシントンそしてペルーやロスへ　137
撮影中、リンドブラッド号が南極海域で座礁　140
長期海外ロケが続いてスタッフの人間関係が険悪に　142

第五章　日活を離れてフリーに　高倉健、黒澤明との仕事

147
二六年間在籍した日活を去り、フリーランスへ　148
戦後最大の謎の事件「日本の熱い日々　謀殺・下山事件」を同時録音で！　151
「セーラー服と機関銃」の「カ・イ・カ・ン」録音秘話　153
森谷司郎監督「海峡」に参加、東宝映画ともめる　155
高倉健との再会　158
どんな過酷な条件でも同時録音　162
「楢山節考」で今村組に復帰　164
〝姥捨て〟シーン撮影の苦闘　167
今村組の合間に「南極物語」　171
ヴァンゲリスに苦労するが……　174
大勢の客の会話を同時に録る「居酒屋兆治」　178
高倉健、田中裕子、ビートたけし「夜叉」　181
幻に終わった深作欣二監督の「敦煌」　184
今村昌平監督の念願の企画「女衒」　187
「あなたの耳は、神様の耳か」　190
「海へ―See you―」でパリ－ダカール・ラリーと同行　193
健さんから新年の挨拶が聞こえてきた　195
全身砂埃を被りながらなんとかアガデスに到着　198
三カ月強の過酷な海外ロケで肉体的、精神的に疲労困憊　201

今村昌平念願の企画「黒い雨」 203
ロケ出発の前日にもらった黒澤組への誘い 205
今村監督の狙いを汲んだサウンドデザイン 209
武満徹さんに褒められたのは嬉しかった 211
黒澤監督と「一日でも早く会ってほしい」という電話 212
「黒い雨」ロケの合間に黒澤組「夢」のプレスコ 214
四〇年ぶりの黒澤明監督の現場に緊張する 217
〈トンネル〉のシーンでは自然なエコーを活用して 220
〈水車のある村〉黒澤さんに内緒でワイヤレスマイクを使う 223
柳町光男監督「チャイナシャドー」の仕上げ 226

第六章　尊敬する黒澤明監督　盟友・今村昌平との別れ……

―― 229
「ストロベリーロード」スケジュールの遅れにひやひや 230
成田空港に着いた足で黒澤組「八月の狂詩曲」の撮影現場へ 236
「蝉が鳴き止むまで待ってください」と頼んだけれど…… 238
気さくで人あたりのいい勉強家リチャード・ギア 240
「まあだだよ」を断った後ろめたさ 243
「曼荼羅　若き日の弘法大師・空海」と「ラストソング」 246
「居酒屋ゆうれい」撮影現場でのトラブル 250
「うなぎ」七年ぶりの今村組の仕事 253
バカ騒ぎのシーンだから飲んじゃえ 257
「カンゾー先生」主演俳優が撮影中に降板 259
「鉄道員（ぽっぽや）」キハ一二型の警笛をいかに録るか 264
健さんと『テネシー・ワルツ』 268
「ホタル」への参加を断念 271
「雨あがる」黒澤組が再結集 272
今村昌平監督最後の長篇「赤い橋の下のぬるい水」 278
小泉組「阿弥陀堂だより」一年をかけて四季を録る 282

今村監督最後の作品「おとなしい日本人」 286
降旗康男監督「赤い月」中国で撮影する難しさ 290
木村大作の存在なくして成立しなかった 293
静かな室内劇「博士の愛した数式」 297
「蒼き狼」過酷なモンゴルロケ 299
今村さんの葬儀に参列できない 301
澤井信一郎監督と初めての仕事 303
二万人のエキストラ暴動になりかける 306
今村昌平監督の死 309
「明日への遺言」で映画人生を終える…… 311
わが映画人生に悔いなし 314

映画録音技師、紅谷愃一さんの本ができるまで　金澤　誠 318

あとがき 320

紅谷愃一　略歴 321
主な担当作品と受賞歴 321

本書は、『キネマ旬報』2018年7月上旬号〜2021年8月上旬号に連載した『神の耳を持つ男　録音技師・紅谷愃一』を改訂加筆したものです。

音が語る、日本映画の黄金時代

映画録音技師の撮影現場60年

「羅生門」のオープンセット前での記念撮影。中央に白い帽子を被った黒澤明監督、その右に宮川一夫キャメラマン、その右下に筆者が写っている。

第一章
大映京都撮影所から音にこだわる映画人生が始まった

就職難の時代、勤め先として大映京都撮影所に入社

――紅谷さんは1931年に京都のど真ん中、四条油小路で生まれ、戦時中に名門校・京都市立第一工業学校の電気科に進んだのですね。

紅谷　第一工業学校二年生のときに敗戦を迎えて、学校制度が変わり、僕らの学校は、京都府立第二中学校と合併することになって、校名も京都市立洛陽高校に改められました。そのとき、府立二中から転校してきたのが後に映画監督として有名になった大島渚です。大島は生徒会の自治会長などをしていて、すでに長髪で目立つ存在でしたね。

――学生時代から、映画界へ進もうと思っていたのですか。

紅谷　そんな気はまったくなかったです。学校制度が変わって五年制の旧制中学と三年制の旧制高校が廃止になり、共に三年制の新制中学と新制高校が生まれた。それによって僕らは五年制の旧制中学生として卒業するか、もう一年在学して洛陽高校生として卒業するかの選択を迫られたんです。僕の家では43年に父が病死して、長兄がビルマ戦線に従軍して復員が遅れていたので、家計を支える母や姉のことを思って進学をあきらめました。そこから真面目に勉強する気力が失せて、世情も不安だし、護身用に立命館大学の有段者に空手を習ったり、悪友に誘われるまま授業をさぼったりしましたよ(笑)。

――もともと映画は好きだったんですか。

紅谷　当時は、戦時中に観られなかったアメリカ映画やフランス映画が次々に入ってきましたが、家計が苦しいため自由に観られるはずもなく、話題作を姉に無理を言って小遣いをもらい、こっそり観るくらいでした。その中にジャン・ギャバン主演の「望郷」(36)があったんです。あの映画のラストで、主人公が波止場に駆けつけて、すでに船に乗っている愛人に向かって「ギャビー!」と叫ぶ。でもその声は出航の汽笛にかき消されて、彼女には聞こえない。これが二人の永遠の別れになるんですが、その汽笛とダブって声が消されるって処理が妙に気になったんです。もちろん、そのときには、後に自分が映画の録音をやるなんて思ってもみませんでしたが……。

――学校を卒業して、すぐに映画会社へ入ったんですか。

紅谷　就職難の時代でなかなか勤め先が決まらないので、仲間と京都府庁の屋内配線を付け替え

大島渚　1932～2013。映画監督。54年、松竹に入社。59年に監督デビュー。主な作品「青春残酷物語」(60)、「日本の夜と霧」(60)、「儀式」(71)、「愛のコリーダ」(76)、「戦場のメリークリスマス」(83)などがある

「望郷」(36・フランス)。監督:ジュリアン・デュヴィヴィエ。出演:ジャン・ギャバン、ミレーユ・バラン。アルジェリアの首都アルジェのカスバを舞台に、パリから逃げてきた凶悪犯の、美女ギャビーに対する熱烈な愛の行方を描いている。

るアルバイトなどをしていました。そのうちに、知り合いの隣に住んでいる人がたまたま大映の京都撮影所に勤めていて、臨時雇いだけれど録音助手を募集しているから、試験を受けてみないかと言ってきたんです。また一方では松竹京都撮影所で録音技師をしている人とも知り合って、こちらも受けたんです。ちょうど映画界が上向きになってきて、どの会社でも人を募集し始めた頃でした。大映と松竹、どちらも試験は受かりましたが、大映の方は一週間合格通知が早かったので、義理をたてて大映に入ったんです。もしこのとき松竹京都へ入っていたら、現在の自分の人生はなかったと思いますね（笑）。

──それで49年、大映京都撮影所の録音助手に臨時採用されたわけですね。

紅谷　採用されたのは二人だけでした。臨時採用の場合は残業代もつかないし、ボーナスも出ない。ただこの頃は戦後の食い物も着る物もろくにない時代でしたからね。撮影所にいると食べ物は豊富にあったんです。残業するとちゃんとしたものが食べられるので、それだけが唯一の楽しみでした。将来の展望はまったくなかったですが、働き出して半月ほどしたら「一所懸命にやれば社員になれるかもしれない」と周りから言われたので、とにかく社員になるまでがんばろうと思いました。

──初めはどんな仕事をしましたか。

紅谷　マイクコードをきれいに巻くこと、それから準備の間にマイクを安全に管理していることですね。当時は音がフィルムに直に入る時代ですから、マイクにショックを与えるとフィルム光学録音機のリボンが弱くて音が飛んでしまうんです。だからマイクを大事に扱うことを叩きこまれました。また録音助手の一番の下っ端は、カチンコを打つんです。ほかの撮影所では助監督の仕事ですが、大映京都ではカチンコを叩くと単に音が出るというだけで、カチンコを打つのが録音部の仕事でした。カチンコにチョークでシーンナンバーを書いて、スクリプターにカットナンバー、テークナンバーを聞いて書き込んで、本番になるとキャメラサイドからカチンコを出して、フレームの中に入れて叩く。このときカチンコを打った瞬間にバーを広げなくてはいけないんです。広げたところで画と音を合わせるわけですから。そのカチンコを打ったらすぐにフレームアウトするのを、零コンマ何秒かでやらなくてはいけないんです。最初の頃はカチンコを叩くときに手が震えました。

大映京都撮影所　1942年1月、戦時下における映画会社の統合により大日本映画製作株式会社（後の大映）が発足。同年4月に、大映京都撮影所が業務を開始した。戦後になって主に時代劇を製作し、その重厚な美術セットと陰影を活かした照明技術によって、クオリティの高い作品を量産した。

光学録音　映画用三五ミリフィルムのパーフォーレーション横に記録されている、鋸歯状のサウンドトラック用の録音機、音声波形を光の濃淡に変換してフィルムに焼き付ける録音法。音声電圧を光の明るさに変換し、サウンド・フィルムに焼き付けた。

カチンコ　クラッパーボード。日本では、映画界用語でカチンコという、絵と音の同期をとるために、シーンごとに撮影カメラのフレーム内に、監督名、シーンナンバー、カットナンバーなどの撮影情報を書き込んだこのボードを入れて、叩く。編集時に画と音を合わせるために必要不可欠なボードである。

スクリプター　撮影現場で撮影されるすべてのショットを、スクリプト用紙に記録する担当者のこと。この記録を元にフィルムが整理され、編集作業の時の目安になる。当時は女性が担当することが多かった。

京マチ子、森雅之、長谷川一夫、そして黒澤明の「羅生門」

――初めて参加した映画は？

紅谷　水戸光子さんが主演した森一生監督の「わたしの名は情婦」（49）でした。森監督は当時の大映京都では、娯楽映画の中心的な存在でした。早撮りの人で、現場で粘ることはないんですが指示は的確でした。森監督は結構冗談も言うし、明るい組で現場の雰囲気はよかったですね。ところが二本目の「痴人の愛」（49）の木村恵吾監督は、ネチッとしたところがあってね（笑）。普通は監督が「ヨーイ、スタート」と号令をかけますが、木村監督の場合は「スタート」の声の代わりに笛を吹くんです。いつもサングラスをしていて、いかにも監督然としていました。スタッフには威張らないんですが、新人女優をいじめていましたね。これは松竹歌劇団から鳴りもの入りで大映京都入りした京マチ子さんの五本目でしたけれど、やはりその肉体美は圧倒的な魅力がありました。相手役は森雅之さんで、渋い二枚目でしょう。このコンビがなかなかいいなと思って、撮影中はただただ見とれていて、先輩に叱られました（笑）。

――その頃、大スター・長谷川一夫さんが大映京都に移籍されていますね。

紅谷　長谷川さんとは三本目の映画「城ヶ島の雨」（50）で初めてご一緒しました。長谷川さんは時代劇のイメージが強いですが、これは現代劇です。長谷川さんは37年に松竹から東宝へ移籍するときにもめて暴漢に襲われ、左の頬を深くカミソリで切られた傷がある。当時の映画界はそういう恐ろしい一面もあったんですね。49年から大映に入ったんですが顔の傷は残っていて、これを隠すのにメイクアップに時間がかかるんです。それでもすべて消すことはできないので、長谷川さんには加藤庄之丞という専属のライトマンがついていて、その人が傷のある方にバンバンライトを当てて傷の影が出ないようにしていました。

監督はベテランの田中重雄さんでしたが、長谷川さんは監督の言うことをよく聞くし、自分の意見があるときにははっきり言って、雰囲気のいい現場でした。今だから言いますが、長谷川さんはあまり背が高くなかったので、履いている足袋をちょっと上げ底にしていましたね。僕はこのときにもまだキャメラ前でカチンコを叩いていたんですけれど、まだ長谷川さんに名前すら覚えてもらえませんでした。

森一生　1911〜1989。映画監督。36年、新興キネマから監督デビュー。主な作品に「決闘鍵屋の辻」（54）、「薄桜記」（59）、「不知火検校」（60）、「ある殺し屋」（67）。

「わたしの名は情婦」（49年8月22日公開）。監督：吉村公三郎、出演：水戸光子、二本柳寛。麻薬強盗犯の恋人としてマスコミに糾弾された女性に、救いの手を差し伸べた新聞記者。やがて二人は愛し合うようになる。水戸光子が堕ちていく女を熱演した。

「痴人の愛」（49年10月16日公開）。監督：木村恵吾、出演：京マチ子、宇野重吉。若い奔放なナオミを、自分の理想の女性にしようとして、彼女に振り回される堅物の男を描いた、谷崎潤一郎の小説の映画化。

木村恵吾　1903〜1986。映画監督。30年、帝国キネマから監督デビュー。「狸御殿」（39）をはじめとする、オペレッタ風喜劇によって、日本映画に新風を吹き込んだ。

「城ヶ島の雨」（50年5月20日公開）。監督：田中重雄、出演：長谷川一夫、日高澄子。記憶喪失の男を巡って切ない女心が描かれる、悲恋物語。長谷川一夫の大映専属第一回主演映画。

加藤庄之丞　照明技師。長谷川一夫の「地獄門」（53）、「源氏物語・浮舟」（57）、「忠臣蔵」（58）、『銭形平次捕物控』シリーズなどで照明を担当。ほかに「七つの顔」（46）も担当した。

田中重雄　1907〜1992。映画監督。31年、河合映画から監督デビュー。主な作品に「香港攻略・英国崩るゝの日」（42）、「秦・始皇帝」（62）、『女賭博師』シリーズがある。

――この映画ではスケジュールに追われて、徹夜が続いたそうですね。

紅谷 一週間くらい徹夜だったので、食事の休憩時間を利用して仮眠をとっていました。録音室の前にゴザを敷いて、暑い頃だったのでそこに寝転がって一時間ほど眠るんです。ただ風呂に入れなくて、日に日に自分の体が臭くなってくるのにはまいりました（笑）。この頃は残業が多くなってきたので、制作部の人間が常にヒロポンを持ち歩いていて、ちょっとでも居眠りしそうなスタッフを見かけると、腕を摑んでヒロポンを注射するんです。まだ合法でしたからね。ヒロポンを打つと二～三時間は気分がしゃきっとするんです。でもそれを過ぎたら疲れが倍増して、かなりしんどくなりましたが……。その頃は、打つたびに注射針を取り換えるなんてことはしませんからねえ、僕も二度ばかり打たれましたよ（笑）、幸い変な病気にならずにすみましたが。後に仕事をしたマキノ雅弘監督は、当時ヒロポンをよく打っていました。

――そして四本目についたのが……。

紅谷 黒澤明監督の「羅生門」（50）です。黒澤さんは「酔いどれ天使」（48）や「野良犬」（49）を撮った後でしたからすでに有名でしたが、まだ臨時雇いの下っ端の僕にはどれほどすごい監督か分かるわけがない。ただ撮影所に来た黒澤さんを初めて見たときには、背が高くて声が大きいし、独特の威圧感があって圧倒されました。まさに映画人だと思ったのは、撮影の宮川一夫さんや美術の松山崇さんと一緒にいたときです。宮川さんは小柄で、松山さんは背が高くて貫祿があった。この二人と一緒にオープンセットを見に来た黒澤さんが、望遠鏡でセットをどう撮るか話し合っている様は堂々としてオーラがあって、「すごい人だなあ」と。少なくとも大映京都の監督とは桁違いだと思いましたね。

――「羅生門」でも紅谷さんは、録音助手としてカチンコを叩いていたのですね。

紅谷 まだ叩いていました。この「羅生門」では、黒澤さんが全部同時録音でやりたいと言ってきたんです。その頃の日本映画はスタジオでは同時録音ですが、ロケーション撮影の部分は、後でアフレコするのが普通でした。ただ黒澤さんの場合は同時録音と言っても、僕が後にコンビを組んだ今村昌平監督がやった同時録音とは、こだわりの質が違うんです。黒澤さんは自分で編集もやる。それで現場でノイズが入ってその部分のセリフが使えないとしても、同時録音しておいてほしいと。どんな汚れた音の状態でも現場の音があれば、編集がしやすいですからね。つまり

マキノ雅弘 1908～1993。映画監督。俳優を経て、18歳で監督デビュー。『浪人街』三部作（28～29）、『次郎長三国志』九部作（52～54）、『日本侠客伝』シリーズ（64～68）などで知られる、娯楽時代劇の巨匠。ペンネームを正博、雅弘、雅裕、雅広と改名し、この当時は雅弘。

黒澤明 1910～1998。映画監督。36年、PCLに入社し、43年に東宝から監督デビュー。「羅生門」（50）が世界的に評価を受け、〝世界のクロサワ〟と呼ばれる巨匠になった。ほかに「七人の侍」（54）、「用心棒」（61）、「天国と地獄」（63）、「影武者」（80）などがある。

「羅生門」（50年8月26日公開）。監督：黒澤明、出演：三船敏郎、京マチ子。芥川龍之介の短編小説を元に、人間のエゴと醜さを、躍動感あふれる映像の中に描いた、黒澤明監督の代表作。第12回ヴェネチア国際映画祭で金獅子賞を受賞している。

宮川一夫 1908～1999。映画キャメラマン。26年、日活京都撮影所に入社し、35年にキャメラマンとしてデビュー。「無法松の一生」（43）、「羅生門」（50）、「雨月物語」（53）、「近松物語」（54）、「浮草」（59）、「おとうと」（60）、「用心棒」（61）など、多くの名作の撮影を手掛けた名キャメラマン。

松山崇 1908～1977。美術監督。32年、日活京都撮影所に入社し、翌年に美術監督になる。「酔いどれ天使」（48）、「野良犬」（49）、「羅生門」（50）、「生きる」（52）、「七人の侍」（54）などの黒澤明監督作品を始め、「五人の斥候兵」（38）、「ビルマの竪琴」（56）などの美術を担当した。

音を編集の素材として使って、そのままでは使えないセリフの部分などは、後でアフレコをしてもいいと。結果的に「羅生門」のセリフはほとんどが後でアフレコしているんです。これに対して今村さんは、ロケ現場で録った音をそのまま使いたいんです。そこにある臨場感を求めるわけで、だから現場での同時録音はしんどいんですけれど（笑）。黒澤さんはとりあえず音を録っておけばいいということなので、「羅生門」のときには現場での注文はさほど厳しくなかったです。後に「夢」（90）でご一緒したときには、違いましたけれどね（笑）。

――「羅生門」では冒頭でものすごい雨が降っていますし、考えてみるとセリフを同時録音ではできませんよね。

紅谷　あの雨のシーンはオープンセットで撮りました。消防車を三台呼んで雨を降らせたんですが、あまりの量に、近所が断水してしまったくらいすごかった。黒澤さんは普通の一〇倍くらいオーバーなことをやることで、独自の表現をしたんです。

――セリフはほとんどアフレコと言いましたけれど、同時録音の部分もあったのですか。

紅谷　一カ所だけ覚えているのが、下人を演じた上田吉二郎さんのところですね。あの人は、アフレコが口が合わなくて全然ダメなんです。ただ彼が出ている部分も滝のような雨を降らせているわけで、本来なら当然アフレコにしなくてはいけない。これには黒澤さんも悩んでいました。それで一カットだけ、上田さんの長ゼリフがあるところで、「ここは同時録音を使うから」と監督が言って、雨をフレームから切って雨なしで上田さんにセリフを言わせたんです。妥協をしない黒澤さんが、そこだけは同時録音することにこだわりました。

――この映画のチーフ助監督は加藤泰さんでした。

紅谷　加藤さんと黒澤さんは、うまくいっていなかったですね。助監督はセカンドが若杉光夫さん、サードが田中徳三さんで、ほとんど若杉さんと田中さんの二人でやっていました。加藤さんはあまり現場にもいなかったし、黒澤さんと話している姿も見ませんでした。

――撮影の宮川一夫さんと黒澤監督は、これが初のコンビでしたね。

紅谷　宮川さんは監督の要求に応えるため、いろいろなことを研究していました。問題は三船敏郎さんと京マチ子さんの、太陽入れ込みのキスシーンです。キャメラを太陽に向けるとフィルムが燃えると言われた時代ですから、どうやって撮るか。宮川さんは二五センチ四方ほどのガラス

同時録音　録音専用の光学録音機で、映像を撮るカメラと同時に録音すること。シンクロともいう。画と音が同期していることが、絶対条件である。

アフレコ（アフター・レコーディング）　撮影済みのフィルムを映写しながら、映像上の口の動きに合わせて俳優がセリフを録音すること。欧米ではアフレコのことをADR、あるいはルーピングと呼んでいる。

加藤泰　1916〜1985。映画監督。37年、東宝に入社して映画界入り。51年に監督デビュー。東映で「瞼の母」（62）、「明治侠客伝・三代目襲名」（65）などの意欲作を発表したが、この当時は大映の助監督だった。

若杉光夫　1922〜2008。映画監督。47年、大映京都撮影所に入社し、52年に監督デビュー。主な作品は「ガラスの中の少女」（62）、「娘たちは風に向かって」（72）、「風立ちぬ」（76）など。50年、レッド・パージによって加藤泰と共に大映を退社した。

田中徳三　1920〜2007。映画監督。48年、大映京都撮影所に入社し、58年に監督デビュー。勝新太郎主演の『悪名』シリーズ、市川雷蔵主演の『眠狂四郎』シリーズなどを手掛け、60年代の大映で娯楽映画監督として活躍した。

板と大きなロウソクを買って来させました。それでガラス板をロウソクの煤であぶって燻したんです。その燻したガラス板を、何度も太陽にかざして調整していたのが印象的でした。その頃はいいフィルターがなかったですから、そうやって作ったガラス板をフィルター代わりにしてキャメラのファインダーに張り付けて太陽を撮ったんです。またレフ板代わりに、衣裳部が使うドア一枚くらいの大きさの鏡を用いました。この鏡で太陽の光を受けて、直に人物に当てるわけです。黒澤さんは芝居で「目を開けろ！」と言うんですが、光を当てられている京マチ子さんはすごくまぶしいですからね。後に「あんなに苦しいことはなかった」と言っていました。

現場での黒澤さんは怖かったですよ。大映京都のスタッフはテストの間、わりと無駄話をしているんです。すると「うるさい！」と監督の怒号が飛んで、現場がシーンとなる。その声がすごい迫力なんです。でも撮影が終わって、監督を中心にスタッフ、キャスト全員で酒を飲みながら、どんちゃん騒ぎをする夕食会もときどきありました。

——林の中へ分け入っていく撮影がありますから、音も撮りにくそうですね。

紅谷　京都府長岡京市粟生にある光明寺というお寺でロケしましたが、やぶ蚊が多いところで大変でした。それで今思うとよく住職が黙っていたと思いますけれど、光と影が作品のテーマですから木の葉の影を強調するために、邪魔になりそうな木を伐採したんです。フレームのギリギリのところに大きな網を張って、その上に葉っぱを乗せる。そうやって人物に葉っぱの影が濃く映り込むようにしたんですよ。葉っぱが人物に近づけば近づくほど濃い影ができるので、ギリギリまで近づけるんですけれど、宮川さんはその加減を研究していました。何でそういうことを知っているかと言えば、僕は準備の間にマイクを管理する係でもあるから、キャメラのすぐ近くにいつもマイクを持っていたんです。

「羅生門」のアフレコは屋外で

——アフレコはどのようにやられたのでしょうか。

紅谷　黒澤監督はアフレコを屋外でやりたいと。普通は録音スタジオの中で、スクリーンに映し出された画に俳優たちが口を合わせてセリフを言うんですが、監督は屋外のセリフを屋内でアフレコすると、音の響きが違うというわけです。屋外でアフレコするためには、映像を外に映写しなくてはいけない。ポータブルの映写機なんかない時代ですから、録音スタジオに固定されている大きな映写機のアークの映像を、鏡で反射させて外まで持っていくことにしました。大きな二枚の鏡板を用意して、まず一枚で映写機の画像を受けて、次にスタジオの入り口にあるサイドドアにもう一枚の鏡を張って、さらにそこでも画像を受けて、その光を外に設置した特設のスクリーンに当てるという方法がとられました。最初はボケボケの画しか映らなかったんですけれど、毎晩テストを重ねて何とか映像を外に送ることができるようになりました。

――外でのアフレコとなると、余計なノイズが入りそうですね。

紅谷　屋外で音を録ると、撮影所の近くを走っている嵐電（京福電気鉄道嵐山本線）の音が入ってしまう。だから夜一〇時くらいに嵐電の最終電車が通り過ぎると準備を始めて、夜中から夜明け前までアフレコをやりました。このアフレコでは三船さんがすごかった。三船さんは不器用な人ですから、実際自分で芝居をしないと感じが出ないんでしょうね。動きながらアフレコをするんです。足音などの雑音が入ると困るので下に毛布を敷いてセリフを録ったんですが、芝居をしながらですから、なかなか口が合わなくて。でも迫力がありましたよ。

ダビング作業中に火事が！

――仕上げ作業をしているときに、大変なことがあったそうですが。

紅谷　火事になったんです。我々がダビング作業をしているときに、棟続きのスタジオから出火した。安田公義監督の「虚無僧屋敷」（50）を撮影していたんですが、夕方スタッフが食事に出ている間に、ライトのコードが過熱して火が出たんです。そのスタジオの隣がダビングルームで、その横が録音室なんです。とにかく高価な光学録音機をばらして、外に運ぼうということになった。庶務課とかほかの所員がいる時間帯でしたからみんな手伝ってくれて、どうにか運び終わったんですが、火事が収まって録音機を戻そうとなったときは、手伝ってくれた所員はもう帰っていたんです。僕らは徹夜で録音機を組み直さないと翌日の作業が間に合わない。その部品をどこへ運んだのか分からない。ほかの部署の人間は自分たちのところへ部品を運んだりしていて、そ

ダビング　複数の音をミックスすること。セリフ、音楽、効果音と、映像を彩る音をすべて出しながら、それぞれの音の音量、音質、タイミングを決めていく作業である。

安田公義　1911～1983。映画監督。36年、日活京都撮影所に入社し、44年に助監督待遇のまま、初監督。『座頭市』、『眠狂四郎』などのヒット・シリーズに加えて、「大魔神」（66）なども手掛けている。

「虚無僧屋敷」（50年9月9日公開）監督：安田公義、出演：嵐寛寿郎。

就職難の高校時代。大映と松竹の録音助手の採用試験を受け大映に……。「大佛開眼」(52)の現場にて。

「わたしの名は情婦」の撮影スタッフたち。前列右から三人目が筆者、二列中央が森一生監督。

れを探し出すのが一苦労でした。ただ僕はまだ下っ端ですから、録音機を組み直すなんてことはできないので、君たちは帰っていいと言われました。

それであくる日、朝から再度ダビングを始めたんですけれど、ミキシングルーム、映写室、ダビングマシンルームと三つ部屋が並んでいる中で、今度は映写室のフィルムから煙が上がりました。これはエラいことだと思って、みんなでバケツリレーをして火を消し止めようとしました。ところが水を撒いていたら気持ちが悪くなってね。映写機はまだ使えるので恐る恐る水をかけていたら、燃えたフィルムから有毒ガスが出たんです。消火作業中に僕は気を失って、気がついたら医務室で寝ていました。五、六人同じように寝ていましたね。それで燃えたフィルムは何フィートかダメになったけれど、ネガは編集室にあるからそれを急ぎ現像してはめ替えて、ダビング作業は続行するけれど、君たちは病人だから帰れと。休養を言い渡されたので、そこからのダビングについてはまったく知らないんです。

――そこまで突貫作業でやらないといけないスケジュールだったのですか。

紅谷　「羅生門」は東京の帝国劇場での完成披露試写会が決まっていて、それに間に合わせる必要があったんです。結局、試写会前日の夜に現像場でゼロ号試写を行って、助監督の田中徳三さんが東京の本社までプリントをかついで夜行列車に乗って運んで、何とか試写会に間に合わせたんですよ。

――紅谷さんはどうされたんですか。

紅谷　一週間ほど寝込んで、さらに二週間ほど休みました。「城ヶ島の雨」でも一週間徹夜続きでしたから、いくら若いといっても疲れ果てていましたから。この際、休んじゃえって（笑）。

――いろいろな意味で刺激的な現場でしたね。

紅谷　刺激的すぎましたよ（笑）。あんな火事騒ぎがあっても、試写会に間に合うんですから黒澤さんは運が強い。ただ大映スタッフには刺激が強すぎて、あんな人には二度と来てもらっては困るという感じでしたけれどね（笑）。しかし、ダビング中に聴いた音楽の早坂文雄さんのボレロは思わずゾクッとしました。

吉村公三郎監督の構図はマイクマン泣かせ

——このへんで、当時の大映京都の録音部について伺います。録音部にはどのくらい人がいたのですか。

紅谷　助手を含めて二四、五人ほどでした。それで先輩の録音技師やチーフ助手は、ほとんど軍隊帰りなんです。だから軍隊調の縦社会で、入ったのが一日違えば先輩ですからね。今だから言えますけれど、ときには怖い一面もありました。後に日活へ移籍しようと思ったのも、ここにいても先輩が大勢いて将来の展望がないと思ったからなんです。

——一つの作品に録音部は、どういう体制で臨むのですか。

紅谷　一作品五人体制です。トップが録音技師で、その下のチーフ助手は〝レコーダー〟と言いましてね。フィルム・レコーダー室からコードが各セットまでつながっていて、その部屋でフィルム・レコーダーを回す人なんです。だからほとんど撮影現場とは電話連絡です。現場には三人いて、ファースト、セカンド、サードのマイクマンです。僕はサードでしたけれど、見習いですからカチンコを打って、カットが替わったら準備の間、マイクを大事に持っているのが仕事。マイクは二つ使えるんですが、メインマイクはセカンドが担当して、もう一本のスペアマイクを使うときには、ファーストがマイクを持ちます。サードの人間は、カチンコを打たなければならないので本番でマイクを振ることはないんです。

——つまり録音部だけれど、サード・マイクマンは音を録らせてもらえないと。

紅谷　そうですね。僕の場合は二年半くらい、サードをやっていました。というのも新人が入ってこないと上に上がれないわけですよ。吉村公三郎監督の「偽れる盛装」（51）のときも、まだサードでした。大映は吉村さんと新藤兼人さんが作った近代映画協会と契約して、この映画は吉村さんの大映での第一回作品でした。

吉村さんはベレー帽にジャンパー、足袋に下駄履きというでたちで、巨体を揺すりながら歩く姿が撮影所でも注目されましたが、黒澤さんとは何かにつけて対照的でした。宮川町や先斗町といった京都の花街が舞台で、クランクインが映画のトップシーンだったんです。夕景で街の灯りが点りはじめた頃、鴨川の南座あたりからキャメラがトラックバックしてくる。そのまま足を

吉村公三郎　1911～2000。映画監督。29年、松竹に入社し、34年に監督デビュー。主な作品に「暖流」（39）、「安城家の舞踏会」（47）、「偽れる盛装」（51）、「自由学校」（51）、「源氏物語」（51）、「千羽鶴」（53）などがある。

「偽れる盛装」（51年1月13日公開）。監督：吉村公三郎、出演：京マチ子、藤田泰子。京都を舞台に男を渡り歩く芸者の姉と、市役所に勤める純愛一途な妹というタイプが違う姉妹の、恋と人間模様を描いている。

新藤兼人　1912～2012。映画監督、脚本家。約三七〇本の脚本を執筆しながら、監督としても「愛妻物語」（51）から、98歳の時に完成させた「一枚のハガキ」（10）まで作り続けた。代表作は「裸の島」（60）。

からませた京マチ子さんと進藤英太郎さんにフレームインする。わくわくするような映画の出だしで、演出テクニックのうまさを感じました。黒澤監督は本物を作って真正面から撮っていく感じですが、吉村さんはひとひねりして撮っていく技術を含めて、対照的な監督でした。

また吉村さんは縦の構図が好きで、マイクマン泣かせなんです。例えば人物が廊下の奥から手前のキャメラの方へ歩きながらセリフを言って、手前まで来たらそのまま左へパンして人物が歩いていく。こういう縦位置から横へと連続した動きの場合は、マイクポジションに苦労するんです。監督はそういう苦労を楽しんでいる感じもありました。でも現場の雰囲気は陽気で明るく、いつも笑いがありました。黒澤組のような張り詰めた緊張感とは違っていましたね。撮影は東宝の中井朝一さんでソフトな画調が素晴らしく、大映のキャメラマンとは一味違うと思いました。

「源氏物語」で大失態！

――この年には吉村公三郎監督、主演の長谷川一夫さんをはじめオールスター・キャストによる「源氏物語」（51）にも参加していますね。

紅谷　この頃ようやく下の人間が入ってきて、セカンド・マイクマンとしてメインマイクを振らせてもらえるようになりました。「源氏物語」では二つ失敗をしたんです。一つはクランクインして間もないとき、板張りの二〇畳くらいのセットがあったんです。そこでは本番に灯油が入った燭台を使う予定だったんですが、引っかけてこぼすと危ないからテストまでは灯油が入っていなかった。本番テストのときに灯油を用意したんですが、録音のチーフ助手がマイクの位置を変えたいと言い出したんですね。それで僕はマイクブームを担いで場所移動することにしたんです。ブームは折りたためる三本の足つきアームが付いていて、その足の部分を燭台に引っかけてしまったんです。床の部分に灯油が広い範囲にこぼれて、全部張り替えることになった。大映京都の美術といえば面子がありますから、張り替えるには何時間もかかる。この日は定時に終わる予定だったのが、結局撮影は夜の九時までかかりました。長谷川さんのところへ謝りに行ったら、チラッと顔を見てね。「しょうがないわい」という顔をしていましたよ。長谷川さんとも三本目で、僕の名前を覚えてくれた頃でしたので何とか大事なくすみました。

中井朝一　1901〜1988。映画キャメラマン。28年、帝国キネマに入社。32年にキャメラマンとなり、「わが青春に悔なし」(46)、「七人の侍」(54)、「天国と地獄」(63)、「赤ひげ」(65)など、黒澤明作品を多く担当。ほかに「青い山脈」(49)、「裸の大将」(58)、「小早川家の秋」(61)がある。

「源氏物語」(51年11月2日公開)。監督：吉村公三郎、出演：長谷川一夫、京マチ子。紫式部による平安時代の古典文学を、長谷川一夫の光源氏を中心にオールスター・キャストで描いた、大映創立一〇周年の大作映画。

マイクブーム　録音助手が撮影現場でセリフを収音するために操作する、マイクを先端に取り付けた竿状のポール。この当時は足付きで鉄製のポールを使用。ポールの先には滑車が付いていて、ロープ操作でマイクのターンができるようになっていた。

――もう一つの失敗とは？

紅谷　また長谷川さん絡みで失敗したんです。この映画は暑い時期に三カ月近くかけて撮影しました。僕はセットの二重（註：照明のライトを上から当てたり、録音のマイクを差し出して音を録ったりする足場）に上がってマイクを下に伸ばしていたんですが、とにかく暑いし周りを大きなライトに囲まれて、体の水分がなくなるかと思うくらい汗が噴き出してくるんですよ。塩分を補給するために、制作部が二重に上がるときには梯子の下で塩を持って待機していました。それでマイクを下に向けていたら、自分の手から出た汗が、マイクの竿を伝って長谷川さんの鼻の上に落ちたんです。本番中だったので当然NGになって、「すみません」と上から謝ったら、長谷川さんや監督は苦笑いをしていました。当時のスタジオは冷房なんてないですからね。夏は氷屋さんから大量に氷を買ってきて、氷の柱をセット内の二カ所に立てておくんです。その近くに行くと少し涼しくて、これを冷房代わりにしていました。

――長谷川さんとは、翌52年にも仕事をされていますね。

紅谷　「修羅城秘聞」（52）です。監督は長谷川さんをデビューの頃から育てていた衣笠貞之助さんで、長谷川さんは「先生、先生」と呼んで、すべて衣笠さんに任せていました。衣笠さんで印象的なのは、いつも植木鋏を持っているんですね。あの人は木の枝越しに人物を撮る画が多いんですが、そのとき手前に入る木の枝を、自分で剪定するんです。監督が植木屋さんのようなことをしている間、スタッフはじっと待っていました。

この作品になると長谷川さんの方から声をかけてくれるようになって、例えば動きがあってある場所で止まってセリフを言う場合、あの人はライトが当たっている場所にぴたりと止まってセリフを言うんです。だからこちらがマイク位置で迷っているときには、「紅やん、ここでしゃべるでえ」と教えてくれました。

ところが、また失敗したんです。あるときラッシュを観たら、アップサイズの長谷川さんのおでこの上に、マイクの下三分の一くらいが映り込んでいたんです。その場で「すみません！」と大声で謝ったら、キャメラマンの杉山公平さんが「これは俺の責任だから」と助け舟を出してくれました。これが意地の悪いキャメラマンだと、マイクマンのせいにするんです。でもベテランの杉山さんはそんなことはしない。また背景が入っていないアップだったので、リテイクしても

「修羅城秘聞」（52年3月20日、5月8日公開）。監督：衣笠貞之助、出演：長谷川一夫、轟夕起子。山手樹一郎の小説『桃太郎侍』を二部作として映画化。丸亀藩の跡取りである双子の兄の身代わりになって、素浪人の桃太郎が活躍する。

衣笠貞之助　1896〜1982。映画監督。女形の俳優から、20年に監督へと転身。日本初の前衛映画「狂った一頁」（26）を作る一方で、「雪之丞変化」（35）などで長谷川一夫の魅力を引き出した名監督である。

ラッシュ（編集ラッシュ、オールラッシュ）ラッシュとはその日に撮影された有効なテイクを、撮影結果がすぐ分かるように、撮影が終わってからラボでオリジナル・ネガから焼いた最初のポジ・プリント。これを監督のイメージに合わせ、物語の流れも考えてつないだものが編集ラッシュである。最終的な編集を終え、これ以上編集の直しがなくなった状態のものをオールラッシュと言い、映像部分の完成形である。そのフィルムを見ながら音に関する仕上げ作業が始まっていく。

杉山公平　1899〜1960。映画キャメラマン。22年、国際活映でキャメラマンとして一本立ち。「狂った一頁」（26）を皮切りに、衣笠貞之助監督と名コンビを組み、「源氏物語」（51）や「地獄門」（54）などを担当した。

大事にならなかったのが助かりました。

――マイクマンはサイズによって、どこまでマイクを降ろせるのか感覚的に分かっていなくてはいけないわけですね。

紅谷　もちろん、そういう感覚は大切です。ほかにもマイクコードを正確に早く巻くとか、マイクを振る技術も習得しました。マイクは例えば二人の人物がしゃべっている場合、ある人物がしゃべり終わったときに、次の人物にマイクが向いていないといけない。早め早めに次の人物にマイクを向けるためには、セリフを全部覚えておくのが一番いいんです。登場人物が増えても全員のセリフを覚えて、その人物配置によってどんなマイクポジションにするかを考えておく。そうやって自分なりに技術を磨いていきました。

――マキノ雅弘監督の「すっ飛び駕」(52)では、大河内傳次郎さんと仕事していますね。

紅谷　大河内さんは普段、黒の作務衣を着てモンペをはいて、眼鏡をかけているんですけれど、その姿はまるでお寺の住職さんみたいでした。また、男としては可愛くて優しい声なんです。それが芝居に入るとあの特徴的な大河内節になる。声を作って出していますから、早口ではしゃべれないんです。それで独特の間ができるんですね。この頃はもう五〇代半ばで、芝居をするのにも大河内さんのリズムがある。マキノさんは早撮りで知られる監督ですがそのことを見抜いていて、大河内さんが出るところはそのリズムに合わせてやっていました。マキノさんの演出は、自分で芝居をやってみせるんです。あの人は若い頃には俳優として女形もやっているから、女優にも自分でやってみせる。山本富士子さんなんか、その通りにできなくて泣いていました。

――またマキノ監督は、セリフを現場で変えるのでも有名でしたよね。

紅谷　さすがに大幅に変える場合は、前日にスクリプターに変更を渡して印刷したものを配りました。ただちょっとしたセリフの変更は、現場で結構あるんです。マキノさんで大変なのは、話が面白すぎるんです(笑)。リハーサルが終わると各パートに準備をさせて、自分は手空きのスタッフを集めてアクション入りで独演会が始まる。この話が面白くてずっと聴いていると、撮影準備が終わってリハーサル一回ですぐ本番ということが多かったんです。それだとマイクアレンジが追い付かなくなる。そのことが分かってからは、なるべく監督のおしゃべりの輪に入らないように心がけましたね(笑)。

「すっ飛び駕」(52年8月21日公開)。監督:マキノ雅弘、出演:大河内傳次郎、長谷川裕見子。金子市之丞の窮状を助けて、河内山宗俊が一世一代の大勝負に出る娯楽時代劇。

「雨月物語」溝口組の静まりかえった現場の空気

——当時の大映京都で巨匠と言えば、溝口健二監督ですね。その現場にも就いたんですか？

紅谷　「雨月物語」（53）の琵琶湖ロケに録音部の応援で参加しました。朝から雲の多い、寒い日でした。長い移動車の上に大クレーンが乗っていて、そのクレーンの上からキャメラマンの宮川一夫さんが狙う船の位置を指示していました。溝口監督はディレクターチェアに座って、湖上の船をじっと見ていましたね。準備が大体終わってテストを始めるというときになって、雪が降り出したんです。そのシーンは霞のかかったような曇天狙いですから、雪がやむまで待機になりました。しかし、監督は座ったままじっと動かず、宮川さんもクレーンから下りてこない。雪はやむ気配がなくて、むしろ降りが強くなってきた。それでも二人はその場から動こうとしないんです。監督に雪が降りかかるから、チーフ助監督が傘を差しに行って、だいぶ経ってから制作担当が恐る恐る「予報だと雪がやみそうにないので、今日はやめていいですか」と伺いを立てたら、初めて監督が口を開いて「じゃあ、今日はやめようか」ということになりました。黒澤明監督も怖かったですが、溝口監督には近づきがたい威厳を感じました。ファッション的にも、いつもジャケットを着てネクタイを締めていましたけれど、そんな恰好で現場に来るのは溝口さんだけなんです。ある種の威圧感がありましたね。

——その琵琶湖ロケが、溝口監督の現場初体験ですか。

紅谷　その前に「お遊さま」（51）のスタジオ撮影を覗いたことがあるんです。ステージの外には「本番中」だと入ってはいけないことを示す赤ランプがついています。ほかの場合は青ランプが点いているんですが、録音部の人に用事があってステージへ行ったら、青ランプだったので中へ入ると静かなんですよ。暗がりに眼をならして進んでいくとセットの奥にライトが点いている。その中で溝口監督の静かな声だけが響いているんです。そっちへ近づいて行ったら、監督のところにオープンリールのテープレコーダーが置いてありましてね。主演の田中絹代さんをはじめ俳優たちが数人監督の方を向いて、正座しているんです。それで溝口さんが「君のセリフは、こうだ」とテープレコーダーで録音したセリフを流して、そのどこが悪いか具体的に説明していたん

溝口健二　1898〜1956。映画監督。20年、日活向島撮影所に入社し、23年に監督デビュー。ヴェネチア国際映画祭で銀賞を受賞した「雨月物語」（53）、同賞受賞の「山椒太夫」（54）などで、世界的にその名を知られる日本映画界の巨匠。

大クレーン　映画のキャメラを乗せて、高所から被写体を捉えるために使用される撮影機材。人が乗れるタイプとリモートで操作するタイプがあり、クレーンの高さが高いほど、広い画が撮れる。

「お遊さま」（51年6月22日公開）。監督：溝口健二、出演：田中絹代、堀雄二。

ですね。その間はほかのスタッフも手を止めて、下手な雑音は出せない。これがほかの組だったら、たとえ監督がそんな説明をしていても照明部あたりが作業を続けていますよ。でも溝口組だけは無駄口は叩けないし、監督が何かやるときにはそっちを優先する雰囲気がありました。溝口さんはやはりすごいと思いました。今思うと「雨月物語」は、間接照明のはしりだと思います。セットでは、二重からライトを当てますよね。するとセットの天井部分に全部ビニールを張るんです。そのビニールを通してライトを当てるから、人物の影が出ないんですよ。宮川さんと照明の岡本健一さんの工夫でしょうけれど、そういうアイデアも溝口組だから出せるんですね。ただ天井部分にビニールが張ってあるので、二重の上からマイクを出せなくて音を録るのは大変でしたけれども。

——大映では、溝口監督は待遇としても別格だったんですか。

紅谷　そうです。溝口監督は大映の永田雅一社長の直轄で、撮影所長クラスでは互角の話ができない。すべて永田社長と直に話をするんです。それ以外の裏方ですと、唯一、宮川一夫さんが社長と一対一で話をして、契約のことも決めていました。この二人は扱いが違いましたね。

聞きしに勝るマキノ雅弘監督の早撮り

——53年には再びマキノ雅弘監督の組に参加していますね。

紅谷　大河内傳次郎さんの「丹下左膳」(53)をやっています。前の「すっ飛び駕」(52)は、キャメラが宮川さんだったんです。宮川さんはライティングに時間がかかるし、遅いんですね。マキノ監督は早く撮りたい人ですから、実はキャメラマンを替えてほしかった。それでマキノさんが一つ条件を出して、ライトマンは自分が連れてくると。そうなると大映としては宮川さんを使うわけにはいかないですから、宮川さんは別の仕事が入っているからできないということにして、キャメラを竹村康和さんが担当することになりました。それでマキノさんが連れてきた、西川鶴三というライトマン。仕事は確かに速いんです。キャメラがどっちを向いてもいいように大きなライトをいくつか当てて、カットが替わったら小さいライトを足したり引いたりするくらいなんです。マキノさん向きの速さでしたけれど、キャメラマンには不満があったと思いますね。

岡本健一　1914〜2002。照明技師。34年、京都映音現像所に入社し、47年に照明技師になる。以降は「羅生門」(50)、「雨月物語」(53)、「近松物語」(54)、「西陣の姉妹」(62)、「忍ぶ川」(72)、「愛の亡霊」(78)などの照明を担当した。

永田雅一　1906〜1985。映画プロデューサー。34年の第一映画社を皮切りに映画製作に乗り出し、新興キネマを経て、42年に設立された大映の社長に、47年就任。数々の話題作をプロデュースしたが、大映は71年に倒産。76年には永田プロダクションも作った。

「丹下左膳」(53年7月1日公開)。監督:マキノ雅弘、出演:大河内傳次郎、水戸光子。乾雲と坤竜の二振りの名刀を巡って、諏訪栄三郎と怪剣士・丹下左膳が争奪戦を繰り広げる。大河内が左膳と大岡越前守の二役を演じた。

竹村康和　1908生まれ(没年不詳)。映画キャメラマン。35年、日活でキャメラマンになる。戦後は、大映で活躍。主な作品は「痴人の愛」(49)、「愛妻物語」(51)、「かんかん虫は唄う」(55)など。

西川鶴三　1910〜1970。照明技師。照明技師としてのデビュー作「浪人街・第1話・美しき獲物」(28)から『次郎長三国志』シリーズ(52〜54)まで、マキノ雅弘監督と名コンビを組む。ほかに「武蔵野夫人」(51)、「めし」(51)、「独立愚連隊」(59)などを担当。

――仕事をするのは二本目で、マキノ監督のペースを紅谷さんは分かっていたんですね。

紅谷　ええ、この映画の初日、マキノ監督は美術が用意した灯籠の形が気に入らないと、盛んにクレームをつけて、結局準備が間に合わず、この日は中止になったんです。実は「すっ飛び駕」のときも、初日に小道具が気に入らなくて中止になっているんですね。そうやってスタッフ全体を自分のペースに巻き込んでいくのが、マキノ監督のやり方なんだと思います。またライトマンが替わったこともあって、早撮りの本領が発揮されました。あるとき、同じ場面を逆向きからキャメラが狙う「どんでん返し」の準備に入ったんです。通常はキャメラが逆向きになると、ライティングなどで結構時間がかかる。そこで今がチャンスだと思って、僕は用足しに行ったんです。それで急いで用を足して帰ってきたら、もう次のカットのテストが始まっていました（笑）。幸い前もってマイクの準備をしておいたので、迷惑をかけることはなかったですけれど、マキノ監督のペースは本当に速かったです。またマキノ監督はいつもベレー帽をかぶっていて、撮影所には運転手付きの大きなアメリカ製パッカードに乗ってやってくる。だから小柄な人でしたけれど、目立つ監督でしたよ。

――大河内さんは当たり役を再び演じていますが、年齢的に大変だったでしょうね。

紅谷　年齢もそうですが、病気を持っておられて、監督以下全員が非常に気を使っていました。

実はこの頃、僕は仕事に関しては人一倍ちゃんとやっていたつもりですが、気持ちは別の方へ向いていました。前年の「すっ飛び駕」をやっているときに、東京の日活が映画製作を再開するという噂が流れてきたんです。同じ頃、録音のチーフ助手だった橋本文雄氏と木屋町あたりの喫茶店でコーヒーを飲みながら、「大映も人がいっぱいになってきて、上がつかえてきた。先輩たちはまだ若くて、我々が大映にいても上がれるチャンスはない」という話をよくしていたんです。それで「丹下左膳」の前にやった吉村公三郎監督の「欲望」（53）のときに、「日活へ行きたいが今は伝手がない。でも一人で行くのは不安だから、行くときは一緒に日活へ行こう」と橋本氏と約束しました。でもどうすれば日活へ行くルートを作れるか、それが分からなかったんですよ。

――日活は54年に映画製作を再開するので、その準備のためにこの頃、各社から人材を集めていたのですよね。

紅谷　「丹下左膳」をやっている頃は、もうステージが建ちはじめているという噂が立っていま

橋本文雄　1928〜2012。録音技師。46年、大映京都撮影所録音部に入社。54年、日活に移籍し、55年録音技師になる。担当した作品は「幕末太陽傳」(57)、「にあんちゃん」(59)、「豚と軍艦」(61)、「赫い髪の女」(79)、「それから」(85)、「タンポポ」(85)など。

「**欲望**」(53年5月20日公開)。監督：吉村公三郎、出演：水戸光子、菅原謙次。未帰還兵の夫を待つヒロインの元に、いろんな男から妾になる話が持ち込まれ、彼女が身の振り方を決めるまでを描く人間ドラマ。

した。そういう噂は、東京でも活躍している俳優たちが教えてくれるんです。やがて日活が各社からメインスタッフを引き抜いているという情報が伝わってきて、具体的な名前も出てきました。その人たちは助手も連れていくということが確かな話として伝わってきて、胸騒ぎを覚えました。「丹下左膳」で僕は中村敏夫さんという録音技師の下についていたんですが、この映画が終わったときに中村さんが日活へ移籍するという噂が突然流れた。僕は数カ月一緒にいましたが、中村さんはそんなそぶりをまったく見せませんでした。中村さんは大映がアメリカからウエストレックスの光学録音機を購入したときに大映に入社した人で、日活も同じウエストレックスの光学録音機を輸入していたんですね。それで中村さんが引き抜かれたんだろうと思いました。中村さんは人間的に温厚で、仕事はとても熱心な人なんです。ただ映画人というよりも光学録音機を扱う研究者みたいな人で、助手を引き連れて日活へいくことに、積極的に立ち回れるタイプではなかったんです。

――紅谷さんとしては、一緒に日活へ行きたかった？

紅谷　そうなんです。ところがそんなある日、大映の撮影所を出た表通りと、太秦方面から来る道と、東映撮影所の方へ行く道がぶつかる三叉路があったんですけれど、僕が撮影所から帰ろうとしたら、一つの道から中村さんが、もう一つの道から橋本氏がやってきたんです。本当に偶然、この三人が出会った。橋本氏が目配せしたので、僕は思い切って中村さんに「実は日活へ行きたいんです！」と声をかけたんです。中村さんは一瞬、僕の顔をジーッと見て「それなら助かる」と言ってくれました。僕と橋本氏の二人で行きたいんだというと、日活も人を欲しがっているから、すぐに向こうの製作部長に連絡すると言ってくれました。日活としては、即戦力になる技術者が欲しかったんです。本当にその場で、いきなり話が進んだんです。もしあのとき、あそこで三人が出会わなかったら、僕のその後はどうなっていたか分からない。チャンスというのは、向こうからやってくることもあるんだと思いましたね。

――その時点で日活移籍の話は、ほかの人には言っていないんですか。

紅谷　中村さんは口の堅い人ですから。橋本氏とは、日活との契約が全部すんでから周りに話そうと決めました。やはり移籍するというのは、ある意味会社を裏切ることですからね。いいタイミングのところまで公表は避けようと思ったんです。

大映京都撮影所にて。日活への移籍を決めた当時の橋本文雄（左）と筆者。

中村敏夫　1911〜1990。録音技師。35年、録音技師になる。主な担当作品は、「街の入墨者」(35)、「歌ふ狸御殿」(42)、「手をつなぐ子等」(48)、「警察日記」(55)、「草を刈る娘」(61)、「野獣の青春」(63)など。

若尾文子の美しさにときめく

――そこから日活への移籍の話はどう進展していったのですか。

紅谷　中村さんが自分のことで用事があって、再度東京の日活へ行ったんです。そのとき製作部長の山根啓司さんに僕らのことを話したら、向こうは「すぐにでも来てほしい」と。とにかく経験者が欲しかったんですね。中村さんから電話があって、すぐに来てくれないかと言われたんですけれど、その時点で伊藤大輔監督の「番町皿屋敷　お菊と播磨」(54)、安田公義監督の「舞妓物語」(54)の仕事がすでに入っていました。そのことを説明するために大映に嘘をついて三日間休暇をもらって、橋本氏と夜行列車に乗って東京へ行って、向こうで中村さんと落ち合いました。それから日活へ交渉しに行ったんです。日活では54年3月に撮影所の第一期工事が完了して、鉄筋・アーチ形の四つのステージができていた。本社も日比谷の国際会館の中にあってきれいでしたし、撮影所は冷暖房完備ですからね。当時ほかの撮影所にはまだ冷暖房がなかったですから、ここで働けるのかと思いました。撮影所があったのは調布の田んぼのど真ん中でしたけれど、胸が高鳴りましたね。

――そして契約の話をしたんですね。

紅谷　すでに決まっている二本の映画が54年の4月中旬には終わるので、5月1日付で日活と契約することにしたいと言ったんです。山根製作部長は大映東京撮影所から来た人で、僕らの立場を了解して「分かった」と言ってくれて、その場で契約は終わらせました。最初は自分の役職をワンランク上げて契約しようか迷ったんです。でも橋本氏と話して、ここで背伸びをして契約してもすぐにボロが出ると困るから、大映と同じランクで契約しようと決めました。また不安でもあったんです。その頃には、マイクを振らせれば誰にも負けないという自負はあったけれども、僕は大映京都の現場しか知らないわけで、東京の人たちがどれだけの技術を持っているのか分からない。それもあって一人ではなく、橋本氏と二人で日活へ行きたかったんです。だから橋本氏はチーフ助手、僕はセカンド助手として契約しました。それでも給料は、大映にいたときの四倍以上になりましたからね。それから京都に戻って、つらいけれど何食わぬ顔をして仕事を続けま

山根啓司　1902年生まれ。日活製作部長。30年、日活京都撮影所に入社。進行部長、製作部長を歴任し、戦後は映画製作を再開した日活で製作部長として、石原裕次郎や小林旭の主演作によって黄金期を築いた。

伊藤大輔　1898〜1981。映画監督。20年、松竹俳優学校に籍を置いて脚本を書き始め、24年に監督デビュー。『忠治旅日記』三部作(27)など、サイレント時代劇の名作を発表。戦後も「王将」(48)、「大江戸五人男」(51)、「反逆児」(61)といった力作を作った。

「番町皿屋敷　お菊と播磨」(54年3月3日公開)。監督：伊藤大輔、出演：長谷川一夫、津島恵子。大名と旗本、大名火消しと町火消しの争いに巻き込まれた旗本の播磨と、彼の恋人である腰元・お菊との悲恋を描く。

「舞妓物語」(54年5月3日公開)。監督：安田公義、出演：若尾文子、根上淳。川口松太郎の小説を原作に、母の病気によって音楽学校での勉強をあきらめて舞妓になったヒロインと、青年医師との愛を描いている。

した。

——伊藤大輔監督、長谷川一夫さん主演の「番町皿屋敷　お菊と播磨」に参加したんですね。

紅谷　伊藤大輔監督とは初めてでしたが、さすがに巨匠中の巨匠です。人柄ができているし、性格は温厚で、何よりとても博識なんです。名前をもじって〝イドウダイスキ〟と言われるだけあって、移動撮影が多かったですが、撮影自体は楽しかった。長谷川さんの相手役はこの頃松竹専属からフリーになった津島恵子さんでしたが、大映にはいないタイプの素敵な女優さんでした。この作品では日活へ行くという負い目もあったし、人に後ろ指を指されるのも嫌ですから、今までの一・五倍は働きました。それで映画が終わる頃、長谷川さんの控え室に「日活へ行くことになりました」と挨拶に行きました。長谷川さんは「まだ若いんだから、それもええ。応援するから、がんばりなはれ」と励ましてくれました。クランクアップしたら、嵐山の伊藤邸で打ち上げがありました。このときは上下の関係なくスタッフ全員が呼ばれました。囲炉裏がある和風のお宅で、時代劇の巨匠と呼ばれるだけあって素晴らしい調度品が随所に置いてありました。僕は伊藤監督の近くでお酒を飲ませてもらって、いいお話をいっぱい聞かせてもらったんですが、気もそぞろと言いますかね。数カ月もすれば京都を離れて東京へ行くのかという感傷もあって、話の内容をまったく覚えていない。もう心は東京に飛んでいました。

——そんな気分の中で、大映最後の作品「舞妓物語」(54) に入ったわけですね。

紅谷　これは監督が安田公義さんで、主演はまだ二十歳になったばかりの若尾文子さんでした。安田監督というのは小柄な人で、声が小さくておとなしい。この人は怒ることがないだろうなって思うくらい優しい監督でした。大映京都の中ではどんな作品でもある基準レベルに仕上げるという、森一生さんのような監督でしたね。若尾さんは本当にきれいで素敵な人でした。彼女は通常、大映東京で活躍していて、このときは京都に来ていたんです。それで撮休の日に僕が河原町を歩いていたら、当時まだ走っていた市電の向こうから手を振る女の子がいて、それが若尾さんだったんです。彼女が「どこ、行くの?」って大きな声で聞くから、僕は恥ずかしくって「映画を観に行くんだ」っていうアクションをしただけで逃げるように別れたんです。あのとき、京都案内をしてあげればよかったなあって、後から大いに後悔しましたよ(笑)。

日活へ行くことを決めてはみたけれど

――この頃には、大映の人たちにも日活行きを話していたんですね。

紅谷　「舞妓物語」をやっている最中、大映の製作部長に「日活へ行くことになりました」と話したら、「まだ若いんだし、俺が紹介状を書いてやるよ」と言ってくれました。どうも製作部長と課長は、「番町皿屋敷　お菊と播磨」で僕が一所懸命に働いている姿を見てくれていたようなんです。日活の山根製作部長宛てに紹介状を書いてくれたのは嬉しかったですね。

――大映では、みなさん好意的に送り出してくれたんですか。

紅谷　いえいえ、あるとき、撮影所の表通りでレッドパージに引っかかって大映を辞めた黒田清巳というキャメラマンとばったり会ったんです。その人に「日活へ行くことになりました」と言ったら、「やめとき。あそこはステージが四つしかないから、すぐにつぶれるよ」と。実は僕もそれを心配していました。一つの撮影所で全プログラム体制を組むということは、当時は週替わりで二本ずつ公開していましたから、つまり月に八本製作しなくてはいけない。それは四つのステージだけでは無理ですから。だから黒田さんに言われたことがショックだったんです。

日活へ行くにあたって不安材料が三つありました。一つは今後、建てるための敷地は確保してあるけれども、ステージが順調に建設されていくのか。二つ目は日活には、自社のスターがいなかったんです。それではお客が来ませんから、それをどうするのか。三つ目は大映では社員契約でしたが、日活では社員契約だけれども毎年契約を更新していくやり方で、つまりは専属契約と同じです。毎月決まった給料が出て、作品を担当するごとに担当報酬が加算されるんですが、次の年に契約が更新される保証はない。これはおそらく労働組合を警戒した制度だったと思うんです。だから契約更新されていくのか心配だったけれども、向こうへ行ってみたらどれも何の問題もなかったですよ（笑）。

――でも生まれも育ちも京都の紅谷さんとしては、東京へ行くのは一大決心ですよね。

紅谷　そうなんです。京都以外で暮らしたことがないので、東京には土地勘がない。幸い橋本氏の知り合いが南新宿の女性専用アパートの一室を借りていて、そこの大家さんの好意で、我々のために、アパートの庭の一隅にトイレ付きの六畳一間の部屋を造ってくれたんです。突貫工事で

黒田清巳　1922〜1978。映画キャメラマン。41年入社の日活を皮切りに、大映を経て近代映画協会製作の「裸の島」(60)、「人間」(62)、「裸の十九歳」(70)、「竹山ひとり旅」(77)など、新藤兼人監督作品を多く手掛けた。

すけれど、何とか間に合いましてね。とりあえず橋本氏と、当座は二人でそこに住むことに決めました。仕事が落ち着いたら、どちらかが出ていくことにして。

――家族の方はどういう反応でしたか。

紅谷　母親にはなかなか言い出せなくて、ある日、意を決して「東京へ行く」と言ったら、大粒の涙を流して泣き崩れました。僕は末っ子でしたから、手元に置いておきたいという気持ちが強かったんでしょうね。今では信じられないかもしれませんが、僕が東京へ行くというのは母親にとって、まるでアメリカに永住してしまうような感覚で、すごく悲しんだんです。僕としては男一匹、どこへ行っても腕さえあれば食えるんだという強がる気持ちがあったけれど、母親のことを考えるとつらかったですよ。でも日活行きの話を決める前に相談していたら、絶対に母親に引き止められたでしょうから。

――そして京都を発ったのは?

紅谷　54年の4月末です。夜行列車で東京へ向かったんですが、その日は朝から母親が落ち着かなくて。母親をはじめ、姉や親戚、近所の人たちも京都駅まで見送りに来てくれました。やはり母親の顔を見るのがつらくて、かける言葉が見つからない。プラットホームで発車のベルが鳴ると、思わず涙腺が緩んで見送りの人たちの顔がぼけていきました。「元気でな!」とか、「がんばれよ!」という声を後に東京へ向かいましたが、心の中では母親にすまないと手を合わせていました。

――東京の南新宿にあるアパートで、橋本さんと新生活が始まったんですね。

紅谷　アパートは新築でしたが、六畳一間では男二人で住むには想像以上に狭かったです。でも仕事が軌道に乗るまでは辛抱しようと思いました。このアパートは我々以外、住んでいるのは女性ばかりで男子禁制でしたから、橋本氏と〝女人の館〟と命名しました(笑)。もし、どちらかにガールフレンドが訪ねてきたら、片方が外で時間をつぶす。女性が訪ねてきているときには、目印として窓の手すりに白いタオルをかけておくという、紳士協定を結んだんです。結局、橋本氏と一緒に住んだのは半年くらいでしたが、その間にタオル掛けの合図があったのは二回ほどでした(笑)。また、アパートに住んでいるのが女性ばかりなので、こちらは意識しましたよ。向こうも窓からチラチラ覗いたりするんですけれど、僕らはほとんど撮影所にいて、寝に帰ってくるくらいでしたから、深い付き合いにはなりませんでしたが(笑)。

「雨月物語」。朽木屋敷を前に集うランクアップ前の記念撮影。

京都の大映の頃の筆者。この後東京に向かうことになる。

マキノ雅弘監督による「丹下左膳」のクランクアップ写真。写真は二部作で作られた「続丹下左膳」(53年9月1日公開)のときのもの。

「舞妓物語」の記念撮影。これが大映京都撮影所最後の仕事になった。

第二章

日活時代
今村昌平、石原裕次郎
との出会い

日活撮影所へ松竹、大映、新東宝、各社から集まってくる

――54年当時の日活撮影所のスタッフには、どんな人がいたんですか。

紅谷　演出部は西河克己さんを中心に松竹大船撮影所から、川島雄三監督、助監督として中平康、斎藤武市、鈴木清順（当時は鈴木清太郎）、今村昌平の各氏がやってきました。ほかにも松竹京都撮影所から助監督で蔵原惟繕、松尾昭典。新東宝からは井上梅次監督と助監督として舛田利雄がやってきました。この監督たちが、その後の日活映画を支える原動力になっていったんです。撮影部は峰重義さんが責任者で、大映東京撮影所から若いキャメラマンとチーフ助手を、照明部は藤林甲さんが新東宝から若い照明技師や助手を連れてきていましたね。

――録音部はどのような人材で構成されていたんですか。

紅谷　録音部を統括していたのは新東宝から来た神谷正和さんで、新東宝から一〇名近くの録音経験者を連れてきていました。そのあとに大映京都撮影所からは僕と橋本文雄氏、録音技師の中村敏夫さんの三人。新たに採用した新人を含めて四班くらい編成できる体制でしたが、録音部全体が何の障害もなくまとまれたのは、神谷さんの人徳によるところが大きかった。神谷さんは仕事のうえでもミックスが得意で技術的に群を抜いていましたし、また二枚目で都会的な紳士だった。だから撮影所内だけでなく、どこへ行ってもモテていましたね（笑）。

――紅谷さんの日活での最初の作品は？

紅谷　5月にクランクインした、五所平之助監督の「愛と死の谷間」（54）です。録音技師が中村さん、チーフ助手が橋本氏、僕がセカンドという大映京都のトリオで、その下のサード助手とレコーダーが新人という布陣でした。緊張して最初のスタッフの顔合わせの日に会議室へ行ったら、主演が大映時代の最後に「番町皿屋敷　お菊と播磨」でご一緒したばかりの津島恵子さんだったんです。上京したばかりで心細かったですから、知り合いが一人でもいるのはとても心強かったです。

――五所平之助監督の印象は？

紅谷　大ベテランの監督ですし、代表作「煙突の見える場所」（53）を作ったすぐ後で脂がのっていた。ゆったりと丁寧に撮影を進める独自のスタイルは、日活で初仕事だった我々にはありが

西河克己　1918～2010。映画監督。52年、松竹で初監督。その後日活に移籍し、「若い人」(62)、「伊豆の踊子」(63)など吉永小百合の青春映画を手掛ける。70年代にも「潮騒」(75)、「絶唱」(75)などで山口百恵の女優としての魅力を引き出した。

川島雄三　1918～1963。映画監督。38年、松竹に入社し、44年に監督デビュー。54年、日活へ移籍し、「洲崎パラダイス・赤信号」(56)、「幕末太陽傳」(57)などを発表。また大映でも「女は二度生まれる」(61)や「しとやかな獣」(62)で若尾文子の新生面を引き出した鬼才だった。

中平康　1926～1978。映画監督。48年、松竹に入社し、その後日活に移籍。監督デビュー作「狂った果実」(56)で一躍注目を浴び、「紅の翼」(58)、「あいつと私」(61)と言った石原裕次郎主演のヒット作を生み出す一方、「猟人日記」(64)、「砂の上の植物群」(64)などの意欲作も作った才人。

齋藤武市　1925～2011。映画監督。48年、松竹に入社し、54年に日活へ移籍。56年に監督デビュー。小林旭主演の『渡り鳥』シリーズ(59～62)の大ヒットで注目を集め、吉永小百合主演の難病もの「愛と死をみつめて」(64)も手掛けた娯楽映画監督。

鈴木清順　1923～2017。映画監督。48年、松竹に入社し、54年に日活へ移籍。56年、鈴木清太郎名義で初監督。58年、清順に改名し、「関東無宿」(63)、「肉体の門」(64)、「東京流れ者」(66)など、独自の映像美学に彩られた作品を発表。「ツィゴイネルワイゼン」(80)に始まる、〝大正浪漫三部作〟でも異彩を放った。

たかったです。この頃はロケーション撮影の場合、セリフはアフレコで後から入れるので、ロケのとき、本当は、録音部は休んでいいんです。でもなるべく周りのスタッフに馴染むため、ロケにも同行して、見物人の人除けや各パートの機材運びを手伝いました。そうやって少しでもスタッフに溶け込もうとしていったんです。

――大映京都では録音のサード助手がカチンコを叩き、松竹ではスクリプターを置かないなど、各撮影所でやり方が違っていましたよね。いろいろなところから集まってきたスタッフで、混乱はなかったんですか。

紅谷　カチンコは助監督が叩くということでしたが、日活では最初の何本かはセカンドの助監督がスクリプターをやっていました。でも助監督自身が新人ですから、何も分からなくて失敗が起きたんです。これで松竹方式はなしになって、スクリプターが必要だと現場から声が上がった。それで大映京都から秋山みよさんをまず呼んで、続いて堀北昌子も来てスクリプターが常駐になりました。その秋山さんの弟子が白鳥あかねで、彼女が日活の育てたスクリプターの第二期生なんです。

――次の作品は何ですか。

紅谷　春原政久監督の「女人の館」（54）です。ここから僕はチーフ助手になりました。要は人がいないから、すぐ昇格したんです。録音技師は新東宝から来た沼倉範夫さんで、彼もこれが技師に昇格した第一回作品なんですね。チーフ助手になると仕事の重みも違ってきますし、周りは新東宝から来たスタッフが多かったので緊張しました。

――大映京都では時代劇がメインでしたね。日活は現代劇が主流ですが、何か違いはありましたか。

紅谷　現場で使用するのはウエスタンの無指向性ダイナミックマイクです。これは大映京都と日活は同じでした。良質のセリフを録るにはできるだけ人物に寄せて、人物に対して約四五度の角度で音を録るのが最もいい。そのポジションを確保するのが大変でした。時代劇では光源になるライトが低い位置から上に向けて当てることが多い。するとマイクの影はキャメラフレーム外の上に逃げるので、比較的人物の傍まで寄れるんです。でも現代劇では主に上からライトを当てる。するとマイクも上から狙っているので、人物に当たっているライトの数だけマイクの影がいくつ

今村昌平　１９２６〜２００６。映画監督。51年、松竹に入社し、54年に日活へ移籍。58年に監督デビューし、「豚と軍艦」（61）、「にっぽん昆虫記」（63）、「赤い殺意」（64）など、重喜劇と呼ばれるリアリズムに徹した骨太の人間ドラマを発表。その後今村プロダクションを興して独立し、「楢山節考」（83）と「うなぎ」（97）で二度、カンヌ国際映画祭のパルム・ドールに輝いている。

蔵原惟繕　１９２７〜２００２。映画監督。52年、松竹に入社し、54年に日活へ移籍。監督デビュー作、「俺は待ってるぜ」（57）が大ヒットし、一躍注目される。「銀座の恋の物語」（62）や「憎いあンちくしょう」（62）など石原裕次郎と浅丘ルリ子の共演作で才気を発揮し、その後は「栄光への５０００キロ」（69）、「南極物語」（83）といった大作も手掛けた。

松尾昭典　１９２８〜２０１０。映画監督。52年、松竹に入社。54年に日活へ移籍し、58年、監督デビュー。主な作品に「清水の暴れん坊」（59）、「男の紋章」（63）、「風と樹と空と」（64）、「夕陽の丘」（64）、「二人の世界」（66）などがある、娯楽映画監督。

井上梅次　１９２３〜２０１０．映画監督。47年、新東宝に入社し、52年に監督デビュー。日活に移籍して、石原裕次郎主演の「嵐を呼ぶ男」（57）を大ヒットさせた。その後は各映画会社を渡り歩いて娯楽映画を作り、香港のショウ・ブラザーズでも17本の映画を監督している。

も出てしまうんです。この影を照明技師と交渉して消してもらうのもチーフ助手の仕事で、いかにマイクをいいポジションに持っていくかは、チーフ助手の力量にかかっていた。また事前に雑音を消す段取りもしなくてはいけせん。例えば下駄を履いた人間が登場すると、そのままだと下駄で歩く音が響きますよね。そうするとセリフの邪魔になるので、小道具担当者と交渉して、下駄の歯にゴムを貼ってもらって音を消すようにする。そういう事前の段取りもしておかなくてはいけないので、やることが格段に増えました。

――春原監督はどんな人でしたか。

紅谷　小太りで背の低い、ユーモアたっぷりの人で、現場の雰囲気は明るかったですね。撮影が、大映京都から移籍したベテランの伊佐山三郎さんで、ライトの当て方も含めて総体的に指揮してくれたので助かりました。あの人がいたので、このチーフ助手一本目は何とか乗り切れたんです。この作品が終わった後に、橋本氏と住んでいた南新宿の部屋を引き払って、僕は東松原の四畳半のアパートに引っ越しました。

――東京での生活も軌道に乗っていったのですね。

紅谷　とにかく忙しくて、休む間がなくて。次は西河克己監督の「生きとし生けるもの」（55）に就きました。これは橋本氏の録音技師昇格第一回作品です。西河さんは人柄がいいんですけれど、とにかくしつこく粘る監督で、残業が多かった。芝居のテストを何度かした後、大体芝居が固まると本番の直前に〝本番テスト〟をやるんです。通常は一回ですが、西河さんはこれを何度もやるんです（笑）。こちらは「いつ本番にいくのかなあ」と思っていましたけれど、俳優の方でもやりにくかったと思いますよ。

――「女人の館」に出演した、北原三枝さんが出ていますね。

紅谷　彼女は松竹から移籍してきたんですが、日活には自社のスターがまだ誰もいませんでしたから、すぐに若手のトップになりました。

――助監督の顔ぶれがすごい。チーフ助監督が中平康さんで、セカンドが蔵原惟繕さん、サードが浦山桐郎さんですね。

紅谷　後に結果的にはすごいメンバーになったんですが、この頃はみんな経験が浅くて突出した感じではなかった。中平さんは秀才タイプでおしゃれ。プライドが高くて人当たりがきついから、

舛田利雄　1927年生まれ。映画監督。50年、新東宝に入社し、54年に日活へ移籍。58年に監督デビューし、「赤い波止場」（58）、「錆びたナイフ」（58）などによって、石原裕次郎をアクション俳優へと押し上げた。日活を離れてからは、「二百三高地」（80）や「大日本帝国」（82）といった戦争大作を作る一方で、アニメ『宇宙戦艦ヤマト』シリーズも監督している。

峰重義　1911～1987。映画キャメラマン。43年、大映でキャメラマンとして一本立ち。主な作品に「馬喰一代」（51）、「稲妻」（52）、「あにいもうと」（53）、「狂った果実」（56）、「関東無宿」（63）などがある。

藤林甲　1907～1979。照明技師。32年に照明技師になり、「雪之丞変化」（35）、「昨日消えた男」（41）などの照明を担当。戦後は「宗方姉妹」（50）、「西鶴一代女」（52）など巨匠監督とのコンビ作を経て、日活に移籍してからは「鷲と鷹」（57）、「太平洋ひとりぼっち」（63）などの石原裕次郎作品を多く手掛けた。

神谷正和　1914～1961。録音技師。35年にＰＣＬに入社し、録音技師になったのち新東宝に移籍。戦後は日活で活躍した。担当作品に「ハワイ・マレー沖海戦」（42）、「赤付きの脱走」（50）、「西鶴一代女」（50）、「月は上りぬ」（55）、「ビルマの竪琴」（56）、「狂った果実」（56）、「勝利者」（57）などがある。

五所平之助　1902～1981。映画監督。22年から松竹の助監督になり、25年に監督デビュー。日本初のトーキー「マダムと女房」（31）や、田中絹代主演の「伊豆の踊子」（33）で好評を博し、戦後も「煙突の見える場所」（53）などの力作を発表した。

浦山とは肌が合わない（笑）。浦山は根が明るい方じゃないし、風呂が嫌いでとにかくおしゃれをしない。蔵さん（蔵原）は、飛びぬけて二枚目じゃないんだけれどおしゃれで人に親切で、女優にもモテました。セカンドとかサードの助監督は俳優を時間になると呼びに行く係で、女優に接する機会が多い。だから蔵さんは、元宝塚女優の宮城野由美子さんと助監督時代に結婚していますよね。

一年に一〇本、とにかく忙しい！

――この頃はまだ効果音のストックもなかったとか。

紅谷　ライブラリーも何もないんです。昔は擬音部というのがあって、その人たちが効果音をその場で作って、ダビングのときに生で音を入れていた。でも現代劇だと作った音というわけにいかないので、クランクアップするとダビングに必要な効果音を、知り合いを頼って紹介してもらい、必要な音を録りに行き、その音を音付けしました。アクション・ノイズは、アフレコのときに俳優さんと一緒に音を入れるんですが、足音や洋服の衣擦れの音とか、一つのマイクでセリフを録って、もう一つで効果音を録るんですけれど、セリフがうまくいっても効果音がずれてもう一回ということがありました。そんな時代がしばらく続きましたね。セリフと効果音を別々に録るようになったのは、だいぶ後のことです。

――55年にはこの作品を含めて七本、忙しかったでしょう。

紅谷　日活にはメインスタッフで構成された〈技師会〉があって、その下に助手を司る〈チーフ助手会〉があったんですが、メインスタッフの編成は会社が決めて、〈チーフ助手会〉の幹事が各作品の助手のスタッフ編成をしました。助手にも生活があるから、なるべくまんべんなく仕事が行くようにするんだけれど、やはり各人ごとに技術的なランクがあるわけです。すると優秀な助手がメインスタッフに引っ張られる。僕のところにもよく録音技師が「お願いだからやってほしい」と言ってきましたよ。それでこの年からしばらく一年に一〇本近いペースで仕事をすることになって、とにかく忙しかった。当時は二本立で作品を上映していて、月に八本必要ですよね。大体撮影から仕上げまで含めて、一本できるまで四〇日かかる。それで脚本の上がりが遅れると

「愛と死の谷間」（54年9月21日公開）。監督：五所平之助、出演：芥川比呂志、津島恵子。美しい女医と、彼女を調査することになった私立探偵との恋を描いた作品。

秋山みよ　1924〜2014。スクリプター。47年から大映京都撮影所でスクリプターになり、「源氏物語」（51）や「地獄門」（53）を担当。54年に日活へ移籍して、文芸作やアクション映画。さらにはロマンポルノ作品も担当しながら、後進の指導をしていった。

春原政久　1906〜1997。29年、日活太秦撮影所に入社し、33年に監督デビュー。主にコメディ映画で才気を見せた。主な作品に「愛の一家」（41）、「七色の花」（51）、「三等重役」（52）がある。

「女人の館」（54年11月23日公開）。監督：春原政久、出演：三國連太郎、北原三枝。女だけが暮らす館に、瀬戸内海の孤島からやってきた男が2カ月間住み込むことになり、彼を巡って騒動が巻き起こるコメディだ。

沼倉範夫　録音技師。新東宝から54年に日活へ移籍。主な担当作品に「果しなき欲望」（58）、「殺したのは誰だ」（59）、「上を向いて歩こう」（62）、「日本列島」（65）がある。

伊佐山三郎　1901〜1967。映画キャメラマン。22年、日活向島撮影所の入社し、24年にキャメラマンになる。田坂具隆監督とのコンビで「真実一路」（37）、「五人の斥候兵」（38）、「土と兵隊」（39）などの撮影を担当。戦後も日活で、「女中っ子」（55）、「乳母車」（56）、「陽のあたる坂道」（58）といった田坂作品を手掛けている。

四〇日を切るので、撮影が終わったら編集ラッシュのフィルムを観て、すぐにオールラッシュということになる。ここから音入れで、セリフだけでなく音楽も入れていくわけですから、本当に時間がなくてしょっちゅうスケジュールのことでもめていました。ただ一本就くごとに担当報酬が給料とは別に入るので、忙しい合間を縫って遊びに行くのが、何ともいえない快感でしたよ（笑）。夜の新宿、渋谷は夢のパラダイスでした。

――55年に井上梅次監督が新東宝から移籍しています。紅谷さんは「三つの顔」（55）で、初めて井上作品に参加していますね。

紅谷　井上さんは後に石原裕次郎主演の「嵐を呼ぶ男」（57）を大ヒットさせましたが、「三つの顔」は三國連太郎さん主演の地味な映画でした。井上さんという人は、とにかくせっかちで早撮りなんです。でも、どんな厳しい撮影条件であってもある程度のレベルの映画に仕上げるので、会社は二週間くらいしか撮影スケジュールがないと、井上さんに頼むんです。その井上さんの助監督をしていたのが同じく新東宝から来た舛田利雄さんで、舛田さんも監督になってから裕次郎映画で名を上げますけれど、作風として舛田さんはちょっと重量感があった。井上さんは器用な人で、アクションでもコメディでも、何でもこなすんです。

――次に内田吐夢監督にも就いていますね。

紅谷　「自分の穴の中で」（55）ですね。僕は大映時代からいろいろな監督と付き合ってきましたが、その中で伊藤大輔、内田吐夢、溝口健二、この少し後に「今日のいのち」（57）で仕事をした田坂具隆の四人の監督は、精神的に裕福な人たちだと思いました。撮影していても、気分的にすごくゆとりが持てるんです。撮影のペースが緩やかで、それぞれが持っている人格が表に出てくるわけです。戦前からやっている監督は、これだけ豊かな人間性を持っているんだなと感心しました。内田さんは本当に温厚な方で、「この人のためなら！」と、こちらに思わせる監督です。それは田坂監督も同じでしたね。

――異色なところでは田中絹代監督の映画にも参加されていますね。

紅谷　「乳房よ永遠なれ」（55）をやっています。田中さんは名女優だけれど、やはり監督としては経験が少ないのでメインスタッフを大事にして、スタッフの力を借りながら作っていくという雰囲気があったんです。特に録音の神谷（正和）さんのことは信頼していました。田中さんはお

「生きとし生けるもの」（55年2月25日公開）。監督：西河克己、出演：山村聰、三國連太郎。付き合い始めた女性に、会社の社長の息子が求婚して、身を引こうと決めた主人公。しかし彼らの関係は複雑に揺れ動いていく。

浦山桐郎　1930～1985。映画監督。54年に日活へ入社。川島雄三、今村昌平の助監督を経て作った、吉永小百合が主演の監督デビュー作「キューポラのある街」（62）が高評価を得る。その後も「私が棄てた女」（69）、「青春の門」二部作（75・76）と、文芸映画の力作を発表した。

「三つの顔」（55年8月9日公開）。監督：井上梅次、出演：三國連太郎、水島道太郎。ビルマ戦線から帰った3人が、5年後の再会を約束する。だがある者はボクサーとして八百長試合を持ち掛けられ、ある者はギャングの手先になり、運命が変転していく。

「嵐を呼ぶ男」（57年12月28日公開）。監督：井上梅次、出演：石原裕次郎、北原三枝。

内田吐夢　1898～1970。映画監督。20年、大正活映に出入りするようになり、26年、日活から本格的に監督デビュー。「限りなき前進」（37）、「土」（39）などで注目され、戦後は「血槍富士」（55）をはじめ、『宮本武蔵』五部作（61～65）、「飢餓海峡」（64）など、人間の深部をえぐる作品を次々に発表した。

昼に、神谷さんのためのお弁当を作ってくるんです。僕は田中さんが神谷さんに惚れていたんじゃないかと思っていますよ（笑）。

川島雄三監督の「風船」で遭遇、鬼のイマヘイの存在

――そして、川島雄三監督の「風船」（56）に参加する。これはチーフ助監督だった今村昌平さんとの出会いにもなった作品ですが、まず川島監督の印象はいかがでしたか。

紅谷　川島さんは椅子に座ったまま、ぼそぼそと小さい声でものを言う人なんです。足がちょっと不自由だから自分で立って積極的に指示しに来るということはないんです。だから常に川島さんの傍にはチーフ助監督の今村さんか、セカンドの浦山桐郎がいて、川島さんが言ったことを俳優に伝えていました。言ってみれば助監督は通訳みたいな役回りですよ。川島さんは、身なりはおしゃれなんです。いつもスーツを着て、ネクタイをしていました。またユーモアもあって、「紅谷くん」とあるとき呼ばれたので「何ですか」と答えたら、「この電話のカット、オフでキスの音が聴こえなきゃいけないんだけれど、君、キスの音を出してくれるか」と言って、その場が大笑いになったりしてね。面白い人でしたよ。

――今村さんの印象は？

紅谷　すでに〝鬼のイマヘイ〟という噂は広まっていましたが、このときは何が鬼なのかよく分からなかったです。おそらく制作部に対してがんばって妥協しないということだったと思いますけれど。その後、いろいろな映画を一緒にやって、嫌というほど〝鬼のイマヘイ〟を実感するんですけれども（笑）。「風船」のときには芦川いづみが出ていて、京都ロケのナイトシーンでエキストラが一〇〇人ほど一緒に踊る盆踊りのシーンがあったんですが、今村さんはエキストラの捌き方が見事でした。普通はこういう場面だと、音楽を仕込んでおいてプレイバック・マシーンにフィルムの音をかけて、それで音を出して踊りと合わせていくんだけれど、このときはスケジュール的に時間がなくて制作部から「悪いけれどレコードでやってほしい」と言われたんです。だからスピーカーもアンプもレコードプレイヤーも電気屋さんから借りてきて、僕はレコードの音を、使う部分のレコードの溝に白デルマ（フィルム編集に使う粘着力のある色鉛筆）で印をつけ

「自分の穴の中で」（57年9月28日公開）。監督：内田吐夢、出演：北原三枝、三國連太郎。財産を失いつつある家の娘が、女性関係が激しい裕福な医師と、貧しい純情な男との間で心が揺れていく人間ドラマ。

「今日のいのち」（57年6月26日公開）。監督：田坂具隆、出演：北原三枝、石原裕次郎。実家の病院を再建しようとする女医が、金と欲が絡んだ男たちに言い寄られながらも、年下の男との純愛を貫こうとする。

田坂具隆　1902〜1974。映画監督。日活大将軍撮影所に入社後、26年に「かぼちゃ騒動記」で監督デビュー。主な作品は「心の日月」（31）、「真実一路」（37）、「路傍の石」（38）、「陽のあたる坂道」（58）などがある。

田中絹代　1909〜1977。女優、映画監督。24年、松竹下賀茂撮影所に入所し、その後「伊豆の踊子」（33）、「愛染かつら」（38）などのヒット作に主演して、松竹の看板スターになる。女優業の傍ら、53年の「恋文」を第一作に監督としても六作品を発表した。

「乳房よ永遠なれ」（55年11月23日公開）。監督：田中絹代、出演：月丘夢路、森雅之。女優・田中絹代の監督第3作。将来を嘱望された歌人の女性が、乳がんに侵されていることを知り、絶望を味わっていく。

「風船」（56年2月19日公開）。監督：川島雄三、出演：森雅之、三橋達也。大佛次郎の小説を原作に、ある実業家一家の人間模様を綴る。三橋達也や芦川いづみなど、日活における川島映画の常連俳優が好演。

て、それで音を現場で出しました。そのとき、今村さんは電メガで「これからこういう音が出ますから、そこでこんなふうに踊ってください」と、実に分かりやすくエキストラに説明していました。このシーンは僕と今村さんとスクリプターで相談しながら、カットごとに盆踊りの音出しの箇所を決めていったので、三人で打ち合わせを何回もやったんです。それで急激に今村さんと親しくなっていきました。それと僕は、例えばセット撮影のとき欄間に腹ばいになって上からマイクを突っ込むとか、どのカットもフレームギリギリまでマイクを持っていくということをやっていたので、おそらくその仕事を今村さんは見ていたんですね。今村さんや浦山と親しくなったのは、僕の仕事ぶりに興味を持ってくれたのも大きかったと思います。川島組には「洲崎パラダイス　赤信号」（56）にも呼ばれました。

——この映画でも、今村さん、浦山さんと一緒ですね。主演は三橋達也さんと新珠三千代さんです。

紅谷　川島さんは三橋さんのことを気に入って、よく使っていました。新珠さんは、まだ映画に慣れていなかった感じがしましたね。芦川いづみさんも川島さんの作品によく出ていますが、川島さんはとにかく女優さんに人気がありました。何か、私が面倒見てあげなくちゃいけないという気にさせるところがある人なんでしょうね。

——ロケ撮影には同行したんですか。

紅谷　付き合いました。あのときは洲崎遊郭の手前側の橋のたもとに、轟夕起子さんがやっている飲み屋のロケセットを作ったんです。撮影が終わると今村さんが「焼き鳥でも食うか」と言って、そのセットで宴会が始まった。小道具の人が毎日撮影で使う焼き鳥を買ってきていて、残ったものがあったんですね。今村さんと浦山を含め、数名が飲んでいました（笑）。僕も加わってひとしきり飲み終わったら、「その辺をぶらぶらするか」と今村さんが言い出して、浦山を入れて三人で洲崎遊郭の方へ向かったんです。すると小綺麗な女の子二人が歩いていて、声をかけてみようかということになったんだけど、今村さんの考えで結局、僕が声をかけることになって。「映画のロケ隊の者だけど、お茶でも飲みませんか」と言ったら、向こうはＯＫしてね。こちらが三人、女の子二人で喫茶店に行ったんです。仕事のこともあったけれど、今村さんと浦山とは人間的に相性がよかったんでしょうね。

プレイバック　音楽を先に録音しておいて、撮影現場で音を流し、俳優がそれに合わせて演技する形式の撮影法。

「洲崎パラダイス　赤信号」（56年7月31日公開）。監督：川島雄三、出演：三橋達也、新珠三千代。倦怠感漂う男女のカップルが、離れられずに堕ちていく姿を、洲崎遊郭の入り口にある飲み屋を舞台に描く、川島監督の代表作。

——そこからプライベートでも飲み仲間になったわけですか。

紅谷　そうです。あるとき、いつものように三人で新宿の焼肉屋へ行って飯を食ったら、勘定するときにお金が足りない。そうしたら今村さんが「ちょっと川島さんのところへ行ってくる」と言って、僕と浦山を店に残して新宿にある川島さんの宿まで行き、小遣いをもらって帰って来たということもありましたね。川島さんは「わが町」(56)もやりました。

——このときのチーフ助監督は、今村さんではないですよね。

紅谷　今村さんは体調が悪かったのか、自分の監督デビュー作を準備中だったのか。理由は定かでありませんが、撮影前の準備だけはやって、現場は松尾昭典さんがチーフ助監督でした。この映画は主演が新国劇の辰巳柳太郎さんですが、ちょうど明治座で新国劇の公演をやっている最中だったんです。だから撮影開始は、毎日夜の九時。辰巳さんの昼の公演が終わって撮影所に着いて準備できるのがその時間なんです。それでセットで朝四時まで撮影をする。辰巳さんはそれからお妾さんのところへ寄って、昼の公演に向かうんです。これはスタッフの間では有名な話でした。

　早朝に撮影が終わると、僕のアパートが川島さんの宿に近かったものですから、監督車に便乗させてもらって新宿まで行く。それから焼肉をごちそうになることが何度もありました。川島さんはにんにくたっぷりの焼き肉を好んでいたので、いつも消臭のためのグリーンの薬を常備していました。それをあんまり飲むものだから、唇がグリーンになっていることがよくありました。

——今村さんは、撮影にタッチしていなかったんですか。

紅谷　かなり後半になって、撮影現場を覗きに来ました。これが監督デビュー作『『テント劇場』より盗まれた欲情」(58)になるんですけれど、そのときこっそり「近いうちに俺も一本撮るから、やってくれるか」と言われました。その話を聞いたのが僕はかなり早かったですね。

——紅谷さんから見て、川島さんと今村さんの師弟関係はどのように感じましたか。

紅谷　川島さんは体のこともあって自分から動く人ではないですから、今村さんのように監督の狙いを汲んで、制作部と交渉するとか、動いてくれる人が必要だったんですね。また今村さんは馬力もあったし、声も大きくて、そういうことにはうってつけでした。また二人は基本的に、お互いの才能を評価していたと思います。共同で脚本も書いていますからね。今村さんが持ってい

「わが町」(56年8月28日公開)。監督：川島雄三、出演：辰巳柳太郎、南田洋子。明治から昭和にかけての大阪を舞台に、男手ひとつで娘と孫娘を育てていく、車引きの男の姿を描いた、織田作之助の小説の映画化。

『『テント劇場』より　盗まれた欲情」(58年5月26日公開)。監督：今村昌平、出演：長門裕之、南田洋子。今村昌平の監督デビュー作。ドサ回り一座を舞台に、一座の座付作家の青年が、座長の二人の娘と肉体関係を持ったことから、姉妹の嫉妬心が膨れ上がる。

る作家としての才能を、川島さんは見抜いていたと思います。そういう意味で人間のタイプは違いますけれど、才能で結ばれていたと思うんです。今村さんも川島さんの映画作りを楽しんでいたし、持ちつ持たれつといった感じでしょうか。まあ、現場を動かしていくという面では川島さんの方が、今村さんを頼っていた気もしますけれども。

石原裕次郎の出現で日活撮影所の空気が一変した!

――石原裕次郎さんがデビューする前年の55年秋に出版された本に、各映画会社の主な俳優の名前が掲載されています。日活では男優が、三國連太郎、三橋達也、山村聰、安井昌二、河津清三郎、水島道太郎、宍戸錠、名和宏、大坂志郎、長門裕之など。女優は、月丘夢路、北原三枝、南田洋子、芦川いづみ、坪内美子、轟夕起子、二木てるみ、新珠三千代、小田切みき、島秋子、南寿美子、東谷暎子、桂典子、朝美矢子といった名前が並んでいます。ほかの会社と比べると、特に男優に若手があまりいない印象ですね。

紅谷　映画製作を再開してから裕次郎が登場するまでの二年間、日活は赤字続きで全然ダメでした。これで今後、会社が本当に保つのかどうか不安になりました。作品傾向として何か一つの路線があればいいんですけれど、時代劇や文芸作、青春物と何でも作って、とにかく劇場に週二本映画を掛けるのが精いっぱいだったんです。

――そんな状況の中、56年に石原慎太郎さんの小説、芥川賞受賞作の『太陽の季節』が日活で映画化された。原作者の弟でもある石原裕次郎さんが若者の風俗監修で加わり、作品にもチラッと出演していますが、この映画に紅谷さんはついていていますね。

紅谷　ええ。監督が古川卓巳さん。新しい感覚を持っているタイプの人に見えなかったので、果たしてこういう題材に向いているかと心配していましたが……。裕次郎が出たロケーションのシーンは、セリフはアフレコでしたから撮影には付き合わなかったです。でも裕次郎が撮影所に来たとき、彼は間違いなくスターになるぞと一目見て思いました。車から降りて食堂に向かって歩いてくるだけで、みんな「誰だ、あれは」という反応でした。背は高いし、足が長い。八頭身でスタイルは抜群でしたからね。宍戸錠もわりとスタイルのいい俳優でしたが、裕次郎は別格でし

「太陽の季節」（56年5月17日公開）。監督：古川卓巳、出演：長門裕之、南田洋子。石原慎太郎の芥川賞受賞作を映画化。虚無的な高校生が、銀座で拾った娘を弄んだ末に捨てて、娘は妊娠中絶手術の失敗で亡くなる。石原裕次郎がチョイ役でデビューした。

古川卓巳　1917〜2018。映画監督。41年、日活に入社。55年に監督デビュー。「太陽の季節」（56）で注目を浴び、以降は「逆光線」（56）、「人間魚雷出撃す」（56）、「野獣の門」（61）、「拳銃残酷物語」（64）などを発表した。

た。僕は若い頃の俳優を見て、ほかの人とは違うなと思ったのは裕次郎と若い頃の仲代達矢さんです。だからどうしても裕次郎は日活に入ってほしいと思いました。

――間もなく「狂った果実」（56）に主演して、裕次郎さんは本格的に日活からデビューしますね。

紅谷　「太陽の季節」は客の入りがよかったんです。主演が長門裕之と南田洋子ですが、やはり原作の話題性が大きかったと思います。次に「狂った果実」が大ヒットして、監督の中平康さんがキャメラを斜めにして撮ったり、切れ味の鋭い映像センスも光ったけれど、この作品で完全に裕次郎が注目されたと思いました。実際、そこから裕次郎の主演作を連発して日活はずっと上り調子になっていきました。でも最初は裕次郎をどうやって売り出すか、会社も探っていたと思います。次の主演作が田坂具隆監督の文芸作「乳母車」（56）ですから。それが57年に入って、「勝利者」「鷲と鷹」「俺は待ってるぜ」とアクション映画が好調で、「嵐を呼ぶ男」の大ヒットで人気のピークを迎えるわけです。裕次郎が入ってきた頃は撮影所のステージは八つでしたが、結局、彼の映画が当たったことで一三ステージまで増設されました。

――裕次郎さんによって、一気に社内の空気が変わったんですね。

紅谷　そうなんです。だから裕次郎が朝、撮影に遅刻をしてきても、誰も文句を言わない。だってかわいそうなんですよ。一本映画が終わったら、休みもなく次の作品に入らなくてはいけないんですから。少々のことは「わがままを許してやれ」という空気が社内にありました。当時撮影所の食堂でビールを飲むのは、上層部の人間でもダメだったんですが、裕次郎だけは暗黙のうちに許されていました。ＯＫは出さないけれど、会社のお偉いさんも文句は言わなかった。裕次郎は昼間からビールを飲むんだけれど、セリフに影響するからベロベロになるまでは飲まない。当然ですが、ギリギリのところでやめていましたね。

――紅谷さんは、俳優・石原裕次郎をどう見ていたのですか。

紅谷　最初の頃は、普通の若者にしては着ているものも派手だし生意気なように見えたけど、結構気がつくし、なによりも人間的に魅力的なので、期待の方が大きかった。誰も裕次郎の悪口を言う者はいなかったです。彼は人懐っこいし、笑顔がいい。それと頭がよくて勘がいいから、反応が早いんです。先輩を立てるし、基本的な人間の生き方を知っているので、文句の言いようがないんですね。ただ俳優としては……。頭がいいから前の日から一所懸命にセリフを覚えるとい

「狂った果実」（56年7月12日公開）。監督：中平康、出演：北原三枝、石原裕次郎。

「乳母車」（56年11月14日公開）。監督：田坂具隆、出演：芦川いずみ、石原裕次郎。

「勝利者」（57年5月1日公開）。監督：井上梅次、出演：三橋達也、石原裕次郎。

「鷲と鷹」（57年9月29日公開）。監督：井上梅次、出演：三國連太郎、石原裕次郎。

「俺は待ってるぜ」（57年10月20日公開）。監督：蔵原惟繕、出演：石原裕次郎、北原三枝。

うことはあまりなくて、撮影所へ着くまでの車の中で覚えるみたいなところがありました。現場でセリフがちゃんと入っていないけれど、そのために人を待たせるということはなくて、一応しゃべっちゃうんです。怪しいセリフもあるけれど、それも裕次郎らしくていいやってことで監督が甘やかすものだから、それで通ったんですね。

――つまり俳優としての基礎ができていない?

紅谷　そうなんだけれど、それでヒットするから誰も何も言わないし、裕次郎がやりやすいように、周りが合わせていったわけですね。僕がついたときは「このセリフだけは歯切れよくやらないとダメだよ」とか、「この地名をしっかり言わないとドラマが分からなくなるよ」とか、個人的に相当注文しました。僕は彼に本物のスターになってほしかったし、裕次郎とはわりと親しかったからそんなことが言えたんです。そうすると裕次郎も「分かった、分かった。俺もちょっと気になっていたんだ」って、気持ちよくやり直してくれました。また彼は声がよくて歌がうまい。だから雰囲気で劇中歌を歌っても様になるんですね。

――セリフ以外の部分ではどうでしたか。

紅谷　なんといってもアクションのタイミングもうまく合わせるし、それでなんとかなるんです。後年「黒部の太陽」(68)の仕上げを担当したときです。あの映画は、石原プロと三船プロの共同製作で五社協定の縛りがあったので劇団・民藝の役者をはじめ日活以外の人が多かったんです。その中には辰巳柳太郎さんの父親と息子役の裕次郎が延々とセリフを言い合う場面や、三船敏郎さんとの長い芝居があるので大丈夫かなと思ったのですが、そこは彼の持ち味でなんとかもたせているので、さすがだなあとは思いました。

――裕次郎さんの伸びやかな個性と独特の持ち味は、日活という会社によって守られていた部分が大きいわけですね。プライベートはどんな方だったんですか。

紅谷　よくメインスタッフを連れて銀座へ飲みに行っていました。裕次郎が遊ぶ金はほとんど会社が払っていたようで、スタッフも気楽なもんでした。59年3月に裕次郎は失踪騒ぎを起こしましたが、これは社内でも大騒ぎでした。でも大スターというのはベルトコンベアー式で休みなく仕事をしていると、「いい加減にしてくれ」という気持ちになってね。会社に抵抗したくなるものです。後で聞くと高倉健さんも東映時代、同じように失踪したことがあるそうです。でもそん

「黒部の太陽」(68年2月17日公開)。監督:熊井啓、出演:三船敏郎、石原裕次郎。三船と裕次郎の二大スターが手を組んで製作した、黒部ダム建設を成功させた人々の奮闘を壮大なスケールで描く人間ドラマ。

石原プロモーション　俳優・石原裕次郎が63年に設立した、芸能事務所、制作プロダクション。「太平洋ひとりぼっち」(63)を第一作に映画製作に乗り出し、「黒部の太陽」(68)、「栄光への5000キロ」(69)などのヒット作を生み出した。70年代には『大都会』、『西部警察』などのTVドラマも制作。2021年に解散している。

三船プロダクション　62年に俳優・三船敏郎が設立した、スター・プロの草分け的な芸能事務所、制作プロダクション。三船の初監督作「五十万人の遺産」(63)を第一作に、映画やTVドラマを制作。東宝と提携した「風林火山」(69)、石原プロと組んだ「黒部の太陽」(68)などの大ヒット作を作り上げた。

五社協定　専属の監督・俳優の引き抜きを禁止するため、日本の映画会社五社(松竹、東宝、大映、新東宝、東映)が53年9月に調印した、各社が「スターを貸さない、借りない、引き抜かない」ことを目的とする協定。これは日活の俳優引き抜きを防ぐための協定だったが、後に日活も協定に参加。新東宝が倒産するまでの三年間は、六社協定になっていた。71年に自然消滅している。

なときには一人で失踪するわけじゃない、裕次郎の場合はプロデューサーの水の江瀧子さんに連絡が入っている。それで内緒で会社に連絡して、「今ここにいるから安心しろ」というわけです。だから上層部の人間はスターの所在を摑んでいたはずですよ。

予告篇づくりで選曲のセンスを発揮

——裕次郎さんが入ってきた頃、紅谷さんはどんな生活をしていたのですか。

紅谷　「太陽の季節」に入る前、堀池清監督「愛情」（56）が終わったときに東松原から、家賃四五〇〇円の新宿・百人町のアパートに引っ越しました。四畳半一室でしたが小さな炊事場が付いていて、二階の部屋の窓から真正面に今のJR大久保駅が見える。反対側の向かいには新宿電話局ができて、公衆電話が目の前にあったので便利でした。銭湯も飲食店も比較的に近くて、生活環境はよかったです。新宿まで歩いて行けたしね。

——映画の予告篇の製作にもかかわったそうですね。

紅谷　劇場で上映する予告篇は当時、チーフかセカンドの助監督が作っていたんです。撮影が後半に差し掛かると予告篇担当の助監督は、撮影現場を抜けて予告篇の編集作業を始めます。予告篇の長さは二分から三分。通常、予告篇は二、三日でフィルムをつないで、試写室でオールラッシュを観るんですけれど、この段階では音楽も効果音も入っていません。会社からオールラッシュのOKが出たら音のダビングをするんですが、これが録音のチーフ助手の仕事になるんです。予告篇の短い時間で作品を印象付けるためには特に音楽が重要なんです。でも音楽には版権問題がありますからね。自由に好きな曲を使うことはできない。それで今までの日活作品の音楽ライブラリーの中から、音楽家の了解を得て使用するんです。この音楽の選曲にはダビング担当者のセンスが大きく影響するので、担当助監督はできるだけ選曲センスのある録音チーフ助手を選びたい。ときどきは今やっている映画の録音担当以外の人間を選ぶこともできたんですよ。会社としては裕次郎作品の予告篇を特に注目していて、裕次郎自身も自分の作品の予告篇は必ずチェックしていました。僕は結構裕次郎作品の予告篇に呼ばれることが多かったんですが、それは選曲のセンスと関係があったと思います。

水の江瀧子　1915～2009。女優、映画プロデューサー。28年、東京松竹楽劇部（後の松竹歌劇団）に第一期生として入団。男装の麗人〝ターキー〟としてレビューで人気を集め、40年代まで活躍。55年、プロデューサーとして日活に入り、石原裕次郎や赤木圭一郎などのスターを発掘。七〇本以上の映画をプロデュースして、日活の黄金時代を支えた。

堀池清　1919生まれ。映画監督。40年、松竹に入社し、54年に日活へ移籍。55年、監督デビュー。「僕は泣いちっち」（60）、「情熱の花」（60）などの歌謡映画、「青春前期・青い果実」（65）などの青春映画を手掛ける。その後、大阪万博記念映画「コンニチワとこんにちは」（73）も監督した。

「愛情」（56年4月22日公開）。監督：堀池清、出演：長門裕之、浅丘ルリ子。石坂洋次郎の小説を映画化。受験勉強のため温泉町へやってきた高校生と、湯治でこの地へやって来た少女との愛の行方を描いている。

――56年に中平康監督が「狂った果実」で、57年に「俺は待ってるぜ」で蔵原惟繕監督が、58年には舛田利雄監督がデビューして、いずれも石原裕次郎さんを支える若手監督として注目されましたね。紅谷さんはこのお三方と仕事をしていますが、どんな印象を持っていましたか。

紅谷　裕次郎と一番コンビが多かったのが舛田さんだと思いますけれど、あの人は要領がいいんです。きちっとカットを割ってどんどん撮っていく。ただ裕次郎が、例えば今日は早く帰りたいと言っても、引きのショットでスタンドインを使ってごまかすとか、そんなことはしなかった。やはり裕次郎の方が後から会社に入ってきたわけですからね、そこまで気を使っていなかったです。でも周りが、裕次郎が何か用事があるというと、みんなで協力しました。彼はスタッフから愛されていましたから。

――中平監督のことは助監督のときから知っていたんでしょうが、監督になって何か変化はありましたか。

紅谷　ベレー帽を斜めに被って、セットの中でもコートを着ていてね。おしゃれなんです。最初は切れ者という印象で、作品の評判もよかったんです。でも名前が売れ出してからは外部の著名人と付き合うようになって、深酒をしだしてね。よく麻雀をして勝つと、余っている金があるから寿司屋へ行こうと銀座に誘われました。僕がチーフ助手時代、中平さんはメインスタッフ並みに扱ってくれて結構可愛がってくれたんです。でも酒に溺れてからはちょっと見ているのがつらかったです。後に日活がTVドラマも受注するようになって、二谷英明主演の『特ダネ記者』（66～67）を作ったときに、中平さんはパイロット版を監督して、僕は録音のメインスタッフとして現場に就きました。このときはかなり酒を飲むようになっていて、朝セットの片隅でもどしている姿を目撃しました。最初の「狂った果実」が切れ味鋭い作品だっただけに、複雑な想いがありましたね。

――蔵原監督は助監督時代から女優さんにモテたそうですが、監督になってからは？

紅谷　モテる監督ナンバーワンでしたね（笑）。蔵さん（蔵原惟繕）はおしゃれだし、女性に優しいんです。それに清潔感がある。その対極で汚いイメージだったのが、風呂に入るのが嫌いな浦山桐郎（笑）。僕は鈴木清順さんとも助手時代に二本やっていますけれど、後に独特の世界を描き、一部の熱狂的なファンに支持される監督になっていくとは思わなかったです。僕がやっていたときには、普通の娯楽作品を撮っていましたから。清順さんの作風が変わっていったのは、美術の木村威夫さんの影響もあったと思いますね。
　それで蔵さんですけれど、助監督のときはそれほど目立つ存在ではなかったんです。監督になって特徴的だったのは、自分が編集すれば作品は面白くなるんだという自信を持っていたことです。その思い込みは本当に激しかった。でも僕は「われらの時代」（59）や「嵐を突っ切るジェット機」（61）など蔵さんの作品をやっていますけれど、全然当たらなかった。やはり蔵さんが自分の世界を確立して注目されたのは、「憎いあンちくしょう」（62）以降でしょうね。蔵さんとは対照的だったのは今村さん（今村昌平）。カットを割らずに一シーン、一カットの長廻しで撮っていく。それが今村さんの場合は、作品の力になっているんです。

今村昌平「盗まれた欲情」で満を持しての監督デビュー

——今村監督の話が出ましたが、紅谷さんは今村監督のデビュー作に就かれていますね。
紅谷　『「テント劇場」より　盗まれた欲情』（58）ですね。今村さんとは、互いに助手時代からの飲み仲間でもありましたからね。最初に監督するからやってくれと声を掛けられて、やっと撮る気になったかと喜びました。だって同世代の人はみんな先にデビューしているんですから。今村さんのデビューが遅れたのは、会社の企画を絶対にやらなくて、自分の企画で撮ろうとしていたからです。「盗まれた欲情」は長門裕之主演の群像劇で、なかなかよくできた作品だと思います。
——「盗まれた欲情」は今東光の『テント劇場』が原作で、ドサ回りのテント劇場が舞台。一座は最初大阪で興行するけれどうまくいかなくて、高安村という地方へ落ちていく。実際は埼玉でロケしたそうですけれど、今村さんは一作目から地方ロケが好きですね。
紅谷　撮影所から通える範囲内でロケ地を選んだんです。やはり人間臭い地方の方が、ドラマが作りやすいというのがあるんでしょうね。このときはまだそうではなかったけれど、今村さんの中では地方へ行ってみんなで一緒に泊まりながら一つの作品を作っていきたいというのが、狙いとしてある。俳優にしても作り物のセットではなくて本当の場所に入りこめば、芝居もおのずと変わるはずだと。セットだと自由に壁をばらして、各アングルから撮れますけれど、ロケの場合

木村威夫　1918〜2010。美術監督。45年、大映で美術監督になり、54年に日活へ移籍。「悪太郎」（63）以降、鈴木清順監督と多くの作品でコンビを組み、〝清順美学〟と呼ばれるその映像作りに貢献した。晩年は映画監督作も発表している。

「**われらの時代**」（59年11月25日公開）。監督：蔵原惟繕、出演：長門裕之、吉行和子。大江健三郎の小説を映画化。ジャズバンドを組んでいる同性愛の弟と、日本から脱出したいと思っている兄の鬱屈した青春を描く。

「**嵐を突っ切るジェット機**」（61年11月1日公開）。監督：蔵原惟繕、出演：小林旭、葉山良二。小林旭が航空自衛隊のアクロバット・チームの一員として活躍する、スカイ・アクション。クライマックスの飛行機同士の戦闘場面が見どころだ。

「**憎いあンちくしょう**」（62年7月8日公開）。監督：蔵原惟繕、出演：石原裕次郎、浅丘ルリ子。遠距離恋愛をするカップルの純愛を確かめるため、東京から九州までジープを運ぶ人気タレントと、その後を追う彼の恋人兼マネージャーとの愛を描くロードムービー。

は撮れるアングルに制約があるから、そこでみんなで苦しみながら考えてやることで、いろいろな発想が生まれてくるんだと。

また「盗まれた欲情」では、今村さんは助監督時代からエキストラへの演出がうまかったけれど、こういう群像劇をやらせたら、各々の人物の芝居を活かすのがうまいんです。そこは日活にあまりいないタイプの監督でした。

——群像劇だと、録音は大変なのでは？

紅谷　確かにそうなんですが、一番頭を悩ませたのは、これは全篇関西弁なんです。また今村さんは方言が好きなんですよ。それで自分が脚本を書いているから、セリフが不明瞭になることを嫌う。ただ今村流方言というのをうまく作る人でね。方言のニュアンスを確保しながらセリフを明瞭に聴かせるために、自分なりの方言を考えつくんです。

——初の監督ぶりはどうでしたか。

紅谷　堂々としたものでした。このときは群衆の演出を主にチーフ助監督の浦山（桐郎）がやっていたんですが、彼も優秀でしたね。今村さんとはいいコンビでした。今村さんはデビューこそほかの人から遅れましたけれど、社内の評価は助監督のときから高かった。それを決定づけたのは川島雄三さんの「幕末太陽傳」（57）で、助監督に加えて脚本を書いたことが大きかったですね（田中啓一、川島雄三、今村昌平の共作）。だからほかの監督よりも一目置かれた存在だったんです。「盗まれた欲情」は作品の評価も高かった。ここから今村流の〝重喜劇〟が始まっていきます。

——でもこの第一作で注目されたわりには、第二作がSP（短篇映画）の「西銀座駅前」（58）ですよね。これには理由があるんですか。

紅谷　今村さんは、どうしても第一作は自分の企画でやると言い張った。でもほかの監督は、会社のお仕着せ企画のSP作品でデビューした人が多い。だから「お前も一本、SPをやれ」と撮影所長から言われたんです。今村さんは次に自分の企画「果しなき欲望」（58）を監督するという条件付きでこの仕事を引き受けたと思いますよ。「西銀座駅前」は、脚本を今村さんが好き勝手にいじくってね。会社は「何だ、これは？」と言ってきましたけれど、タイトルにもなっているフランク永井の歌を三カ所入れ込めば何をやってもいいという話だったので、そのまま撮影し

「幕末太陽傳」（57年7月14日公開）。監督：川島雄三、出演：フランキー堺、左幸子。

重喜劇　今村昌平監督が自らの作品を、軽快な喜劇ではないことを表現するために使った造語。地下に埋められたモルヒネを発掘するために、五人の男女の欲望が交錯する監督第三作「果しなき欲望」（58）あたりから、監督が狙う重喜劇のタッチが読み取れる。

SP　シスター・ピクチャーの略。元は松竹の城戸四郎社長が四〇〜五〇分の中編作品を〈シスター映画〉と呼び、つまり姉妹編から発想した造語である。松竹では52年からSP映画が作られるようになった。転じて各社では、メイン作品に付ける添え物映画を指すようになり、新人監督の実力を試すテスト作品として多くのSP映画が作られていった。

「西銀座駅前」（58年7月29日公開）。監督：今村昌平、出演：柳沢真一、西村晃。フランク永井のヒット曲をモチーフにした、今村昌平の監督第二作。薬局の主人が浮気に走って失敗するまでを、コミカルに描く。

「果しなき欲望」（58年11月18日公開）。監督：今村昌平、出演：長門裕之、渡辺美佐子。

ました。確か撮影日数は一五日間で、今村さんとしては早かったですね。

――会社にとって扱いにくい監督だったわけですか。今村監督は、例えば舛田利雄監督が日活時代に五〇本以上監督しているのと比べれば、作った本数は非常に少ない。監督の給料は、どうなっていたんでしょうか。

紅谷　監督には、当時の大卒初任給の数倍の給料が毎月出ていました。だから作品ごとの担当報酬が入らなくても生活はできていたはずです。日活では西河克己さんが松竹から助監督たちを連れて来た功労者で古株ですから給料が上で、その下あたりが中平さん、少しランク下に蔵さんや舛田さんというところでしょうか。また今村さんの場合は本数こそ少ないですけれど、映画を作れば世間の評価も高くて話題になりますから。特に「豚と軍艦」（61）は圧倒的な評価を受けました。だから会社も監督仲間も、今村さんが撮影所に顔を出さなくても、どこか一人でシナハンに行っているんだろうと思っていた感じでしたね。

――今村監督の第三作「果しなき欲望」（58）には、紅谷さんは就いていませんね。

紅谷　この年、今村さんの二作品を含めて僕は八本やっているんです。だからスケジュール的に無理だった。プライベートでは夏に東松原に引っ越しをして、とにかく忙しかったんです。

――井上梅次監督、小林旭さん主演の「嵐を呼ぶ友情」（59）もやられていますね。

紅谷　井上さんが裕次郎主演で作った「嵐を呼ぶ男」（57）の姉妹篇として企画したんでしょうが、これは当たらなかったです。「嵐を呼ぶ友情」は59年の1月に公開されましたが、まだ小林旭はトップスターになっていなかった。彼の人気が爆発するのは、この年8月に「南国土佐を後にして」（59）でギャンブルが得意な刑務所帰りのやくざを颯爽と演じ、そのイメージを受け継いだ流れ者に扮した「ギターを持った渡り鳥」（59）が10月に公開されて、大ヒットしてからですね。この作品に始まる「渡り鳥」シリーズ（59～62）で、彼は日活のトップスターになるんです。

――録音担当として、小林旭さんの印象は？

紅谷　録音の立場から言わせてもらうと、小林旭の声は甲高いですけれど、録りいいんです。声の質によってマイクが少々離れていてもきれいに入る声と、そうじゃない声がある。声で録りにくかったのは宍戸錠さんですね。彼の声はこもるし、マイクが離れると録りにくい。一番録りやすかったのは、「盗まれた欲情」にも出ていますけれど、滝沢修さんです。やはり舞台で鍛えら

「豚と軍艦」（61年1月21日公開）。監督：今村昌平、出演：長門裕之、吉村実子。

「嵐を呼ぶ友情」（59年1月3日公開）。監督：井上梅次、出演：川地民夫、小林旭。一度はトランペット奏者になる夢をあきらめた男が、ジャズマン二人の友情によって、ギタリストとして再起する姿を描いている。

「渡り鳥」シリーズ　小林旭を一躍日活のトップスターへと押し上げた人気シリーズ。59年から62年にかけて全9作が作られ、流れ者の主人公が立ち寄った土地で、悪玉を倒して去っていくのがパターン。ライバルのガンマンを演じた宍戸錠も注目を集めた。

れているので、基本的に声量があるし、セリフが明瞭なんです。マイクがどんなに離れてもしっかり録れるので、滝沢さんは楽でした。

――紅谷さんのプライベートな部分で言うと、59年1月にご結婚されていますね。

紅谷　ええ、この年はチーフ助手として一〇本担当しましたから、多忙な中での新婚生活でしたね。

――59年には、今村さんの代表作「にあんちゃん」（59）が生まれます。これに紅谷さんは就いていますね。

紅谷　これは当初、田坂具隆監督が撮る予定だったのが、田坂監督が日活を辞めたので今村さんに回ってきた企画なんです。原作は当時ベストセラーになった在日韓国人の少女の日記で、これを今村さんはオリジナルの要素も加えて脚本にしました。撮影は九州・唐津のボタ山で長期ロケーションをしましたが、このあたりから今村さんはロケーションも同時録音にこだわるようになったんです。「にあんちゃん」を全篇同時録音でやれないかと相談されましたが、当時の機材では対応が難しかった。キャメラはバカでかいミッチェルしかなくて、これには三相の二二〇Vの電源が必要なんです。録音機も三五ミリシネテープの大きなマシンで、こっちにも一〇〇Vの電源が必要。この電源を確保しながらロケーションの場所を移動して歩くのは、この時点では無理でした。ですからロケーション部分に関してはすべてアフレコでやりましたし、主人公の兄弟が暮らす家の中や炭礦の事務所のところは、スタジオにセットを建てて撮りました。ただ僕もロケーションにはずっと付き合ったんです。トロッコの音などの効果音はあの場所へ行かなければ録れませんし、炭鉱のストライキの場面などもそのとき音を録っておかないと臨場感が出ませんからね。特殊な状況でセリフをいうときには、オンリー録り（セリフだけをその場で録っておくこと）もしておきました。とりあえず必要と思われる材料だけは録っておかないと、ダビングのときに困りますからね。この作品では今村さんが粘るものだから撮影が延びて、途中で予算がなくなったんです。会社から上層部の人が来て、ロケ隊をいったん引き揚げろと言われたんですけれど、今村さんは悠然としてそのまま撮影を続けていました。

――ロケ隊は、ボタ山のあたりに泊まっていたわけですか。

紅谷　みんなで合宿生活をするんです。それは俳優も平等に同じところに泊まるんですよ。それで撮影期間中は、今村さんは外へは飲みに行かない。大体監督の部屋に気心の知れた人を呼んで

「にあんちゃん」（59年10月28日公開）。監督：今村昌平、出演：長門裕之、吉行和子。佐賀県の炭鉱町を舞台に、両親のいない四人兄妹が、貧しくとも健気に生きていく姿を、今村監督がリアリズムに徹した演出で描く。

ミッチェル・カメラ　日本映画では70年代前半よくまで使用されていた撮影機。アメリカで17年に最初のモデルが作られ、日本では28年から松竹が初めて導入した。サイレント用、シンクロ用、ハイスピード用など様々なタイプがあって、機材自体が大きく重いため映像に安定感はあるが、移動が大変であった。

三相の二二〇Vの電源　交流電源。日本では一〇〇V（単相）、二〇〇V（単相）、三相二〇〇Vの種類がある。三相交流とは、一二〇度ずつ位相の異なった三つの電源波形を持つ交流回路で、一般に動力用として町工場などで使用される。

オンリー　撮影本番の録音以外に、現場で特別に単独音を録ること。正式にはサウンド・オンリーという。セリフに別の音源が重なって分かりにくかったり、俳優がセリフを間違えた場合に、本番の感覚を忘れないうちにセリフだけを録音しておくのがオンリーの基本。

飲むことが多くて、僕も何回か呼ばれたことがありましたね。撮影期間が長くなるとその中盤ごろに一度だけ、中打上げといってみんなで宴会する機会を設けるんです。

――この映画では炭鉱に暮らす兄弟が主人公ですが、長男が長門裕之さんで、妹役で松尾嘉代さんが映画デビューしていますね。

紅谷　長門以外の子役はオーディションをして、事前にテストもしています。子役を鍛えるのは助監督の浦山桐郎の仕事で、今村さんは現場で彼らの演技の直しをする感じでしたね。松尾嘉代はこれがきっかけになって、本格的に女優になっていったんですけれど、最初から勘のいい子でした。子役たちはかなりアフレコも多かったんですけれど、それほど苦労しなかった記憶があります。

――この映画は公開されるとヒットして、文部大臣賞をはじめ、作品評価も高かったんですね。そのわりに今村監督は次回作「豚と軍艦」(61) まで、二年のブランクがありますが……。

紅谷　本当は次に藤原審爾さんの小説『赤い殺意』を撮る予定で、脚本もできていたんです。でも会社から内容が暗いという理由でOKが出なくて、急遽考えた別の企画が「豚と軍艦」だったわけです。

師・神谷正和と赤木圭一郎の死去

――その「豚と軍艦」には、紅谷さんは参加されていませんね。

紅谷　59年から61年にかけて、僕はチーフ助手としてとにかく忙しかったんです。60年も一〇本担当して、そのうち五本が石原裕次郎の主演作です。この年の12月に裕次郎は北原三枝と結婚しましたが、僕が9月に東松原から百合丘公団住宅に引っ越したときには、北原三枝さんが昼食におむすびを持ってきてくれて、あれには感動しましたね。裕次郎主演の五本はいずれも神谷正和さんが録音技師を担当して、僕がチーフ助手でした。忙しい合間を縫って、麻雀を覚えた神谷さんに誘われて、僕もよく一緒に卓を囲みました。僕も神谷さんも覚えたてなので、決まって負けるのが僕ら二人で（笑）。ただ神谷さんが麻雀をしながら、いつも左手で胃を押さえているのが気になりました。

――その神谷さんとのコンビは六一年も続くのですが、この年は日活にとって激動の一年になりましたね。まず1月に石原裕次郎さんが、志賀高原へスキーに行って女性スキーヤーに衝突され、右足を複雑骨折してしまう。

紅谷　そうなんです。この年の初頭、僕も一緒に仕事をした「やくざ先生」（60）と「あした晴れるか」（60）の録音技術が高く評価されて、神谷さんは三回目の毎日映画コンクール録音賞を受賞しました。その知らせを小林旭主演の「太平洋のかつぎ屋」（61）のダビング中に聞いたものですから、幸先がいいと思ったんですがね。神谷さんと僕の次回作は裕次郎主演の「激流に生きる男」に決まっていたんですが、クランクイン直前に裕次郎が骨折したんです。彼の出演が不可能になったので、日活では赤木圭一郎を代役に立てました。

――赤木さんは裕次郎さん、小林旭さんに続く〝第三の男〟として、将来を嘱望されたスターだったのですね。

紅谷　赤木は感じのいい男でしたよ。端正な二枚目ではないけれど、日本人離れしたちょっとバタ臭い肉感的な二枚目という感じで。これはスターになるぞという期待は、デビューしたときから大きかったです。でも車の運転免許を持っていなくて、小田急線に乗って撮影所に通っていました。

――その赤木さんが61年の2月14日に、撮影所内でゴーカートに乗って衝突事故を起こしてしまった……。

紅谷　僕たちが「激流に生きる男」のセット撮影に入って、一週間目くらいのことでした。昼食休憩になって、僕らは食堂で昼飯を食べていたんです。食堂の前には僕らが〝メインストリート〟と呼んでいる通りがあったんですが、そこを何だか分からない黒い塊がエンジン音を響かせながら速いスピードで通っていきました。間もなくドーンと大きな衝撃音がして、何が起こったのかと見ていた人たちが悲鳴を上げて走り出した。通りの突き当たりには大道具作業場の大扉があるんですが、そこに赤木の乗ったゴーカートがアクセルとブレーキを踏み間違えて、猛スピードで大扉に激突したんです。

――車の免許がない赤木さんが、どうしてゴーカートに乗っていたんでしょうか。

紅谷　ゴーカートの業者が売り込みに来て、「ちょっと乗ってみませんか」という話になったん

「**やくざ先生**」（60年9月21日公開）。監督：松尾昭典、出演：石原裕次郎、宇野重吉。戦災孤児や非行少年がいる学園に指導員としてやってきた主人公が、少年たちを触れ合いながら、彼らを更生させていく学園ドラマ。

「**あした晴れるか**」（60年10月26日公開）。監督：中平康、出演：石原裕次郎、芦川いづみ。『東京探検』をテーマに都内を撮影していくキャメラマンとその相棒の宣伝部員が、やがて愛情で結ばれていく様を描いていく。

「**太平洋のかつぎ屋**」（61年1月27日公開）。監督：松尾昭典、出演：小林旭、宍戸錠。航空機のパイロットから、ある事故によって航空大学の教官になった男が、再び大空で遭難事故に巻き込まれていく航空アクション。

です。赤木もそろそろ車の免許を取ろうかという感じになっていたから、興味があったんでしょう。車はまだ乗れないけれど、ゴーカートならと思ったんですね。

――その日、撮影はどうなったんですか。

紅谷　すぐに救急車が来て赤木は国領にある慈恵医大病院へ運ばれ、我々スタッフには会社から「本日は中止です」という通達があった。家で待機して経過をみてくださいと言われましたが、家へ帰る気にもなれず、神谷家で麻雀しながらニュースを見ていたりしました。「いまだ意識は戻らず」ということでその日は終わったんですが、結局21日に赤木は二一歳の若さで亡くなったんです。

――その後「激流に生きる男」は高橋英樹さんに再度主演が代わり、翌62年に作品が完成して、ここから高橋さんは若手の主演スターとして売り出すわけですが、この時点では映画の製作が中断してしまうと、番組に穴が開いてしまいますよね。

紅谷　代替作品として急遽、宍戸錠主演の「早射ち野郎」(61)という和製西部劇を同じスタッフで撮ることになったんです。ところがこの作品の撮影に入ってしばらくしたある日、神谷さんが吐血して入院したんです。現場には代行の録音技師を立てることになって、僕は仕事をしながら神谷さんの容体が気がかりでした。病院が成城だったので可能な限りお見舞いに行って、家族の方と一緒に主治医に呼ばれて胃の手術後の経過報告を聞いたこともあります。胃から摘出された大きな肉塊も見せられましたが、不治の病とは聞かされませんでした。その後回復の兆しもなく、僕が次の「用心棒稼業」(61)の撮影中、4月の桜が散った頃に神谷さんは四七歳の若さで他界されました。

――神谷さんは日活撮影所の録音部にとって、中心的存在だったんですよね。

紅谷　人柄もいいし、後輩の面倒見もいい。日活の録音部全体を司っていましたから、その神谷さんがいなくなったのはとても大きかったです。それまではいろいろなことを神谷さんが最終決定していたんですけれど、このときから技師会の合議制で物事が決まるようになって、状況は変わっていきました。

――神谷さんのこともそうですが、裕次郎さんの骨折、赤木さんの事故死と、日活にとってここが一つの大きな転換期になったのでは?

紅谷　潮目が変わったと思いました。9月に公開された裕次郎の復帰第一作「あいつと私」

「早射ち野郎」(61年4月1日公開)。監督:野村孝、出演:宍戸錠、笹森礼子。宍戸錠が〝エースのジョー〟として早射ちを披露する、和製ウエスタン。強盗を捕まえた賞金稼ぎが、ある町で利権に絡む陰謀に巻き込まれる。

「用心棒稼業」(61年4月23日公開)。監督:舛田利雄、出演:宍戸錠、二谷英明。宍戸錠と二谷英明コンビによる『稼業』シリーズ第2弾。殺し屋と悪人を守る保険屋のコンビが、お互いの利益のために、キャバレーの利権を巡る悪玉同士の抗争を終結させる。

「あいつと私」(61年9月10日公開)。監督:中平康、出演:石原裕次郎、芦川いづみ。裕次郎のスキー事故からの復帰第一作。石坂洋次郎の小説を原作に、裕福な大学生とクラスメートの女子大生との恋を描いている。

（61）は大ヒットしたんですが、この映画以後、裕次郎の映画は以前ほど当たらなくなっていったんです。これは監督が中平康さんで、生徒が大勢出る教室のシーンが多い。中平さんからは教室の一方向を〝抜き撮り〟して全部撮って、切り返しも同じように撮るので、拍手やざわめきの人声のカットごとの音のつながりをチェックしておいてくれと言われました。それを自然な感じでつないだので後で褒められました。

PR映画で録音技師に！

――61年10月から翌年7月までに休館・廃館した映画館が八四二館もあって、映画界全体に陰りが見え始めましたね。その中で紅谷さんは中近東でロケした石原裕次郎さん主演の正月映画「アラブの嵐」（61）に録音助手として参加されていますが？

紅谷　残念ながら「アラブの嵐」もヒットはしませんでした。この頃、中平康監督や今村昌平監督から、会社側に僕を録音技師に昇進させてはどうかという声が陰ながら上がっていたんです。でも会社からは何の反応もなかった。すでに録音技師は一〇人いて、これだと当分助手のままかもしれないという不安に襲われました。技師になるには録音技師会が会社と相談して決めるんですが、昇進は基本的に年功序列だったんです。そんなときに前田満州夫監督の第一回作品「ジェット航空団」（61）に呼ばれましてね。これは航空自衛隊のPR映画で四巻ものの短篇でしたが、会社からは録音技師担当で依頼があったんです。でも正式の技師ではなく、待遇は助手のままでした。浜松の航空自衛隊にロケして戦闘機を撮りに行ったんですけれど、制約の多い仕事で楽しみは少なかった。ただクレジット・タイトルに自分の名前が初めて出たときには、やはり嬉しかったです。

――劇映画では依然として助手のままですね。翌62年には、八本の作品に就いた、と。

紅谷　1月6日に長男が誕生して、裕次郎に名付け親になってもらって「龍司」と命名しました。またこの年は、浦山桐郎の監督デビュー作「キューポラのある街」（62）が4月に公開されて、大変な評判を呼びましたね。

――「キューポラのある街」は前年の12月24日にクランクインしていますけれど、紅谷さんは参

「アラブの嵐」（61年12月24日公開）。監督：中平康、出演：石原裕次郎、芦川いづみ。エジプトにロケも敢行した大作。祖父の遺言で海外行きを決めた旅客機の中で、行方不明になった両親を探すためエジプトへ行く女性と知り合った主人公の運命を描いている。

「キューポラのある街」（62年4月8日公開）。監督：浦山桐郎、出演：吉永小百合、浜田光夫。

加されているんですか。

紅谷　「にあんちゃん」のロケに行ったときに、浦山がチーフ助監督で僕もチーフ助手だったんです。チーフにはときどき暇なときもあるので、二人で近所に牛乳を飲みに行ったことがある。そのとき「お互いに一本立ちしたら、ずっと仕事をやりあおうぜ」と約束したんです。だから「キューポラのある街」のときには浦山から話があったし、録音技師の古山恒夫さんからも「僕は浦さんのことをよく知らないから、あなたが（助手に）ついてくれないか」と言われました。でも、ちょうど忙しい時期で、僕は参加できなかった。浦山の第二作「非行少女」（63）のときもタイミングが悪くてやれなかったんですが、俳優の追加したセリフを録りに別班で京都へ行かなければいけないことがあって、浦山に頼まれて僕と助監督の二人で京都へ行ってセリフを録ってきたことはありました。それだけの手伝いでしたが、浦山は僕をわざわざ打ち上げの会に呼んでくれたりしました。

——この年の仕事で印象的な作品に、蔵原惟繕監督で石原裕次郎主演の「憎いあンちくしょう」（62）がありますね。東京から九州まで移動するロードムービーでしたが。

紅谷　困難を乗り越えた男女の不動の愛を描く。それは蔵原さんの得意ジャンルです。オールロケーションで東京から九州まで撮影しながら車で移動したけれど、セリフはアフレコでした。記憶に残っているのは博多でロケしたとき、裕次郎が一杯飲もうと言い出したんです。メインスタッフや馴染みのあるチーフ助手を三人ほど連れて、一緒にクラブへ行きました。ところが当時は、やくざの抗争が一番激しいときでね。入口には警官が二人、裏口には土地のやくざが二人立っていて、ガードしているんですよ。あの頃の撮影所はどこかでそういうところと関係していましたからね。この撮影では神戸から若いやくざが二人、撮影隊に参加しているんです。要は裕次郎のガードマン代わりですね。彼らは九州までついてきました。当時はスムーズに撮影を行うには、そういう人たちが必要だったんです。この映画は裕次郎が一人で車を運転して、九州まで移動していくシーンが多い。それで行く先々で車が停まったら、ものすごい群衆に囲まれるんです。そういう人を捌くのにも、彼らはいろいろと動いていました。

——この後に中平康監督、長門裕之さん主演の「当りや大将」（62）もやっていますね。

紅谷　大坂・釜ヶ崎を舞台にした群像喜劇でしたが、プロデューサーの大塚和さんの発案で、独

古山恒夫　1925～2004。録音技師。「キューポラのある街」（62）、「孤島の太陽」（68）などを手掛ける。「戦争と人間」（70）で毎日映画コンクール録音賞を受賞。

「非行少女」（63年3月17日公開）。監督：浦山桐郎、出演：和泉雅子、浜田光夫。金沢を舞台に、身も心も荒んだ少女・若枝が非行少女の保護機関である学園に入り、幼馴染の三郎の励ましによって変わっていく姿を描く。

「当りや大将」（62年8月26日公開）。監督：中平康、出演：長門裕之、轟夕起子。個性的な人々が住む貧民街を舞台に、当たり屋をして暮らす男が、世話になったホルモン屋の女将を騙して金をせしめ、これが元で彼女が死んだことで良心の呵責にとらわれる。

大塚和　1915～1990。51年から劇団民藝に参加し、民藝在職のまま製作を再開した日活でも映画をプロデュースした。「キューポラのある街」（62）、「泥だらけの純情」（63）、「にっぽん昆虫記」（63）、「日本列島」（65）、「愛の渇き」（67）、「私が棄てた女」（69）など、文芸色の強い意欲作を次々に生み出した。

立プロ並みの少人数編成スタッフでロケに行ったんです。釜ヶ崎の中では目立たないようにリヤカーに機材を積んで、毛布をかぶせて神経を使いながら音を録りました。

――そこからもう一つの仕事が加わるんですね。

紅谷　そうなんです。「当りや大将」のロケが終わって撮影所に帰ってきたら、お盆休みの期間中に日活契約者組合が結成されていたんです。最初は助監督が結束して、会社に内緒で組合を作った。初代の委員長には「にあんちゃん」でサード助監督だった根本悌二が就任しました。助監督が四〇人ほどいましたから、会社としてもこれを認めざるを得なかった。彼らとしては組合を作らないと会社は給料を抑えたり、労働条件を厳しくしたりと締め付けをしてくるだろうと。やがて助監督だけではなく各パートも組合に勧誘して、撮影部と美術部が加わり、あとは照明部と録音部だけになった。それで録音助手会で選挙をして、僕が代議員に任命されて組合との交渉に当たりました。何度か討論を重ねて、結局は投票で録音部の組合加入が決まったんです。その直後に撮影所長から呼び出されて、「常識的な行動をとるように」と言われましたよ。

――ここから組合活動と並行して、仕事をしていったんですね。翌63年には石原裕次郎さんが石原プロモーションを立ち上げて「太平洋ひとりぼっち」(63)を作っています。日活もスターの独立を許す状況になってきたのですか。

紅谷　会社が企画したものでは当たらないし、裕次郎もフラストレーションがたまっていたんでしょう。それで堀江謙一氏の小型ヨットで太平洋を単独横断した体験記を映画化する「太平洋ひとりぼっち」を作ったんです。監督は市川崑。話題にもなったし、作品の評価も高かったんですが、それほどヒットしたわけではない。

紅谷　この年、日活で一番当たったのは、今村昌平監督の「にっぽん昆虫記」(63)でした。後で知ったんですが今村さんはこの作品で、会社に僕を助手から録音技師にしようと推してくれていたそうです。でも会社がOKしなくて、古山恒夫さんが技師を担当しました。古山さんからまた「自分は今村組が初めてだから、助手についてくれないか」と言われたんですが、ほかの仕事とダブっていてやれなかったんです。今村さん本人からも誘われましたが、「タイミング的に無理だから、今回は勘弁してください」と丁重に断りました。今村さんはこの映画で初めてオールロケーションでオール同時録音に成功したんですが、それを僕と一緒にやりたかったんだと思い

根本悌二　1932～2000。映画プロデューサー。56年、助監督として日活に入社。65年から75年まで日活労働組合の委員長を務め、71年には労組を中心としてロマンポルノの製作に踏み切り、会社の経営を再建した。79年には社長に就任。だが88年にはロマンポルノの製作中止を決定し、翌年会長に就任。93年に退任している。

「太平洋ひとりぼっち」(63年10月27日公開)。監督:市川崑、出演:石原裕次郎、浅丘ルリ子。

「にっぽん昆虫記」(63年11月16日公開)。監督:今村昌平、出演:左幸子、佐々木すみ江。

「太陽への脱出」(63年4月28日公開)。監督:舛田利雄、出演:石原裕次郎、岩崎加根子。東南アジアで日本製の武器を売りさばく死の商人が、仲間や現地妻を殺され、日本へ乗り込んで武器製造工場の爆破を目論む。

「男の紋章」シリーズ　高橋英樹の人気を決定づけた、日活初の任侠シリーズ。63年から66年までに全一〇作が作られた。家業を嫌って医師になったやくざの息子が、父の死によって跡目を継ぐことになる。医師とやくざの二枚看板を持つ主人公が異色だった。

ます。

——63年の紅谷さんは裕次郎さん主演の「太陽への脱出」（63）をはじめとして、高橋英樹さん主演の「男の紋章」シリーズなど八本の映画に参加していて、忙しかったんですね。

紅谷　神代辰巳監督の短篇記録映画「日本の祭り」（63）や江崎実生監督の大蔵省PR短篇映画「太陽は明日もまた」（63）では録音技師を任されました。でも劇映画ではチーフ助手のままでしたが。「男の紋章」シリーズは、それまで現代劇では芽が出なかった高橋英樹の任俠もので、言ってみれば時代劇ですから彼には似合っていた。第一作の成績がよかったのでシリーズ化され、僕は立て続けに三本就いたんです。これでお話は一区切りだったんですけれど、その後もシリーズは続いて、66年までに全一〇作が作られました。でも数字的には伸びなかったですね。高橋英樹は真面目で、堅い男という感じでした。当時から浮いた噂もなかったです。若手の中では注目されましたけれど。

「赤い殺意」オールロケ、オール同時録音

——そして64年、今村昌平監督とのコンビ作「赤い殺意」（64）に参加したんですね。

紅谷　このときも今村さんは僕を録音技師にしようと動いてくれました。でも会社から拒否されて、録音技師は神保小四郎になりましたけれども、今村さんは撮影現場で僕を技師と同等の待遇で扱ってくれました。現場でも音の決済は僕に「どうだった?」と聞いてくる感じでしたね。

——「にっぽん昆虫記」でオールロケーション、オール同時録音に成功したわけですから、この作品もその方針だったんですね。

紅谷　以後の今村作品は、すべてオールロケ、オール同時録音です。キャメラに関してはこの頃まだシンクロが可能なのはミッチェルしかなかったですけれど、録音機では単一乾電池一〇本で作動して六ミリテープが使用できる、スイス製のパーフェクトーンというテープレコーダーが輸入されましてね。ただ寒さに弱くて、後に困ることになったんですけれど。キャメラに関しては電源用に一般家庭用の一〇〇ボルト電源から三相の二二〇ボルトが取り出せるように、大きなコンデンサーとトランスを組み合わせた疑似三相トランスが、「にっぽん昆虫記」のときに作られ

神代辰巳　1927〜1995。映画監督。53年、松竹に入社し、55年に日活へ移籍。68年に監督デビューした。「一条さゆり・濡れた欲情」（72）、「四畳半襖の裏張り」（73）、「赫い髪の女」（79）など、ロマンポルノの秀作を発表。一般映画でも「青春の蹉跌」（74）、「恋文」（85）といった作品を作っている。

江崎実生　1932年生まれ。映画監督。54年、日活へ入社。64年、監督デビュー。「帰らざる波止場」（66）、「夜霧よ今夜も有難う」（67）、「女の警察」（69）、「華やかな女豹」（69）などを監督した。

「赤い殺意」（64年6月28日公開）。監督：今村昌平、出演：春川ますみ、露口茂。古い家族関係に縛られている小心者の人妻が、強盗に犯されたことから精神的に変化していく様を描く。春川ますみが女性の生きる逞しさを、笑いも交えて見事に表現した。

神保小四郎　1930年生まれ。録音技師。47年、大映京都撮影所に入所し、54年に日活へと移籍。「非行少女」（63）、「赤い殺意」（64）、「私が棄てた女」（67）などを手掛け、90年代からは「菊豆」（90）、「さらば、わが愛・覇王別姫」（92）、「青い凧」（93）、「戯夢人生」（93）など、中国・台湾映画の整音も担当した。

パーフェクトーン　62年に輸入された、スイス製の六ミリテープを使用した携帯型録音機。乾電池使用で、パイロット・トーン方式でカメラと同期する。メカとして華奢なのが難点だったという。

ていたんです。ただ大きくて重いのが難点でした。

――「赤い殺意」は藤原審爾さんの小説を今村監督が自ら脚本を執筆して（長谷部慶次と共同）映画化した作品。西村晃さんの夫と暮らす、春川ますみさん演じるヒロイン・貞子が、露口茂さんの強盗・平岡に犯されて、彼に執拗に追い回されていくうちに、奴隷のような結婚生活から精神的に自立していく物語ですね。冬の仙台近辺が舞台になり、春川さんたちが住んでいる家は、裏手が土手のように高くなっていて、そこに線路が通っている。列車が常に走っている環境だったのでは？

紅谷　あの線路は東北本線で、当時列車が来るのは三〇分に一本程度でした。仙台駅から近い場所だったので、時刻表を取り寄せて制作部の人間が、「間もなく列車が来ます！」というと現場を止めて、通過を待ちました。蒸気機関車ですから列車が通るとものすごい轟音なんですよ。

――冒頭のところで仙台駅の改札での芝居がありますね。西村晃さんの夫が出張に行く。そこへ妻・貞子役の春川ますみさんがシャツを届けにやってくる。あのシーンは盗み撮りですか。

紅谷　そうなんです。よく工事で使う黄色と黒色の斜線が入った立て看板がありますよね。本物は屋根がないけれど、その看板に、キャメラが入れるだけの囲いと屋根を作って、前日から置いたんです。囲いの中にはキャメラマンと助手二人が入っている。前面にはレンズのスペースだけ穴をあけて、改札口近くに置いたんですよ。撮影当日には姫田真左久キャメラマンと助手が、撮影の数時間前から囲いの中に入って待機しました。俳優とスタッフには前もって地図を描いてどう動くかの打ち合わせをし、本番は列車の到着時刻に合わせて決めました。音に関しては西村さんと春川さんにワイヤレスマイクが仕込んであって、ほかに改札口のあたりにはコードを隠して別のマイクを仕込んでおきました。僕ら録音部のベースは改札口のすぐ近くにある駅長室の片隅に置かせてもらいました。本番が近付くと今村さんが一般客のふりをして、改札口のところに現れる。それで列車が入ってくると、遠くで汽笛が聞こえてくる。ここで今村さんが大きな咳払いをすると本番の合図で、キャメラと録音機がスタートする。次に今村さんがタバコにライターで火を付ける。これがカチンコの代わりで演技スタートの合図で、監督が改札口前から退場すると俳優たちが動き出す。列車がブレーキを軋ませながら止まった瞬間に、改札のところへやってきた西村晃さんと春川さんの芝居が始まるんです。こういう盗み撮りは、通行人に撮影しているこ

長谷部慶次（慶治）　１９１４年生まれ。脚本家、映画監督。「明日はどっちだ」（53）などを監督した後、脚本家として活躍。「にっぽん昆虫記」（63）、「赤い殺意」（64）、「神々の深き欲望」（68）といった今村昌平作品を担当。ほかに「忍ぶ川」（72）、「はなれ瞽女おりん」（77）など。

姫田真佐久　１９１６〜１９９７。映画キャメラマン。37年、日活多摩川撮影所に入社し、49年に大映からキャメラマンとして一本立ち。54年に日活へ移籍。今村昌平監督とは「にあんちゃん」（59）から「ええじゃないか」（81）まで、神代辰巳監督とは「濡れた唇」（72）から「少女娼婦・けものみち」（80）までコンビを組んだ名キャメラマン。

とを意識させてはいけない。キャメラの方を見てしまいますからね。だから綿密な打ち合わせをしてやって、大体一発でＯＫでした。

――後の方のシーンで、妊娠していた春川さんが気分が悪くなって、仙台駅前のバス停あたりで倒れ込む場面も盗み撮りですか。

紅谷　あれはバス停を俯瞰のロングショットで狙える、向かい側のビルの四階にあった喫茶店にキャメラを置いて、窓を開けて望遠レンズで撮りました。春川さんにワイヤレスマイクを仕込んで、彼女は撮影ポイントに助監督と待機していました。本番近くになると助監督が離れ、三〇メートルほど離れたところに監督が片手に帽子を持って立つ。それで制作部の人間が、信号が変わって車の流れがいい感じになるタイミングを計り、ここだと思った瞬間に監督にサインを送る。すると監督が帽子を被るのが合図で、本番スタートです。春川さんがよたよた歩いてきて指定された場所でしゃがみ込んだら、何も知らない通行人たちが駆け寄ってきて「大丈夫ですか」とか、「救急車を呼びましょうか」と言うんですよ。本当の救急車を呼ばれたら困るから、監督のＯＫが出たらすぐに、近くに車を置いて待機していた助監督が春川さんを連れて、車に乗せて退避させました。あそこも一発ＯＫでした。

駅から電車に乗り込む一シーン一カットの長廻し

――これは盗み撮りではないでしょうけれど、春川さんと強盗強姦犯の露口茂さんが、駅で列車の最後尾車両に乗り込み、車内を歩いて最後尾のデッキでもみ合う芝居をしながら、二人を乗せた列車が出ていく長い一シーン一カットの場面がありますよね。

紅谷　あれは仙台駅から車で一時間三〇分ほどかかる松島駅で撮影しました。このカットを撮るだけで一週間かかったんですけれど、長年この仕事をしていて、あの撮影だけは今思い返しても興奮しますね。撮影の手順としてはホームで列車を待つ春川さんと露口さんをロングショットで捉え、列車が入ってくるとキャメラは乗り込む二人に寄っていく。そして、キャメラは列車の外から、車内を最後尾まで歩いていく二人を追って横移動していき、最後尾のデッキに出てきた二人に付ける。列車が動き出すとその動きをパンしながら追いかけ、ホームいっぱいまでトラック

「赤い殺意」の撮影現場で

写真は撮影現場の今村昌平監督。

アップしていくという流れでした。

――車内にもスタッフがいたんですか。

紅谷　照明部が二つ手前の駅から列車の後尾の車両に乗り込み、手早く車内でライティングをする。助監督も一緒に乗り込んで、乗客に松島駅で撮影をすることを説明しました。「俳優が車内を通るけれど、彼らを見る分には構わない。でも車外から撮るキャメラの方は見ないでくれ」と。機関車にも制作部が乗り込んで、運転手に汽笛を鳴らす位置や列車の停まる位置、発車するタイミングを指示したんです。松島駅で待ち受ける撮影班は、軽トラックの上にキャメラをセッティングして、エンジン音が出てはいけないのでトラックはスタッフが手押しで横移動させました。録音に関しては俳優たちにワイヤレスマイクを仕込んで、機材一式をリヤカーに乗せて、トラックと並行して横に移動させました。

――芝居とスタッフの動きのタイミングが、うまく合わないと成立しない撮影ですね。

紅谷　車内を歩いていく二人のスピードとそれを追うキャメラのタイミングが少しでもずれると、窓越しに撮っているので窓ガラスにキャメラが写り込んでしまうんです。しかも最後尾に二人が着いたときには、春川さんが露口さんから逃れようとしているわけですから、もう降りられない感じを出すために列車が動き出していないと芝居が成立しにくい。我々が狙った蒸気機関車は一日一往復しかないので、撮影は一日一回しかできないんですね。それで初日はリハーサルに使って、翌日から本番を五回やったけれど、どれにも窓にキャメラが写り込んでしまうんです。六回目にも写り込んでいたけれど、これならまあ分からないだろうと。すぐに撮ったフィルムを東京に送って、現像所の人に映像をチェックしてもらって、何とか大丈夫だという確認が取れたので、やっとOKになったんです。

――後半で春川さんが露口さんを殺そうと、二人で雪山へ行く場面がありますね。ああいう場所は電源もないわけでしょう。

紅谷　あそこはかなり遠い場所で、スタッフ、キャスト、機材一式をバス一台に詰め込んで雪道を現場に向かいました。雪山の中ですから電源がなくて、キャメラはバッテリーで可動するアリフレックスを使ったんですが、このキャメラは回転音ノイズが大きくて、同時録音できないんです。だから音は、本番が終わったすぐ後に同じ芝居をして（サウンド・オンリーといって）セリ

「赤い殺意」。キャメラは後方の軽トラックに載せて、人力で移動。録音班はリヤカーに乗り、ワイヤレスマイクから音声を受信して収録した。

アリフレックス・カメラ　アーノルド・ウント・リヒター社製の撮影機。20年代に考案、開発され、37年に開店ミラー・レフレックス方式の『ARRI 35』が生まれたことで世界的に普及。軽量で堅牢、機構の単純さにより最もポピュラーなムービー・カメラとして使われた。

フだけ録ることにしました。足場が悪くて撮影に予想外に時間がかかり、予定の三分の二ぐらい撮り終わった一四時頃に、寒さのためか録音機のパーフェクトーンが回らなくなったんです。もう時間もないので撮影は続けてもらうことにして、幸い、結構離れた場所に農家が一軒あったので、事情を話して囲炉裏端で録音機を温めてみたんですが、それでも回復しない。あたりは暗くなってくるし、撮影自体はもう終わって監督や俳優たちは雪の上で、僕らを待っていました。寒空の中を待たせるのは悪いから、監督に「ここだけアフレコにしてくれませんか」と言ったんですけれど、「暗くなったら音が変わるのか！」と怒鳴られました。要は待つから何とかしろと。大急ぎで農家へ戻って、モーターの回転軸を鉛筆の芯を削って代用したら、何とかモーターが回ってね。すぐに現場へ戻って真っ暗な中、照明部用の手持ちのライトを当てて俳優たちに芝居をしてもらって、セリフを録り切りました。僕らがその作業をしている間、座るところもない雪の上で俳優たちも待っていたんですから、驚きましたよ。また、そこまで現場での音にこだわる今村さんの執念も感じましたね。

――盗み撮りで倒れ込むところもそうですけれど、春川さんは芝居度胸がありますね。

紅谷　彼女はどんな要求をされても嫌がらなかったですね。彼女自身、それまで主役を張っていた女優ではないので、ここ一発に勝負をかけようという想いはあったと思います。また監督に絶対的な信頼を寄せていました。露口茂も大芝居はしないですけれど、独特の雰囲気を持った俳優でした。あの役は誰にでもできる役ではないですから。ただ彼はこもる声なので、セリフが録りにくいんです。結構ダメ出しもしましたね。

――これは全篇、東北弁ですよね。

紅谷　今村流の東北弁ですけれどね。例えば春川さんの「なして私、こだに不幸せなんだろう」という独白が、笑いにならないといけない。そのためには方言だけれど明瞭に聴かせなくてはいけないんです。だから本当の東北弁よりは、ゆっくりしゃべらせているんですよ。今村さんは不幸になって困ったときほどユーモアがあるという芝居を狙っていたんです。

――サウンドデザインでもアイデア満載ですよね。雪山シーンで二人が歩いていく場面に、御詠歌のような歌が被りますけれど……。

紅谷　あれは僕のアイデアです。あるロケーションが終わって宿へ帰るときに、監督から「撮影が終わりに近づいてきたから、効果音のテーマを何にする。音楽との兼ね合いもあるし、決めておきたい」と言われたんです。僕は「イメージとしてお遍路さんが浮かんでくる」と答えました。錫杖のような金属音を合わせたいと。それで雪山のところも、音楽打ち合わせのときにそういう音を使ってみたいと言って、黛敏郎さんの音楽と錫杖の音をミックスしたんです。春川さんと露口さんのセックスが始まると汽車の音が入るのも、僕の進言です。汽車のピストンの音がセックスと連動するようにならないかという想いがありました。今村監督はいつもクランクアップが近くなると「ダビングのことをどう考えている?」という質問があるんですけれど、そこでどう応えるかによって今村さんはこちらの才能を見抜くんです。だから常に自分なりのアイデアをいくつも持っていないとダメなんですよ。

黛敏郎　1929〜1997。作曲家。東京音楽学校在学中から映画音楽を手掛け、「カルメン故郷に帰る」(51)では主題歌を作曲。53年から本格的に作曲家として活動し始めた。今村昌平監督とは、監督デビュー作「盗まれた欲情」(58)から「神々の深き欲望」(68)まで、日活時代の全劇映画でコンビを組んだ。

川島雄三監督作「風船」の完成記念撮影。この作品で今村昌平と出会った。

「太陽の季節」の完成記念撮影。前列、タイトル板から右3人目が筆者、その後ろが橋本文雄。

「愛情」の完成記念撮影。

「にあんちゃん」の完成記念撮影。

「赤い殺意」の完成記念撮影。

「神々の深き欲望」の録音作業を行っている筆者。

第三章
録音技師デビュー 依頼が殺到 その仕事ぶりが注目を浴びる

「三匹の野良犬」で録音技師・紅谷愃一、誕生

――「赤い殺意」（64）は『キネマ旬報』ベスト・テンで第四位、日本映画記者会最優秀日本映画賞をはじめ、高く評価されましたね。紅谷さんはほかにも、中平康監督の「月曜日のユカ」（64）でダビング時にミックスを任されるなど、気鋭の監督から信頼を得ていった。その一方で日活は経営状態が悪くなっていきましたね。

紅谷　何を作っても大ヒットにならなくなっていました。それで今村さんも、日活にいたら思うような映画が作れないと思って、「赤い殺意」が終わるとすぐに、日活を辞めて独立プロダクションを作りました。その第一作として企画されたのが、62年に自分が演出して、芸術祭奨励賞を受賞した戯曲『パラジ　神々と豚々』を基にした「神々の深き欲望」です。これまで今村さんは、「にっぽん昆虫記」と、「赤い殺意」のときに、僕を助手から録音技師に昇進させようと製作部長の青木（藤吉）さんに推薦してくれたんですが、うまくいかなかった。だから、『神々の深き欲望』では今度こそ、紅谷を録音技師にして作品につけてくれ」と申し入れてくれて、会社はようやくOKしたんです。

ところが昇進させるには技師会の承認が必要で、この技師会が昇進を拒否したんです。映画界が衰退して製作本数が減りつつあるときに、日活撮影所には録音技師がすでに九人いたので、ここでもう一人増やすことはないと。それと監督の推薦で技師にするのは反対だ。と、そんなことでもめていたんですけれど、「神々の深き欲望」は準備に入っていて、ロケ地の沖縄は当時アメリカの占領地ですから、渡航手続きなどを始めなくてはいけない。青木製作部長の方から「責任を取るから、とにかく渡航手続きだけはしてくれ」ということで、メインスタッフとして加わることになりました。ところが「神々の深き欲望」は、製作延期になってしまったんです。

――それはどうしてですか。

紅谷　表面上は予算の問題ですが、会社としては「神々の深き欲望」のようなお金ばっかりかかって、お客が入りそうもない作品はやってほしくないんです。「にっぽん昆虫記」や「赤い殺意」はヒットしたんですが、それは〝性〟が中心的なテーマになっていたからで、今村さんにはそっちの路線をやってほしかったんです。だから今村さんは急遽『エロ事師たち』より　人類学入門」

「月曜日のユカ」（64年3月4日公開）。監督：中平康、出演：加賀まりこ、加藤武。横浜のナイトクラブで人気の女性ユカが、初老のパパや若いボーイフレンドと付き合いながら、奔放に生きていく。加賀まりこのコケティッシュな魅力と、撮影を担当した斎藤耕一の映像センスが光る。

青木藤吉　1922〜2009。日活の製作部長。日活撮影所で製作部長を務めたのち、69年に映画製作会社の近代放映を設立して社長に就任。「銭ゲバ」（70）、「百万人の大合唱」（72）などの映画やTVドラマを製作したが、同社は76年に倒産した。

「『エロ事師たち』より　人類学入門」（66年3月12日公開）。監督：今村昌平、出演：小沢昭一、坂本スミ子。八ミリのエロ映画などを製作・販売しているエロ事師が、やがてインポになってダッチワイフ作りにのめり込んでいく様を描く。小沢昭一の好演が光る。

（66）の企画を考えて、これを先に撮る代わりに「神々の深き欲望」の企画を成立させようとしたんです。

——それによって製作は二年延期されたんですね。紅谷さんとしては「神々の深き欲望」がなくなって、録音技師の昇進はどうなったのですか。

紅谷　会社が技師会に「首をかけて反対しますか」と詰め寄ったら、結局認めました。それで青木部長が、「せっかく一本立ちさせたのに、作品に入れないのは悪い」と言って、小林旭と宍戸錠主演の「三匹の野良犬」（65）で、僕は録音技師デビューをすることになりました。僕は今村さんの映画で一本になりたかったので、正直すっきりしませんでした。でも「三匹の野良犬」が終わってすぐ後に、今度は蔵原惟繕監督から「愛の渇き」（67）をやってくれという話がきたんです。

——三島由紀夫原作の「愛の渇き」は、蔵原監督にとっても主演の浅丘ルリ子さんにとっても代表作の一つですよね。

紅谷　脚本も面白かったし、僕もミキサーとしては新人ですから、これはいいチャンスを与えてもらったと張り切りました。浅丘ルリ子も女優として意欲が出てきているときでしたから乗っていました。ところが、撮影してから一カ月たって、ちょうど半分ほど終わったころに青木製作部長から呼び出されました。昼休みに製作部長のところへ行くと「悪いが俺がすべての責任を負う。実はこれから今村が『人類学入門』の撮影に入るんだが、どうしてもあなたにこだわっている。だから蔵原組を降りてもらえないか」というんですよ。新人のミキサーなのに、そんなことをしていいのかなと思いましたが、会社命令ですからね。

それで現場に戻ったら、蔵原さんはむっとした顔をして僕のところにやって来て、「青ちゃんから話は聞いた。イマヘイ（今村昌平）はどういうつもりなんだ！」と怒鳴っている。僕に言われても……。その時点で僕は、今村さんから何の話も聞いていないんですが、ひたすら「すみません」と謝りました。とにかく僕の代わりのミキサーを決めて、翌日蔵原さんのところへ挨拶に行ったんです。「明日から大阪へロケハンに行きます」と言ったら、蔵原さんは「イマヘイに言っておいてくれ。俺が怒り狂っているって」と。蔵原さんと今村さんは、監督同士の中では仲がいい方なんです。でもこのときは当たり前ですけれど、本当に怒っていた。僕はこれで自分を呼

「三匹の野良犬」（65年9月4日公開）。監督：牛原陽一、出演：小林旭、宍戸錠。強盗、殺人の罪を着せられた男が、自分を陥れた3人に復讐するため、彼らが盗んだ一億円のダイヤを奪取しようとするアクション。

「愛の渇き」（67年2月18日公開）。監督：蔵原惟繕、出演：浅丘ルリ子、中村伸郎。三島由紀夫の小説を原作に、義父と深い関係になった美しい未亡人が、下男の逞しい肉体の惹かれていく様を描く。浅丘ルリ子が、観念的なエロティシズムを全身で表現した。

んでくれる監督を一人失ったなと思いましたね。

――確かに今村監督のやり方は強引ですね。ただ「『エロ事師たち』より　人類学入門」は、65年に設立した今村プロダクションの第一回作品なので、今村監督としては、どうしても紅谷さんに参加してほしかったんじゃないですか。

紅谷　そうなんです。蔵原さんが何を言おうが、今村さんは僕を強引にでも引っ張ってこようとしたんですよ。

――それだけ信頼されていたわけですね。「『エロ事師たち』より　人類学入門」は野坂昭如さんの小説を原作に、小沢昭一さん演じるエロ写真から売春のあっせんまで、ブルーフィルムの製作にも手を出す〝エロ事師〟のスブやんが、下宿先の坂本スミ子さん扮する未亡人や、佐川啓子さん演じるその娘と肉体関係を持っていく話です。メインの舞台は坂本さんが経営している理髪店と、その上の階の住居スペース。この家がかなり狭くて小さいですね。

紅谷　実際は大阪の京橋にある本屋さんだったのを理髪店のセットに改装したんです。この家は本当に狭かった。僕は二階に録音のベースを置いて、やっていました。撮るのにもアングルに困って、人が住んでいる隣の家に、キャメラのレンズ分だけ壁に穴を開けさせてもらって、そこから横一のポジションで撮影したんです。俯瞰ショットは一階の天井に穴をあけて、二階から撮りました。また今村さんは、人が外から見ている感じで撮ってほしいと言っていたので、キャメラの姫田真左久さんは窓越しのショットを多くして、人が覗いている感じを強調しました。ただ音は窓越しにすると音にならないので、とにかく明瞭に録れるように心がけました。

――この家は前が道路、後ろが川でかなりうるさそうな環境にありますね。

紅谷　だから本番のために音止めをしました。隣に大きな老犬がいて、「本番！」というと鳴くんですよ（笑）。最初は本番になると外へ連れていってもらっていたんだけれど、老犬だからあまり連れ出すわけにはいかない。その犬はパンが好きだということが偶然分かって、本番になると助監督が犬小屋の前でパンを食べさせて静かにさせるようにしました。またこの映画では、非現実音にも気を使いました。例えば坂本スミ子さんは魚を水槽で飼っているという設定なんだけれど、これは彼女にとって宗教的なアイテムなんです。その魚や最後に出てくる大きな鮒のピシャッと跳ねる音を強調してみたり、心象カットの音を工夫しました。後半で坂本スミ子さんが病

『エロ事師たち』より　人類学入門」撮影現場の一コマ。

院でおかしくなって、無人のところを走ったりしますよね。あの場面から逆算して、非現実音の付け方を考えていったんです。

——最後はスブやんが、家の裏の川に浮かべた箱舟にこもって、ダッチワイフ作りに熱中する。あの箱舟も沈みそうな船で。

紅谷　ようやく浮いている感じですよ。あの船は用心のために、警備の人間を雇う金がないから交代でスタッフが泊まりに行きました。このときは大阪の枚方に梅林荘という、丸ごと空いている元々旅館だった建物があって、そこにスタッフも俳優も全員合宿していたんです。部屋数が多かったので各パートに分かれて泊まって、食堂で賄いを頼んで一緒に食べました。これが今村組の本格的な合宿撮影の始まりですが、その宿泊所があったのは枚方で、周りに遊ぶところが全然なかった。片や箱舟があったのは京橋のど真ん中ですから、遊びに行きたくて船に泊まりに行ったスタッフもいましたね。

——全篇大阪ロケで、セリフは関西弁ですね。

紅谷　坂本さんは大阪生まれで、息子役の近藤正臣が京都、佐川啓子が神戸なので、みんな関西弁ができる。ところが主演の小沢さんは東京生まれで、方言がうまくいかない。今村さんが何回か怒り狂って「今日は中止。昭一、勉強してこい！」と言っていました。でも俳優たちは総じてよかったです。坂本さんは豊満で今村さんが好きなタイプの女性だし、演技も思い切りがよかった。作品的には小粒ですけれど、僕はこの映画は好きでしたよ。

——プロデューサーも兼ねるようになった今村さんは、今までと違いましたか。

紅谷　お金にものすごくうるさい（笑）。でもフィルムだけはどんどん回すんですよ。あの頃のフィルムは現像代が高いんですが、フィルムはケチらない。でもそれ以外には一銭たりとも、無駄な金をかけないんです。それでも撮ることに妥協しないですから、どうしても製作費は赤字になっていきました。

——紅谷さんとしては録音技師になって初めての今村作品ですから、特に思い入れは深いのでは？

紅谷　自分の気持ちの中では、これが録音技師昇進一本目だという強い想いを持っています。本当なら「神々の深き欲望」で一本立ちできたらもっとよかったんですが、やはり今村さんの推薦があって技師になれたわけですから。この映画が終わってようやく、自分は録音技師になったと感じました。

——『人類学入門』の大阪ロケが終わってから、会社にテレビドラマの仕事を依頼されたそうですね。二谷英明さんと宍戸錠さんが出演した『特ダネ記者』（66―67）という作品で？

紅谷　映画がヒットしないので、日活としてもテレビドラマを受注しないとやっていけなくなってきたんです。『特ダネ記者』は日本テレビで土曜日の午後八時から放映される一時間ドラマでした。二谷英明が新聞社の社会部キャップを演じる事件記者もので、中平康さんがパイロット版の監督を務めました。4月から翌年10月までの一年半続いた作品だったんですけれど、作品のストックがない状況で毎回作らなくてはいけないスケジュールだったので、仕事はきつかったですね。録音担当としては現場で同時録音をやって、音楽は選曲も含めて音録りもやって、ダビングまでの仕上げを全部自分一人でやるんです。当時は音楽の選曲者がいないですから、音楽の材料不足には苦しみましたが、自分で選曲までやったことが後に映画音楽の扱いを考えるときに役立ったと思います。仕上げをする日には一日だけ撮影現場はB班の人を頼んで、その人に録音してもらう。それで仕上げが終わると、すぐに現場に合流するわけですから、休みがまったくない。ときどき野球中継が入って放映が休みになるときがあったんですけれど、そのときだけはこっちもやっと休めるんですよ。これだけが楽しみでした。

——ずっと映画をやってきた紅谷さんとしては、スケジュールに加えて精神的にもきつい仕事だったのでは？

紅谷　音に関する考え方は映画のときと変わらないんですけれど、後からあれこれ音で表現しようとするサウンドデザインをしている暇がない。だからなるべく現場で同時録音して、音に関してはそこで完結できるようにしました。

蔵原惟繕監督「愛と死の記録」で現場に復帰

いつ映画に戻れるのかなと思っていた初夏のある日、撮影所の食堂横を通って録音室に向かっていたら、食堂前の芝生のところに大塚和プロデューサーと監督の蔵原惟繕さんが立っていて、手招きするんです。蔵原さんには「愛の渇き」を途中で抜けるという不義理なことをしています

『特ダネ記者』　66年4月から翌年10月まで、日本テレビ系列で放送されたドラマ。毎朝新聞社会部の記者たちが、毎回ライバル紙とスクープ合戦を繰り広げていく。二谷英明、宍戸錠、新克利などが出演した。

からね。恐る恐る近づいていったら蔵原さんがニコニコしているんですよ。しょうがないから「その節はご迷惑をおかけしました」と謝ったら、「まあ、いいんだよ。今何をやっているの?」と聞くので、テレビの仕事をしていますと答えたら、大塚さんに「製作部長の青木さんには話しているから、蔵原監督の次回作『愛と死の記録』(66)を担当してほしい」と言われたんです。もう二度と蔵原さんからは呼ばれないと思っていましたから、興奮しました。「オール広島ロケで、全部同時録音でやりたいから頼むよ」と言われて、何とか借りを返さなくてはいけないと思いましたよ。製作部長からも正式に担当を依頼され、テレビは今担当している仕事が終わったら、一応終わっていいと言われたんです。

――「愛と死の記録」はレコード店で働く吉永小百合さんと印刷工の渡哲也さんが恋に落ち、渡さんが原爆症で命を落として、吉永さんもその後を追うという広島の原爆を題材にした青春映画です。この作品、最初は吉永さんの相手役が浜田光夫さんの予定だったのが、浜田さんが66年7月に名古屋で右目に大けがを負い、急遽その頃新人俳優だった渡さんが抜擢されたそうですね。

紅谷　渡は初々しさが出ていて、よかったと思います。新人で芝居が硬かったけれど、ここではその硬さがうまくはまった。おそらく浜田では、あの感じは出なかったと思います。セリフが重くてとつとつとしゃべるので、何度も注意しましたが、真正面から役と向き合っている感じがありました。原爆ドームで自分の想いを語る、この映画のテーマになる場面はずいぶんリハーサルをして、蔵原さんに絞られていましたね。小百合ちゃんの方は明瞭にセリフを言う人ですし、特別注文することはありませんでした。ただ彼女は人気絶頂のスターでしたから、どこへ行っても見物人がすごいんです。仕事をする前にその群衆の整理をしなくてはいけなくて、くたくたに疲れましたよ。

――撮影は姫田真左久さんですし、スタッフは今村組の色合いが強いですが。

紅谷　このとき蔵原さんはオールロケの同時録音にこだわっていて、そういうものに慣れたスタッフを呼んだということもあるんです。移動撮影のときには、ミッチェルのキャメラを担いだ姫田さんを担架に乗せて、それを人力で引っ張って撮るなんてこともやっていました。移動しながら長廻しで撮って、同時録音するところもありましたから、撮影部と俳優のタイミングを合わせるのが大変でした。さすがに渡と小百合ちゃんがバイクに乗って話す場面はアフレコにしました

「愛と死の記録」(66年9月17日公開)。監督:蔵原惟繕、出演:吉永小百合、渡哲也。広島を舞台に、原爆症に侵された青年と、レコード店で働く少女との愛を描く。二人が雨の中をオートバイで疾走するデートの場面など、躍動感あふれる映像も見どころ。

けれど、ほかは全部同時録音でやりました。原爆投下の日のセレモニーも撮影して、これに合わせてロケーションのスケジュールを組みましたから、真夏の広島は暑かったですね。

――印刷所の屋上で渡さんが先輩の佐野浅夫さんと話すシーンで、ジェット機の音が印象的に入ります。あれが上空からの脅威というか、原爆の恐怖を思い起こさせて効果的でしたが。

紅谷　あれは監督です。アイデアは僕が出したんですけれど、それに蔵原さんが乗ってくれたんです。仕上げの打ち合わせのときに、僕からいろいろなアイデアを出して、その中から監督が採用するものを選んでいくんです。特に心象カットのときには、音を面白く使いたいという想いが蔵原さんにはありました。

――ただこの作品は、初号試写のときに問題が起こったとか。試写の後にケロイドの被爆者が出てくる場面と、原爆ドームの全景がカットされたそうですね。

紅谷　僕も初号試写を観ました。あのシーンのカットを主張したのは重役の江守清樹郎さんでした。でも蔵原さんは妥協せずにその場面を残したいと主張したんです。結局はカットされて、蔵原さんの日活の中での立場は悪くなっていきました。その後くらいに、撮影所では山根（啓司）撮影所長と青木（藤吉）製作部長が辞任し、江守さんも会社を辞めて、日活の内部は大きく変わっていきました。

ドキュメンタリー「人間蒸発」の仕上げを担当

――「愛と死の記録」の後、紅谷さんは映画の仕事に戻れたんですか。

紅谷　いえ、テレビの『特ダネ記者』が続いていて、そっちへ引き戻されたんです。また休みなしの日々が続いて、背中の痛みとだるさを感じるようになったので、病院で検査を受けたら肋膜癒着症と診断されて、医者から休養を命じられました。休暇届を出して約二週間、通院治療をしていたんですが、その間に野口博志監督の任侠ものと、藤田敏八の監督昇進第一作「非行少年　陽の出の叫び」（67）の仕事の依頼がありました。野口監督とはそれまで縁がなかったんですけれど、藤田さんとは助監督時代からの知り合いで、プロデューサーも大塚和さんだったので心が動きましたが、病気療養中ということもあって二本とも断ったんです。ところがそのすぐ後

江守清樹郎　1900～1983。映画プロデューサー。29年、日活へ入社。帝国蓄音機、満洲演芸協会などを経て、日活へ取締役として復帰。54年、映画製作を再開した日活で製作担当重役として活躍。日活の黄金時代を築いた名プロデューサー。

野口博志（晴康）　1913～1967。映画監督。39年、日活から監督デビューするが、その後松竹で助監督になり、50年に監督として再デビュー。54年から日活に復帰し、63年に、野口晴康と改名した。小林旭主演の『銀座旋風児』シリーズや赤木圭一郎の『拳銃無頼帖』シリーズなど手掛け、日活唯一の怪獣映画「大巨獣ガッパ」（67）も監督している。

藤田敏八　1932～1997。映画監督。55年、日活に入社。67年、本名の藤田繁夫の名前で監督デビュー。70年から敏八に改名。70年代初頭、『野良猫ロック』シリーズなどで日活ニュー・アクションの旗手の一人になる。ほかに「赤ちょうちん」（74）、「修羅雪姫」（73）、「帰らざる日々」（78）、「リボルバー」（88）などを発表。俳優としても異彩を放った。

「非行少年　陽の出の叫び」（67年6月3日公開）。監督：藤田敏八、出演：平田重四郎、根岸一正。

に、今村昌平さんの「人間蒸発」（67）の仕上げをしてほしいと。これは撮影所長から依頼されて断れなかった。だから今村作品をやるために、ほかの映画を断ったんだろうと陰口をたたかれましたよ。

――「人間蒸発」は今村プロとATG、日本映画新社が共同製作して、日活は配給だけを請け負ったドキュメンタリーですね。映画の中で〝ネズミ〟と名付けられた女性の婚約者が突然失踪して、その行方を捜す。ネズミには俳優の露口茂さんが付き添って、七カ月間にわたって調査を続けた記録を基に編集した作品です。仕上げといっても、その映像と音の素材は膨大なものになっていたのでは。

紅谷　これは今村さんが素人に音を録ってもらって、仕上げをプロにやらせようということで始めたんです。だから今村プロの助監督だった武重邦夫が録音を担当したんだけれど、条件の悪い音の素材が山のようにあった。というのもドキュメンタリーですから、〝ネズミ〟や彼女が話を聞きに行く相手にワイヤレスマイクを付けるわけにはいかない。彼らには自然のままで話させたいので、キャメラは分からないように毛布などをかぶせて隠し撮りをしたし、音もマイクを隠して録ったんです。例えば〝ネズミ〟と露口茂が会話をするところだと、露口だけには大体ここで話をしてくれと事前に伝えておく。彼はそこへ〝ネズミ〟を誘導して話し始めるんだけれど、そのポイントにマイクを隠しておくんです。ただいつ話し出すか分からないから、ポイントに来る前から音は録り始めるんですね。だからいらない部分の音が、山のようにあるわけですよ。でも何か使える部分があるんじゃないかと全部音を聴いたので、これは大変な作業でした。それで全部撮り終わってから編集をしますよね。音も大体それに付けますけれど、ほかにも使えそうなセリフを起こして、編集に渡す。すると今村さんが、映像と音が合っていないところでも別のセリフを引っ張ってきて使ったりしましたから、ダビングで六日間徹夜しました。肝心のセリフが聴こえないのがつらいんです。決していい音でなくてもいいんですが、せめて聴こえてほしい。そんなところが多かったので、この仕事はやっていて精神的によくなかったですよ。しかも、この映画の大ラストには僕の声が入っているんですよ。

――そうなった流れを教えてください。

紅谷　「人間蒸発」は、婚約者の捜索が七カ月にも及んだがその行方は分からず、ヒロインであ

「人間蒸発」（67年6月25日公開）。監督：今村昌平、出演：早川佳江、露口茂。今村監督初の劇場ドキュメンタリー映画。行方不明になった婚約者を探す女性と、それに付き添うレポーター役の露口茂が、婚約者の足跡を追っていく。ラストには、監督が仕掛けたフィクション的な演出が意表を突く。

ATG　アート・シアター・ギルドの略。62年、芸術的な映画を専門に上映するために設立され、やがて映画の自主製作を始める。特徴的なのが〝一〇〇〇万円映画〟で、製作費一〇〇〇万円を製作者とATGが半額ずつ出資して作った映画である。その中から今村昌平の「人間蒸発」（67）、大島渚監督の「絞死刑」（68）、岡本喜八監督の「肉弾」（68）、篠田正浩監督の「心中天網島」（69）といった意欲作が生まれた。

武重邦夫　1939〜2015。映画監督、映画プロデューサー。65年、今村プロの設立に参加。今村昌平作品の「人間蒸発」（67）では録音、「楢山節考」（83）では助監督、「ええじゃないか」（81）、「女衒」（87）などでプロデューサーを務めた。自身も「民と匠の伝説」（94）など、監督作を発表している。

るニックネームの〝ネズミ〟ばかり追って行っても進展しないわけですよ。さらに〝ネズミ〟に付き添って露口茂が調査をしていったんですが、〝ネズミ〟はいつどこで自分が撮られているのか分からないけれども、映されることで気分がよくなっていってね。同時に露口に惚れだしたんです。ところが露口としては、彼女に魅力がないからベタベタされるのが嫌になってきて。後半では、かなり神経が苛立っていることは、助監督の武重が録ってきた音を聴いても分かりました。でもとにかく映画に何らかの決着はつけなくてはいけない。そのうち、調査していくと〝ネズミ〟の姉が婚約者と何らかの関係があったという疑いが出てきたんですね。でも確証はない。そこで今村さんが大胆にも、最後に〝ネズミ〟とお姉さんを対決させることにしたんですよ。ただその対決場所は旅館のような一室で、ラストには壁が全部バラバラになるセットにした。つまりドキュメンタリーから始めて、フィクションを出口にしたんです。あのセットばらしを観たとき、今村さんはすごいことを考えるなと思いましたよ。

――そして映画の最後に「終わり、終わり。終わりだよ」という、紅谷さんの声が入っているんですね。

紅谷　僕は音の仕上げから参加して、映像の編集には浦山桐郎も付き合った。それで今村さんはラストを、浦山がカチンコ持った手をストップ・モーションにして、そこに僕の声を被せたいと言ってきたんです。当時日活撮影所の周りは田んぼでね。そこまで連れて行かれて、録音助手に録音機のナグラを持たせて、監督が僕の目の前で「ヨーイ、スタート」と声をかける。そこで「終わり、終わり。終わりだよ」という声を録ったんですけれど、いきなりやれと言われてもしゃべりにくくてね。テストを何度もやりましたよ（笑）。

――今村監督も紅谷さんに「終わり」と言わせないと、映画を収めきれなかったのでしょう。

紅谷　ただこの映画を撮ったことで、今村監督は後に「にっぽん戦後史　マダムおんぼろの生活」（70）や東南アジアに取材したテレビのドキュメンタリー番組にも手を出すことになっていった。そういう意味で、この映画は一つのきっかけになった作品だと思いますね。

ナグラ　51年に創業された、スイスの精密オーディオ装置を提供するメーカー。その製品は日本の映画界でも広く使われていて、この当時はナグラのオープンリール・デッキが録音機として活躍した。

「にっぽん戦後史　マダムおんぼろの生活」（70年6月3日公開）。監督：今村昌平、出演：赤座たみ、赤座悦子。

今村組「神々の深き欲望」第一次ロケ、沖縄へ

——そして次に、いよいよ「神々の深き欲望」（68）の撮影が始まったのですね。

紅谷　「神々の深き欲望」は、製作が今村プロで配給が日活。とりあえず予算がないので、まず今村さんが一人でシナリオ・ハンティングを兼ねて沖縄の八重山群島にロケハンに行って、具体的な準備を始めたんです。今村さんが現地に行ってみると、いろいろな問題点が浮上しました。撮影条件にかかわることでは民家に電源はあるけれど、電圧や周波数が不安定なんです。だからよく停電もする。また電源のない場所も多い。とにかく確保しなければならないのは、キャメラの電源です。照明部のゼネレーターは那覇で調達することにしましたが、ミッチェルのキャメラの電源は、当時ポータブル発電機として売り出されたばかりのホンダ製『E１０００』型をテストしてみました。エンジン音が大きいのは難点でしたけれど、比較的電圧と周波数が安定していたので発電機をできるだけ現場から離すことにして、これに決めました。発電機を現場で使ってみると、ガソリンを満タンにすると五時間は保つことが分かって、結構重宝しましたね。録音機は出たばかりのナグラ三型を初めて使うことにしました。

——この頃は、沖縄に行くだけでも大変なのですよね。

紅谷　沖縄はまだアメリカの統治下で、渡航手続きが必要だった。また種痘、コレラ、破傷風、ハブの毒に対する予防注射を打つ必要もありました。その頃は一ドル＝三六〇円の時代ですからとにかくお金がかかる。予算の問題で始まりが遅れて、ロケ隊は67年9月16日に出発しました。でもそれだと、当然この年に撮りきろうと思ったら遅い時期なんです。何せ太陽が照りつける島の生活を撮りたいのに、9月は亜熱帯地方とはいえ季節は秋ですから。でもやむを得なくて、最初に本隊の一週間ほど前にメインスタッフだけが先発しました。予算がないので飛行機の使用は禁止で、琉球海運とタイアップして全員二泊三日かけて晴海ふ頭から船で沖縄本島の那覇まで向かいました。那覇に着いたのは18日で、20日に那覇を出発。船で一泊して翌日の朝、石垣島に着きました。撮影隊のベースになった場所は石垣島の川平という、市街地から車で三〇分ほど行った、人口約六〇〇人の集落でした。主演の三國連太郎さんも、後から僕らと同じ渡航ルートで石垣島まで来たんです。第一次ロケでは主人公一家の長老・山盛役の早川雪洲さんだけが、高齢な

「神々の深き欲望」（68年11月22日公開）。監督：今村昌平、出演：三國連太郎、沖山秀子。神話が息づく南の島を舞台に、近親相姦によって島民から蔑まされている一家と、観光開発業者によって島の風俗が壊されていく姿を描いた、今村監督入魂の一作。

ので飛行機を使っていました。

――「神々の深き欲望」は神話伝説が残る架空のクラゲ島を舞台に、神の怒りをかったとして島民から疎外されている太根吉一家をメインに、この島に製糖工場を作ろうとする調査員がやってきて、島の文化や生活が解体していく様子を描いたものですね。三國連太郎さん演じる太根吉は、神の怒りの象徴である巨岩を落とすための大きな穴を掘り続けているという設定ですが。

紅谷　だから島に着いてはじめに、大きな穴を掘る場所を決めたんです。その一帯にロープを張ってみんなで草刈りをして。あとは美術部の連中に作業をまかせて、メインスタッフは石垣島以外の島へロケハンに向かいました。あの穴は直径一〇メートル、深さが七メートルあって、かなり大きなものなんです。

――石垣島以外の島へ行くのも、船便ですから大変でしょうね。

紅谷　波照間島や黒島、一番遠いところは南大東島など三つの島を使いました。どの島に行くのもしんどいんです。また石垣島の川平では生活するのがきつかった。パートごとに土地の方たちの家に分宿したんです。録音部は僕と助手二人はパイン畑を栽培している仲本さんという老夫婦の農家に泊まることになり、三人で八畳の一室を借りたんですが、この家の方たちはさっぱりしたいい人でした。風呂は五右衛門風呂でね。ご夫婦は農作業が終わると風呂に入るけれど、僕らは夜間撮影もあるから帰宅時間が分からない。ずっと風呂を沸かしておくわけにはいかないので、ご夫婦が入ったら風呂の火を消してもらっていい、僕らは仕事が終わってから入ると。ただ問題は風呂のお湯で、向こうも農作業の後だから湯船に入るとお湯がドロドロになるでしょう。僕らも同じだから、全員湯船には入らず、風呂の湯を体にかけるだけにしようという紳士協定を結びました。だから我々が遅くなったときにはぬるいお湯をかぶっていましたよ。気候は亜熱帯だから大丈夫なんですけどね。

また水が貴重でしてね。天水桶に溜める水道なので雨が降らないと断水になってしまうし、煮沸しないと生水は飲めないんです。さらにトイレは外にある掘っ立て小屋で一応屋根は付いていますが、雨漏りがする。中は狭くて、トイレの肥溜めは豚小屋からの尿とも直結していますから、臭いがきつくてハエがものすごい。そのハエを追ってヤモリが走り回りますから、落ち着いて用を足していられません。一番怖いのはハブで、噛まれる恐怖が常にありました。幸い誰も噛まれ

「神々の深き欲望」の第二次ロケの模様。筆者は手前の背中の人間。

「『エロ事師たち』より　人類学入門」の完成記念撮影。前列中央に今村昌平監督。その左後ろに筆者がいる。

「愛と死の記録」の完成記念撮影。前列右から二人目から順に渡哲也、吉永小百合、蔵原惟繕監督。筆者は二列目、渡と吉永の間に座っている。

なかったけれど、ハブ対策のために暑くても半袖シャツは着られないし、首にタオルを巻いて全体に鍔のある帽子を必ず被っていましたから、日中はとにかく暑いんです。ゆっくり温泉とトイレに入る夢をみました。

――食事はどうされていたんですか。

紅谷　島の公民館を食堂に模様替えしてもらって、賄いの人を何人か雇ってみんなそこで食べていました。人数が多いので料理を並べていくのですが、そこにすごい数のハエがたかるんです（苦笑）。でも、しょうがなく片手でハエを追いながら食べましたよ。島民の気に障ることはしないようにと、みんな気を使っていました。映画の脚本自体が、好意を持って受け入れられるような内容ではないですから、村長なんて「こんなことはありえませんよ。こんなことを撮られるのは迷惑だ」と言っていました。それを今村さんが弁舌さわやかに押しまくって、無理やり納得して協力してもらっていたんです。島には老人と子どもしかいなくて、若い人は沖縄本島へ働きに出ていくんですね。老人たちはお祝い事が好きで、そんなときにはヤギを殺してそれを料理にしてもてなすんです。お祝い事があるたびに、僕らメインスタッフも呼ばれたんですけれど、このヤギ汁が臭くて臭くて辟易しましたね（苦笑）。

――大変な撮影環境ですが、撮影自体は順調だったんですか。

紅谷　これが9月は台風シーズンで、台風が来ると一週間撮影ができない。またこの年は天候不順で、照りつける暑さが欲しいのに太陽が顔を出さないんです。それでも今村さんは妥協しないから天気待ちが多くて、僕らは曇っているうちに昼食を食べて、太陽が出たら「本番行くよ」っていう感じでした。台風が来るとやることがないから、麻雀ばかりしていましたよ。麻雀牌はしっかり用意してある（笑）。それで台風が来たら停電するし、風速六〇メートルの風が吹いたときには畳が下から持ち上がって体が浮いたこともあります。

――思うように進まないうえに、太山盛役の早川雪洲さんと、太ウマ役の根岸明美さんが、この第一次ロケだけで降板していますね。

紅谷　早川さんは高齢で監督が思うような動きができないし、芝居自体がのろいんです。根岸さんは文句ばかり言っていて、監督が要求しても結果的に裸にならなかった。トリ子を演じた新人の沖山秀子も、まだ役に馴染めなくて今村さんにかなりしごかれていました。そんなこともあっ

「神々の深き欲望」での一コマ。

たのでこの年はとても撮りきれないと、今村さんは11月末に撮影中断を決めました。その時点で全体の一五%しか撮影が終わっていなかったんです。

――中断して、製作予算的には大丈夫だったんですか。

紅谷　いえ、この第一次ロケだけで三カ月近く現地にいたわけですから、もうお金はなかったと思います。日活としてはオールアップまでは今村プロの資金で作って、会社は配給するだけのつもりだったでしょうが、おそらくバックでお金を出していたと思いますね。第一次ロケが終わる頃に今村さんから呼ばれて、「もうお金がない。だから来年のロケは、助手なしでお前一人でやれ」と半分冗談、半分真剣な顔をして言われましたよ（笑）。「監督、それは無理ですよ」と断りましたけれど、それくらい予算はひっ迫していました。ロケの中断を決めたとき、三國さんは主演ですから、来年も撮るとすればギャラはどうなるのかと。俳優陣をリードする立場ですから、今村さんと話し合ったようですね。そこで北村和夫さんとか殿山泰司さんといった今村一家だった俳優たちが監督側について、ギャラの話は一応収まったんですけれど。

――撮影環境を考えると、第二次ロケには参加したくないという人も出てきそうですね。

紅谷　実際、スタッフも俳優も若い人たちでしたが、辞めると言う人が出てきました。録音助手も二人とも嫌だと言ってきたんですけれど三日間かけて説得して、何とか次もやってもらうようにしました。だからメインスタッフになるとつらいんですよ。そういうことも、自分の責任で処理していかなくてはいけませんから。

帰京したら待っていた大作「黒部の太陽」の仕上げ

――中断して東京へ帰ってきたら、少しは休養できたのですか。

紅谷　これがそうはいかなかったんです。石垣島を船で出港したのが11月26日で、那覇を経由して東京にたどり着いたのが12月2日。その明くる日に石原プロの中井景専務から連絡があって、「黒部の太陽」（68）の仕上げをしてほしいという依頼が来たんです。タイミングがよすぎると思ったら、「神々の深き欲望」で制作担当をしていた男が、中井専務の子分でしてね。僕らの撮影状況が全部中井専務に筒抜けだった。だから僕の体がいつ空くかを知っていて、すぐに連絡してき

「神々の深き欲望」で録音中。

中井景　1923〜2007。映画プロデューサー。52年に日活へ入社し、ホテル部門からプロデューサーに。63年、石原プロの創設に参加し、「太平洋ひとりぼっち」(63)、「黒部の太陽」(68)、「栄光への5000キロ」(69)、「富士山頂」(70)などの石原プロ作品を製作。

たんですね。

――「黒部の太陽」は石原裕次郎さんが自分のプロダクションを使って製作し、三船敏郎さんと組んで作った熊井啓監督による大作ですね。

紅谷　「黒部の太陽」は石原裕次郎と三船敏郎さんの二大スター・プロの共同製作で、五社協定の問題を抱えながら配給会社が決まらないままクランクインした作品です。ですから俳優も日活をはじめとする映画会社のスターを使えず、裕次郎は劇団民藝の宇野重吉さんに協力を求めて、ほかにも劇団系の俳優で主要キャストを組んだ。熊井啓さんは日活を辞める覚悟で監督を引き受けていましたが、メインスタッフには映画会社の人たちを使えなかったんです。撮影が終わる頃には日活と石原プロの間で配給に関する話し合いもついて、僕が参加できる状況になっていました。（撮影）現場の録音担当は安田哲男さんでしたが、この方は岩波映画の出身で、「ある機関助士」（63）とか「夜明けの国」（67）など、ドキュメンタリー作品を主にやってきた人です。劇場用映画のダビングには慣れていないから、ぜひ僕に仕上げをやってほしいということでした。

――「黒部の太陽」は、七年間の歳月をかけて黒部ダムを造った人々を描いた群像劇ですね。特にダム建設地までの資材運搬用トンネルを掘る工事が大変で、掘削作業で多くの犠牲者も出した。その難工事を映像で再現するために巨費を投じて映画は製作され、石原裕次郎さんは私財を投入してこの作品に懸けた。それだけに撮影中から大きな話題を呼びましたし、完成した映画は三時間一九分の大作になりました。

紅谷　僕が参加した時点で、ラストの黒四ダムの一部分だけ撮り残しがありましたが、ほぼ撮影は終わっていました。ラッシュフィルムは四時間半になっていて、すぐにそれを観てほしいと中井専務に言われました。話をもらった翌日は今村組の仕事があったので、二日後に編集ラッシュを観たんですが、大自然を相手に人間ドラマがしっかりと組み込まれていて、このままでも作品はもつんです。ただ映画としては長いので、中井プロデューサーとしては三時間に仕上げて間に一五分間の休憩を入れるつもりだと。ラッシュを観終わったときに、「改めてやってくれるか」と言われたんですが、僕は言ってみればまだ新人のミキサーですからね。逆に、「僕でいいんですか」と念押ししたら、現場を担当した安田さんも「すべて貴方に任す」と言っているというので引き受けたんです。裕次郎とは前からの付き合いがありましたしね。ただ彼のプロダクション

熊井啓　1930～2007。映画監督。53年から独立プロの助監督を経験した後、54年に日活へ入社。64年に監督デビュー。主な作品に「帝銀事件・死刑囚」(64)、「黒部の太陽」(68)、「忍ぶ川」(72)、「サンダカン八番娼館・望郷」(74)、「海と毒薬」(86)などがある。

安田哲男　録音技師。主な担当作品に「不良少年」(61)、「ある機関助士」(63)、「黒部の太陽」(68)、「さらば夏の光」(68)、「日本の悪霊」(70)、「愛の亡霊」(78)などがある。

作品は、録音技師としてはこれが初めての仕事になりました。

──このとき、まだ映画はクランクアップしていなかったのですね。

紅谷　ええ、少しでも早くこの作品に馴染むために、すぐに最後の黒四ダムのロケ地、富山に行きました。大きな芝居の部分は終わっていたので気分は楽でした。その夜、熊井監督とお酒を飲みながらダビング処理について語り合ったんですが、監督は僕にすべて任すと言ってくれました。

──残りの撮影を見たからといって、大半のシーンは現場の状況を知らないわけですから、サウンドデザインを考えるのが大変だったのではないですか。

紅谷　その翌日にまだ12月の寒い中、黒四ダムの現場へ行ったら、たまたま上空をジェット戦闘機が通過したんです。そこでジェット機が音速を破ったのか、ドーンという鋭い衝撃音が聞こえて、これが雪山にこだまして強烈な音の印象を残しました。そのときアイデアが浮かんで、「これだ！」と思ったんです。この音が前半で雪煙と共に山から落下していく歩荷（山の背負い運搬人）の落ちる音や、破砕帯から出水する見せ場の大事故の場面、トンネル内で発破が爆発する音のイメージにもつながって、これらの音は全部ジェット機の衝撃音を参考に作っていったんです。ですからこのロケに参加したことは、大きな意味がありました。

──録音されていた音の材料に関しては、いい状態だったのですか。

紅谷　いえいえ、撮影現場で録った音はキャメラノイズも入っていて、マイクポジションも無理があり、決してベストではなかったんです。でも小を捨てて大を取る、大胆なミックスをしようと腹を括りました。少々音が汚れていても、逆にそれを利用して工事現場のシーンはドキュメント・スタイルで行こうと。きれいごとではすまされない、難局を乗り越えていく話ですから、セリフのところは繊細に作りましたけれど、ほかは大胆に割り切って作業をしていきました。

──音楽は黛敏郎さんが担当していますね。

紅谷　この音楽は六四人編成の大オーケストラでやったんです。当時の各撮影所では音楽録音をするにも、マイクや調整卓など機材的に不備な部分があって、大編成のオーケストラの音をモノラルのバランス一発で録音するには、かなりの技術と経験が必要でした。でも黛さんの協力もあって無事に録音が終わったときには、ドッと疲れが出ました。最後のダビングで効果音もかなり作り込みましたから、音楽と効果音、セリフのバランスはかなり気を使ってミックスしました。

六四名の大オーケストラのメインテーマは、コーラス入りの、ボリューム感のある素晴らしい音楽でした。

浦山桐郎監督「私が棄てた女」に参加するが……

――そして68年2月17日に公開された「黒部の太陽」は七億九六一六万円の配給収入を上げ、この時点で言えば65年の「東京オリンピック」に次ぐ戦後日本映画のヒット記録を作った。紅谷さんも68年度の毎日映画コンクールで録音賞を受賞して、業界内の知名度も上がりましたか。

紅谷 僕は幸運にも作品に参加できたので、そのチャンスを与えてもらったことに素直に感謝しました。まあ賞をもらったのは後の話で、「黒部の太陽」が終わって少し時間が空いたんです。そうしたら浦山桐郎が新作「私が棄てた女」(69)に入るので、担当してほしいと言われました。浦山とはお互い助手時代からの仲間で、一本になったら一緒にやろうと約束したのですが、タイミングが合わずここまで本格的にやることができなかったんです。スケジュールは3月頃から準備をして6月にはダビングまで全部の作業が終わる予定だった。それなら「神々の深き欲望」の第二次ロケに間に合うだろうということで、引き受けました。第二次ロケには、早くて7月。現実的には8月に出発すると言われていましたから。

――ところが、そうはいかなかった?

紅谷 この頃から会社の組合闘争が激しくなって、スタッフは時間外労働を拒否するようになりました。演出でも浦山が粘るし、どんどん撮影期間が延びていきました。

――「私が棄てた女」は遠藤周作さんの小説を原作に、浅丘ルリ子さんの専務の姪との結婚を目前に控えた河原崎長一郎さんのサラリーマンが、かつて自分が遊んで捨てた小林トシエさん演じる女性と再会するんですね。小林さんは河原崎さんの子どもを中絶して、今は苦しい生活をしている。そのことを知った河原崎さんは責任を感じて、自分の人生を見つめ直していく人間ドラマですが、浅丘さんと小林さんの二大ヒロインがよかったですね。

紅谷 浦山はとにかく小林トシエをしごいていました。ありとあらゆる罵声を浴びせて現場でしごいたし、自分の家に泊めてまで特訓もしていました。小林はそのしごきに耐えていましたけれど、

「私が棄てた女」(69年9月3日公開)。監督：浦山桐郎、出演：河原崎長一郎、小林トシエ。遠藤周作の小説を原作に、専務の姪との結婚を控えたサラリーマンが、かつて捨てた女性と再会し、彼女が苦しい生活をしていることを知って苦悩する姿を描く。

ときには泣いて続けられなかったこともありました。でも彼女は歯を食いしばってがんばっていましたよ。浅丘ルリ子もこの映画にはノーメイクで挑んで、可愛い女を演じていてよかったです。

――主役が河原崎長一郎さんで、脇を固めるのが江守徹さんや加藤武さんですから、ほとんど日活の俳優が出ていないですね。

紅谷　浅丘ルリ子以外は日活の映画らしくないキャストです。だから会社としては歓迎していない作品なんだけれど、プロデューサーの大塚和さんが周りを説得してクランクインさせたんです。

――大塚さんは「キューポラのある街」や「非行少女」といった浦山監督の映画や、「にっぽん昆虫記」などの今村昌平作品も作っていて、日活の中では社会派のプロデューサーですね。浦山監督は大塚さんのような方がいたので、「非行少女」からしばらく監督作がなくてもやってこられたんでしょうね。

紅谷　浦山はその間、今村さんの「人間蒸発」を手伝ったりして、企画開発はいろいろやっていたんです。でも「私が棄てた女」は5年ぶりの監督作品ですから、よく食っていけたなと思いますよ（笑）。ただこの映画では、浦山と最初の打ち合わせのときから音のことに関して、ずいぶん話が弾んだんです。作品作りの方向性が彼と似ていると感じて、やりがいがありました。基本的には同時録音でやったので、全部のロケーションに付き合いました。それで音が悪い部分はアフレコにして。そういうふうに丁寧にやっていましたが、撮影がどんどん延びていくでしょう。そのうちに、今村組の第二次ロケ隊の出発が予定より早くなって7月15日に決まったんです。僕と河原崎長一郎、照明の岩木保夫は、「神々の深き欲望」にもかかわっているので、そっちへ行かなくてはいけない。主演の河原崎長一郎がいなくなるので、「私を棄てた女」は撮影を中断することになったんです。

――助手時代から一緒に仕事をしようと誓った浦山監督と、なかなか一本やりきることができないのが不思議ですね。

紅谷　タイミングの問題なんでしょうかね。浦山とは気が合ったし、仕事をしてもやりやすい監督だと思いました。でも中断はやむを得ないことで、浦山組のあとのことは人に任せて、結局今村組の出発はさらに早まって、7月6日、「神々の深き欲望」の撮影隊は琉球海運の〝ひめゆり丸〟に乗って、那覇へと向かったんです。

岩木保夫　1927～2011。照明技師。53年、大映で照明技師になり、その後日活へ移籍。主な担当作品に、「果しなき欲望」（58）、「にっぽん昆虫記」（63）、「復讐するは我にあり」（79）、「黒い雨」（89）などの今村昌平作品や、「千利休・本覺坊遺文」（89）などがある。

「神々の深き欲望」の第二次ロケ始まる

——そして、「神々の深き欲望」がクランクアップに向けて動き出すわけですね。

紅谷　曇り空が多かった前年のロケとは違い、この年の石垣島は、太陽が照りつけて身を焦がすような暑さでした。僕ら録音スタッフは、前にもお世話になった仲本さんのお宅に泊まることになり、老夫婦はヤギ料理と泡盛で温かく迎えてくれました。宿舎近くの撮影現場までは機材をリヤカーで運ぶんですが、どのロケ現場もあまりに暑くて、強い日光から機材を守るビーチ・パラソルが手放せませんでした。

——前回のロケからスタッフ、キャストの顔ぶれが少し変わっていますね。

紅谷　スタッフは照明部の助手が一部入れ替わりました。キャストは太山盛役が早川雪洲さんから嵐寛寿郎さんに、太ウマが根岸明美さんから松井康子さんに代わったので、前のキャストが出ている部分は全部撮り直すことになりました。嵐寛（嵐寛寿郎）さんには独特のしゃべり方があって、しかも関西弁ですからね。その癖を取るために、今村監督はかなり厳しく注文を出していました。せっかく太陽が照っているのに、嵐寛さんがセリフを言えなくて何回リテイクしたか（笑）。でもあの方は面白いんですよ。撮影して大分経った頃、食堂になっている公民館の表にガジュマルの樹があって、ある朝、嵐寛さんが樹のところに座っているんです。「どうしたんですか」と聞いたら、「いやあ、白いものが出まんねん」と。要は女が欲しいから辛抱できないと。そんなこと言われても我々ではどうしようもないから、プロデューサーに相談してね。出番のないときには、那覇まで何度か往復させていましたよ。あのお年ですごいなと驚きましたね（笑）。松井康子さんは初日、二日目あたりは緊張して監督のダメ出しが出ていましたが、徐々に役柄に馴染んでいきました。

——主演の三國連太郎さんと監督との関係はどうだったんですか。

紅谷　基本的に今村さんは、三國さんの芝居を好きじゃないんです。三國さんは不器用な俳優ですからセリフを全部覚えて、体の中にしみこませてから自分の生理でしゃべる。そうすると三國節になるので、今村さんは好きじゃないんですね。しかしこの太根吉という役は特殊で、完全に三國さんをイメージして脚本を書いているので、三國さんでないと映画が成立しない。だから変な癖があっても、監督はある程度許容していました。とりあえずOKを出している感じのカットもありました。三國さんは三國さんで、自分は主役なのにスタッフやほかの俳優と同じような待遇で暮らしていることに不満がある。そんなこともあって二人の関係は、必ずしもしっくりいっていなかったと思います。後年のことですが、その二人が「カンゾー先生」(98)で決別したのは、どこか生理的に折り合わない部分があったからだと思います。

――三國さんの息子を演じた河原崎長一郎さんに関しては、監督はどうでしたか。

紅谷　長一郎は相当絞られていました。今村さんはどの俳優に対してもすんなりとはいかないんです。というのも、これは今村さんが生涯をかけて撮りたかった作品です。あるとき僕に、「この映画はダラッとして長い作品ではあるが、後輩たちのためにも、後々の日本映画界のためにも撮っておきたい作品なんだ」と監督が言ったことは忘れられません。だから今村さんには自分の思い描いたイメージがあって、そこからはみ出た演技が気になるんですよ。

――そういうことでは一番手がかかったのは、根吉の娘・トリ子を演じた沖山秀子さんだと思いますけれど……。

紅谷　トリ子は知的障害者で野性的な女なんです。沖山は新人だから、どうしても監督にしごかれる。すると監督の部屋へ行って指導されることも多くなるんです。今村さんは魚屋の二階を借りて住んでいたんですけれど、そこへ沖山が一人でしょっちゅう通って、かなり早い段階で二人は男女の関係になってしまいました。それは近所でも有名になっていましたね。

――ただ芝居のうまい下手はともかく、その異質な存在感は沖山さんにしか出せないものですね。録音担当としては、途中でトリ子に霊が取り憑いてしゃべりだす場面で、字幕が入りますよね。あそこをああいう処理にしたのは理由があるんですか。

紅谷　あそこは大事なセリフですから、芝居は芝居として、セリフだけは分かるようにしゃべってくれと沖山に何度も注文を出したんです。監督からも、明確にセリフが分からないと困ると。ところがうまくしゃべろうとすると、芝居がダメになる。それで監督が「これは芝居を活かして撮るしかない」と言ったんですけれど、本能的に動いてしゃべる場面なのでアフレコするわけにもいかない。そこで僕と監督との間で〝字幕を入れるか〟という話は現場でチラッと出ていたんです。

――そうやって俳優たちと現場で格闘しながら、撮影を続けていったのですね。前年は撮影環境の悪さに泣かされましたが、少しは慣れたのですか。

紅谷　いえいえ、例えば石垣島以外にも波照間島や黒島、南大東島、仲の神島といった離島へ撮影に行くじゃないですか。すると録音部は島へ向かう漁船に多くの機材を積んでいかなくてはいけない。仲の神島では桟橋がなくて、船から小高い丘へ手渡しで機材を運び上げるんです。ちょっともたもたしていたら、僕らがまだセッティングしていないのに、監督から「本番、ヨーイ」という大きな声がかかって。まだテストもしていない段階ですからね。ただ今村さんにはこんなことがよくあるので、僕はさほど驚かないんです。僕らに早く準備しろと怒っているというよりも、自分を鼓舞するために大声を出す。それがまた憎めなくて、ユーモアになるのが今村さんの人徳なんです。でもそうやって一つ一つの撮影が、すべて手作業ですから大変なんです。このとき長谷川和彦は今村プロの一番下っ端で助監督兼総務部、さらに人が足りないときには俳優までやらされた。要は何でも屋だったんです。船の撮影があると彼やほかの助監督が海に潜って、本番のときに波のうねりで船の上に立つ被写体が動かないように、船自体を押さえているんですよ。それだってちょっと大波でも来ようものなら、彼らの人命にかかわりますからね。とにかくお金を使ってはいけないので人力でやれることをやって、ときには命をかけることになるんです。

――録音は同時録音ですか。

紅谷　ほとんどが同時録音です。船の上での撮影だけはどうしようもなくて、監督と相談してアフレコにしました。船が一艘増えるごとにその影響を受けて、俳優が乗っている船が動いてしまうので大変なんです。だから俳優の船とキャメラを乗せた船だけにして、ほかの船は遠くで待機していました。

――石垣島での生活の感じが分かるのは、映画に北村和夫さん演じる刈谷が東京からやってきて、夜寝ているとヤモリが天井から落ちてきてビックリするところがありますね。ああいうことはあったわけですか。

紅谷　僕が寝ているときにもヤモリが落ちてきました。これが気持ち悪い冷たさで、びっくりするんです。キイキイ鳴くのでその声を録ろうかと思って、マイクをセッティングすると鳴き止ん

長谷川和彦　1946年生まれ。映画監督。68年、今村プロに入社。「神々の深き欲望」(68)にスタッフとして参加し、71年に日活の契約助監督になる。「青春の蹉跌」(74)、TV『悪魔のようなあいつ』(75)の脚本で注目され、「青春の殺人者」(76)で監督デビュー。その後、「太陽を盗んだ男」(79)を監督した。

でね（笑）。しょうがないので制作部に頼んで部屋に蚊帳を吊ってもらいました。

――ストレスが溜まりそうですが、酒を飲んだりする店は島にあるんですか。

紅谷　川平の村にはありません。街中へ出れば飲み屋があって、憂さ晴らしにほとんどの店へ行きました（笑）。ただこの当時の沖縄は返還前なので、すべて払いは米ドルなんです。僕らが泊まっているところから街中へ出るには、タクシーで一ドル五〇セントかかる。その頃は一ドル＝三六〇円ですから、片道五四〇円。これが長い期間いると結構な出費になるんです。でも昼間はきつい仕事をしているので解放されたくて、よくタクシーを飛ばしました（笑）。

――紅谷さんにとって盟友・今村監督の映画ですけれど、本音を言えば早く現場から逃れたかった？

紅谷　映画を撮るというよりも、精神修養のようにただ耐える現場でした（笑）。でもこの間観直したら、よくこんなものを撮ったなと自分たちでやったことだけど、感心しましたよ。すべて手作りでやったんですから。

――撮影中に、いきなり68年内の公開が決まったそうですが。

紅谷　クランクアップが近くなった10月末に、11月下旬の公開が決まりました。ですから東京へ帰ってからの仕上げ作業は慌ただしかったです。編集と並行して効果音の音作りを始めましたが、三國さんの太根吉が足で引きずっている鎖の音が、なかなかイメージ通りの音にならなくて苦労しました。

――でも苦労のかいがあって、「神々の深き欲望」はこの年の映画賞を総なめにしましたね。

紅谷　キネマ旬報の日本映画ベスト・テンでも第一位になりましたよね。でも予算超過で今村プロは経営が圧迫されて、今村さんはこの後なかなか劇映画が撮れない状況になりました。また今村さん自身も俳優と仕事をすることに疲れたようで、ドキュメンタリーを志向するようになったんです。

――次の「栄光への5000キロ」（69）の話が石原プロから来たのはいつですか。

紅谷　「神々の深き欲望」を撮影中にプロデューサーを通して連絡がありました。正直、最初はぞっとしましたよ。石垣島での大変な仕事が終わって、次は外国を飛び回ってカーレースの映画をやるのかと。

「栄光への5000キロ」（69年7月15日公開）。監督：蔵原惟繕、出演：石原裕次郎、浅丘ルリ子。アフリカのサファリ・ラリーに挑む日本人ドライバーを描いた、石原プロ製作の超大作。主人公の恋人役で、浅丘ルリ子が出演した。

石原プロの「栄光への5000キロ」

僕に「栄光への5000キロ」の話が来たのは、石原プロの前作「黒部の太陽」で音の仕上げをしたこともありますが、監督が昔からの仕事仲間だった蔵原惟繕さんですし、石原裕次郎と親しかったことも大きいと思います。この映画は裕次郎演じるカーレーサー・五代高之を主人公に、浅丘ルリ子演じるファッションデザイナーとの恋、ジャン＝クロード・ドゥルオー扮するフランス人レーサーとの友情を絡めながら、モンテカルロ・ラリー、富士スピードウェイの日本グランプリ、そしてメインとなるアフリカのサファリ・ラリーを描いていく、スケール壮大な作品です。モンテカルロ・ラリーはレースを再現して撮ることになっていましたが、日本グランプリもサファリ・ラリーも本物のレース中にも撮影をする。それだけに、これは大変な仕事になると思いました。

――ロケハンには参加したんですか。

紅谷　いえ、ロケハンには蔵原監督とプロデューサーだけが行きました。撮影スケジュールとしては69年の2月中旬から3月上旬までがモンテカルロから入って、ニース、モナコ、スイス、パリと続くヨーロッパ・ロケ、3月9日からアフリカへ渡って、ケニアのナイロビを中心に裕次郎が車に乗ったシーンの撮影をし、4月3日からサファリ・ラリーが五日間行われて、それを終えるとレース部分で足りないところを追加で現地で再現して撮影し、4月21日に帰国して日本グランプリなどの日本部分を撮っていくという流れでした。

――では映画でも冒頭に描かれる、モンテカルロ・ラリーから撮影したんですね。

紅谷　ロケ隊は最初ニースに向かって、そこから車で二時間かかる山奥の村、サントバーンへ行きました。ラリーは一般道を走るレースですが、ここにはモンテカルロ・ラリー最大の難所がある。カーブが多いうえに車道の幅が狭く、左側は切り立った岩肌、右は数十メートルの崖になっていて、しかも道はアイスバーンでつるつる滑るんです。録音では車外からの音はもちろん、車内音も録らなくてはいけない。だから僕はラリー用と同じ車の助手席に体を括りつけて、録音機のナグラとマイクを持って乗り、機材は振動に耐えられるように大量に持って行ったスポンジやクッションで覆いました。準備ができるとフランス人ドライバーが車を発進させたんですが、これが陽気な男でね。口笛を吹きながら運転をするので、音を録るんだから口笛はやめてくれと説明するのが大変で（笑）。しかも岩肌や崖がカーブするたびに迫ってきて本当に怖かった。それで走り終わって録った音をドライバーに聞かせたら、「あそこのカーブの音が弱いのでもう一度やりたい」と言い出して、恐怖の急カーブをもう一度体験することになりました。前よりも速いスピードでカーブするから、身が縮む思いでしたよ（笑）。後から聞いたら、このドライバーの本職は消防士でね。ラリーのときだけプロのドライバーをしているということでしたが、確かに運転の腕はよかったです。

――車内音はどのレースも、紅谷さんが実際に車に乗って音を録ったわけですね。

紅谷　そうです。もっと怖かったのは、日本グランプリの車内音です。本物のレースと別の日に録りましたけれど、同じコースをレースに使ったR380を走らせて録ったんです。それは蔵原さんが「実際に乗って、フィーリングをつかんだ方がいいんじゃないの」と言ったからなんですが、富士スピードウェイのコースをプロのドライバーは一周二分弱で回るんです。ヘルメットを被って車に乗り込んだ僕は「これは音を録るだけだから、本物のレースのように飛ばさなくていい」とドライバーに言ったんですけれど、発車して二、三秒したらものすごいGが体にかかってね。三〇度バンクに差し掛かった瞬間、天と地が逆さまになったような錯覚に襲われて、思わず悲鳴を上げました（笑）。その後のS字カーブやヘアピンカーブでは失神寸前になって、何とか一周耐えたら、「今のは軽く流しただけですから、今度はレースに近い感じでやります」とドライバーが言ってきてね。覚悟してもう一周、地獄の恐怖を味わいましたよ（笑）。

――蔵原監督は、臨場感のあるレース音にこだわったんですか。

紅谷　蔵原さんと僕との間では効果音がどうだとか、具体的な話はしていません。それは全部任せてくれるし、僕も監督が欲しい素材は大体分かっているんです。またそういう音は無理をしてでも録るようにしていました。音の処理が蔵原監督は独特なんです。例えば浅丘ルリ子とフランス人レーサーの恋人を演じたエマニュエル・リヴァがニースのホテルで話す場面。彼女たちは途中で部屋の中からベランダへ出ていくんですけれど、ベランダへ出るといろいろな外の音が本当なら聴こえるでしょう。でも蔵原さんだと、最初のノイズの音を速いインで上げて、そこから音を絞り込んでいって女優二人の会話を聞かせるようにする。要は外の音をアクセントに使って、芝居はあくまで静寂の中でさせるわけです。そうやって音で演出する感覚が、わりと蔵原さんと僕は合っていたんですよ。ただこの映画では、車の爆音と俳優の小さなセリフの音との音量的なバランスをとるのが、仕上げのときに難しかったですがね。

――メインのサファリ・ラリーは五日間ぶっ続けで行われますが、その間スタッフはどういう動きをしていたんですか。

紅谷　ラリーはケニア、ウガンダ、タンザニアの三カ国を走破するんですが、まず南ステージに全車が挑戦して、四〇カ所のコントロールポイントでチェックを受けて、スタート地点のナイロビに帰ってくる。そのチェックを通過できたものだけが、後半戦の北ステージに進めるんです。僕らはあるときには近道をして車でラリー車を追いかけ、あるときは飛行機で先回りしてコントロールポイントでラリー車の到着を待ちました。ずっと動き回っていたので、この五日間は仮眠しかとっていません。南ステージが終わるとドライバーは一〇時間の休憩をとれるんですが、ラリー車は一斉に到着するわけではないので、我々はその間もほとんど休めない。ラリー車のエンジン音はどれもあまり変わらないんですが、吹かし方によって音の違いがあることを見抜いて、その音を録ることにこだわったし、当然のことですが同じ車でもカーブするときや砂利道を走るときで音が違う。そんな音でアクセントをつけるために、素材をいっぱい録る必要があったんです。

――劇中に登場する車の到着を見届けないといけませんからね。

紅谷　裕次郎の五代が乗る九〇号車は、ラリーに本当に参加するものと、裕次郎が運転して別日に再現して撮影するものと二台作りました。ラリー用の九〇号車ががんばってくれないと映画そのものが成立しませんから、ハラハラして見ていました。

混成スタッフの間に生じる微妙なズレ

――主演の石原裕次郎さんは、再現とはいえかなりの悪路を運転していますね。

紅谷　俳優としてもそうですけれど、やはり製作プロダクションの社長としての気構えがありましたね。再現部分はサバンナでロケしました。その頃のアフリカでは、ナイロビのホテルはイギリス方式で食べるものはいいんですが、サバンナで安全に食べられるのは乾パンとコカコーラくらいしかなくてね。だから食糧事情は悪かったけれども、夜に満天の星空の中でテントを張り、キャンプファイヤーを囲んで裕次郎と飲んだ酒の味は忘れられません。

――メインスタッフは撮影の金宇満司さんをはじめ、「黒部の太陽」の人たちが多いですね。

紅谷　彼らとの連携に気を使いましたね。この頃日本映画界は斜陽で、独立プロやスター・プロが続々誕生した。そんな中で「黒部の太陽」も作られて大ヒットしたんですが、あの映画は五社協定のこともあって、スタッフはフリーの人で固められていたんです。彼らは裕次郎のことを「社長」と呼んで立てて、石原プロの言うことを比較的よく聞いたので、プロダクションとしては使いやすかったわけですよ。そこへ今度は僕や美術の横尾嘉良さんといった日活撮影所の人間が加わって、しかも監督は日活の蔵原さんでしょう。その関係性が、微妙に違っていったんです。スタッフの多くはどうしてもプロダクション側について、監督側の人間が少ない。例えば監督がこう撮りたいと思っているときに、蔵原さんは口には出さないけれども、一部のスタッフと監督の考え方に微妙なズレが生じたこともありました。僕が蔵原さん側についてあげないといけないときもありましたが、できるだけ中立の立場を保

「栄光への5000キロ」にて。悪路で身動きができなくなった日産ブルーバードの救出作業の様子を録音。

金宇満司　1933生まれ。映画キャメラマン53年、岩波映画製作所に入社し、61年にキャメラマンとして一本立ち。71年から石原プロに参加した。主な作品に「不良少年」(61)、「黒部の太陽」(68)、「栄光への5000キロ」(69)などがある。

横尾嘉良　1930～2017。美術監督。日活で美術監督になり、「私が棄てた女」(69)、「栄光への5000キロ」(69)、『戦争と人間』三部作(70～73)などを担当。その後「華麗なる一族」(74)、「復活の日」(80)、「セーラー服と機関銃」(81)、「女衒」(87)を手掛けた。

とうとしました。やはり作品本位で物事を考えたいですからね。

――そんな場合、裕次郎さんはどんな対応をしているんでしょう。

紅谷　裕次郎は監督を立てて、余計なことは言わなかったです。相談されたときには、それなりの発言をしていましたけれど。ただ現場を指揮しているのは石原プロの制作担当だった〝コマサ〟こと小林正彦で、彼の発言力が強い。一部のスタッフがコマサを通して意見を出してきたりしたので、蔵原さんはやりにくかったと思います。やはりこういう混成スタッフで仕事をするのは難しいものだと感じました。

――背景を聞くと大変ですが、「栄光への５０００キロ」は69年の日本映画で、三船プロが製作した「風林火山」(69)に続く、興行収入第二位の大ヒットを記録。この年には勝新太郎さんの勝プロが製作した「人斬り」(69)も第四位のヒットになって、スター・プロが作った映画が話題を詰めた。そんな中で紅谷さんもさらに業界で知られる存在になっていったんですね。

紅谷　「栄光への５０００キロ」が成功したことで、石原プロのプロデューサー・中井景さんは鼻息が荒かったですね。公開前からヒットの感触をつかんでいたみたいで、この映画をアオイスタジオでダビングしているときに、「一緒に昼飯を食べに行こう」と中井プロデューサーに誘われました。それで食事をしながら、「日活を辞めて、石原プロの専属にならないか」と言うんですよ。このとき提示されたギャラはかなりの高額で、日活の比ではない。またその時点で石原プロは企画をいっぱい抱えていて、これからもどんどん映画を作っていくと言うんです。条件的にはいい話でしたが、即答を避けました。僕は今村昌平さんやいろいろな監督との縁がつながって、録音技師として一本立ちできた。その人たちとの今後のことも含めて一週間、女房にも言わずにじっくり考えたんです。それで出した結論は、お金がすべてではない。自分は一人の俳優のプロダクションに入るべきではない。金銭的には苦しくても今村さんや蔵原惟繕さんといった監督と細々とでもいいからやっていきたいと。それで石原プロの話を断腸の思いで断りました。後から分かったんですが、僕が断って裕次郎はがっくりきたそうです。

――石原プロに入らないにしても、日活を辞めてフリーになるということは考えなかったのですか。

紅谷　映画界の潮目が変わってきたことは実感していましたから、日活じゃないところでやろう

小林正彦　１９３０〜２０１６。石原プロ専務。日活を経て、65年に石原プロに参加。専務として多くの映画、TVドラマの企画・製作を担当した。通称〝コマサ〟と呼ばれていた。

「風林火山」(69年2月1日公開)。監督：稲垣浩、出演：三船敏郎、佐久間良子。

「人斬り」(69年8月9日公開)。監督：五社英雄、出演：勝新太郎、仲代達矢。

とチラッとは思いました。石原プロをはじめとする独立プロは、今後のことは分からない状態ですが、日活のような会社はまだ先輩が自分の上にいっぱいいるし、独立プロは若くて意欲的な人材を使っていかないと今後の作品が作れない。だとすると僕のような新人のミキサーにも、日活を出て生きる道はあるぞと。ただこの頃はまだ、会社を辞めようという決心はつかなかったです。やはり日活は住みよい会社だったんですね。

――でも「栄光への5000キロ」を担当して、業界の知名度は上がったでしょう。

紅谷　とは思います。僕はあの映画を新宿ミラノ座へ観に行きましたけれど、劇場のドアが閉まらないほど客が入っていました。スタッフに〝大入り袋〟も出ましたよ。確かに「黒部の太陽」、「神々の深き欲望」、そして「栄光への5000キロ」という大作三本を、新人ミキサー時代に立て続けに担当できたのは大きかったと思います。映画界はダメになってきているけれど自分は何とかやっていけるかなという、小さな明かりが見えた感じはありました。

――続いて石原プロの村野鐵太郎監督作「富士山頂」(70)の話が来たのですね。

紅谷　これは富士山頂に気象用レーダーを取り付ける、難工事に情熱を燃やす人々を描いた作品です。村野さんは大映の監督で、僕に対しては気を使ってくれている感じでしたね。向こうもこっちが読めないところがあったようです。ただ僕がやった仕事に関しては、非常に肯定してくれました。

――では、「富士山頂」の撮影は順調に進んだんですね。

紅谷　「富士山頂」の仕事は順調だったんですが、すぐに中井景プロデューサーから「ある兵士の賭け」(70)をやってくれという話がありました。この作品ではキース・エリック・バードという監督をアメリカから呼んできて、日本側は千野皓司さんが共同監督で入る(その後中井プロデューサーと衝突して、千野監督は途中降板。後を助監督の白井伸明が引き継いだ)。僕はこの企画は当たらないと思って、「大損しますよ」と中井プロデューサーに言ったけれど、「どうしてもやりたいんだ」と。それで何とかこの映画から逃げようと思ってね。ちょうど同じ時期に石原プロでは岡本愛彦監督、浅丘ルリ子主演の「愛の化石」(70)を作ることになっていたので、僕はそっちを担当することにしたんです。

――実際「ある兵士の賭け」は興行的に失敗して、以後石原プロは大作映画を作るのが難しく

村野鐵太郎　1929〜2020。映画監督。53年、大映に入社して、60年に監督デビュー。田宮二郎主演の『犬』シリーズなどで注目された。その後、「富士山頂」(70)、「鬼の詩」(75)、「月山」(79)、「遠野物語」(82)などを発表した。

「富士山頂」(70年2月28日公開)。監督:村野鐵太郎、出演:石原裕次郎、渡哲也。富士山の山頂へレーダーを取り付けることに情熱を燃やす男たちを描いた石原プロの大作。勝新太郎が荷場隊の親方役で出演している。

「ある兵士の賭け」(70年6月6日公開)。監督:キース・エリック・バード、千野皓司、白井伸明。出演:デール・ロバートソン、石原裕次郎。

千野皓司　1930年生まれ。映画監督、脚本家。67年に「喜劇　東京の田舎っぺ」でデビュー。「ある兵士の賭け」(70)、「密約―外務省機密漏洩事件」(88)などの映画作品をはじめ、「おひかえあそばせ」(71)、「パパと呼ばないで」(72〜73)、「深川通り魔殺人事件」(83)などテレビ作品を手掛けた。

岡本愛彦　1925〜2004。映画監督、TVディレクター。50年、NHKに入局して、TVドラマの演出家になる。やがてTBSへと移り、『私は貝になりたい』(58)などを演出。63年にTBSを退社し、その後は「愛の化石」(70)、「青春の海」(74)、「世界人民に告ぐ!」(77)などの映画を監督した。

「愛の化石」(70年3月21日公開)。監督:岡本愛彦、出演:浅丘ルリ子、高橋悦史。報道キャメラマンと、彼が被写体として追う世界的テキスタイル・デザイナーとの恋を描く。浅丘ルリ子が歌う、同名の主題歌もヒットした。

なっていきましたね。

紅谷　そうなんです。それで「愛の化石」ですが、岡本監督と会って話をしたら、これは小型の手持ちキャメラを常用して撮りたいと。そうなるとキャメラノイズが大きくて現場で音を録るのは不可能ですから、最初からの狙いとしてオールアフレコで行くことにしました。だから僕は現場に一切行かないで、画を見てアフレコのセリフを録って、効果音も後からすべて考えました。

――70年には今村昌平監督の「にっぽん戦後史　マダムおんぼろの生活」(70)と銭谷功監督の「エベレスト大滑降」(70)というドキュメンタリー二本に就いていますよね。

紅谷　どちらも仕上げだけやりました。今村さんの作品は、日映新社に戦後二五年間の膨大なニュース・フィルムがあって、それを使って何かやれないかという話から始まったんです。戦後の教育問題をやろうとか題材が二転三転しましたが、最終的に横須賀にあるバー〝おんぼろ〟のマダムに今村さんがインタビューして、彼女を通して女性戦後史を浮き彫りにしていこうということになりました。マダム個人の歴史とニュース・フィルムによる戦後社会史を融合させたんです。とにかくニュースなどの素材は沢山あるので、どう音で処理していくかを考えました。手法的には「人間蒸発」に近い作品でしたが、東宝配給で公開しても話題にならなかったですね。

――このあたりから今村監督は、ドキュメンタリーに傾倒していくわけですね。

紅谷　要は「神々の深き欲望」が大コケしたので、劇映画の話が途絶えたんです。それと俳優を使ってドラマを作るのが、今村さんとしてはしんどくなってきたんですね。だから「にっぽん戦後史」をやった後に、鹿島映画と今村プロの共同製作で「弱虫アリ」という作品を企画したんです。

――それはどんな内容の映画だったんですか。

紅谷　これはモロッコのフェズを舞台にしたドキュメンタリー風の文化映画で、簡単なシノプシスだけで完全な脚本はありませんでした。フェズに大きな革の染物工場があって、そこを中心にサハラ砂漠を転々とする少年の話なんです。彼の父親役として、日本から俳優は西村晃さんだけ参加することが決まっていました。撮影は姫田真佐久さんで撮影と録音機材の準備も進めていたんですよ。ところが機材を梱包してモロッコに送る準備をしていた、ロケ出発三日前の7月11日。モロッコ国内でクーデターが起こり、我々ロケ隊の入国が禁止されました。これで残念ながら、

「エベレスト大滑降」(70年7月18日公開)。監督：銭谷功。世界の最高峰エベレストの大斜面から直滑降するプロスキーヤー・三浦雄一郎と、彼を支える三三名のスキー隊員たちを追ったドキュメンタリー。

この企画は中止になったんです。

今村組TVドキュメンタリーで東南アジアへ

――今村監督がサハラ砂漠をどう撮るのか見たかったですね。でもこの中止は、資金難の今村プロとしては打撃だったのでは？

紅谷　だから急遽、別の企画を考える必要があったんです。TV局とつながりを作ろうと考えて、今のテレビ東京（当時の東京12チャンネル）に『金曜スペシャル』という、内容的には決まりがない一時間の放送枠があったんです。そこに今村さんは食い込んだ。TV局側も今村さんが作ってくれるのならいいですよということで、予算は安いけれどもTVのドキュメンタリーをやることにしたんです。

――それが71年の『未帰還兵を追って　マレー篇』と『未帰還兵を追って　タイ篇』ですね。

紅谷　今村さんとしては東南アジアにまだ帰って来ない日本兵が大勢いることが、非常に気になっていた。それに焦点を当てたドキュメンタリーはどうだろうと。ただね、予算が少ないから今村さんと僕、撮影の姫田さんと撮影助手の榎本裕之の四人ですべてやらなくてはいけない。すると製作担当も助監督もいないわけです。どうするかとなったとき、いつも僕が麻雀の勘定を計算するのが一番速かったので、今村さんが「やっぱり君に、製作と助監督もやってもらおうかな」と言ってきて（笑）。こっちは音を一人で録るだけでも大変なのに、そんな無茶なと思いましたが、四人で何とかするには僕がやるしかないわけですよ。だから製作兼チーフ助監督兼録音を全部背負わされたんです。

まず今村さんが一人で東南アジアへ飛んで、向こうの未帰還兵に関する情報を集めてきた。するとシンガポールにいる床屋の王さんが戦時中、日本兵が中国人を惨殺するところを見たとか、タイには未帰還兵の日本人が偽医者をやっているといったことが分かってきた。この情報を持ってTV局に交渉に行ったら、向こうは喜んで撮ってきてくれと。最初は一時間作品一本という話だったけれども、予算を考えたら安すぎて一本ではどうにも商売にならない。だからマレー篇とタイ篇の二本作ることにしました。

『未帰還兵を追って　マレー篇／タイ篇』(71)。今村昌平監督が、終戦後も日本に帰らなかった日本兵を探して東南アジアを巡る、TVドキュメンタリー二部作。

『未帰還兵を追って』の香港ロケ。右から姫田真佐久、今村昌平、筆者、撮影助手。すべての作業を、この四人でこなした。

――プロデューサーでもある、今村さんらしい考え方ですね。

紅谷　さらに今村さんは欲張りですから、東南アジアへ海外ロケに行くのなら浦山桐郎にも撮らせようということになって、浦山と武重邦夫とキャメラマンの三人でチームを作って、彼らを首狩族の取材にボルネオに行かせることにしたんです。僕らよりも一人少ないのは、どうせ首狩族がいる山の中へ入れば、何もやることはないだろうと（笑）。彼らには首狩族で二本撮って来いということになったんです。

――それが、浦山監督が構成した『ボルネオ　首狩族のこころ』（72）ですね。

紅谷　浦山たちは二本撮るほど材料があるかなと不安になっていましたけれど、今村さんは「とにかくやれ」と命令して（笑）。それで航空会社はタイアップできたので、二班一緒にシンガポールまで行って、そこから浦山たちはボルネオへ。僕らはシンガポールで撮影を始めたんです。

シンガポールに出発する前から、幡ヶ谷の廃業した段ボール工場の一室を借りて、そこをスタッフルームにしていたんですが、今回は最初から画面にマイクを映さないという取り決めがあったので、録音部としては音を録るだけでも大変だったうえに、僕はチーフ助監督と製作も兼ねることになりましたから、TV局と予算やスケジュールの折衝、僕らのチームと浦山桐郎や武重邦夫が撮影する『ボルネオ　首狩族の素顔』と『ボルネオ　首狩族のこころ』チームの段取りと予算編成など、慣れない仕事と格闘していたんです。

当時は米国一ドルが日本円では三三四円で、これは二・八マレーシアドルとタイの二〇バーツに相当する。そのレート換算も含めて僕が予算を管理するわけですが、現地へ行ったら何が起こるか分からないので、僕と今村さんが三〇〇〇ドルずつ持って、僕は腹巻の中にいつもお金を入れていました。余計な気苦労が祟ったからか、出発前から肩が凝りだして、食欲不振になりました。

――それから二チーム一緒にシンガポールへ行って、シンガポールに着いてから二つに分かれたんですね。

紅谷　シンガポールで浦山たちはボルネオへ、僕らはシンガポールからマレーシア、タイと撮影する予定になっていました。

『ボルネオ　首狩族の素顔』（72）。ボルネオに暮らす、首狩族の実態を追ったTVドキュメンタリー。浦山桐郎監督が構成を担当。

『ボルネオ　首狩族のこころ』（72）。『首狩族の素顔』の続編。こちらは武重邦夫が構成を担当している。

「栄光への5000キロ」で、サファリ・ラリーのスタート地点であるナイロビのシティホール前で、現場の音を録音する筆者。

「栄光への5000キロ」。ロケの合間に録音の打ち合わせをする右から石原裕次郎、浅丘ルリ子、背中を向けているのが筆者。

シンガポールで泊まったホテルが『ホワイト・ハウス』といって名前だけは立派ですが、これ以上ないほどのボロい安ホテルでした（笑）。予算がないから航空会社に一番安いホテルを取ってもらったんですが、二部屋しか押さえられなかった。すると部屋割りは、姫田さんは「俺は助手と寝るよ」と言って撮影助手と。自動的に僕は今村さんと一緒の部屋になりました。ホテルに着くなり今村さんは行動を開始しようとしましたが、僕は持ってきた機材をばらして準備しなくてはいけないし、体調を崩して食欲もなかったので、今村さんには一人でロケハンに行ってもらいました。

今村さんが戻ってきて夕食の時間になって、撮影助手にお金を渡して、「お前が清算してこい」と三人で晩飯を食べに行ってもらって、僕は撮影助手に買ってきてもらったレモンの汁をすすってホテルで休んでいたんです。結局、下痢を起こして絶食したまま三日間寝込みました。今村さんに「君は海外へ出たら元気がないね」と言われましたが、この体調不良だけはどうしようもなかったんです。しかもホテルのトイレは水漏れがひどくて便器の上の水貯めから雨のように水が漏れて降ってくる。

幸い三日目のロケが病院で、そこに日本語が話せる台湾人の医者がいたので体調を説明したら、過労じゃないかと言われて薬をくれました。それを服用してから徐々に体調が回復していったんです。

――紅谷さんが寝込んでいる間も、今村さんたちは撮影に向かったんですね。

紅谷　そうなんですよ。撮影を終えてホテルに帰ってくると、「明日はどういう段取りをするんだ。打ち合わせしないとダメじゃないか」って、こちらの体調はお構いなしなんです。まあほかに相談相手がいないから、そんなときには僕を助監督として見ているんでしょうけれど。

僕が夜寝ていると突然今村さんが「暑い、暑い」と言って、南国特有の天井から吊るしてある大きな扇風機を回し始めてね。こっちは寒くて寝ていられない。時計を見たらまだ朝の四時なんですよ（苦笑）。しようがなくて起きると、「今日の段取りはどうする？」って。どんどん今村さんのペースになっていくんです。

――休んでいるわけにいかなくて、撮影に同行したんですね。

紅谷　ええ、それで太平洋戦争の終戦間際に元日本軍が中国人を虐殺する様を見たという理髪店を経営している王さんに会いに行くことになりました。インタビュアーが今村さんでしょう。当時の今村さんはものすごく太っていたし、口ひげを生やしていて人相が悪い。どう見ても知的な映画監督には見えなくて、王さんは昔の日本の憲兵隊だと思ったようなんです。だから強引に話を聞こうとしても、怯えてさっぱり要領を得ない受け答えになってしまった。

これはダメだということになってシンガポールからマレーシアに場所を変えて未帰還兵を追ったんですが、通訳にも恵まれなくて思ったような成果が得られませんでした。今村さんも焦り出して、「タイとマレーシアの国境沿いに危険なところがあるから、そこへ行くか」と。「何の当てもなく行ってみよう」と言うから、「そんなところで人探しをしても危険を伴いますよ」って僕は止めたんです。

――つまり『マレー篇』は収穫がなかったんですね。『タイ篇』はいかがでしたか。

紅谷　『マレー篇』では人探しをしている素材ばかりで、これという人には会えなかった。あきらめてタイのバンコクに飛行機で向かって、そこから船をチャーターしてアユタヤへ行きました。

アユタヤには元日本兵で、無免許で医師をしている利田さんという人がいて、同じく偽医者で元日本兵の仲山さんもいた。もう一人、チェンマイに農業を営む元日本兵の藤田さんがいたんです。この三人を利田さんの家で会わせて、今村さんが酒を飲ませて話を聞きだそうとしたんですよ。

すると利田さんと藤田さんはよくしゃべるんだけれど、仲山さんは用心してあまりしゃべろうとしない。やはり今村さんを元憲兵だと思ったみたいで、偽医者だとバレることも警戒していたようでした。三人ともすでに日本語が怪しくなっていたんですが、仲山さんに関しては言葉が不自由だと見せかけている感じもしました。

酒が入ってくると、利田さんも藤田さんも旧日本軍に対する痛烈な批判が始まって、天皇制に対する話もかなり迫力がありました。途中で三人が軍歌『露営の歌』を歌ったんですが、これには目頭が熱くなりました。やはり元日本兵の彼らが歌うと、実感がこもっていて歌に力があるんですね。日本を捨ててタイに骨を埋める決心をした彼らのことを思うと、いささか感傷的な気分になりました。

――酒を飲みながら話してもらうと、フィルム・チェンジなどで会話を途中で止めるわけにいきませんよね。どうやって撮影していったんですか。

紅谷　姫田さんは一六ミリのキャメラを使ったTVドキュメンタリーを撮影するのは初めてでしたから、今村さんと合図を決めておきました。フィルム・チェンジのときに姫田さんが合図すると、今村さんはそこで話を中断して、三人に酒を勧める。酒をどんどん飲ませている間にフィルム・チェンジして、終わると会話に戻るというやり方でした。

音を録るのも三人が座る場所を決めておいて、そこにコードを引っ張って隠しマイクを仕掛けておきました。最初は酒を用意していなかったんです。でも今村さんが、「これは酒でもないと話が弾まない。紅やん、酒買ってきてよ」と言うんですけれど、こっちはタイ語が分からないんだから（笑）。

しょうがないので利田さんのタイ人の奥さんに頼んだら、水上生活者なので酒を買いに行くのも不便なはずなんですが、独自のルートがあるらしくて、すぐに買ってきてくれました。現場ではそういう助監督的な役割もしなくてはいけないので、音録りだけ気にかけているわけにいかないんです。何でもやらされて、本当に殺されるかと思いましたよ（笑）。

——そこで急に酒代が発生すると、予算に影響するわけですよね。

紅谷　予算で落とすためには領収書が必要なんですけれど、字が書けない人がいっぱいいて、領収書をもらうだけでも手間がかかるんです。さらにチップの分のお金も読み込んでおかなくてはいけない。その計算には頭を痛めました。

——音に関しても、タイの三人は場所を決めて事前にセッティングができますが、突撃取材をすることもあったわけですよね。

紅谷　おそらくシンガポールの王さんは、それでなくても今村さんを怖がっているのに、マイクなんか向けたら一言もしゃべりませんよ。だからバッグに穴を空けて、中にマイクとカセットレコーダーを仕込んでおいて、そのバッグを今村さんに持ってもらって録音したんです。

——これまでの今村作品で、ドキュメンタリー的撮影は経験しているとはいっても、海外ですからね。臨機応変に対応するのが大変だったでしょうね。

紅谷　向こうに二四、五日間ほどいましたが体調のことも含めて、今村さんとの仕事ではこれが一番大変だったかもしれない。ただ今村さんはこの作品を「私は自分の頭の中に『反戦』、『戦争

『ブブアンの海賊』（72）。今村昌平監督が、フィリピンの海賊に取材したTVドキュメンタリー。

『無法松故郷に帰る』（73）。今村昌平監督が東南アジアにいた未帰還兵に帰国の誘いをかけ、彼が帰国したときの状況を追ったTVドキュメンタリー。

『からゆきさん』（73）。日本から東南アジアへ売られていった女性に、今村昌平監督が取材したTVドキュメンタリー。

はもういやだ』、『拒否』、『告発』というような、お仕着せのうたい文句しか浮かばなかったことを恥じた。それらの言葉が持つ薄さが嫌であった」という自分のナレーションで結んでいますけれど、やるべき作品の方向性を見つけた感じがしました。この作品を〝棄民シリーズ〟の第一作と位置付けて、それ以降も海外で生きる日本人を追いかけることになっていったんです。

——その方向性が、『ブブアンの海賊』(72)、『無法松故郷に帰る』(73)、『からゆきさん』(73)へと続いていき、やがて劇映画の「女衒」(87)に反映されていくんですね。このときは約ひと月、海外へ行ったわけですが、紅谷さんと姫田さんは日活専属でしょう?

紅谷 今村プロに出向している形でした。だからこの作品のギャラは、何割かを日活に払っているんです。ただ僕はもちろん、今村さんや姫田さんのギャラの金額も僕が予算から決めましたからね。何か不思議な気分でしたよ。

日活はロマンポルノへ方向転換

——その頃に日本では、日活がロマンポルノへ方向転換するという、大きな変化が起きていましたね。60年代後半には、日本映画界の斜陽化が一気に進んだ。日活では69年に撮影所を売却、70年1月には丸の内の本社ビルを売却、同年4月に大映と製作した映画を二社で共同配給する配給会社・ダイニチ映配を発足させましたが、経営の悪化は止まらなかった。結局日活は、71年8月末で一般映画の製作・配給を休止した。そしてこの年11月から製作する映画を、成人映画のロマンポルノへと一大転換したわけですよね。紅谷さんが東南アジアでの撮影を終えて日本に帰ってみると、日活はロマンポルノを作り始めていた。それには驚きませんでしたか?

紅谷 いえいえ、僕が『未帰還兵を追って』の撮影に行くときには、もう撮影所ではロマンポルノに手を付け始めていましたから。その前にダイニチ映配では、大映と日活が一本ずつ映画を出して二本立てで公開しましたが、これが大失敗でね。お客が入らなくなった映画会社同士が手を組んだわけですから、うまくいくわけがない。一方で日活は山本薩夫監督の「戦争と人間」三部作(70~73)を作って、これはヒットしたんだけれど、何と言っても大作ですから興行的にはリスクが大きい。だから会社はロマンポルノに方針転換したんです。ロマンポルノは製作予算が少な

「女衒」(87年9月5日公開)。監督:今村昌平、出演:緒形拳、倍賞美津子。明治後期から昭和初期にかけて、東南アジアで女衒稼業を手広く拡大させていく、村岡伊平治の波乱に富んだ人生を描いた作品。

日活ロマンポルノ 71年11月から88年5月にかけて製作・配給された、日活の成人映画レーベルのこと。経営難に陥った日活が打ち出した新路線で、『一〇分に一回性行為シーンがあること』、『上映時間は七〇分程度』、『モザイク、ボカシが入らないように対処する』という制約を守れば、かなり自由に映画作りができたため、神代辰巳や田中登など個性的な監督が生まれていった。また白川和子、田中真理、宮下順子といったポルノ専門の女優たちも、注目を浴びた。

ダイニチ映配 70年、社運が傾いていた大映と日活が、合弁配給会社『ダイニチ映配』を設立。大映・日活の両作品を一本ずつ、二本立で興行する体制をとった。だが集客力は戻ることはなく、この体制が一年強しか続かず、日活は71年8月に一般映画の製作中止を決定。大映も同年12月に倒産した。

山本薩夫 1910~1983。映画監督。33年、松竹に入社し、37年にPCLから監督デビュー。主な作品に「真空地帯」(52)、「太陽のない街」(54)、「忍びの者」(62)、「白い巨塔」(66)、「華麗なる一族」(74)、「あゝ野麦峠」(79)などがある。

「戦争と人間」(第一部 運命の序曲=70年8月14日公開。第二部 愛と哀しみの山河=71年6月12日公開。第三部 完結篇=73年8月11日公開)。監督:山本薩夫、出演:滝沢修、浅丘ルリ子、北大路欣也。

いので、お客が入らなくても比較的に被害が少ない。それである程度の収益を挙げた作品もありましたからね。

——予算枠が縮小されても、スタッフの雇用は守られたんですか。

紅谷　撮影所には各部門の契約者スタッフの組合があって、会社が弱くなってくると、逆に組合の力が強くなっていきました。だから専属契約などの雇用は守られたんです。でも一般作品を作らなくなったことで嫌気がさして、会社を辞めていくスタッフも何人かいました。打撃だったのは石原裕次郎をはじめ、日活を支えてきたスターがほとんど辞めたことです。だからロマンポルノになったら、外部の素人の女優たちを使わざるを得なくなりました。

——紅谷さんとしては、この状況をどのように見ていたんですか。

紅谷　残っているスタッフの中には胸の内を隠して「映画の灯を消さないためにやるんだ」とカッコつけている人もいました。でも、現実的には僕も含めて忸怩たる思いを持ちながら、要は「日活にいる以上やるしかない」という心境だけでしたよ。確かにロマンポルノ路線にしたことで、会社の赤字は少なくなったんです。経営的には多少持ち直したけれど、現場の仕事としては確実に後退した感じがありました。録音で言えば、ロマンポルノはオールアフレコですからね。今村さんの作品でオール同時録音をやってきた身としては、仕事のモチベーションが上がりませんでした。

——でも紅谷さんもロマンポルノの現場へ入らざるを得なかった？

紅谷　ロマンポルノがスタートした頃に、また今村さんからＴＶの仕事が来たんです。それが旅行番組の『遠くへ行きたい』で、今村さんが師匠の川島雄三監督の故郷、青森県の下北半島を旅する『今村昌平のおれの下北』という作品でした。恐山に寄って川島監督の墓参りをするという内容で、この番組の放送が72年の4月。それが終わってから林功監督の「続・色暦大奥秘話　淫の舞」（72）という人に言えないような題名のロマンポルノに参加したんです。

——現場の雰囲気はいかがでしたか。

紅谷　セックスシーンを売りにしていて、その声を後からアフレコで録るわけですから、「正直、エライものをやらされることになったなあ」と思いましたね。ただ主演の小川節子という女優がきれいな人で、気立てのいいのが救いでした。

続いて「八月はエロスの匂い」（72）に参加しましたが、これは監督がパキさん（藤田敏八）

『今村昌平のおれの下北』　72年に製作されたＴＶ番組。今村昌平監督が、師である川島雄三監督の故郷・青森県下北半島を旅する、紀行番組『遠くへ行きたい』の一編。

林功　１９３３年生まれ。映画監督。56年、日活へ入社。70年、本格的に監督デビュー。『ハレンチ学園』シリーズをはじめ、ロマンポルノ路線になってからは「色暦大奥秘話」（71）や「性豪列伝・死んで貰います」（72）など、ジャンルを問わずポルノ作品を多数監督した。

「続・色暦大奥秘話　淫の舞」（72年5月27日公開）。監督：林功、出演：小川節子、花柳幻舟。徳川12代将軍の治世。江戸城の大奥で繰り広げられる女たちの権力争いを、彼女たちのレズビアン関係も絡めて描いている。

「八月はエロスの匂い」（72年8月16日公開）。監督：藤田敏八、出演：川村真樹、片桐夕子。藤田監督、初のロマンポルノ作品。強奪事件に遭遇したデパートガールが、犯人の少年の瞳が忘れられなくなり、彼を追い求めていく。

なんです。パキさんが作るともちろんセックスシーンはあるけれど、内容がひとひねりも二ひねりもしているので、作品自体が面白い。現場にも活気がありました。パキさんはデビュー作の「非行少年　陽の出の叫び」で僕を録音技師に指名してくれて、そのときは僕があいにく会社を病欠していたのでやれなかったんですが、「八月はエロスの匂い」でも僕にこだわって指名してくれたんです。これが縁になって、以後はパキさんの「赤ちょうちん」（74）をはじめ一般作品にはほとんど参加するようになりました。ただいつも僕が指名されるので、ロマンポルノだけをやっているスタッフにはひがまれました。

「陽は沈み陽は昇る」。

「陽は沈み陽は昇る」での一コマ。

蔵原惟繕監督「陽は沈み陽は昇る」でパリからインドへ

――また72年には、ロマンポルノではない蔵原惟繕監督のロードムービー「陽は沈み陽は昇る」(73)にも参加していますね。

紅谷　これはパリからインドのベナレス(ヴァーラーナシー)まで、若者三人が車で旅をする映画ですけれど、最初は一六ミリ・フィルムでドキュメンタリー風に撮影する企画でした。それならスタッフも少人数ですむし、撮ったフィルムは三五ミリにブローアップして小さな劇場で上映しようと。日活としてもあまり金がかからないと思って企画を通したんですが、蔵原さんがどうせやるならちゃんとした劇場で公開したいという想いが強くなって、結局三五ミリで撮る大きな企画になっていきました。これが録音部的には問題で、一六ミリだと音をシンクロで録れるキャメラがあるんです。でも三五ミリだとキャメラは主にアリフレックスを使うので、キャメラノイズが出てシンクロでは音が録れない。だからアフレコを多用することになりました。

――この映画は日本人の西とアメリカ人のポール、そしてイタリア人のティーナがそれぞれパリから中近東を目指して旅をする物語ですね。途中で道連れになった三人が、ティーナを挟んで三角関係になっていく。ロケ地はパリを起点にして、イスタンブール、アンカラ、テヘラン、カブール、ニューデリー、ベナレスと一万五〇〇〇キロメートルを移動する撮影ですから、大変だったのでは?

紅谷　二カ月半かけて、車で移動しながら撮影しました。パリでマイクロバスを買って、フランス人のドライバーを雇いました。これが陽気で気のいい男でね。出演者は大林丈史とアメリカ人のグレン・H・ネーバー。二人は芝居に関してはまだ素人でした。これにヒロイン役でローズマリー・デクスターが参加しました。三人のセリフは全部英語です。劇中で旅する手段は男二人がバイク、女性がシトロエンなので、スタッフが乗るマイクロバスを先頭に、機材車、バイクを積む小さなトラックとシトロエンで移動して行きました。安全対策のために常に先頭と一番後ろの車にはその国の警官に乗ってもらいました。

大変だったのはまず食べ物です。イタリアまではよかったんですが、フェリーでギリシャへ渡ってからはイスラム圏なので禁酒ですし、シシカバブなどの料理がメインで、臭いがきつくて困

「陽は沈み陽は昇る」(73年4月28日公開)。監督:蔵原惟繕、出演:ローズマリー・デクスター、大林丈史。全編海外ロケしたロードムービー。敗戦続きの日本人オートレーサー、母国から逃避してきたアメリカ青年、花形ストリッパーのイタリア娘が旅で知り合い、互いに惹かれ合う。

りました。ただ食べ物はつらい思いをするだろうと事前に予想されたので、制作部が大量にカップヌードルを持っていったんです。余裕があるときには泊まったホテルの調理場を借りて、大きな釜にカップヌードルをぶち込んで、柔らかくしたものをスタッフで分け合って食べた。あれが至福のときでした（笑）。インドに着くとやっとビールが飲めて、ステーキも食べられたので、生き返った気分でしたよ。

音楽にニーノ・ロータ

——政情不安定な国も通りますから、撮影時にアクシデントはなかったんですか。

紅谷　プロデューサーが先行してロケ地の国の情報将校と交渉していたので、総体的にはうまくいったんです。イスタンブールでは早朝四時頃に方々のスピーカーからコーランの声が響き渡って、近くと遠くの声がエコーで重なり合って聴こえて、その幻想的な音に感動しました。トルコを過ぎるあたりから俳優たちの芝居も硬さがとれてきました。ただアフガニスタンに入ったとき、僕らが乗っているマイクロバスに、正面から走ってきた馬車が激突して馬が即死する事故が起こったんです。群衆がバスを囲んで、いろいろなことをわめいているけれど、こちらは言葉が分からないので訳が分からない。とにかくバスから出ないことにして、護衛についてもらってい

「陽は沈み陽は昇る」のアフガニスタンロケ。中央の背中が監督。その右側が筆者。

た警官に処理を頼みましたが、解放されるまで三時間くらいかかりました。また首都カブールは当時から危険で、絶対に一人で出歩くなとか、夜間の外出禁止を言い渡されました。

――長丁場の撮影ですが、監督とのスタッフワークはうまくいったんでしょうか。

紅谷　蔵原さんは「栄光への5000キロ」も経験しているし、こういう題材も得意なんですけれど、このときはスタッフとの和をうまく作れなかったこともありましたね。それでも10月1日から始まった撮影は無事に終わって12月15日に帰国しました。それで蔵原さんは音楽にニーノ・ロータを熱望していたんですが、帰国してみるとロータから内諾が出ていました。急いで編集したフィルムを持って監督一人だけローマへ向かって、音楽録音に立ち会ったんです。当時ロータはフェリーニの映画や「ゴッドファーザー」（72）の後で売れっ子でしたから、よくやってくれたと思いますよ。

音楽はよかったですが、編集で問題が出たんです。アフガニスタンでラクダのシーンを撮ったんですが、ちょっとラクダを悪者のように描いたのでアフガニスタン大使館からクレームが付きました。結局五回ほど編集し直しましたね。この映画ではロケした国の大使館ごとに、撮影した部分を見せてチェックしてもらいましたから、これも大変だったんです。

――映画は翌73年4月28日に、日比谷スカラ座でロードショー公開されましたね。

紅谷　日活としては「戦争と人間」の二作（70・71）が着実にヒットしていましたから（註：「完結篇」は73年8月11日に公開）、「陽は沈み陽は昇る」が当たったらまた大作を作って、一般作品でも盛り返していきたいと思っていたんです。そういう意味では重い責任を背負った作品でした。でも主演が無名ですし、題名にも具体性がなかったので、興行的には大コケでした。この失敗で日活は当面、ロマンポルノ一本で行かざるを得なくなったんです。

「札幌オリンピック」で笠谷幸生選手ににらまれる

――少し時間的には前後しますが、紅谷さんは72年2月に開催された札幌オリンピックの記録映画にも参加されていますよね。篠田正浩監督による映画「札幌オリンピック」は東宝創立四〇周年作品として6月に公開されましたが、日活の紅谷さんがどうして録音に呼ばれたんですか。

ニーノ・ロータ　1911〜1979。イタリアの作曲家。クラシック音楽と映画音楽で活躍。「白い酋長」（51）からフェデリコ・フェリーニ監督作品の音楽を常連で手掛け、ほかに「太陽がいっぱい」（60）、「ロミオとジュリエット」（68）、「ゴッドファーザー」（72）などで知られる。

「ゴッドファーザー」（72・アメリカ）。監督：フランシス・フォード・コッポラ、出演：マーロン・ブランド、アル・パチーノ。マフィアのコルレオーネ・ファミリーにスポットを当て、父から息子へ受け継がれる組織と家族の絆、裏切りを描いた大ヒット作。

篠田正浩　1931年生まれ。映画監督。53年、松竹に入社し、60年に監督デビュー。「乾いた花」（64）などを作ったのち、67年に独立プロ『表現社』を設立。以降、「心中天網島」（69）、「瀬戸内少年野球団」（84）、「少年時代」（90）などを監督。03年、映画監督を引退。

「札幌オリンピック」（72年6月24日公開）。総監督：篠田正浩。72年2月に開催された札幌オリンピックの記録映画。撮影スタッフだけで、二七五名が参加した。

紅谷　このときには各社から一名ずつくらい、スタッフが選抜されたんです。撮影スタッフは多くて全部で二七五名、五二台のキャメラを使って八七時間分のフィルムを回しました。録音も一四五時間分の素材を録りましたね。確か録音担当だけで、七班あったと思います。僕に話が来たのは、総監督の篠田正浩さんから、現場の録音は劇映画をやっている人に録ってもらいたいという希望があったからなんです。

――録音の七班は、どのようにして分かれていたんですか。

紅谷　競技別に録音班が分かれたんですが、競技の前日に誰がどの競技を担当するかを決める。僕はスキー・ジャンプに興味があったので、率先してジャンプ競技に行くようにしました。ジャンプの音は、選手がジャンプ台の上から滑り出すところ、ジャンプ台の中間、そしてジャンプする瞬間に分かれて録るんです。それで僕が篠田さんから言われたのは、七〇メートル級ジャンプでメダルが期待されていた笠谷幸生選手が出る日にね。ジャンプ競技では一度飛んだら、次も飛ぶ選手は自分でスキー板を担いでジャンプ台の上まで歩いて登るんです。その登っていくときに、笠谷選手に盗み撮りで一台キャメラを据え付けるから、「今日の調子はどうですか」とインタビューしてほしいと。でも選手は次に飛ぶための精神状態を作っていますから、そのときはピリピリしている。実際、一度飛び終わって登ってくる笠谷選手の正面をキャメラで狙って、僕がその横に構えて待っていると、笠谷選手は怖い顔をしているんですよ。でも思いきってマイクを突き付けて「笠谷さん、調子はどうですか」と聞いたらにらまれましてね。そのままちょっと行き過ぎて、小さい声で「バカヤロー」と言われましたよ（笑）。

結局この場面は、映画の中では声を使わなかったですけれど、篠田さんと会うと今でもそのときの話になる。「紅谷さん、ああいう嫌な役をやらせて、申し訳なかった」って。それで笠谷選手が上まで登って二本目のジャンプを飛び終わったら、大問題になったんです。笠谷選手が「登る途中で俺に声をかけたバカがいる」って言いだして。着地地点にも録音班がいるから、すぐにそのことを伝えに来てね。結局、映画クルーの総元締めが謝りに行って収まりましたけれど、笠谷選手が金メダルを獲ったからよかった。それが原因で負けていたら、これはえらいことですから。でも僕は、総監督に言われてやっただけなんですけれどね。ただ嫌な役でした（笑）。

――本当に笠谷選手が勝ってくれてよかったですね。この作品で紅谷さんは、現場の録音だけ担当したのですね。それでまた日活に戻って、ロマンポルノや蔵原惟繕監督の「陽は沈み陽は昇る」を担当する。翌73年も小原宏裕監督の「女子大生SEX方程式　同棲」(73)や武田一成監督の「欲情の季節　蜜をぬる18才」(73)といったロマンポルノ作品を担当する一方で、今村昌平監督の〝棄民シリーズ〟の一つであるTVドキュメンタリー『からゆきさん』にも参加したんですね。

紅谷　『からゆきさん』は仕上げだけ担当したんですけれど、たまに今村さんとのTVドキュメンタリーがあるから気分的にまだよかったんです。正直ロマンポルノは作品の質もそれほど高くないのが多くて、仕事としては楽しくなかったですよ。だから73年は気分が停滞気味でしたが、74年になってパキさん(藤田敏八監督)との一般作品の仕事が続けざまにきたんです。

藤田敏八監督の一般作品「赤ちょうちん」

――それが「赤ちょうちん」(74)から始まって、「妹」(74)、「バージンブルース」(74)と続いた秋吉久美子さん主演の三部作ですね。

紅谷　この頃はフォークソングが流行っていて、かぐや姫が歌う『神田川』がヒットしていた。それでフォークソングを題材にした青春映画を作ろうということになったんです。すでに『神田川』(74)の映画化権は東宝が持っていたので、日活は同じかぐや姫の『赤ちょうちん』をモチーフにパキさんが監督することになりました。

――「赤ちょうちん」は脚本が中島丈博さんと当時新人の桃井章さんで、藤田監督はかなり脚本を手直ししたそうですね。

紅谷　物語は秋吉久美子と高岡健二の若いアベックが同棲して、引っ越しを重ねていく。その間に二人には子供ができるんだけれど、秋吉久美子は近所の人との付き合いがうまくいかなくて、最後には心を病んでしまうんです。後半部分が重いテーマで、これはパキさんの好みだと思うんです。丈博さんの脚本はもっとストレートだったと思いますが、かなり手を入れていますね。僕はパキさんが入ったことで、この映画は成功したと思いますよ。

――最初、ヒロインには風吹ジュンさんを起用する話もあったようですが……。

小原宏裕　1935〜2004。映画監督。61年に日活へ入社し、72年に監督デビュー。「女子大生　SEX方程式」(73)で注目され、以降はロマンポルノの売れっ子監督として活躍。谷ナオミ主演のSMものをはじめ、『桃尻娘』三部作、『女囚』シリーズなどをヒットさせた。

「女子大生SEX方程式　同棲」(73年5月5日公開)。監督:小原宏裕、出演:梢ひとみ、田中真理。仲良しの女子大生三人が、ヌードモデルや芸者のアルバイトを楽しみながら、青春を謳歌していく。

武田一成　1930年生まれ。映画監督。54年、日活に入社し、67年に映画デビュー。「ネオン警察　ジャックの刺青」(70)などの一般映画を作った後、ロマンポルノ監督としても活躍。主な作品に「主婦の体験レポート　おんなの四畳半」(75)、「先生のつうしんぼ」(77)、「おんなの細道　濡れた海峡」(80)、「闇に抱かれて」(82)がある。

「欲情の季節　蜜をぬる18才」(73年12月15日公開)。監督:武田一成、出演:梢ひとみ、中島葵。男を惹きつける魔性の魅力を持つ一八歳の少女が、心中未遂事件を起こした性的不能の青年に興味を持っていく。

「赤ちょうちん」(74年3月23日公開)。監督:藤田敏八、出演:高岡健二、秋吉久美子。かぐや姫が歌う同名ヒット曲をモチーフに、引っ越しを繰り返しながら愛を深めていく、若い男女のカップルを描く青春映画。

紅谷　僕は秋吉でよかったと思いますね。ヒロインの不安定な感じを表現するのに、彼女はピッタリだった。表面的には分からないんですが、彼女の演技には狂気をはらんだような激しい部分があるんです。そのタガが外れそうな激しさを「赤ちょうちん」では、パキさんが一歩手前で抑えていた感じがします。これが後の「バージンブルース」では、僕らが驚くような行動に彼女は出ていきましたから。この映画では相手役の高岡健二が地味な印象でしょう。それがよかったと思いますね。それによって見た目も含めて、秋吉の個性が目立ったと思います。

――引っ越しをしていく話なので、ロケ撮影が中心ですね。東京を舞台に新宿近郊から幡ヶ谷、調布、葛飾のあたりを転々とする。録音は同時録音だったんですか。

紅谷　主人公カップルが暮らす部屋の中はセットで撮りましたが、ほかはロケでした。これは日活としては久々の一般映画で、パキさんとしても同時録音でやりたかった。会社は一般映画に対しては、あまり口を出さないで現場に任せてくれたんです。でも日活の撮影所自体が、そういう体制ではなかった。オールシンクロでやろうものなら、ロマンポルノをアフレコでやっているほかの録音技師たちが快く思わない。だから全部を同時録音ではやれないと思って、アフレコとのバランスを考えました。また同時録音をするためのいいマイクも揃っていなくて、ロマンポルノで使っている機材でやらなくてはいけないから大変なんです。途中で調布のあたりに引っ越す場面で、樹木希林さんが出てきますよね。あそこはどうしても同時録音でやらなくてはいけなくて、ほかにも何カ所か同時録音をしています。撮影の萩原憲治さんが協力的で、キャメラはミッチェルを使ってくれたので助かりました。

――サウンドデザインについてお聞きしたいんですが、「赤ちょうちん」の予告篇と映画本篇を比べると、同じシーンの音の処理が違っていますね。例えば高岡健二さんが秋吉さんのお金を使ってしまって、彼女に謝る場面。ここは予告篇だと高岡さんが謝るセリフが入っているんですが、本篇では音楽を被せてセリフを抜いている。また場面によっては、現実音よりも効果音をかなり大きく入れているところがありますね。

紅谷　その辺の音の処理は本篇と予告篇では変えています。後半で秋吉は心を病んできて心象風景が多くなる。そういうところは現実音をなるべく省略して、効果音をデフォルメして入れていきました。例えば秋吉の役は、鶏肉が食べられないという設定なんですけれど、心を病んでから

「妹」（74年8月14日公開）。監督：藤田敏八、出演：林隆三、秋吉久美子。嫁ぎ先から出戻ってきた妹と、その兄との近親相姦的な愛情を、かぐや姫のヒット曲に乗せて描いた作品。秋吉久美子の人気がブレイクした。

「バージンブルース」（74年11月22日公開）。監督：藤田敏八、出演：秋吉久美子、長門裕之。野坂昭如が歌う同名曲をモチーフに、仕事をする意欲がない中年男と、空しさを万引きして晴らす予備校生の娘が、当てのない旅に出ていくロードムービー。

「神田川」（74年4月6日公開）。監督：出目昌伸、出演：草刈正雄、関根恵子（現・高橋惠子）。

中島丈博　1935年生まれ。脚本家、映画監督。61年、脚本家デビュー。映画では「津軽じょんがら節」（73）や「祭りの準備」（75）、TVでは『草燃える』などの大河ドラマをはじめ、『真珠夫人』や『牡丹と薔薇』といった東海テレビ制作の昼ドラのヒット作を執筆。監督作に「郷愁」（88）などがある。

桃井章　1947年生まれ。脚本家。70年代初頭から映画、TVの脚本を多数執筆。映画の代表作は「赤ちょうちん」（74）、「釣りバカ日誌」（88）などがある。実妹は桃井かおり。

萩原憲治　1929生まれ。映画キャメラマン。61年、日活でキャメラマンとして一本立ち。主な担当作品に「若い人」（62）、「愛と死をみつめて」（64）、「けんかえれじい」（66）、「八月の濡れた砂」（71）、「赤ちょうちん」（74）、「絶唱」（75）、「青春デンデケデケデケ」（92）などがある。

揚げの鳥をむさぼるように食べるシーンがある。その食べる音は鳥の骨を断つようなボリボリとした音にして、強調してあるんです。パキさんはそういう僕の考えに乗ってくれたし、監督からもアイデアが出てくると、こちらも採用する。そうやって監督と技術者との信頼が出来上がっていくんです。

――かぐや姫の歌う主題歌はもちろんですが、フォークソング調の音楽もきいていますね。

紅谷　音楽は、かつて小室等さんとフォークソング・グループ六文銭を組んでいた石川鷹彦さんでした。アコーティスティック・ギターの名手ですが、映画音楽を担当するのは初めてだというので、オールラッシュを観るときにも、音楽打ち合わせのときにも彼は僕の横にピタッと座って、僕に意見を聞いてくるんです。シーンのどこからどこまで音楽を入れればいいのかとか、音楽の質はどういうものがいいのかとかね。だからかなり具体的なアドバイスをした覚えがありますよ。本当に僕にべったりくっついていましたけれど、初めてのわりにはこの音楽はうまくいったと思います。これをきっかけに、石川さんはその後も映画音楽を手掛けるようになっていきました。

――予算枠はそれほど大きくない映画だったでしょうが、監督やスタッフとは仕事としてうまくいったんですね。そして興行的にもヒットしたんですよね。

紅谷　そうなんです。ただこの頃一大ブームになった香港空手映画（「吼えろ！ドラゴン　起て！ジャガー」）と二本立てだったので、「赤ちょうちん」でお客が入った、いや空手映画で入ったと意見が分かれましたが、とにかくこの成功ですぐに第二弾の「妹」が作られることになったんです。僕としても「八月はエロスの匂い」はありましたけれど、この映画のサウンドデザインでパキさんと感覚がピッタリ合った感じがして、ここからほとんどパキさんの一般映画を担当することになるんです。

「妹」の音楽録りの日に監督と作曲家が失踪？

――「赤ちょうちん」に続いてかぐや姫の歌をモチーフにした「妹」は、同棲相手と喧嘩して兄が一人で暮らす実家に出戻ってきた妹の秋吉久美子さんの話ですね。

紅谷　兄を林隆三が演じているんですけれど、この兄妹はどこか普通じゃない。兄は妹を嫁に出

石川鷹彦　1943年生まれ。ギタリスト、アレンジャー。68年、小室等と六文銭を結成。その後ギタリストとして活躍する傍ら、アレンジャーとしても活躍。「赤ちょうちん」（74）、「新どぶ川学級」（76）、「帰らざる日々」（78）、「幸福」（81）などの映画音楽も手掛けた。

「吼えろ！ドラゴン　起て！ジャガー」（74年4月20日日本公開）。監督・脚本・主演：ジミー・ウォング、出演：ロー・リエ、ワン・ピン。香港公開は70年11月27日。

して寂しさを感じていて、彼女が戻ってくると、どこかで近親相姦を望んでいるのではないかという感じで迎えるんです。そこがパキさんの狙いで、林隆三にそういう芝居をさせていますから。どこか狙いが今村昌平監督に似ていて、僕にはよく理解できました。秋吉久美子は「赤ちょうちん」をやって、ある程度パキさんの狙いを読み取ったんでしょうね。現場の雰囲気に慣れてきて、自分の感性で芝居をするようになりました。林隆三をいきなり噛むところなんか、秋吉のアイデアですよ。パキさんもまた、そんな即興的な芝居に乗っていました。彼女はヌードにもなっていますけれど、脱ぐのも思い切りがよかったです。

ただ次の「バージンブルース」では彼女が内に抱える激しさがさらに出てきて、岡山でロケしていたときに、船の上から「死んでやる」と言って海に飛び込むところがあるんですが、スタッフが止める間もなく本当にいきなり海に飛び込みましたから。助監督側が慌てて助けに行きましたよ。

——確かに「バージンブルース」では、監督の演出と秋吉さんの演技とのバランスが崩れてきている感じがします。

紅谷　急激に人気が出てきて、彼女自身も自分を抑えられなくなってきたんでしょうね。「妹」は興行成績が「赤ちょうちん」の九一％という数字だったんですが、やはり作品も九割ぐらいの出来だったと思います。

僕が「妹」で忘れられないのは、音楽録音とパキさんのことです。「赤ちょうちん」の音楽録音のとき、ピアノを弾いていた木田高介という人がいたんですが、「妹」の音楽を誰にするかとなったときにプロデューサーを通じて、その木田さんがぜひ映画音楽を担当したいと言っていると。それでもいいかという話になって、オールラッシュを見せて音楽打ち合わせもしたんですよ。

それで音楽を録音する当日。大体録音は午前一〇時から始めるんです。我々や参加するミュージシャンは一〇時に揃ったんですが、肝心の音楽家と監督が来ない。制作部の人間が両者に電話しても出ないんです。少し待とうということになったけれど、昼飯が終わった午後一時になっても来ないわけです。それで今日は中止にしようと決めた午後二時ごろ、パキさんがタクシーに乗って顔中ぐるぐる巻きの包帯姿で、片腕を吊って現れました。何が起こったんだと理由を聞いたら、昨夜近所の飲み屋で飲んでいたらヤクザに絡まれてボコボコにされたと。病院に入院したん

木田高介　1949～1980。ミュージシャン、編曲家。サイケデリック・ロックバンド〝ジャックス〟に参加した後、編曲家として『出発の歌』、『神田川』、『私は泣いています』などのヒット曲を手掛ける。映画音楽では「戦争を知らない子供たち」(73)を担当した。

だけれど、とにかく今日来ないといけないから、やっと病院から抜け出てきたんだというわけです。

パキさんの事情は分かったけれど、音楽家は行方不明のままなんです。「妹」は公開日が決まっていたので、間に合わせるためにはあと一週間しか時間の猶予がない。だから急遽、音楽家を替えてやろうという話になって、その日のうちにいろいろ声をかけてみたら、松任谷正隆さんがつかまったんです。夕方には日活のダビングスタジオへ来てもらって、まずオールラッシュを観せてね。そのまま音楽打ち合わせに突入して、一度観ただけだと分からないところがあるというので、もう一回オールラッシュを観てもらい、打ち合わせをしました。だからほとんど徹夜でしたよ。パキさんはそんな体調ですから何もできず、ほとんど僕が打ち合わせをしていました。松任谷さんは曲を書くのに一〇日間は欲しいと言ったんだけれど、無理を言って一週間で上げてもらったんです。それでカントリー・ウエスタン風のしゃれた曲を書いてきて、何とか音楽録りに間に合わせました。あれはよくやってくれたと思いましたよ。ただ、パンフレットのクレジットタイトルなどは間に合わず、木田さんの名前になっていたと思います。

――結局、最初に頼んだ木田さんはどうなったのですか。

紅谷　以後、連絡が取れず雲隠れしたままでしたね。長い映画生活の中で、音楽録りの日に監督が暴漢に襲われて、音楽家が雲隠れして来ないというのは初めての経験でした。それがたまたま同じ日に重なったというのは……。

――すごい偶然ですよね。現在、「妹」の音楽は木田さんになっていますが、裏ではそんなことがあったんですね。

紅谷　この年の映画は、音楽のことが印象的なんです。「バージンブルース」は、澤田幸弘監督、松田優作主演の「あばよダチ公」（74）と二本立でしたけれど、こっちも録音は僕が担当しました。作品的には優作や佐藤蛾次郎など、四人のチンピラが暴れ回るアウトローもので、それほど難しい作品ではなかったですけれど、音楽に立川直樹さんがプロデュースしたコスモスファクトリーというロックバンドを使ったんです。パンチのある重低音を利かせて、キーボードを華麗に使った彼らの曲は、当時画期的だったし鮮烈でした。この辺からしばらく、ロマンポルノ作品でも彼らの音楽を使うようになって、映画音楽界で注目の存在になっていきました。

松任谷正隆　1951年生まれ。ミュージシャン、音楽プロデューサー、アレンジャー、作曲家。ミュージシャンとして活躍する傍ら、74年からアレンジャーとしても活動を始める。映画では「ねらわれた学園」（81）、「時をかける少女」（83）、「天国の本屋～恋火～」（04）などの音楽監督を務めた。

澤田幸弘　1933年生まれ。56年、日活に入社し、70年に監督デビュー。日活ニュー・アクション作品の一翼を担った。主な作品に「斬り込み」（70）、「反逆のメロディー」（70）、「ともだち」（74）、「あばよダチ公」（74）、「暴行！」（76）、「俺たちに墓はない」（79）などがある。

「あばよダチ公」（74年11月22日公開）。監督：澤田幸弘、出演：松田優作、大門正明。刑務所帰りの男と彼の仲間三人が三年ぶりに再会。彼らが欲望の赴くままに行動し、破滅へと向かっていく様を描くアクション。

立川直樹　1949年生まれ。プロデューサー、ディレクター。メディアの交流をテーマに音楽、映画、美術、舞台で活躍。映画音楽には『嗚呼！花の応援団』シリーズ（76～77）を皮切りに音楽監督としてかかわり、「マルサの女」（87）をはじめとする伊丹十三監督作品、「悲情城市」（89）、「紅夢」（91）、「真夜中まで」（01）、「この世の外へ クラブ進駐軍」（04）などの音楽監督を務めた。

コスモスファクトリー　68年に結成され、77年に解散したロックバンド。『嗚呼！花の応援団』シリーズ（76～77）をはじめ、「わたしのSEX白書　絶頂度」（76）、「不連続殺人事件」（77）、「幻想夫人絵図」（77）、「肉体の門」（77）、「教師女鹿」（78）など、一連の曽根中生監督作品の音楽を担当した。

「バージンブルース」は作家・野坂昭如さんが歌った同名曲を主題歌にしていますが、音楽はタケカワユキヒデさんとミッキー吉野さん、後のゴダイゴが担当しました。彼らの音楽も新しかった。だから僕としてはこの年の作品は、中身以上に音楽の印象が強いんです。映画音楽に新しい波が起こってきて、そこにかすかな希望を感じました。というのも日活の予算では大家の作曲家は、ギャラが高くて依頼できないんです。そんなときにコスモスファクトリーもゴダイゴのメンバーも、これから自分たちが売り出したい、しかも映画音楽をやりたいということで、すごく安い金額でやってくれたんです。ここから日本映画の音楽は変わっていくという予感がありました。

「炎の肖像」、仕事的にも人間的にも沢田研二はいい男

――実は74年には、藤田敏八監督にはもう一本、加藤彰監督と共同の「炎の肖像」(74)がありますね。沢田研二さんや秋吉久美子さんが主演した正月映画で、12月28日公開になっていますが。

紅谷　これは当時、沢田研二が所属していた渡辺プロから、パキさんの監督で沢田の主演作を撮ってくれないかという依頼があったんです。向こうの指名ですから日活としては、パキさんを使わざるを得ない。ところがパキさんはその前に「バージンブルース」を作っているでしょう。これが東京から倉敷、岡山などにロケする映画で、撮影に時間がかかったんです。スケジュール的にどうにもならなくて、「炎の肖像」の頭の方を加藤彰監督が撮ったんです。それでパキさんが入ったのは中盤からで、僕も後半から参加しました。

――当時の沢田さんはすごい人気でしたね。

紅谷　ものすごかったですね。内容は沢田研二の実像と虚構を絡めた、パキさんらしいひとひねりしたものでした。映画の中に沢田研二のライブが出てくるんです。そこはライブ会場の調整卓のラインから二チャンネルの音をもらって使ったんですが、音的には厳しかったですね。沢田研二は、後に「太陽を盗んだ男」(79)でも仕事をしましたが、いい男ですよ。監督の言うことを素直に聞くし、わがままも言わない。冬の寒いときに水の中へ入らなくてはいけないシーンがあったんですが、彼はちゃんと入りましたからね。人気者と騒がれているけれど、天狗にはならず、大したもんだと思いました。

ゴダイゴ　75年に結成されたロックバンド。76年のTV『男たちの旅路』で音楽を担当してから、映像作品の音楽も手掛けるようになる。「青春の殺人者」(76)では彼らのアルバム曲が使用され、「HOUSE／ハウス」(77)でも共同で音楽を担当。また「銀河鉄道999」(79)の主題歌は大ヒットした。

加藤彰　1934～2011。映画監督。60年、日活に入社し、71年に監督デビュー。「恋狂い」(71)や「東京エマニエル夫人」(75)、「悪魔の人質」(83)など、ロマンポルノのメイン監督として活躍する一方で、「炎の肖像」(74)、「襟裳岬」(75)、「野球狂の詩」(77)といった一般映画やTVドラマも手掛けた。

「炎の肖像」(74年12月28日公開)。監督:加藤彰、藤田敏八。出演:沢田研二、秋吉久美子。当時のスター・沢田研二が、自らの虚像を重ね合わせた青年を演じる青春映画。彼のステージシーンも見どころだった。

――「炎の肖像」の併映作は神代辰巳監督の一般映画「宵待草」（74）で、この脚本を長谷川和彦さんが書いていますね。長谷川さんはこの頃、藤田監督の助監督をすることが多かったと思うんですが、今村昌平監督の「神々の深き欲望」から彼のことを知っている紅谷さんから見て、どんな助監督でしたか。

紅谷　まあ東大出ですから頭はいいと思いましたよ（笑）。ただ大きな声を出している感じで、後に「太陽を盗んだ男」を監督するような才能のひらめきは感じませんでした。まあ、当時の日活はロマンポルノ主体だから助監督の彼としては才能を発揮しようがなかったんだと思うんですが。でもね、昼飯を食べに行くと「うがい代わりに、ビール」なんて言って、チーフ助監督の彼が率先してビールを飲み始めるんですから、あまり褒められたものじゃなかったなあ（笑）。

――74年には、政治家・糸山英太郎さんの自伝を大門正明さん主演で小澤啓一監督が映画化した「太陽への挑戦」にも参加されたそうですね。結局、公開されなかったようですが。

紅谷　そうなんです。だからこの年はとにかく忙しかった。「太陽への挑戦」はちょっと怪しげなプロデューサーが持ってきた企画で、日活は下請けで制作したんです。「赤ちょうちん」のすぐ後で、「妹」にもうすぐ入るというときにやったので、この映画の現場はまったく記憶にない。気分的に乗れなかった印象はあるんですけれど。

――当時の文献を読むと、糸山さんの選挙違反が発覚して、映画もお蔵入りになったそうですね。すごいのはこの年、紅谷さんはロマンポルノを一本も担当していない。この年、日活は六〇本以上ロマンポルノ作品を配給していますが、数少ない一般映画だけやっているのは特別な感じがしますが……。

紅谷　パキさんとの付き合いが深まったということが大きいんです。パキさんが次から次に撮るから僕が呼ばれて一般映画が続いたんですけれど、周りの録音技師からは恨まれていたと思いますよ。なぜお前だけだと。その反動が翌年に来るんですよ。

ロマンポルノ路線が続く撮影所の沈滞した雰囲気

――75年には加藤彰監督の一般映画「襟裳岬」に参加されていますね。これは森進一さんが歌っ

「宵待草」（74年12月28日公開）。監督：神代辰巳、出演：高橋洋子、高岡健二。

小澤啓一　1933年生まれ。映画監督。56年、日活に入社し、68年に監督デビュー。渡哲也の魅力を引き出した『無頼』シリーズによって、日活ニュー・アクションの旗手になる。ほかにも『前科』、『関東』といったシリーズ作品で渡と名コンビを組んだ。

「襟裳岬」（75年4月1日公開）。監督：加藤彰、出演：山口いづみ、神有介。原宿のブティックで働く女性がある青年と親しくなるが、彼は病によって急逝。彼女は青年の故郷である襟裳岬を訪れる。森進一の歌うヒット曲をモチーフに作られた歌謡映画だ。

た同名ヒット曲を題材にした歌謡映画で、山口いづみさん主演による悲恋ものでしたが。

紅谷　企画のネタがなくなってきたんです。フォークソングを題材にした「赤ちょうちん」や「妹」の数字がよかったから、とにかく題材としてヒット曲でも持ってきて映画にしようと。会社には、一から企画を開発する余裕はなかったですからね。でもこの作品はヒットしませんでした。

——「襟裳岬」が4月公開。すぐにやはり加藤彰監督のロマンポルノ「東京エマニエル夫人」(75)の撮影に入ったのですね。

紅谷　それまでは幸運にも一般映画が続いたんですが、ここからロマンポルノ作品とTVの時代劇『伝七捕物帳』シリーズを交互にやる日々が、76年まで続きました。この頃は落ち込みましたね。またロマンポルノはタイトルがどれもどぎついでしょう。「今、何の作品をやっているんですか」と人に聞かれても、言えないような題名ばかりなんです(苦笑)。会社の雰囲気も、そんな題名の付け方に文句を言う感じすらなくて、全体的に慢性的になってきて、このままでは会社がつぶれかねないという状況になっていましたから。

僕はまだ録音技師として若い方でしたから、ロマンポルノの傍ら『伝七捕物帳』のようなTVにも派遣されて、少し気分転換になりましたけれど、仕事としては楽しくないですし。会社がロマンポルノばかりやるので、辞めていく人もいました。僕の場合は、会社が辞めさせてくれなかったんです。そろそろ潮時かなと考えたんですが、撮影所の製作部長から「あなたには再契約してほしい」と引き止められました。

——紅谷さんのような技術職の人も進退を考えたでしょうが、監督はどうなんですか。藤田敏八さんなんかはこの頃は売れっ子になっていて、日活を辞めてもよさそうですが。

紅谷　会社としては、残ってほしい監督ですよね。「赤い鳥逃げた?」(73)とか「修羅雪姫」(73)とか、パキさんには東宝配給映画の依頼も来ますし、外部の仕事が取れる監督ですからね。またパキさん自身も、日活は居心地がよかったと思うんです。予算的には少々苦しいけれども、撮影所には仲間もいるしわがままも言える。ロマンポルノ体制になってからは、パキさんと神代辰巳さんの二人が際立った作品を撮れる監督で、自分の意見を通すことができましたからね。そういう意味でパキさんは、日活にいた方が、気が楽だったと思います。

——その藤田監督とは75年12月公開の「裸足のブルージン」(75)で仕事をしていますね。これ

「東京エマニエル夫人」(75年7月1日公開)。監督:加藤彰、出演:田口久美、村上不二夫。フランス人と結婚したパリ在住の日本女性が帰国。彼女は大学教授の指導によって、変則的なSEXの虜になっていく。

『伝七捕物帳』　73年から77年にかけて日本テレビ系列で放送された娯楽時代劇。四代目・中村梅之助が、正木流免許皆伝の十手術と万力鎖の技を操る岡っ引、黒門町の伝七に扮して悪に立ち向かっていく。

「赤い鳥逃げた?」(73年2月17日公開)。監督:藤田敏八、出演:原田芳雄、桃井かおり。

「修羅雪姫」(73年12月1日公開)。監督:藤田敏八、出演:梶芽衣子、黒沢年男(現・黒澤年雄)。

「裸足のブルージン」(75年12月20日公開)。監督:藤田敏八、出演:和田アキ子、山本伸吾。恋人亡き後、一人でドライブインを守ってきたヒロインを中心に、この店の立ち退き話を巡って大騒動が巻き起こる。

は山口百恵&三浦友和コンビの「絶唱」(75)と二本立ての東宝配給作品で、正月映画でした。主演が和田アキ子で、脇を原田芳雄とかテレサ野田といったパキさんらしいキャストで固めています。

紅谷　「裸足のブルージン」はホリプロから来た下請け仕事で、撮影は日活撮影所でやりました。ある喫茶店を舞台にした群像劇なんですけれど、ボクシングジムの元会長役で伊藤雄之助さんが出ているんです。この人がセリフをごまかすんですよ。それで僕が「セリフがよく分からない」と注文を付けたら、伊藤さんは「これは狙いだ」と言うわけです。頭に来たからパキさんのところへ行って、「このセリフが分からないんだが、それでいいのか」と聞いたら、監督は「それでは困る」と。それでもめたら伊藤さんは「この録音技師とは仕事ができない」と言い出した。僕も「この俳優とはできない」と言って、どっちが降りるんだというところまで行ったんです。結局プロデューサーが間に入ってそのままの態勢でいくことになったんですが、パキさんは「しょうがない。少々分からないところは、目をつぶって辛抱してくれ」と言い出す始末。当時伊藤さんは五〇代でしたが68年に脳溢血で倒れたことがあって、現場に復帰したけれどうまくセリフをしゃべれなくなっていた。それは分かるんですが、うまくしゃべれないのを「狙いだ」と言ってきたのが頭にきて……。そんなことがありましたね。

低迷の時期、自分はこのままでいいのか

――また75年には、今村昌平さんが学院長を務めた横浜放送映画専門学院(後の日本映画学校、今は日本映画大学になっている)が開校していますね。これに関して今村監督から講師を依頼されなかったんですか。

紅谷　もちろん、準備段階から今村さんからは一緒に食事をしながら相談を持ちかけられました。でも僕はロマンポルノとTV時代劇を次々にやっていた時期でまだ撮影現場の方が面白く、学校の先生に組み込まれたくなかったので「今、日活を辞めるわけにはいかないんです」と断りました。学校の先生に組み込まれたら、授業の流れがあるので仕事をしていられないですよ。それで今村さんは録音の講師には松竹の吉田庄太郎さんを頼んだんです。講師に関しては松竹の井上和男さんがいろいろ段取りをしていたので、その後今村さんが久々に撮った劇映画「復讐するは我

「絶唱」(75年12月20日公開)。監督:西河克己、出演:山口百恵、三浦友和。

横浜放送映画専門学院　映画監督・今村昌平が75年に設立した、二年制の映画監督・俳優・脚本家をはじめとする映画スタッフを育成する学校。85年には日本映画学校に改称され、それを発展・改組する形で11年には四年制の日本映画大学が誕生した。

吉田庄太郎　1925~1987。録音技師。55年に松竹で録音技師になる。主な担当作品に、「砂の器」(74)、「八甲田山」(77)、「八つ墓村」(77)、「復讐するは我にあり」(79)、「幻の湖」(82)、「乱」(85)などがある。

井上和男　1924~2011。映画監督。48年、松竹に入社。55年に初監督したが、本格的な監督デビューは58年。その後は「水溜り」(61)、「熱愛者」(61)、「無宿人別帳」(63)などを監督。また「復讐するは我にあり」(79)、「春来る鬼」(89)の製作も手掛けた。

「復讐するは我にあり」(79年4月21日公開)。監督:今村昌平、出演:緒形拳、三國連太郎。

にあり」(79)のスタッフは、その講師の人たちが担当することになっていくんです。吉田さんも学院の講師をしながら、あの映画を担当したんですよ。

——紅谷さんは学院に関しては、ノータッチだったんですか。

紅谷　いえいえ、学院の開校式のときに録音の講師を代表して挨拶させられました。そのとき僕は、担当している作品の台本を四冊持っていましたけれど、今村さんから開校式では挨拶をしてくれと頼まれたので、これは行かないといけなかった。その後も実習のときに、こちらの手が空いていると呼ばれて手伝いに行きました。だから学院の実習授業に何度か行ったんですけれど、これが全部ノーギャラなんです(笑)。86年に学院が新百合ヶ丘に引っ越して日本映画学校になってからは、少しギャラをくれるようになりましたけれど。まあ今村さんとの付き合いがありますからね。しょうがないと思っていました。

——75年から参加したTV『伝七捕物帳』ですが、これは73年から77年まで続いた四代目・中村梅之助さん主演の人気シリーズですね。北町奉行・遠山左衛門尉から捕物名人の証である〝紫房の十手〟を拝領した黒門町の岡っ引き・伝七が、〝正木流万力鎖〟という鎖の両端に分銅が付いた鎖を振り回して、江戸の悪党を退治していく痛快娯楽時代劇ですけれど、この仕事が休みなく入ってきたんですね。

紅谷　これは日本テレビから下請したユニオン映画の、そのまた下請けで日活に来た話なんです。だから予算が削られてギャラも安かったですよ。でも二年くらい続けると、僕は録音技師の主要スタッフになっていきました。監督からも少し頼りにされて「このセリフおかしくないですか、紅谷さん」と相談されるようになって。ただTVはスケジュールが分刻みでしょう。しかも中身は毎回決まりきっていますから、音で特別何かするということはないんです。また放送日を決めずにどんどん撮っていきますから、季節感を出すわけにいかない。いつ放送されるか分からないので、俳優の衣裳も冬のような感じのエピソードでも、登場人物はどてらを着てはいけなくて、非常に曖昧な衣裳になっていました。だから音の処理に関してもウグイスとか、季節感が出る鳥の声は入れられないんです。カラスはいつの季節もいるので大丈夫でしたけれど。音で江戸の町の雰囲気を出せないのでつらかったですよ。しょうがないので物売りの声などを入れて、ごまかしていましたね。

――中村梅之助さんの印象は？

紅谷　梅之助さんは前進座の看板役者ですし、セリフはキチッという人です。たまにセリフをロレったりして、こっちが「もう一回、本番いってくれますか」と注文を付けると、素直にやって理解を示してくれました。ただあの人は、夜の残業が嫌いなんです。だからナイト・シーンは全部昼間の、〝つぶし〟（疑似夜間撮影）でやっていましたね。

――76年になると、『伝七捕物帳』の仕事がメインになっていますね。ほかは上村一夫さんの漫画が原作の、武田一成監督による一般映画「サチコの幸」（76）が目立った仕事ですけれど……。

紅谷　この頃は『伝七捕物帳』に入ると一度に二本持ちですから、二話分のギャラが入る。でも下請なのでこれが安くて、しかも日活がピンハネするわけです。「サチコの幸」も正直、つまらない仕事でしたね。だから自分はこのままでいいのかという想いが、より強くなっていきました。

――翌77年に入って、小沼勝監督の「性と愛のコリーダ」（77）が4月に、藤田敏八監督の「横須賀男狩り　少女・悦楽」（77）が5月に公開されていますが、どちらもロマンポルノ作品でしたね。

紅谷　二本とも興行成績がよくなかったんです。気分的に落ち込んで、周りの状況もよくなかった。そんなときに角川映画第二弾「人間の証明」（77）の話がきたんです。

「**サチコの幸**」（76年12月25日公開）。監督：武田一成、出演：三浦リカ、寺尾聰。上村一夫の同名劇画を映画化。昭和26年ごろの新宿を舞台に、天使のような娼婦サチコと、彼女を取り巻く人々の愛を描いていく。

小沼勝　1937年生まれ。61年、日活に入社し、71年に監督デビュー。耽美的な作風でSMものを得意とした。主な作品に「花と蛇」（74）、夢野久作の少女地獄」（77）、「金曜日の寝室」（78）、「軽井沢夫人」（82）、「箱の中の女処女いけにえ」（85）、「NAGISA」（00）などがある。

「**性と愛のコリーダ**」（77年4月23日公開）。監督：小沼勝、出演：八城夏子、小川亜佐美。自殺願望があるOLを中心に、様々な人間の愛と性が交錯していく群像劇。

「**横須賀男狩り　少女・悦楽**」（77年5月21日公開）。監督：藤田敏八、出演：大野かおり、中川ジュン。夫の目の前で、男に犯された妻。彼女の妹は、姉夫婦に破局をもたらした男に復讐するため、行動を開始する。

「**人間の証明**」（77年10月8日公開）。監督：佐藤純彌、出演：松田優作、岡田茉莉子。森村誠一のベストセラー・ミステリー小説を映画化した、角川映画第二弾。ある黒人の死をきっかけに、有名ファッション・デザイナーの過去が明かされていく。

「復活の日」。チリ海軍の協力を得て、潜水艦シンプソンに乗船する撮影スタッフ。

第四章

大作映画に次々と参加 録音技師として引っ張りだこに

「人間の証明」で角川映画に初参加

――「犬神家の一族」（76）を第一弾に日本映画界へ参入してきた角川映画は、映画と原作本をメディア・ミックスした宣伝が効果を上げて、大ヒットしましたね。それに続く第二弾の「人間の証明」の話が来て、最初はどう思いましたか。

紅谷　正直ホッとしました。それまでの二年間、ロマンポルノとTV時代劇で過ごしていたわけですから。角川映画は「犬神家の一族」で大ヒットを飛ばしていて、言ってみれば実績を作っていましたからね。宣伝の仕方も新鮮だったし、これで日本映画界にも新しい風が吹くと思いました。

――「人間の証明」は角川春樹事務所が製作で、東映が配給ですね。なぜ、紅谷さんのところへ話が来たんですか。

紅谷　よく分かりませんが誰かの推薦だったと思います。この頃にはもう撮影所システムが壊れつつあったんです。インディペンデントの作品は一本ごとにスタッフを集めていて、各撮影所の枠内で映画を作るということではなくなっていました。「人間の証明」では佐藤純彌監督とプロデューサーの吉田達さん、美術の中村州志さんが東映、撮影の姫田真佐久さん、照明の熊谷秀夫さん、録音の僕が日活という混成部隊になっていたんです。

――姫田さんとは今村組の旧知の仲ですが、佐藤監督とは初めての仕事ですよね。

紅谷　そうなんです。またこの映画は、ニューヨーク・ロケから撮影がスタートして、それはユニオンの問題があったので日本からは佐藤監督と姫田さん、チーフ助監督だけ向こうへ行って、あとはアメリカ現地のスタッフで撮影したんです。だから話が来たのはいいけれど、こちらは準備を進めることもできずに、監督たちの帰国をひたすら待っていたわけですよ。それで監督たちが帰ってきて、向こうで録った同時録音の音を聴いたら、これが苦労の多い音なんです。ハリウッドでは現場で同時録音はするけれど、後からセリフは個々の俳優が、現場の音を聞きながらアフレコするＡＤＲ（オートマチック・ダイアログ・レコーディング）方式が一般的です。だから現場では、完璧な状態で録音しなくてもいいわけです。このときはＡＤＲをやっていない、現場で録りっぱなしの音が来たので、それを整理・調整するのが大変でした。

「犬神家の一族」（76年10月16日公開）。監督：市川崑、出演：石坂浩二、高峰三枝子。

佐藤純彌　１９３２～２０１９。映画監督。56年、東映に入社し、63年に監督デビュー。主な作品に「陸軍残虐物語」（63）、「廓育ち」（64）、「新幹線大爆破」（75）、「人間の証明」（77）、「植村直己物語」（86）、「敦煌」（88）、「男たちの大和／ＹＡＭＡＴＯ」（05）などがる。

吉田達　１９３５～２０１９。映画プロデューサー。58年に東映入社。60年から映画製作に参加し、「人生劇場　飛車角」、「昭和残侠伝」、「不良番長」といった人気シリーズを手掛けた。ほかに「仁義の墓場」（75）、「人間の証明」（77）、「野菊の墓」（81）、「皆月」（99）などがある。

中村州志（修一郎）　１９２７～２０１７。美術監督。48年に東映入社。55年に美術監督になり、「ジャコ萬と鉄」（64）、「非行少女ヨーコ」（66）、「新幹線大爆破」（75）、「人間の証明」（77）、「動乱」（80）、「麻雀放浪記」（84）、「マルサの女」（87）などを担当した。

熊谷秀夫　１９２８～２０１３。照明技師。48年、大映京都撮影所に入り、56年に日活へ移籍。58年から照明技師になり、「非行少女」（63）、「けんかえれじい」（66）、『無頼』シリーズ、「人間の証明」（77）、「太陽を盗んだ男」（79）、「セーラー服と機関銃」（81）、「学校」（93）、「さくらん」（07）などを担当した。

――そのニューヨーク・ロケが終わってから、本格的に日本での撮影が始まったんですね。

紅谷　まず国内分のロケハンをすることになって、佐藤監督とは初めてで、チーム全体の雰囲気も分からないので、僕もロケハンに参加しました。佐藤監督は印象として、あまりものを言わない人だなあと思いました。この映画では角川春樹さんから、かなり大きなディレクターズ・チェアが佐藤監督にプレゼントされたんですが、現場に入ってからもその椅子に座ってタバコをふかしていることが多かったです。自分から動き回って俳優やスタッフに大きな声で指図するという姿をあまり見かけない。僕にも特別な注文がなくて、内心が読めなかったですね。姫田さんも次の「野性の証明」(78)と二本、佐藤監督とやりましたけれど、果たしてコンビネーションがうまくいっていたのか、はっきり言ってよく分からなかったんですね。

――自分のやりたいことを押し通そうとする今村昌平監督とは対極ですからね。それでセットは、どこの撮影所を使ったんですか。

紅谷　日活を使いました。これがまた問題で、例えばジョー山中演じるジョニーが刺殺される、ホテル・ニューオータニのエレベーター前のセットでもね。歩くとベニヤ板の音がベコベコいうわけです。あまりにも安普請でひどい音がするので、大道具担当の美術の親玉と喧嘩しました。調べてみると角川映画からはちゃんと美術費としてお金が出ているんです。ところが当時の日活の美術はセットを安く上げさせていたとしか思えないのです。会社はそれでいいかもしれないけれど、現場にいるこちらとしては、ほかのスタッフから日活の人間だということで白い目で見られるわけですよ。あれはつらかったです。その頃の日活は、ロマンポルノがオールアフレコなので、音を気にしてセットを建てなくてもよかったのが裏目に出たんですね。せっかく姫田さんがキャメラノイズを気にしなくていいキャメラのパナフレックスをアメリカから借りてきて、ドリーを使って撮ろうとしているのに、ドリーが重くてそれにキャメラが乗るとさらに重いでしょう。動くと床に貼ったセットのベニヤ板がメキメキと音を立てるので、レールを敷いて移動車で撮ってもらうようにお願いしたこともありました。

――そういう撮影環境でも同時録音でやったわけですよね。

紅谷　ほかの撮影所では、セット撮影は同時録音が普通ですからね。またその辺も佐藤監督はそれほどこだわらない人で、「ここは雑音が多いので、アフレコにします」と僕が言えば、「結構で

角川春樹　1942年生まれ。実業家、映画監督、映画プロデューサー。角川書店の創業者・角川源義の子息で、65年に角川書店へ入社。76年、角川春樹事務所を立ち上げ、映画製作に乗り出す。本と映画、音楽をメディア・ミックスさせた宣伝で、70年代後半から80年代に彼が製作した『角川映画』は、一大ブームを巻き起こした。また「汚れた英雄」(82)からは、彼自身も映画監督業に進出した。

パナフレックス・カメラ　アメリカ・パナビジョン社の撮影機。72年に登場し、軽量かつ様々なレンズを搭載できて、各アクセサリーも完備していたことから、世界的に映画撮影機材の主流になった。スーパー・ノイズレス・カメラで、録音技師には強い味方になった。パナビジョン社は販売をせず、設備レンタル会社として運営されているのが特徴。

す」ということになるんです。それにしても、エレベーター前のシーンがセットノイズのために同時録音で録れなかったのは、恥ずかしかったです。

――スケジュール的にはいかがでしたか。

紅谷　撮影はライティングに時間がかかり、残業が多かったわりに思ったより順調だったんですが、編集に時間がかかったんです。もともと松山善三さんが書いた脚本には問題があったんですが、この脚本を監督が手直ししてからクランクインするはずだった。その手直しが遅れに遅れて、結局見切り発車のまま撮影をしていったので、編集にシワ寄せがきて時間がかかったんですよ。このシーンを切ってあそこをつないで、シーンを入れ換えてという作業を連日徹夜でやっていました。「人間の証明」はクランクイン前から封切日が決まっていたので、そうしている間にどんどん時間がなくなってくる。音に関しては、ここは絶対に切れないはずだというシーンと、ここはなくなるだろうというシーンを予測しながら準備していました。それでも最後のダビングの時間は結構詰めざるを得なかったですね。

――音楽は、「犬神家の一族」に続いて大野雄二さんが担当しましたね。

紅谷　「人間の証明」は何といってもテーマ曲が最初にできていましたから、それをアレンジしてなんとか成り立ったんです。

――俳優は主演の松田優作さんをはじめ、鶴田浩二さん、岡田茉莉子さん、三船敏郎さんに加えて、ジョージ・ケネディまで参加しているオールスター・キャストでしたね。

紅谷　優作とは「あばよダチ公」（74）で仕事をしましたが、あのときは共演者にいたずらをするような悪ガキっぽい部分があった。でもこの映画では主要キャストの中で彼が一番若いでしょう。最初のセット、僕が録音準備をしていたら、すぐそばで椅子に座って鶴田浩二さんが新聞を読んでいたんです。そこに吉田達プロデューサーが優作を連れてきて、紹介したんです。優作は「松田優作です。よろしくお願いします」って挨拶をしたら、鶴田さんは新聞からチラッと眼を上げただけでしたよ（笑）。何か俳優としての格の違いを見せつけられたような気がしました。鶴田さんにはそれくらいすごみがありました。岡田茉莉子さんは気さくな人で、すぐに仲良くなりましたね。三船敏郎さんとは「羅生門」以来でしたが、朴訥な人柄はあの頃と変わっていませんでした。

松山善三　１９２５～２０１６。映画監督、脚本家。48年、松竹に入社し、54年に脚本家デビュー。61年には初監督作「名もなく貧しく美しく」を発表した。主な脚本作品に「人間の條件」(59～61)、「乱れる」(64)、「人間の証明」(77)などがあり、監督作には「ふたりのイーダ」(76)、「典子は、今」(81)などがある。

大野雄二　１９４１年生まれ。ジャズピアニスト、作曲家、編曲家。ジャズピアニストとして活躍した後、70年代初頭からTVドラマ、映画の音楽を手掛ける。「犬神家の一族」(76)、「人間の証明」(77)、「野性の証明」(78)と続いた角川映画のほかに、アニメ『ルパン三世』シリーズの音楽も大ヒットした。

——これは、音の仕上げをマグネット四チャンネル・ステレオ方式でやっていますね。

紅谷　当時としては最先端の方式で、これは角川さんがやろうと言い出したんです。簡単に言えばフィルムの両端に細い四本のマグネットをコーティングして、その中に四チャンネルのサウンドトラックが入っている。これを劇場の映写機の四チャンネル再生ヘッドで音を出す。

　ただフィルムが切れたりすると音も飛んでしまうんです。しかも劇場の再生機は整備されていないものも多くて、ヘッドをこすっていくわけですからフィルムがちょっとでも浮いたりすると、音が出なくなる。さらに何度も上映するとヘッド部分が摩耗していて、不具合が出てくるわけですよ。その割にはフィルムにコーティングして音をコピーしなくてはいけないので、莫大な手間と費用がかかるんです。ロードショーするときだけでも百何十本というフィルムのプリントを焼くわけですから。プリント代が高くてそのうえ再生が不安定なので、これは普及しませんでした。

　そのうちに光学で二チャンネルを疑似四チャンネルに再生できる技術をドルビー社が発明して、ドルビー・システムが一般的になっていったんです。

——製作状況は大変そうですが、77年10月に公開された「人間の証明」は配給収入二二億五〇〇〇万円で、当時としては日本映画歴代二位の大ヒットを記録しましたね。

紅谷　TVスポットも含めて、ジョー山中が歌う主題歌を使った宣伝が絶大な効果を上げました。ただ、お客は入っているけれど、脚本だって決して完成されていたとはいえない状態だったし、反省しなければいけない部分もあったと思いますよ。でも自分を取り巻く状況としては、大きく変わってきたという実感がありました。そこにほのかな希望が見えてきたような気がしていたんです。

「野性の証明」で、高倉健、薬師丸ひろ子と出会う

——ここから大作、話題作の仕事が続いていくんですね。何でも「人間の証明」の公開初日に、プロデューサーの角川春樹さんから次回作「野性の証明」（78）の録音技師を依頼されたとか。

監督は前作と同じく佐藤純彌で、プロデューサーは坂上順をはじめとする東映の人たち、撮影の姫田真佐久、照明の熊谷秀夫、録音の紅谷が日活のスタッフという混合編成チームで準備は進め

マグネット四チャンネル　完成された三五ミリ・フィルムのプリントの両側にある、パフォレーションの両サイドに現像所で四本の磁気を塗り、その磁気にダビングで四チャンネルのマザーテープからコピーし、劇場でマグネット四チャンネルによる再生をして、上映した方式。ただ劇場の映写機の再生装置の不安定さがあって、このマグネット式四チャンネルは、81年頃からドルビー光学式四チャンネルに取って代わられた。

ドルビー・システム　アメリカのドルビー社が開発した音響システム。60年代から開発が進み、最初に業務用のテープ録音で生まれるノイズを抑え、録音事態に悪影響を与えないオーディオ・圧縮技術『ドルビーAタイプノイズリダクション』を開発。映画には71年に、「時計仕掛けのオレンジ」で初めてドルビー社の技術が使用され、70年代半ばに登場したドルビーステレオが、SF映画の隆盛によって一般的に普及した。

「野生の証明」（78年10月7日公開）。監督：佐藤純彌、出演：高倉健、薬師丸ひろ子。森村誠一の小説を映画化。原作では主人公が最後に脳を侵されて発狂する展開だが、映画は戦車隊に単身戦いを挑むラストに変更した。

坂上順　1939〜2019。映画プロデューサー。62年、東映に入社。制作進行を経て、73年からプロデューサーになる。主な作品に「ゴルゴ13」（73）、「人間の証明」（77）、「空海」（83）、「鉄道員（ぽっぽや）」（99）、「半落ち」（04）、「男たちの大和／YAMATO」（05）などがある。

られていったそうですね。「野性の証明」は森村誠一さんの小説が原作で、東北の寒村で起こった大量殺人事件をきっかけに、このとき生き残った少女・頼子と、彼女と遭遇した自衛隊員の味沢が、やがて親子のような関係になって巨大な陰謀に巻き込まれていく話ですね。紅谷さんが参加したときに、高田宏治さんが手掛けた脚本はあったんですか。

紅谷　脚本はありましたが、これが原作にはない味沢と自衛隊との戦闘場面がクライマックスになっていて、ありえないフィクションなわけですよ。脚本はさらに練る必要のある未完成の状態で準備を始めましたが、自衛隊が悪く描かれているので、当然自衛隊の協力は得られない。でも最後には戦車やヘリコプターが登場するので、これはアメリカ・ロケすることになって、カリフォルニア州のパソロブレスにある米軍基地で撮影することが決まったんです。国内のロケーションは当初、東北が主な舞台ですので下北半島から八戸、弘前、盛岡、山形、米沢とロケハンを重ね、山形市を中心に撮影することがほぼ決まっていたんです。ところが角川春樹さんが「もっと西の方へとロケ地を持って行きたい」と言い出しました。あの方は神社の宮司でもあるし、方位学とかいろいろなことから物事を決めますから、我々には知りえない筋から意見をもらってそう言い出したと思うんです。それで少し西へ寄せて、金沢市を中心に国内ロケをすることになったんです。

――この映画ではキャストの面で大きな話題が二つありますね。一つはヒロインの少女・頼子をオーディションで選んだことです。その後の角川映画を代表するアイドル・スター、薬師丸ひろ子さんが選ばれたわけですが。

紅谷　僕も最終審査のオーディションに参加しました。そのとき候補者が言うセリフを聞いていたんですが、一人だけ〝土の匂い〟がする女の子がいるなと思ったんです。セリフだけ聞いていたのでどの子が言ったセリフか分からなかったんですけれど、それが薬師丸だと分かって二重丸を付けました。「この子には教えるものは何もない。この役にピッタリだ」とセリフを聞いて感じました。変に作らず、地のままでしゃべらせればいいんじゃないかと思いました。撮影に入ってみると本当に素直な子で、スタッフからも可愛がられていましたよ。

高田宏治　1934年生まれ。脚本家。56年、東映に入社。60年に脚本家としてデビュー。主な作品に『シルクハットの大親分』、『まむしの兄弟』、『殺人拳』、『日本の首領』、『極道の妻たち』といった人気シリーズがあり、ほかにも「鬼龍院花子の生涯」(82)などがある。

健さんにあの三白眼でにらまれた

——そして主人公の味沢を演じたのが高倉健さんです。その後何本も一緒に仕事をする高倉さんと、このとき初めて出会ったんですね。

紅谷　佐藤監督やプロデューサー陣は東映の人ですから、健さんとは馴染みがある。でも僕や姫田さんといった日活の人間は、初めてですから緊張しました。いきなりロケ現場で会いましたが、健さんは本当に礼儀正しい。それと、思わずこちらもピンと背筋を伸ばして直立不動になってしまうようなオーラがある。特別な雰囲気を持った方でした。撮影が始まって最初のカットのテストで健さんに「セリフが分かりにくいです」と注文したら、にらまれました。しばらく経ってからこの話が出たとき、健さんは「あのときは、にらんだんじゃありませんよ。チラッと見ただけですよ」と言っていましたけれど、僕はその次のセリフも分かりにくかったので、二回目の注文を出したんです。そしたら健さんに三白眼でにらまれて、怖かったですよ（笑）。東映では録音技師にセリフの注意なんかされたことがなかったんでしょうね……。でも撮影に入って二週間経ったあたりから、健さん自身がほぐれていって。何と言っても薬師丸は新人なので、最初はとても緊張していたんです。彼女の気持ちをほぐそうと健さんが率先

「野性の証明」の羽代川河川敷のロケ。右の調整卓の前に座っているのが筆者。

して現場に和やかな雰囲気を作っていったんです。その影響を受けて、僕らとの関係も徐々によくなっていきました。ただ姫田さんは大きな声で、健さんに立ち位置などの注文を直接つけることを最後まで遠慮していましたね。日活スタッフの中では僕が、やはりセリフのことで話す機会が多いですから、一番打ち解けていった感じがします。

――最初に注文をつけたと言いましたが、高倉さんのセリフは聞き取りにくいのですか。

紅谷　声自体は低音が利いて、とてもいいんです。ただ普通に大きく声を出してしゃべるときはいいんだけれど、ときどき独特のこもったしゃべり方をすることがある。そういうトーンを落としてしゃべるときに、分かりにくいことがありました。わりと馴染みになってからもそんなときには注文しましたけれど、健さんは「はい、分かりました」と素直にやり直してくれました。その後「私には悪い癖がありまして」と向こうから言ってくれるようになって、「野性の証明」が終わる頃には、かなりお互い馴染んだ仲になれたと思います。

――この映画は後半、味沢が頼子を守って自衛隊と戦っていく展開になります。この戦闘シーンは、日本とアメリカでロケした場面を巧みに組み合わせたものですね。音に関しては、どのように処理していったんですか。

紅谷　銃や戦車のような効果音はアメリカ・ロケの音を活かしました。その部分はすべて同時録音です。アメリカ・ロケでのセリフは、基本的には日本へ帰ってからアフレコしました。効果音は音の大きいものが多かったので、同時録音で録るとセリフはどうしても沈んでしまう。だからアフレコすることにしたんです。

――アメリカでの録音はどういうシステムで行われたんですか。

紅谷　ユニオンの問題があるので、僕は助手を連れていけなかったんです。だから向こうで録音技師とマイクマンを機材ごと雇って、僕は指示だけ出すというやり方でした。とにかく僕が現場でヘッドフォンを付けたり、マイクを自分で持ったりすると、現地スタッフが首になってしまうので、機械にも触れられない。だから音のレベルだけでも把握しようと思って、録音機のメーターの針が振れるのをずっと見ていました（笑）。アメリカの場合は撮影現場で音を録るためのプロダクションミキサーと、ADRというセリフをアフレコするための専門のミキサー、さらに効果音や音楽を入れて仕上げをするダビングミキサーが別にいるんですが、日本ではこれを一人で担当します。「野性の証明」ではアメリカ人の俳優が英語のセリフを言う場面は少しだけだったので、これはプロダクションミキサーに現場でいろいろ注文して同時録音で録ってもらって、それ以外のアフレコは全部日本でやれるようにしたんです。

――すると効果音録りもロケ現場で完結させなくてはいけないんですね。一〇台の戦車が一斉に動く場面など、うまくいったんですか。

紅谷　米軍の指揮官がいて、この人が無線マイクで号令をかけると戦車が一斉に動き出す。その統一された動きは見事なものでした。だから仕事はやりやすかった。でも人間が干物になるんじゃないかというほどの暑さで、これには参りました。ただ向こうの制作担当はそんなときに、氷をいっぱい入れた樽に入れた缶ジュースをたくさん用意してくれて、これが助かりました。さすがにハリウッドだと思いましたね。そういう撮影環境を作る段取りが、贅沢だと思いました。しかしロケ地の砂漠には〝毒蛇、注意〟という看板が方々にあるんです。注意と言われても、こっちは砂漠のどこから蛇が出てくるか分からない。最初は怖かったですけれど、そのうちに蛇がいることも忘れて作業していました（笑）。

――5月16日から日本で二カ月ロケした後に、7月7日からアメリカで四週間ロケ撮影したんですよね。この頃には、高倉さんもリラックスされていたんですか。

紅谷　薬師丸と本当の親子のような関係ができて、「ひろ子、ひろ子」と何かにつけて呼んで可愛がっていましたね。ただ脚本のことでは、いろいろ思うところがあったようです。未完成のまま撮影を始めて、佐藤監督が脚本を直しながら撮影を進めたんですが、結局直しきれなかった。やはり土台となっている話が嘘くさいわけですよ。俳優は一所懸命に芝居をやっても、その嘘くささから抜け切れない。そのことに関して、健さんは思うところがあったように思いますね。僕としては健さんと佐藤監督のコンビだと、その前に「君よ憤怒の河を渉れ」（76）がありましたよね。あの作品を観て佐藤監督もなかなかの人だと思ったんですが、やはりこの脚本では佐藤監督の苦労が多かったと思います。

――紅谷さんは翌79年に公開された「悪魔が来りて笛を吹く」（79）も担当されていますが。

紅谷　これは角川春樹さんがプロデューサーとして参加した、東映作品でした。監督は斎藤光正さんで、監督の強い要望で録音を頼まれたんです。でも当時の東映の組合は、外部スタッフを入

「君よ憤怒の河を渉れ」（76年2月11日公開）。監督：佐藤純彌、出演：高倉健、中野良子。

「悪魔が来りて笛を吹く」（79年1月20日公開）。監督：斎藤光正、出演：西田敏行、鰐淵晴子。名探偵・金田一耕助を西田敏行が演じた作品。フルートの音とともに起こる連続殺人事件の謎に、金田一が挑んでいく。

斎藤光正　1932～2012。映画監督。58年、日活に入社。67年に監督デビュー。71年からは、『俺たちの旅』などTVドラマの演出を多く手掛け、「悪魔が来りて笛を吹く」で映画監督に復帰。以後は、「戦国自衛隊」（79）、「積木くずし」（83）などを発表した。

れることに猛烈に反対しました。そうしたら監督が現場のミキサーには新人でいいから信用できる東映の人間をつけて、紅谷さんには仕上げだけでもいいからやってほしいと。これには東映の組合も折れて、僕は仕上げだけをやったんです。東映には仕上げを担当する〝整音〟という職種のクレジットがないので、僕は〝サウンドアドバイザー〟という肩書で参加しました。斎藤監督はこれが角川さんとの最初の映画で音にもこだわっていたので、ダビングは全部僕が担当しました。

キティ・フィルム作品にも参加

——紅谷さんが「野性の証明」に参加していた78年、日活は社名を〝にっかつ〟に改称しましたね。紅谷さんがいたダビング課を日活スタジオセンターにするなど、8月1日から会社全体を七社に分化して企業分離方式をとった。翌79年1月、社長に組合の委員長だった根本悌二さんが就任し、大きな内部変革が起きていた。その状況を斜めに見ながら、紅谷さんはにっかつ以外の仕事をしていたんですね。「野性の証明」と「悪魔が来りて笛を吹く」の間に、村上龍監督によるキティ・フィルムの第一作「限りなく透明に近いブルー」(79)も担当されましたが。

紅谷 日活を辞めたプロデューサーの伊地智啓が、多賀英典さんに引っ張られてキティ・フィルムに入ったんです。「限りなく透明に近いブルー」は、彼のキティ・フィルムでの初プロデュース作品。日活時代からの付き合いで僕は呼ばれたんですよ。

——伊地智さんとは、日活時代から関係が深かったんですか。

紅谷 今村昌平さんの弟子の磯見忠彦が最初に監督した「東シナ海」(68)に、伊地智はチーフ助監督として就いていたんです。そういうこともあって、今村組の紅谷として、僕との間に信頼関係があったんだと思います。

——ただ「限りなく透明に近いブルー」の撮影は、78年ですよね。ちょうど角川映画の仕事が忙しい時期だったのでは?

紅谷 「野性の証明」の仕上げと、撮影時期が一カ月近くダブっていたんです。だから現場の録音は若い人にやってもらって、僕は撮影の後半から入りました。編集担当者には、「やっと本物

村上龍 1952年生まれ。小説家、映画監督。76年に発表した小説『限りなく透明に近いブルー』で芥川賞を受賞。この作品を自らの手で映画化して、79年に監督デビュー。以降は「だいじょうぶマイ・フレンド」(83)、「ラッフルズホテル」(89)、「トパーズ」(91)、「KYOKO」(96)などを監督した。

キティ・フィルム 79年に多賀英典が設立した、映像制作会社。当初は映画製作会社として村上龍、長谷川和彦、相米慎二などの若手監督を起用して、「セーラー服と機関銃」(81)などのヒット作も作り出した。81年からはアニメ制作にも乗り出し、「うる星やつら」をはじめとする人気作を生み出す。だが90年代末からは製作から撤退し、現在はアーティストのマネージメントなどが中心の会社に姿を変えている。

「限りなく透明に近いブルー」(79年3月3日公開)。監督:村上龍、出演:三田村邦彦、中山麻理。米軍基地に近い福生の街を舞台に、麻薬とSEXに明け暮れる日常を描いている。

伊地智啓 1936〜2020。映画プロデューサー。60年、日活に入社。71年からプロデューサーになり、78年にはキティ・フィルムの設立に参加した。主な製作作品に「炎の肖像」(74)、「太陽を盗んだ男」(79)、「翔んだカップル」(80)、「セーラー服と機関銃」(81)、「死んでもいい」(92)、「お引越し」(93)がある。

のミキサーが来た」と言われましたね（笑）。「紅谷さんが音を入れたラッシュを観て、やっと映画の音になっていると思った」と言われました。

――後から入って、村上龍監督とはうまくいったんですか。

紅谷　何せ監督が原作者の作家・村上龍さんで素人ですからね。村上さんは、言うことは奇抜で面白いんですが映画の音にならないんです。予想もしない変なところで大砲の音を入れてくれという注文があったんですが、こっちはなぜそこに大砲の音なのか訳が分からない。「ここに、何かほかの音は入りませんか」と聞いてくれれば、僕としてもいろいろ発想するんですが、最初から大砲の音といわれるとね。これはもう、思考がまったく違うと思いました。

――キティ・フィルムはキティレコードの映像制作部門として立ち上げられた会社ですが、通常の映画会社と勝手が違う部分はありましたか。

紅谷　「限りなく透明に近いブルー」のゼロ号試写をキティ・フィルムの社員、全員に観せたんです。すると彼らは元々レコード会社の社員ですから、音楽に興味がある。ただ映画音楽は場面によって効果を考えて音を大きくしたり小さくしたり、あるいはフェイドアウトさせたりしますよね。その感覚が彼らは分からなくて、なぜちゃんと関係なく音楽を大きく聴かせないんだとプロデューサーの伊地智を責めたんです。僕らが映画とレコードは違うんだと説明しても納得してくれなかった。ちょうどそのとき、社長の多賀英典さんは海外に行っていたので、音に関しての結論は社長の判断待ちになりました。帰国した多賀さんが試写を観たら、「これでいいじゃないか。何の文句があるんだ」ということになって何とか収まったんですけれど、やはり映画のプロ集団ではないのでごたごたはありました。

――続いてキティ・フィルムで原田眞人さんの監督第一作「さらば映画の友よ　インディアンサマー」（79）を担当しましたね。

紅谷　「悪魔が来りて笛を吹く」の仕上げをして、「さらば映画の友よ」に入りました。原田さんは最初に、「僕は映画監督に関して素人だ。スタッフへの注文の付け方が分からないし、演技の付け方も分からない。だからアメリカ映画のこのシーンの、このカットのような芝居をしてほしいとか。そういう注文の仕方をします」と言ってましたね。主演の川谷拓三は、監督に言われた映画のカットが分からないといけないから、いろいろな作品を参考に観ていましたよ。我々はそ

多賀英典　１９４３年生まれ。音楽プロデューサー、映画プロデューサー。ポリドールの音楽ディレクター、プロデューサーとして井上陽水、小椋佳などを手掛けたのち、72年に独立してキティ・ミュージック・コーポレーションを設立。79年にキティ・フィルムを立ち上げて、映画製作に乗り出した。

磯見忠彦　１９３０年生まれ。映画監督。56年、日活に入社。今村昌平の助監督を経て、68年に監督デビュー。主な作品に「ネオン太平記・経営学入門」(68)、「東シナ海」(68)、「アフリカの鳥」(75)、「涙なんか飛んでいけ」(80)などがある。

「**東シナ海**」(68年10月5日公開)。監督：磯見忠彦、出演：田村正和、内田良平。

原田眞人　１９４９年生まれ。映画監督、脚本家。映画評論家を経て、79年に監督デビュー。主な作品に「KAMIKAZE TAXI」(95)、「金融腐蝕列島［呪縛］」(99)、「クライマーズ・ハイ」(08)、「関ケ原」(17)、「燃えよ剣」(21)などがある。

「**さらば映画の友よ　インディアンサマー**」(79年5月26日公開)。監督：原田眞人、出演：川谷拓三、重田尚彦。映画狂の中年男と映画館に入り浸る青年、美少女の三人が織りなす青春物語。映画愛にあふれた作品だ。

こまで映画を観ている時間はなかったけれど、そこはプロですから（笑）。音に関しては任せてもらいました。撮影の長谷川元吉さんは温厚な方で、原田監督にあの映画のこのシーンのように撮ってくれと言われると、その映画を観て勉強して対応していました。現場には崔洋一がチーフ助監督で就いていて、彼は現場指揮官としてかなり働いていましたよ。

——仕上げも同じ感じだったんでしょうか。

紅谷　細かいことは言わなかったです。ただちょっと音楽のことでもめました。原田監督とアシスタント・プロデューサーが、一カ所、音楽の音のレベルのことで注文を出したんです。それがダビングを終わった段階で言ってきたので、僕はテストのときに十分念押ししてやったんだから、今さらレベルを変えるつもりはないと突っぱねました。向こうがどう思ったか。以来、原田監督とは、仕事をしていませんけれど。

長谷川和彦監督との再会「太陽を盗んだ男」

——この後もキティ・フィルムの仕事が続きますね。

紅谷　「さらば映画の友よ」の後半になってゴジ（長谷川和彦）が監督する「太陽を盗んだ男」（79）を依頼されました。伊地智もこれはぜひ成功させたいと力が入っていたんです。ゴジとレナード・シュレーダーが書いた分厚い脚本を読みましたが、確かに面白い。でも現実問題として、これが日本映画で作れるのかなとも思いましたね。今だから言えますが菅原文太さんがやった刑事の役を、最初は高倉健さんに話を持って行ったんです。伊地智はかなり粘りましたが、結局、健さんに断られて、文太さんになったんです。ただ健さんがやったら、現場がうまくいったかどうか。

ゴジはとにかく現場でグジャグジャ悩んでいたので、「何してんだ、これだと予定通りに終わらないぞ」ってプロデューサーはしょっちゅう言っていましたから。健さんとやっていたら、おそらく途中で問題になっていたと思います。

——「太陽を盗んだ男」は最初の脚本では「笑う原爆」という題名だったんですね。中学校の理科教師がプルトニウムを盗んで原爆を一人で作り、日本政府相手にとんでもない要求をする。そ

長谷川元吉　１９４０年生まれ。映画キャメラマン。70年にキャメラマンとして一本立ち。主な担当作品に「エロス＋虐殺」（70）、「戒厳令」（73）、「彼女が水着にきがえたら」（89）、「河童」（94）などがある。

崔洋一　１９４９年生まれ。映画監督。フリーの助監督を経て、83年に監督デビュー。主な作品に「十階のモスキート」（83）、「友よ、静かに瞑れ」（85）、「Aサインデイズ」（89）、「月はどっちに出ている」（93）、「刑務所の中」（02）、「血と骨」（04）などがある。

「太陽を盗んだ男」（79年10月6日公開）。監督：長谷川和彦、出演：沢田研二、菅原文太。中学校の理科教師がプルトニウムを強奪し、原爆を作って日本政府を脅迫する。娯楽映画の要素が詰め込まれたアクション映画。

レナード・シュレーダー　１９４３〜２００６。アメリカの脚本家。69年から73年に大学の英文学講師として来日。日本文化に傾倒し、帰国後「ザ・ヤクザ」（74）の原作を書き、これは弟のポールが脚本を担当した。ほかにも「太陽を盗んだ男」（79）、「男はつらいよ・寅次郎春の夢」（79）の脚本に参加している。

の事件を担当した刑事と対決するというストーリーですけれど、この映画は皇居前や東急百貨店本店近辺など、普通は撮影許可が下りない場所で撮影していますね。

紅谷　僕はロケハンに行っていないですが、確かにロケ地は、許可が下りない場所が多い。そこはゲリラ撮影でした。皇居前とか、端から撮影許可が下りないと分かっている場所に関しては、下手に撮影交渉をすると目を付けられますから、盗み撮りで行くと決めていました。そういう場所ではスタッフが下手に動くとバレるので、撮ることを最優先に少人数で撮影を行う。そんなとき僕のような音の担当者は、ロケバスの中で待機していました。渋谷の東急百貨店本店の屋上から一万円札をばらまくシーンは、警察に捕まって拘置所に入る要員として助監督の相米慎二が待機していました（笑）。彼はいつも歯ブラシと洗面用具を持っていて、もし警官が来たら「はい、どうぞ」と捕まる準備をしていたんです。

――この映画は、当初の予定よりも撮影が延びたんですよね。

紅谷　予定では6月にクランクアップで7月に仕上げ。僕は8月4日から「復活の日」（80）に参加することが最初から決まっていたので、それに間に合うはずだったんです。ところが7月末になっても、まだ撮影がかなり残っていた。結局二カ月の予定が、撮影だけで四カ月かかったんですよ。

――撮影が延びた原因は？

紅谷　すべての原因は監督です。原爆製造、バスジャック、カーチェイスなど、いろいろな要素を盛り込んだ脚本を、整理しきれないままクランクインしたので、現場に入っても脚本が縮まらないんです。伊地智はゴジにしょっちゅう進行の遅れに関して文句を言っていましたが、半分以上撮ると監督の方が立場は強いですからね。文句を言われてもゴジは唸っているばかりで、ペースは上がらない。かといってどこかのシーンをカットするなんて器用なことができる監督ではないので、とにかく全部撮ったんです。最終的に編集段階で、一時間分はカットしました。

――チーフ助監督の相米慎二さんは、スケジュール管理ができなかったんでしょうか。

紅谷　相米はその状況を仕切れないので、伊地智から責められていました。でもゴジは強引ですから、仕切るのは無理なんです。ゴジは相米のことを子分のように思っていて、言うことを聞くわけがない。相米も〝監督〟と呼ばずに、〝ゴジ〟と呼んでいましたが、監督を立てて少しでも

相米慎二　1948～2001。映画監督。72年に日活と助監督契約を結び、80年にキティ・フィルムから監督デビュー。主な作品に「セーラー服と機関銃」（81）、「魚影の群れ」（83）、「台風クラブ」（85）、「お引越し」（93）、「あ、春」（98）、「風花」（01）がある。

「復活の日」（80年6月28日公開）。監督：深作欣二、出演：草刈正雄、オリヴィア・ハッセー。小松左京原作のSF小説を映画化。細菌兵器がばらまかれ、人類は南極基地にいたわずかな人々を残して全滅。さらなる危機を防ぐため、生き残った人間たちは潜水艦で死の国と化したアメリカへと向かう。

先に進もうとしていました。でも、ゴジは沢田研二演じる城戸が原爆を作る場面でも延々と撮り続けるんです。いつ終わるんだとイライラしましたが、セットデザインや衣裳なんか、日本人の感覚にはないバタ臭さがあって確かに面白いんです。ただ時間と予算には限りがありますからね。

――そんな状況で、主演の沢田研二さんと菅原文太さんは現場でどんな雰囲気でしたか。

紅谷　沢田は何を注文しても「はい、分かりました」と素直に応じて、危ないと思うようなことでも平気でやるので、度胸があるなと尊敬していました。菅原さんも沢田ががんばるから、一所懸命にやっていましたよ。最後の科学技術館の屋上を使った二人の対決シーンは、これも撮影が長かったんですが、結構迫力がありましたね。

――7月末にとても撮影が終わらないと分かって、「復活の日」の方はどうしたんですか。

紅谷　「復活の日」の話は「野性の証明」が終わった時点で決まっていて、8月4日からひと月、日本でのセット撮影、9月から七カ月間の海外ロケというスケジュールも出ていたので、「太陽を盗んだ男」の話が来たとき、伊地智にそれまでに終わるのかと念押ししたんです。彼は6月末には撮影が終わるから大丈夫だと請け合ったんですが、そんな事態になった。「復活の日」の方は海外でのIDカードの申請など、いろいろなことを進めていましたから、いまさら人を代えるわけにはいかないんです。それで7月末にカーチェイスのシーンは残っていましたが、そこは助手に音を録りに行かせることにして、僕は大まかなクランクアップということになりました。結局ゴジ組の仕上げを、先輩ミキサーにお願いすることにしました。すぐアフレコをすることになったんですけれど、そのときに相米から「ちょっと相談がある」と言われて、二人で狛江の居酒屋で話したんです。相米に「監督作品をやるんだけれど、ミキサーは誰がいいだろう。あなたは『復活の日』でいないんだし」と言われて、彼のデビュー作「翔んだカップル」(80)の担当ミキサーの相談にのってやったことがありました。「復活の日」の海外ロケが終わって、日本に帰ってから「翔んだカップル」を観ましたけれど、相米がこんな素晴らしい作品を撮ったのかと驚きました。

――「太陽を盗んだ男」はいつ観たんですか。

紅谷　帰国して観ましたが、その前にロサンゼルスで撮影しているときにゴジから手紙が来て、作品の評判はいいんだがお客の入りが悪いと書いてありました。実際に観たら、発想は面白いし、

「翔んだカップル」(80年7月26日公開)。監督：相米慎二、出演：薬師丸ひろ子、鶴見辰吾。柳沢きみおの漫画を映画化した、相米慎二監督のデビュー作。同じ家に住むことになった高校一年生の男女の、揺れる心を瑞々しく描きだしている。

作品もなかなかいい。でも興行的には当たらなくて、予算もかなりオーバーしている。この後、ゴジは監督していませんが、現場の状況や興行の結果を見ると次はなかなか難しい。またゴジ自身もこの映画を超えようと構えてしまって、足がすくんで次にとりかかれない感じだと思いますね。

深作欣二監督のSF大作「復活の日」

――「復活の日」の前に、79年に八年ぶりの劇映画「復讐するは我にあり」を監督した、今村昌平さんのことを伺います。これまでの今村さんとの関係を考えると、当然紅谷さんに録音の話が来たと思うのですが……。

紅谷　今村さんから話はありましたが、忙しい時期でしたからとてもできないと言いました。「復讐するは我にあり」は日活や今村プロといったこれまでの今村映画と違って、松竹本体の製作でした。それでプロデューサーは松竹のバンさん（井上和男）が担当したんですが、バンさんが今村さんに「紅谷さんがダメなら、吉田庄太郎さんではどうだろう」と勧めたんです。吉田さんは、今村さんが主宰する横浜放送映画専門学院の先生をしていましたからね。だからこの映画と「ええじゃないか」（81）の松竹で撮った今村作品二本は、録音を吉田さんが担当しました。僕としては内心、これで今村さんと組む機会はもうないんじゃないかという危機感を持っていました。でも80年のある日、友田二郎というプロデューサーから「先々の話で申し訳ないけれど、今村さんが一年先に『楢山節考』の撮影に入る。これはぜひ紅谷さんにやってもらいたいと、今村さんがこだわっている」と言われたんです。正直、ホッとしました。この「楢山節考」（83）で今村組に戻っていなかったら、その後の僕の映画人生は変わっていたかもしれないです。

――なるほど、その「楢山節考」のお話は後々お聞きするとして、「復活の日」へ戻ります。深作欣二監督による「復活の日」は細菌兵器として開発されたウイルスがばらまかれ、それに感染した人が全世界で亡くなっていく。わずかに生き残った各国の南極基地にいた人たちの、その後の運命を描いた小松左京さん原作による、角川映画のSF大作ですね。紅谷さんはギリギリまで「太陽を盗んだ男」の現場にいたわけですから、この映画の準備にはタッチしていないのですね。

「ええじゃないか」（81年3月14日公開）。監督：今村昌平、出演：桃井かおり、泉谷しげる。

友田二郎　1931年生まれ。映画プロデューサー。55年、日活に入社し、61年からプロデューサーになる。主な作品に、「にっぽん昆虫記」（63）、『「エロ事師たち」より　人類学入門』（66）、「楢山節考」（83）などがある。

「楢山節考」（83年4月29日公開）。監督・脚本：今村昌平、出演：緒形拳、坂本スミ子、左とん平。原作は深沢七郎の同名小説。83年のカンヌ国際映画祭でパルム・ドールを受賞した。

深作欣二　1930〜2003。映画監督。53年、東映に入社し、61年に監督デビュー。主な作品に『仁義なき戦い』シリーズ（73〜74）、「県警対組織暴力」（75）、「鎌田行進曲」（82）、「火宅の人」（86）などがある。

紅谷　サクさん（深作欣二）と撮影の木村大作、チーフ助監督とプロデューサーで世界中をロケハンしたようです。何せ南極を含めて七カ月にわたる海外ロケですからね。撮影の流れを決めるだけでも大変だったと思いますよ。

――最初は日本でのセットロケで、緒形拳さんや多岐川裕美さんが登場する病院のシーンから撮影に入ったんですね。深作監督とは初めての仕事でしょう。その印象はいかがでしたか。

紅谷　精力的な監督だなあという印象でした。食欲も旺盛で、刺身とカツフライがあったら、カツフライを食べるような人です。とにかくエネルギッシュで、自分で動きながら大声でスタッフや俳優に注文を出していく。同じ東映出身でも、佐藤純彌監督とはまったく違うタイプだと思いました。ただ音に関しては何も言ってこなかったですね。映像に関しては結構悩んでいました。木村大作キャメラマンがいろいろ言われるのが嫌いなタイプだから、この辺も難しい問題だったんですね。

――木村大作さんとも初仕事ですね。

紅谷　初めてでした。最初に大ちゃん（木村大作）を見たのは東洋現像所（現・イマジカ）で、「野性の証明」のゼロ号試写を観た後に、会議室で角川春樹さんと姫田真佐久さんたちと反省会をしているときです。迷彩色の帽子とコートをまとった背の高い男が顔を出して、独り言みたいなことを言って消えていったんですよ。そこでピーンと来たんです。ひょっとして彼が木村大作キャメラマンかなって。見た感じも映画界には珍しいタイプの人だと思ったのが、第一印象でした。

――「復活の日」はスタッフ編成が各社から集められた人間の混成でしたね。

紅谷　演出陣はサクさんを中心とした東映系統、木村大作キャメラマンと照明の望月英樹は東宝、僕と美術の横尾嘉良さんは日活ですから、一癖も二癖もあるスタッフ編成なんです。でも長丁場なのでチームワークが必要ですよね。誰がこのクルーを引っ張っていくのかなと思ったんですけれど、東映京都から来た製作担当の長岡功が、人使いがバツグンで、彼がいたから何とかなったような気がします。やはり記憶に残る映画人の一人ですね。

――日本での撮影の初日、多くのエキストラを使った場面を、木村さんはいきなりリテイクしたという話を、以前に木村さん本人から聞いたことがありますが。

紅谷　そんなこともありましたけれど、日本でやっているときはそれほど問題なかったんです。

木村大作　１９３９年生まれ。映画キャメラマン、映画監督。58年、東宝撮影所に撮影助手として入所。73年にキャメラマンとして一本立ち。「八甲田山」（77）、「駅・ＳＴＡＴＩＯＮ」（81）、「鉄道員（ぽっぽや）」（99）などを手掛け、「劔岳・点の記」（09）で監督としてもデビューした。

望月英樹　１９３７年生まれ。照明技師。56年、東宝撮影所に入所。80年、照明技師になる。主な作品に「復活の日」（80）、「駅・ＳＴＡＴＩＯＮ」（81）、「おはん」（84）、「誘拐」（97）などがある。

ただ僕自身は「太陽を盗んだ男」の仕上げのことが気になって、最初の頃はほかの人たちのように「復活の日」に集中できなかったのがつらかったです。結局「太陽を盗んだ男」は、海外ロケに出発する前日まで、長谷川和彦監督と仕上げのサウンドデザインのプランを打ち合わせしていましたから。

「復活の日」の海外ロケがスタート

――そして9月4日にアラスカのアンカレッジに飛行機で向かって、海外ロケがスタートしたのですね。

紅谷　アンカレッジに着いた翌日、アラスカ鉄道で約三時間かけて氷河近くのウィッティアという小さな村へ行きました。ここで、映画では草刈正雄とヒロインが再会する、ラストシーンを撮影する予定だったんです。ところが雨にたたられてまったく撮影ができず、結局この村には三週間近くいましたね。

――まったく撮れないわけですか。

紅谷　初日だけ撮って、二日目から現地の人も驚くほどの長雨で、たまに雨がやんで雲が切れそうになると、現場へ行って待機して。でもやっぱり雨が降ってきて、ホテルへ帰ることが何度もありました。そうなるとやることがないから、僕は参加しなかったけれど、サクさんと大

「復活の日」の南極ロケ。マイクを向けて、ペンギンの声を録音している。

ちゃん、照明の望月と助監督が毎日麻雀をやっていたんです。彼らは初顔合わせだけれど、一年も前から一緒にやっているような雰囲気で麻雀を打っているから、僕は仲がいいと思ったんです。でも仕事に入ると妥協しない人たちばかりで（笑）。そのうちにヒロイン役のマリリン・ハセットが言うことを聞かないから代えようという話になって、プロデューサーの岡田裕が代わりに見つけてきたのがオリヴィア・ハッセーだったんです。

――それでラストシーンは、撮影できたんですか。

紅谷　一応撮ったけれどサクさんが気に入らなかったので、後で日本の本栖湖と河口湖あたりで一部分撮り直しました。最初に撮ったものがダメだったのは、草刈のセリフのこともあったんです。もう次のロケ地、トロントへ移動しなくてはいけないという9月29日、奇跡的に快晴になったんです。だからこの日は陽が長いので一二時間ぶっ通しで撮影しましたが、肝心のラストの芝居で草刈が英語のセリフをうまくしゃべれなくて、僕が何度もNGを出しました。セリフがOKにならないけれど、だんだん日が沈んでくる。まだ実景も撮らなくてはいけないということで、芝居のことは後日考えることにして、実景を優先して撮って帰ってきたんです。そして翌日トロントに移動しました。

――トロントではグレン・フォード演じるアメリカ大統領の執務室の場面などを撮影したそうですが。

紅谷　第一次のトロントには、スタジオのセットを使った撮影をメインに約一カ月いました。撮影を始めて一週間くらいしたとき、大ちゃんともめたんです。マイクが邪魔だと言ってきたので、ここで引っ込んでいたら最後まで小さくなって仕事をしていかなくてはいけないと感じて、「何だ、その言いぐさは！」と僕は大きな声を出しました。大ちゃんとやりあって、監督たちが間に入って、まあまあとなって、その夜一杯飲みかわしてね。そのとき話し合ってから、急に仲良くなりました。明くる日から毎晩、大ちゃんとは録音部のスタッフルームで一緒に弁当を食って何でも言い合えるようになったんです。

――向こうの俳優とはうまくいったんですか。

紅谷　グレン・フォードが参加した初日、彼の控室に僕と大ちゃんは別々に呼ばれました。大ちゃんは「自分の顔はなるべくこっちの方向から撮ってほしい」とグレン・フォードに言われたそうですが、彼は「何言ってんだ！」っていうようなもんでしたよ（笑）。僕は「私はルーピング（アフレコ）が嫌いだ。またワイヤレスマイクを使うのなら、洋服の内側にマイク送信機用のポケットを作らせるから、いつでも言ってくれ」と言われました。「ルーピングもワイヤレスマイクも使う気はない。ちゃんとセリフをしゃべってくれれば録るから心配ない」と僕が答えたら、「GOOD！」と言って握手を求めてきました（笑）。グレン・フォードは引きで撮るときにはカンニングペーパーを使っていて、セリフのスピードがちょっと変になるときがありました。でもさほど問題はなかったです。ボー・スヴェンソンは、ちょっと小生意気な男でね。大ちゃんとは結構衝突していましたよ。トロントを拠点にしているとき、そこから飛行機で約二時間の港町ハリファックスへ行って、カナダ海軍の潜水艦オカナガン号の内部を借りて撮影したことがあるんです。チャック・コナーズが艦長をしているイギリスの潜水艦ネレイド号に見立てて撮ったんですが、潜水艦の中は狭くて天井が低い。チャック・コナーズもボー・スヴェンソンも桁外れの長身なので、ずっと腰を曲げてやっていました。

——トロントでの撮影は順調でしたか。

紅谷　いえいえ、サクさんは粘るし、大ちゃんも撮るのに一切妥協しない。サクさんは外国人だからと言って演出方法を変えずにディスカッションを仕掛けますから、それを俳優に伝える通訳が辟易していました（笑）。だから撮り残しがどんどん増えていったんですが、いつまでもトロントにいるわけにはいかない。その先にはチリ海軍に協力を頼んだ南極ロケも控えていて、スケジュールが決まっていましたから。それで撮り残しはありましたが、次のロケ地、ワシントンDCへ11月初旬に移動することになったんです。

カナダからアメリカ・ワシントンそしてペルーやロスへ

——この撮影は北米から南米大陸を縦断して、南極大陸まで行くという流れでしたが、機材などの運搬はどうやっていたんですか。

紅谷　事前に〝カルネ〟という、運ぶ機材のリストを作って申請しなくてはいけないんです。このカルネがあると、いろいろな国へ機材を運ぶときにもスムーズに事が運ぶ。ただしリストに載

ルーピング　アフレコ（アフター・レコーディング）と同義語。

「復活の日」。南極へ向かうリンドブラッド号の船上にて。右からチャック・コナーズ、筆者、ボー・スヴェンソン。

っているものは、必ずそのまま持ち帰って来なくてはいけないんですよ。例えばロケ先の最初の方でマイクが一つ壊れたとすると、その壊れたマイクもずっと持ち運ばなくてはいけない。もしマイクがなくなっていたら、それをどこかで売ったと見なされるわけです。このカルネで大変なのは消耗品ですね。「栄光への５０００キロ」のときにもカルネ申請をしたんですが、あの映画は主なロケ地がアフリカでしょう。すると電池は質のいいものがないから持っていかなくてはいけない。それで使い切っても電池を捨てていくことができないんです。捨てるためには、また別のリストが必要なんです。さすがに撮影の後半には、別のリストを作って使用済電池は捨てられるようにしましたけれどね。

——すると紛失したら問題ですから、機材チェックも大変ですね。移動の準備なども手間がかかりそうですが、日本から何人くらいのスタッフで行ったんですか。

紅谷　日本から行ったスタッフは二四人。このくらいの大作映画としては、かなり少ないです。録音部も助手は一人しか連れていけなくて、カナダで面接をして、マイクマンを一人雇いましたが、なかなかいい人材が見つからなかったです。

——それでアメリカへ渡ったそうですが、ワシントンＤＣでは草刈正雄さん演じる吉住と、ボー・スヴェンソンさんのカーター少佐が、廃墟と化したホワイトハウスの地下に潜入して、核爆弾の自動報復装置を止めようとする場面を撮影したんですね。

紅谷　ホワイトハウスの中はセットですからカナダでやりましたが、ホワイトハウスまで二人が行くところを撮ったんです。最初はトロントで撮影しようとしたんですけれど、木村大作キャメラマンがワシントンで撮ると言い出して急遽決まったんです。だから美術は大変だったと思いますね。廃墟の感じを出すために、背景の汚しもしなくてはいけなかったですから。あとはポトマック河から二人が上陸するところを撮りました。

——ワシントンＤＣから、次はどこへ。

紅谷　そこから二班に分かれました。大ちゃんたち撮影班は、草刈が一人でアメリカから南米大陸を抜けて南極まで行く〝歩き〟のシーンを撮るために、ペルーへ向かいました。少人数でマチュピチュ遺跡などを撮りに行ったんです。僕らはロサンゼルスへ移動して、しばしの休息となりました。時間ができたのでロスのサウンドスタジオと、サウンドエフェクトのピーターソン・カンパニーなどを見学に行きました。

——二班はどこで合流したんですか。

紅谷 僕らは11月23日にロスを発って、チリのサンチャゴへ向かいました。撮影班とは26日にサンチャゴで合流したんです。彼らは高山病の影響もあって、さすがに疲れ切っていました。サンチャゴでは、殺人ウイルスが猛威をふるってパニック状態になっているという設定の病院の表のシーンを撮影しました。ここでまた数日休息して、12月1日にチリ最南端の街プンタ・アレナスへ移動したんです。

——プンタ・アレナスから、南極を目指したんですね。

紅谷 今後のスケジュールとして、大ちゃんたち撮影班は南極へ行く間にチリの潜水艦が浮かび上がってくるところなどをヘリから撮影するので、チリの駆逐艦に乗せてもらって4日に出発する。僕らは母船である二六〇〇トンのアメリカ船籍の観光船リンドブラッド号に乗って、三日遅れで追いかける。そして12日頃に南極海域で合流するというスケジュールでした。恥ずかしかったのはプンタ・アレナスに着いた翌日、チリ海軍主催のカクテル・パーティーに招待されたんです。これから撮影でお世話になるので、スタッフ全員ネクタイをして正装で出かけました。一応スーツは持っていったんですが、過酷な撮影で疲れ切って日焼けした顔にスーツとネクタイが似合わなくてね（笑）。パーティーに行ったら、チリ海軍から歌の交換をしようと提案されたんです。まず彼らが民謡のコーラス曲を披露したんですが、このハーモニーは見事なもので。次は僕らの番ですけれど、突然のことで何を歌っていいのか分からない。しょうがないので童謡『さくらさくら』と民謡『大漁節』を歌ったんですが、みんなバラバラだし下手くそでね。拍手されましたけれど、おそらくバカにしていたんじゃないですかね。実は、これが撮影七カ月間で一番つらかったことです（笑）。

——海軍のコーラスとでは勝負になりませんよね。それでリンドブラッド号での船旅は順調だったんですか。

紅谷 撮影班は実景も撮っていたので寝る間もなかったようですが、僕らは二日目の晩に船長がウェルカム・パーティーに招待してくれて、また正装させられましたけれど、船旅は楽なものでした。ただ海が荒れることで有名なドレーク海峡を通るので心配でしたが、船酔いの薬を飲んで寝ていましたよ（笑）。出航して四日目に、ボート・ロックロイで撮影班と合流して、無事に潜水艦と実景が撮れたということで、またパーティーがありました。

――そこから南極での撮影が始まったんですね。

紅谷　手順としては、撮影班が乗っていた駆逐艦ピロット・バルド号に乗り込み、ゾディアック（エンジン付きのゴムボート）を走らせるシーンなどを撮影し、それからまた撮影班と分かれて、我々は母船リンドブラッド号に戻りました。翌日からゾディアックに乗ってイギリスの南極観測基地を見学して、それからアザラシの声などを録ったんです。雄同士のアザラシが胸を打ちあって主導権争いをする姿は迫力がありましたけれど、半面物悲しくもありましたね。

15日には、潜水艦関係の撮影が終わったので潜水艦と駆逐艦が帰港の途に就き、我々は全員リンドブラッド号で暮らすことになったんです。そこからはゾディアックで南極に渡って旧チリ基地やペンギン島、パラダイスベイ、フレイ基地、象アザラシなどを撮影していったんですけれど、白夜なので陽が暮れず、時間の感覚がまったくなくなってくるんです。撮影が終わったら、朝の五時なんていうこともざらでしたよ。とにかく時間が許す限り仕事をしていました。

――精力的に動いていますが、寒くはないんですか。

紅谷　南半球では12月は夏なんです。またこの時期だから、南極での撮影も許可されたんです。風がなくて陽が照っているときには、シャツ一枚になっても大丈夫というくらいの温度でした。イメージ的には氷が解けない程度の気温ですね。ただ風が吹くと急に寒くなる。まあ覚悟をして重装備で行っていましたから、寒さは問題なかったんです。

撮影中、リンドブラッド号が南極海域で座礁

――そして12月24日、「復活の日」の撮影において最大のアクシデントが起こったんですね。

紅谷　ええ、リンドブラッド号が座礁事故を起こしたんです。そのとき僕たちは徹夜明けで寝ていました。そうしたらガガガガッと急ブレーキがかかって、船が停まったんです。「おかしいな、船って急ブレーキがかかるんだっけ？」と思ったら、廊下を慌ただしく人の走る足音が聞こえてきた。これは変だと感じて、着替えて廊下に出ました。すると、みんな甲板の方へ走っていくん

です。甲板に出ると、海面を見てみんなが騒いでいる。僕も船の下の方を見てみたら、濃紺の海の色が船の下の部分だけ茶褐色に見えました。要は大きな岩のようなものに船が乗り上げていたんです。それで座礁していることを知りました。

——南極海域で一隻だけ孤立して座礁したんですから、不安だったでしょう。

紅谷　不安でしたね。とにかく早く状況を知りたかった。すると一時間後に船長から説明があるのでサロンに集合してくれと船内アナウンスがありました。座礁したのが一一時五四分、サロンに集まったのは一三時です。すると船長から「この船は座礁した。現在船は一五度傾いていて、このままでは一〇メートル以上の西風が吹けば、横倒しになる危険性がある。救命用具を身につけて、各自荷物をまとめるように」という説明がありました。でもね、一五度くらい傾いていても僕らには実感として分からないんですよ。そうなのか、と思った程度でした。

また今後に関しては「SOSを発信したが、一番早く到着するチリ海軍の駆逐艦で八時間かかる。次に近海にいるのは一六時間のところにいるロシアの貨物船である。だからチリの駆逐艦に救助を要請した」と。でも救助が来るまで八時間かかるわけで、その間身動きはとれない。さらに「電気室が浸水したので、電気が使えない。よって調理する食料は供給できない」と知らされて、初めてこの船は自力で動くことができないんだと実感したんです。えらいことになったなと思いましたね。

——自分たちでは何もできないから、救助が来るのを待つしかないわけですね。

紅谷　すぐに機材と私物をまとめたんですが、救助の船が到着するまでには、まだ時間がある。すると角川春樹さんが「撮影を続けろ」と言い出したんです。ほとんど撮影は終わっていたんですが、ボー・スヴェンソンとステファニー・フォークナーが会話する場面が一シーン残っていたんですよ。さすがにこのときは、全スタッフが反対しました。そんな状況じゃないと。結局この場面は、後になってトロントで撮りました。

——救出はどのように行われたんですか。

紅谷　我々は素人だから救助船がすぐ近くまで来て、桟橋みたいなものをこちらの船に渡して、人と荷物を運ぶものだと思っていたんです。ところが八時間たってもまったく救助船の船影が見えない。するとまず、遠くからヘリコプターが飛んできました。甲板に出て見るとヘリは船の上を旋回して帰っていく。するとヘリが向かう方向に豆粒ほどの船影が見えました。これが撮影でお世話になったチリの駆逐艦ピロット・パルド号だったんです。しばらくしてリンドブラッド号の船長、事務長、機関長の三人がゾディアックに乗って、駆逐艦へ向かいました。座礁した船の責任者が、救助してくれる船に挨拶に行って初めて救助が成立するという手順だったんです。ずいぶん時間が経って船長たちが戻ってきて、移乗の許可が下りたという報告をしました。そこで我々はやっと、六人乗りのゾディアックに各パートに分かれて乗って、機材も積んで駆逐艦へ向かったんです。駆逐艦に移乗したとき、やっと助かったという実感がわいてきました。

――撮影にも協力してくれた駆逐艦ですから、快く受け入れてくれたのでしょう。

紅谷　これがそうじゃないです。しばらく航行してから我々は全員甲板に集められて、艦長の訓示がありました。「我々はあなたたちを救助した。あなたたちは避難民である。よってこれからはチリ海軍のルールに従ってもらう」と。つまりあなたたちは客ではないので、そっちの言うことは一切聞かないと言われたわけです。南極で正月を越すかもしれないというので、リンドブラッド号に日本から日本食や餅をどっさり積み込んできたはずなんですが、救助されて船に乗っている四泊五日の間、日本食は一切出てこなかったです。大体一食が、パン一枚とコーヒー一杯でした。こうなるともう寝ているしかない。我々には士官室の四段ベッドがあてがわれたんですけれど、各段が寝返りを打てば上のベッドに鼻をこすりそうなくらいの低さで、寝ているのも一苦労でした。

――招かれざる客なのは分かりますが、ひどい待遇ですね。

紅谷　まあ、無事に助かっただけでもよしと思うしかないですよね。それで12月30日にプンタ・アレナスに到着して、すぐに移動して大晦日はサンチャゴで迎えました。泊まったホテルの庭では一二時を過ぎるとゴーゴーを踊って、チリ式のにぎやかな新年の迎え方をしていましたが、僕は疲れ切っていたので、とにかくゆっくり眠りたかった。

長期海外ロケが続いてスタッフの人間関係が険悪に

――南極撮影が終わってからは？

紅谷　カナダでの撮り残し分がかなりありましたから、サンチャゴで第二次カナダ・ロケの準備を立て直していました。やらなければいけないことの多さに、これは一筋縄ではいかない分量だと感じましたよ。そして1月5日にトロントへ戻りました。夏の南半球とは違って、トロントの1月は身を切られるように寒いんです。2月には、夜間ロケをすると、マイナス二五度にはなりますから。ホテルの近くに日本食店を見つけたんですけれど、そこまで五分歩くだけでもまつ毛も鼻毛も凍りました。

――トロントには、どのくらい滞在したんですか。

紅谷　3月14日まででですから、二カ月以上いました。とにかく、撮っても撮っても終わらないんです。そんな状況でも深作監督は一切妥協しないで粘りますから、毎日残業になりました。しかもこの頃になると、あからさまに監督と大ちゃんの関係が険悪になってきたんです。大ちゃんはそっぽ向いていました。監督が何か言ってきても、それで製作担当の長岡功とプロデューサーの岡田裕が僕のところに来て「監督とキャメラマンがうまくいかない。ついては、あなたが録音機材をキャメラの横にセッティングして、雰囲気を和らげてくれ」と。彼らは、撮影中毎晩、僕と大ちゃんが現場で一緒に弁当を食べていたのを知っていたし、何かあると僕に愚痴を言っていることも分かっ

「復活の日」。チリ海軍の潜水艦。デッキ上で中央に立っているのが、撮影を指揮する深作欣二監督。

岡田裕　1938年生まれ。映画プロデューサー。62年、日活に入社し、71年からプロデューサーになる。81年、日活から独立してNCP（ニュー・センチュリー・プロデューサーズ）を設立。89年にはアルゴ・ピクチャーズを設立して、社長に就任した。

ていましたから。でも二人の関係に気を使いながら仕事をしていられないので、この申し出は断りました。結局二人の間は、最後まで変わらなかった。ロケバスに乗っても監督と大ちゃんはわざと離れて座って、まったく口をききませんでした。だから今後この二人が仕事で組むことは二度とないだろうと思ったんです。ところが数年後、大ちゃんから「今度サクさん（深作欣二監督）の作品で声がかかったから、京都へ行ってくる」と言われて、びっくりしました。それが「火宅の人」（86）だったんですよ。

——このときの深作監督と木村キャメラマンは関係が悪かったのかもしれないですが、二人に限らず何カ月も同じメンバーと一緒にいるとストレスも溜まっていくんでしょうね。

紅谷　それは確実にありますね。スタッフの間で些細なことでもめ事が起きたり、感情の食い違いがあったり、落ち込んで寡黙になる人がいたりと、ストレスを抱える人が増えてきました。晩飯を食べるときにも、スタッフ同士で顔を合わせるのも嫌になっているから、みんな違う店に行こうとしていました。精神力だけでは乗り切れない感じになっていたんです。だから僕はストレスを発散する意味もあって、暇があるとトロントから家や京都のおふくろへ絵ハガキを書いていました。トロントには二カ月以上いたので、二週間もすれば返事も来るんです。これが唯一の慰めでした。

——トロントの撮影で、海外ロケはほぼ終了したんですか。

紅谷　3月15日にバンクーバーへ移動して少し仕事をした後、18日には帰国の途に就きました。19日に成田空港に着いたときは、本当に感激しましたよ。心身ともに疲労困憊していましたから。撮影自体はその後も日本で一カ月ほど続いて、北海道の旭川ロケを皮切りに、セット撮影で昭和基地やオーストラリア無線基地の場面を撮り、最後はウィッティアで撮れなかったラストシーンを山梨県本栖湖周辺で撮って、80年4月14日、やっとクランクアップを迎えたんです。

——作業的にはそれで終わりではなく、仕上げがありますよね。「復活の日」はジャニス・イアンの主題歌をはじめ、日本映画では破格の費用を音楽にかけたことでも話題になりましたが。

紅谷　音楽に関しては角川春樹さんが、脚本の段階でテオ・マセロを音楽プロデューサーにして作った曲を、ロンドン・フィルハーモニーを使って録音してあった。僕はそのことを、後になって知ったんです。録音されたテープは、僕らが海外ロケをしている間に日本に着いていました。

「火宅の人」（86年4月12日公開）。監督：深作欣二、出演：緒形拳、いしだあゆみ。

テオ・マセロ　1925〜2008。音楽プロデューサー。作曲家、アドバイザーとして50年代からマイルス・デイヴィスやビル・エヴァンズのアルバムを手掛け、音楽プロデューサーとして活躍。「復活の日」（80）も担当した。

それとは別に日本の音楽家を使うことが決まっていて、三〇数曲の音録りをしたんです。でも、監督と顔を見合わせて「使い物にならない」と。それからロンドン・フィルのテープを聞いたんですが、これがなかなかいいんですね。だからそっちと、ジャニス・イアンの主題歌をメインで使っていこうと。日本の音楽家の曲で一曲、主題歌をアレンジしたものがあってこれだけ採用しました。ただロンドン・フィルの曲は映像ができる前に作ったものですから、こちらで選曲していって、完成した画に合わせていかなくてはいけなかった。ですからスタジオ作業を約一カ月半の間、不眠不休でやりました。でもあの曲があって助かりましたね。映画にあるスケール感も出ましたから。そして6月3日、有楽座で行ったプレミア試写会でようやくすべての作業が終わったんです。

――休みなく実作業だけで一〇カ月！　大変な映画でしたね。

紅谷　最後の頃、製作担当の長岡功に言われましたよ。「この映画で最後まで精神的にノーマルだったのは、紅谷さんだけです。ほかは全員狂っていました」って（笑）。確かに、それくらいみんな極限に追い込まれていた感じがありました。その狂った連中と、僕はずっとやっていたんですから（笑）。仕事というのはどんな状況でもやるんですけれど、この映画の場合は精神的に耐えることが大きなテーマになっていった気がします。何か座禅を組んで修行しているような日々でしたね。

そしてすべてが終わったとき、僕はしばらく映画人と会うのが嫌になりました。それで老衰してきた母親を京都に見舞い、女房と二人で日本海方面に旅行に出かけたんです。映画のことを忘れてリフレッシュする必要があったんですね。また映画人と会いたくなかった理由の一つは、必ず「復活の日」の撮影がどうだったのかと聞かれるからです。あの七カ月間の過酷な撮影はとてもひと口では言えないし、現実的な生々しい話をすると、誰かの悪口になってしまう。だからとにかく映画関係の人間とは、しばらく会いたくなかったんですね。

――分かるような気がします。「復活の日」の紅谷さんの仕事は、毎日映画コンクールの録音賞、日本アカデミー賞最優秀録音賞、日本映画・テレビ技術協会の技術賞など多数受賞して、高く評価されましたね。

紅谷　協力してくれたスタッフのみなさんに深く感謝しました。

第五章

日活を離れてフリーに 高倉健、黒澤明との仕事

二六年間在籍した日活を去り、フリーランスへ

――紅谷さん個人としては、「復活の日」が終わった後に日活（当時：にっかつ）との専属契約を解除していますね。

紅谷　「復活の日」仕上げのすべての作業を終えてから、日活を辞めました。もう専属でいても意味がないと感じましたし、日活は近いうちに全員の契約を切るだろうという噂も聞いていたんです。僕としては、会社から辞めてくれと言われて辞めるのは嫌だった。だからみんなが契約を切られる一年前に辞めているんです。フリーになって食べていけるかどうか分からなかったですが、この時期の仕事の入り方を考えると、何とかなるだろうとは思いました。

――「人間の証明」、「野性の証明」の角川映画や、「太陽を盗んだ男」などのキティ・フィルムの仕事が切れ間なく続いていましたからね。録音助手だった紅谷さんが54年に大映京都撮影所から日活撮影所にやってきて二六年間、やがて録音技師になって活躍されてきたわけですが、ここを去るにあたりどんな想いを持たれましたか。

紅谷　やっぱり自分の育った撮影所ですから未練がありましたよ。初期の頃、石原裕次郎が颯爽と登場すると、俄然勢いがつき、撮影所に活気が出て、夢に満ちあふれ、日活は全盛期を迎えたんです。その体験が忘れられず、すでに極度に疲弊してきた状態にもかかわらず、去りにくかったんですね。辞めるのには相当勇気が要りました。

――大映時代が第一期、日活時代が第二期だとすると、録音技師・紅谷愃一の軌跡は、ここからまた新たな時代に入るわけですね。その前に、これから後の日活の動きを少し書いておきます。日活では合理化が進み、紅谷さんが辞めた翌81年の2月、岡田裕さんをはじめとする六人のプロデューサーが独立して、映画製作会社ニュー・センチュリー・プロデューサーズを立ち上げた。彼らは森田芳光監督の「家族ゲーム」（83）や伊丹十三監督の「お葬式」（84）など、日本映画史に残る名作を作っていきますが、日活はさらに経営状況が悪化していって、81年10月に監督及び専属契約者全員をフリーにしました。ここで54年の製作再開から始まった日活の撮影所システムは事実上、終焉を迎えたんですね。そう考えると紅谷さんがフリーになったのは、必然的なときの流れだったと思います。

NCP（ニュー・センチュリー・プロデューサーズ）　81年に岡田裕が設立した映画製作会社。主な製作作品に、「遠雷」（81）、「コミック雑誌なんかいらない」（83）、「マルサの女」（87）、「1999年の夏休み」（88）、「海へ－See you－」（89）、「櫻の園」（90）などがある。

森田芳光　1950～2011。映画監督。81年、「の・ようなもの」で商業映画監督デビュー。「家族ゲーム」（83）で注目を浴び、その後は「それから」（85）、「キッチン」（89）、「（ハル）」（96）などの話題作を発表した。

「家族ゲーム」（83年6月4日公開）。監督：森田芳光、出演：松田優作、宮川一朗太。

伊丹十三　1933～1997。映画監督、俳優、エッセイスト、イラストレーター。俳優を中心にマルチな活動をした後、「お葬式」（84）で監督デビュー。「マルサの女」（87）を始め、ヒット作を連発した。

「お葬式」（84年11月17日公開）。監督：伊丹十三、出演：山﨑努、宮本信子。

――紅谷さんの場合は以前から、他社の仕事の依頼が次々に入ってきていましたが、フリーになって不安はありましたか。

紅谷　正直言って不安でしたが、角川映画の「スローなブギにしてくれ」（81）がすでに決まっていて、ほかにも80年3月に「復活の日」の海外ロケを終えて帰ってきてから、次々に依頼がありました。3月には森谷司郎監督の「海峡」（82）の話があって、5月に今村昌平監督の「楢山節考」（83）、7月には蔵原惟繕監督から「南極物語」（83）を頼まれました。

――今村監督や蔵原監督とは昔からの付き合いもあったでしょうが、どの映画も話題になった大作ですね。それだけ続々と依頼が来たら、とりあえずは安心だったのでは？

紅谷　まあなんとかなるかなとは思いましたが、逆にスケジュールのやりくりが大変でした。直近で控えていたのがパキさんの「スローなブギにしてくれ」でした。当初は80年7月にクランクインする予定だったんですが、小林竜雄さんの脚本が遅れて、結局、内田栄一さんにバトンタッチして脚本を直していったんです。それで撮影は三カ月遅れで始まったんですよ。

――この映画は夏の始まりから晩夏にかけての話ですよね。でも実際は晩秋から撮り始めたわけですか。

紅谷　もうすでに寒かったです（笑）。またパキさんは、オールロケーションで撮りたいと言っていましたから、現場はとにかく寒かった。物語は山崎努（現・山﨑努）さん演じる中年男に拾われた、野良猫のような浅野温子の少女、そして古尾谷雅人扮するオートバイに乗った青年の三人をメインに人間関係を描いたもの。かっちりとした物語というよりも、そこに漂う現代的な雰囲気を切り取ることが大事で、これはパキさんの得意な範疇にある題材でした。だから逆に脚本が難航したのでしょう。内田さんのように、発想的に飛んだ感覚を持った人が必要だったんですね。またパキさんは、ドキュメンタリー・タッチを狙いたいと言ってきました。だから同時録音にこだわりました。現場で音を録ることに関してはすごく協力してくれましたね。

――ヒロインの浅野温子さんは77年にデビューしていますが、映画は四本目でした。

紅谷　新人みたいなもので、セリフが何を言っているのか分からないし、それに小生意気でしたよ（笑）。初日の昼飯時を利用して、彼女のセリフの言い方について懇々と話したことがあるんです。例えば三行のセリフがあるとするでしょう。それを全部明瞭にしゃべろうとすると、どこ

「スローなブギにしてくれ」（81年4月7日公開）。監督：藤田敏八、出演：山﨑努、浅野温子。片岡義男の小説を原作に、二人の男と一人の少女との不思議な関係を描いていく。南佳孝が歌う主題歌も大ヒットした。

「海峡」（82年10月16日公開）。監督：森谷司郎、出演：高倉健、吉永小百合。本州と北海道を結ぶ海底トンネル『青函トンネル』の開通に情熱を傾ける男たちを描いた大作。主人公と、自殺未遂した女性とのほのかな愛が、これに絡む。

「南極物語」（83年7月23日公開）。監督：蔵原惟繕、出演：高倉健、渡瀬恒彦。南極観測隊がやむを得ず、南極に置いてきた樺太犬と、その後奇跡の再会を果たした実話を映画化。それまでの日本映画興行収入記録を塗り替える大ヒットを記録した。

小林竜雄　1952年生まれ。脚本家、評論家。78年、「もっとしなやかに　もっとしたたかに」が城戸賞に準入選。これが藤田敏八監督の手で映画化され、脚本家デビュー。以降、「もう頬づえはつかない」（79）、「天使を誘惑」（79）、「カリブ・愛のシンフォニー」（85）などを手掛ける。

内田栄一　1930〜1994。小説家、劇作家、脚本家、映画監督。安部公房に師事し、その後脚本家に。主な作品に「妹」（74）、「スローなブギにしてくれ」（81）、「水のないプール」（82）、「永遠の1／2」（87）などがある。

かで雰囲気を失ってしまう。だから、その中で大事なセリフを選んで、ほかの部分は雰囲気をこわさないように言って、大事なセリフだけ明瞭にしゃべっていくと、うまくつながっていくんだと。僕が言っていることは演技の邪魔にはならないと思うんですよ。果たして浅野温子は僕が言ったことを分かってくれたのかどうか。それ以降は、だいぶセリフが分かるようになりましたけれど。

――山崎努さんが乗っているのが白いムスタングで、古尾谷雅人さんがオートバイ。乗り物の音も重要な作品でしたね?

紅谷　バイクや車の音はほどよく入れて、必要のない部分は完全に消す。そういう使い分けをしました。ロングで入ってくるノイズは許容して、セリフの邪魔にならなければＯＫにしていました。

――フリーになって最初の作品でしたが、何か臨み方が違っていましたか。

紅谷　この作品ではギャランティーの交渉で粘った記憶があるんです。フリーの一本目で決まったギャラの金額が、将来にずっとつながっていくわけですから。でもこれは角川映画としてはローバジェットで、僕が言った金額をプロデューサーが渋ったんですよ。

――破格の金額を要求したんですか。

紅谷　いえいえ、通常よりもちょっと多めに言った程度です（笑）。でも僕には「録音の若い人が将来夢を持てるように」という想いもありましたから、ギャラの交渉では粘ったんです。最終的に角川春樹さんがジャッジして、僕の要求を呑んでくれました。

――音楽は主題歌も手掛けた、南佳孝さんが担当しましたね。

紅谷　南さんはヒット曲も出しているミュージシャンですが、音楽として映画的な広がりが足りないんです。いいものは持っているけれども映像に当てはめてみると、効果的にふくらんでいかなかった。だから音楽録りのときには、相当注文を出しました。最終的に南さんの曲でカットしたものもあるんですが、パキさんは音楽に関して僕に任せてくれましたから、そんなときにも僕に同意してくれましたね。

南佳孝　シンガーソングライター、作曲家、音楽プロデューサー。70年代初頭からミュージシャンとして活躍し、79年には『モンローウォーク』が大ヒット。映画音楽では「女生徒」(79)、「スローなブギにしてくれ」(81)を担当した。

戦後最大の謎の事件「日本の熱い日々　謀殺・下山事件」を同時録音で！

――翌81年、最初の作品は熊井啓監督の「日本の熱い日々　謀殺・下山事件」（81）ですね。これは49年7月に当時の国鉄総裁・下山定則が、轢死体となって発見された〈下山事件〉の真相に迫った映画です。自殺か他殺か今も特定されない謎の事件として有名ですが、熊井監督は他殺説の視点から描いています。

紅谷　同じ日活出身の熊井さんとは「黒部の太陽」で仕事をしましたが、日頃それほど親しいわけではなかったです。でも日活で編集マンをしていた井上治が「紅谷さん、熊井さんが新作に入りますよ」と言ってきて、それが「謀殺・下山事件」だったんです。その頃僕は社会派の作品をやってみたいという想いがあって、そんなことを井上に話したら、彼が熊井さんに伝えてくれたらしいんですね。熊井さんは僕が空いているならやってほしいと。それで加わったんですが、メインスタッフは当時五〇歳の僕が一番若手でね（笑）。撮影が中尾駿一郎さん、照明が岡本健一さん、美術が木村威夫さんという錚々たる顔ぶれ。岡本さんとは「羅生門」以来の再会で懐かしかったですよ。岡本さんは糖尿病を患いながら参加されていましたが、お元気でしたね。何せ「雨月物語」をはじめ、溝口健二組の照明をされていた方ですから、熊井さんは神様のように尊敬していました（笑）。

――これは俳優座映画放送の自主製作映画で、予算がとても厳しかったそうですね。

紅谷　当初は一億五〇〇〇万円の予算でスタートして、結局二億円になりました。何せ予算がないので、白黒スタンダードサイズの一六ミリ・フィルムで撮影して、三五ミリにブローアップする予定で始めました。ブローアップの仕上がりを確認するためにキャメラテストをかなりやって、これはなんとかうまくいったんです。ところが北海道の小樽ロケからクランクインして、撮ったものをブローアップして見たら、画の調子が崩れてしまう。テストのときみたいにはいかないんです。また撮影の中尾さんはおとなしい、自分からあれこれ言わない受け身の人なんです。そんなこともあって熊井監督がいろいろと注文しても状況がうまく改善されず、いつも朝から撮影部と監督がもめるんですよ。だから現場の雰囲気はよくなかったんです。結局、北海道の部分だけはブローアップすることにして、あとは全部三五ミリで撮ることになりました。

「日本の熱い日々　謀殺・下山事件」（81年11月7日公開）。監督：熊井啓、出演：仲代達矢、山本圭。昭和24年に発生した、下山国鉄総裁が轢死体で発見された事件の謎を、新聞記者が追求していく様を、熊井啓監督が徹底したドキュメンタリー・タッチで描く。

井上治　1932～2011。編集技師。大映京都から55年に日活へ移籍。64年に編集技師になり、「妹」（74）、「翔んだカップル」（80）、「暗室」（83）、「海と毒薬」（86）などを担当した。

中尾駿一郎　1918～1981。映画キャメラマン。36年にPCLに入社し、46年に映画のキャメラマンになる。「また逢う日まで」（50）、「ひめゆりの塔」（53）、「キクとイサム」（59）、「橋のない川」（69）など、今井正監督と名コンビを組んだ。

――時代設定は四〇年代ですが、紅谷さんは全部同時録音でやると言ったそうですね。

紅谷　やってみるとかなり苦労しましたが、努力すればなんとか同時録音でやれると思いました。当時と八〇年代では街ノイズが全然違いますが、ロングで漏れる音はＯＫにして、直近で聞こえてくる車の音などは、車止めをしました。またコンクリート打ちっぱなしの建物をロケセットで使ったんですが、ああいうところは家具が入っていないと残響音がすごいんです。しょうがないので、見えないところの床や壁にシーツを敷いたり、ボロ毛布を張ったりして、吸音材として使いました。これは大変な手間だったですよ。さらに当時とは、電車のモーター音も違うんです。これは古い音を後で足したりしましたけれど、一応は全部同時で録音したんです。

――でも完全にノイズは消せないでしょう。

紅谷　だからカットが終わった瞬間の判断が必要なんです。ダビングでどんな処理をすれば、そのとき録った音が使えるか。あるいは使えないかという決断を、監督のカットがかかったときにこちらは決めていなくてはいけない。もう一回いくなら、なぜそうするかの説明をしなくてはいけませんからね。

――熊井監督は音に関して、細かく注文される方ですか。

紅谷　監督としては注文するタイプの人で、音に興味を持っていました。この敗戦直後の、言ってみれば時代劇を、僕がどう音を処理するか。そこに注目していたと思いますね。こちらもそんな監督の気持ちを読んで、音を処理していきました。

――この映画は撮影が終わって編集作業に入っても、なかなか配給会社が決まらなかったそうですね。

紅谷　結局ダビングを始める直前の7月下旬、配給がやっと松竹に決まって動き出しました。ただ僕としては8月上旬に、青森のねぶた祭りに行かなくてはならなかった。森谷司郎監督の「海峡」で、吉永小百合と伊佐山ひろ子が祭りを見に行くシーンがあるんです。本格的なクランクインは10月からですけれど、「海峡」に参加することは決まっていましたから、「ねぶた祭りの音録りには行くよ」と、「謀殺・下山事件」のプロデューサーに言ってあったんです。ねぶた祭りのところはセリフがなくて、祭りの現実音を録るだけでしたが、合間を縫って別の作品の現場に行くので、頭の切り替えが大変でした。さらに、相米慎二監督の「セーラー服と機関銃」（81）の

森谷司郎　1931～1984。映画監督。53年、東宝に入社。66年に監督デビューし、以降は「日本沈没」(73)、「八甲田山」(77)、「動乱」(80)、「海峡」(82)といった大作をヒットさせた。

「セーラー服と機関銃」(81年12月19日公開)。監督：相米慎二、出演：薬師丸ひろ子、渡瀬恒彦。赤川次郎の小説を原作に、突然やくざの組長になった女子高校生の戸惑いと揺れる乙女心を、相米慎二監督が見事に描出。薬師丸ひろ子をトップスターへ押し上げた大ヒット作。

仕上げに参加することが決まっていました。

「セーラー服と機関銃」の「カ・イ・カ・ン」録音秘話

――「セーラー服と機関銃」はすでに撮影されていたんですよね。

紅谷　「謀殺・下山事件」はにっかつ撮影所を基点にしてやっていて、「セーラー服と機関銃」もにっかつ撮影所を使っていましたから、相米とはセット撮影があるときに直に会って話はしていたんです。この頃、僕がかかわっている作品のニュー・ラッシュが試写室で三本続いたことがあって、これにはまいりましたね。

――「謀殺・下山事件」の仕上げが終わると、すぐに「セーラー服と機関銃」に参加したわけですか。

紅谷　そうです。仕上げに入って音の悪いところは部分的にアフレコしたんですが、これはサウンドデザインをかなり考えました。というのも、相米は正面からバカ正直に解釈して音を作ってもダメなんです。かなり外したところから考えていかないと、「何やってるんだ」という顔をする（笑）。こっちが考え抜いて、ちょっとひねくれた発想をしないと納得しない監督なんです。

――そのサウンドデザインについて伺いたいんですが、薬師丸ひろ子さん演じる星泉が、目高組の子分に扮した林家しん平さんのバイクの後ろに乗って、走りながら二人で会話する場面がありますね。ここではいつしか周りの音が消えて、二人のセリフだけが聞こえるという処理がしてありますが。

紅谷　新宿・花園神社のところからバイクで走っていく場面ですね。あの処理は早くから、僕の中では計算していました。バイクの音をリアルに扱っても面白くないので、バイク音を早目に絞って素でセリフを聞かせるようにしたんです。セリフをシャープに聞かせることで、若い二人の気持ちが引き立つと思いました。また相米は長廻しを多用しますけれど、長廻しは画に力があるので、観ていて音に気がいかないことがある。だからこそ余計に、セリフを明瞭に録って聞かせないといけないんです。

――北村和夫さん演じる浜口物産の社長の部屋に行くと、必ず雅楽のような音楽がかかっていますね。

紅谷　あれは相米の好みです。要は観ている側の気持ちを、ちょっと逸らすためにああいう音を使っているんですよ。ほかにも子分を殺された薬師丸が、殴り込みに行くと言って事務所のビルを出ると、外に風鈴売りが通りますよね。あれも相米が用意したものです。僕はそれを利用して、風鈴の音を際立たせた。それによって殴り込みに行こうと気負っていた、薬師丸の気持ちを逸らしているわけです。

――監督の画作りとの相乗効果で、音の設計が広がっていくわけですね。そういう意味で特に印象的だと思うのが、クライマックスで浜口物産へ殴り込んだ薬師丸さんが、ヘロインの入った瓶を機関銃で撃って、「カ・イ・カ・ン」という名シーンです。ハイスピードで捉えた映像と、薬師丸さんのセリフが見事な効果を挙げていますね。

紅谷　あそこは画の方は三倍のハイスピードで撮っているんです。現場に就いていたミキサーに「この音作りをやっておけ」と言ったら、現実音を三倍のスピードにしてモガモガの効果音を作っているんです。僕は「もっと別の発想をしないとダメだよ」と言ったんです。映像と速度が合っていなくても、「カ・イ・カ・ン」というセリフ自体が気持ちよく聞こえないといけないんです。だからリップシンクロ（くちびるの動きと音声が合っていること）を無視して、聴覚的に心地よくなるようにああいう処理にしたんです。この作品をやっていて次から次へと音のイメージが湧いてきましたね。またあの場面では、バックに『カスバの女』のメロディを流しています。実はあの場面用に別の音楽があって、それは録音もしたんですが、これが映像と全然合わない。そこで音楽を外したんですけれど、代わりに『カスバの女』を使うことにしたんです。この曲は劇中でも前に歌われていますしね。そのメロディも録音助手がピアノの単音で、弦を百円玉で弾いて作ったんです。これを合わせてみたら、まさに「カ・イ・カ・ン」の音楽だと思いました。

――あんな音の処理がなかったら、名場面にならなかったかもしれませんね。そういう部分は音を作っていますが、ラストシーンの薬師丸さんが街頭で機関銃を撃つ真似をしながら子どもたちと戯れているところは、現実音を使っていますよね。

紅谷　あれは普通の生活にもどったということで、生の音を使いました。この映画のダビングは六日間でしたが、ほとんど徹夜でした。どのシーンも処理の仕方を僕と相米で、考えながらやっていきましたから。向こうが一つアイデアを持っていたら、こちらはその三倍くらいのアイデアを持っていて、こういう手もあるぞと提示していくことが必要なんです。言ってみれば監督が食いつく音を、こちらがどれだけ用意できるか。それがサウンドデザインしていくときには大切なんです。そういう意味では、作業中は監督との闘いですよ。でもそういうことができるのは、相米が撮ってきた映像に力があるからなんです。画に力があるから、音で遊べるんですよ。

——時間的な制約は大変でしょうが、ある意味、理想的な共同作業です。主演の薬師丸ひろ子さんとは「野性の証明」以来の仕事ですよね。彼女は変わっていましたか。

紅谷　少し成長したなと思いました。またこの映画は彼女が出演をOKしなかったら、成立しなかった企画なんです。キティ・フィルムが企画を持っていって、薬師丸が出演を決めたことで角川春樹さんが製作者として参加した。だから彼女としても、何としても成功させたいという気負いがあったと思いますよ。

——「セーラー服と機関銃」はこの年12月19日から公開され、配給収入二三億円という年間で日本映画第一位の大ヒット。薬師丸さんもトップスターの座を獲得して、大成功を収めましたね。

森谷司郎監督「海峡」に参加、東宝映画ともめる

——81年は次に、いよいよ森谷司郎監督の「海峡」(82)が始まったんですね。

紅谷　僕は森谷さんとまったく付き合いがなかったんですが、「復活の日」を一緒にやった木村大作キャメラマンが、「一回、森谷司郎とやってみないか」という話をしてきたんです。それで彼は森谷さんにも「紅谷という面白い男がいるから、一度やってみませんか」と言ったらしい。だから僕と森谷さんをつなげたのは、大ちゃんなんだと思います。

——それで前年3月に森谷監督と会ったのですね。

紅谷　森谷さんとプロデューサーの森岡道夫さんに、成城で会いました。「海峡」をやってくれないかと言われたんですが、この映画の製作会社は東宝映画なんです。東宝はこの当時組合が非常にうるさくて、外部のスタッフを入れないシステムになっている。だから組合を説得するのに半年かかると言われました。森谷さんは「僕が責任を持って、紅谷さんが東宝で仕事ができるよ

森岡道夫　1931〜2020。映画プロデューサー。53年、東宝に入社。68年から製作を手掛け、プロデューサーとして「華麗なる一族」(74)、「ブルークリスマス」(78)、「海峡」(82)などを担当。その後フリーになり、「転校生」(82)をはじめとする大林宣彦監督作品を数多く手掛けた。

うにする」と言ってくれました。「それならやりましょう」と僕はＯＫしたんです。

――森谷監督は「八甲田山」(77)でも、当時はまだ若手だった木村大作さんをメインのキャメラマンにすると自分の責任で請け負いましたし、非常に男っぽい決断力のある人ですね。

紅谷　そう思いましたね。ただ僕としては、一つ条件を出したんです。東宝では録音のほかに整音の担当者がいて、整音は撮影現場もアフレコも関係ないんです。それでダビングのときに出てきて、音楽を最終的にミックスする。トータルな音の責任は整音の人が負うんです。現場の録音担当者はダビングのときに、セリフのフェーダーしか持たせてもらえない。ダビングでは音響効果担当が別にいて、ダビング時には整音、録音、音響効果が三人並んで作業をするんです。そういう東宝のシステムを知っていたので森谷さんに、「僕は整音スタイルだったらやりません」と。音に関する責任は全部僕が負うから、一人でやらせてほしいと言いました。

――そのような分業システムをとっていたのは、東宝だけだったんですか。

紅谷　松竹にも調音スタイルといって、東宝と同じようなシステムがありました。日活と東映は、現場録音の担当音がダビングも全部やる形でしたね。

――その条件を出して森谷監督はどう言いましたか。

紅谷　ＯＫしてくれました。だから組合問題と、整音問題を半年かけてクリアしてくれたんです。これはありがたかったです。森谷さんが僕を使うことにこだわったのは、音を録る姿勢だと思うんです。東宝では通常ロケーションはサイレントにして、アフレコにしていた。同時録音の作品は少なかった。しかし「紅谷は違う」ということを、森谷さんは大ちゃんから聞いていたんですね。

――メインスタッフを東宝の人間で固めたこの作品に、監督の強い要請もあって紅谷さんはフリーの身でありながら一人で参加したのですね。「海峡」は東宝創立五〇周年記念の大作で、四半世紀以上の年月をかけて、当時としては世界最長だった青函トンネルを貫通させるまでの、トンネル工事に情熱を傾ける男たちの苦闘を描いた作品です。撮影は81年10月から始まったそうですが、その主なロケ地は、冬ともなれば海からの強風と吹雪に見舞われる青森県の竜飛岬。録音技師にとって最大の敵とも言える風との闘いに同時録音で臨むのは、よほどの覚悟が必要だったのではないですか。

「八甲田山」(77年6月4日公開)。監督:森谷司郎、出演:高倉健、北大路欣也。

整音システム　撮影現場の録音担当とは別に、仕上げのときにダビング専門の録音担当が参加して、仕上げを行うシステム。ハリウッドではこの方法が標準的。

フェーダー　ミキシング卓などの各入力チャンネルや出力レベルを調整、設定するための機能。ミキシング調整卓に付いている音を上げ下げしてボリュームのバランスをとることから、ボリューム・コントロールとも呼ばれる。

紅谷　生意気なことを言いますと、脚本が結構甘かったんです。主人公の高倉健さんと吉永小百合のメロドラマが、物語のもう一つの軸として絡んでくる。本当ならトンネルを掘るという男っぽい映画にしなくてはいけないわけですよ。その方向性で作品と向き合うためにも、自分にプレッシャーを与えようとしたんです。烈風が吹きすさぶ竜飛岬、大きな反響音がある青函トンネルの中。本来なら同時録音なんてできるわけがない。それを逆手にとって、音から逃げずに同時録音でやってみよう。どんな悪条件の場所でも工夫と最大限の努力をして、少々音が汚れてもいいから同時録音で通すことにしたいと。そのことを森谷さんに言ったら、一瞬僕の顔をじっと見ましたよ。でも納得してくれたんです。ただね、7月に東宝の製作部長に呼ばれて「これは東宝映画なので、録音助手と音響効果は東宝の人間でやってほしい」と言われました。つまりあなた以外は一切外部の人間を入れないということですが、この条件は組合がある以上飲むしかなかった。でも東宝ではロケーション撮影の場合、現場は全部サイレントで後からアフレコをしていたので、僕がやってきたこととはシステムがまったく違う。それで就いてくれた助手3人に「これは全部同時録音でやる」と言ったら、彼らは僕を狂気の人間だと思ったようです（笑）。

——同時録音と言っても、方法はいろいろあるわけですよね。ワイヤレスマイクを使うという考え方もありますが。

紅谷　ワイヤレスマイクは、一切使わないと決めました。登場人物がダウンジャケットのような厚い防寒着を着ている状態では、ワイヤレスマイクを仕込みようがない。マフラーの裏にマイクを入れても音がこもってどうしようもないんです。だから強風に耐えられるようなマイク用の大風防を作ることを考えました。

——ロケハンで竜飛岬に行った印象は？

紅谷　想像以上のすごい風でしたね。バカでかいマイク用の風防を持っていって、それにマイクを入れて、それをまた毛布で巻いて巨大な風防を作ったんです。要は毛布を巻くことで一回、風の音を切ったわけです。中のマイクにも風防が付いていますから二重の遮風になる。これが何とか使いものになってくれたんです。

——しかし風の音は切れても、あそこでは風速が三〇メートルほどになることはざらですよね。

紅谷　マイクが風に飛ばされるので竿を持って上からは狙えない。全部下からのマイクポジションになるわけですが、風防がデカいですから足元に風防が見えちゃう。それで地面を掘って、マイクの下半分を埋めて音を録りました。

――それだとマイクを動かせないので、音を録るのが大変そうですね。

紅谷 人物が動かなければ可能なんです。健さんと森繁久彌さんが初めて会う、親不知の工事用トンネル出口の場面はロングショットなんですが、フレームの上下が結構スペースが空いているのでどこにもマイクの置き場がない。でもトンネルを出たところが少し低くなっていて、そこから上りになっているスロープを二人が歩いてくる。その低くなっているところにマイクを隠せば、何とかいけると思ったんです。ただそのためにはキャメラをあと二〇センチほど下げてもらう必要があった。そのことを森谷さんに言いに行ったら「大ちゃん、録音技師がキャメラを下げてくれと言っているよ」と、木村大作キャメラマンに言ったんです。大ちゃんはちょっとムッとした顔をしたけれど、その前一緒に長い月日「復活の日」をやった仲ですからね。「どのくらい下げればいいの?」と言ってくれたので、「二〇センチくらいだと思うけれど」と言ったら、下げてくれましたよ。それでこのカットは二マイクを使って何とか、ギリギリの場所で録りました。でも健さんと森繁さんが歩くすぐ足元で録ったので、靴の音が少し大きく入っているけれどね。後日、森谷さんから「録音技師にキャメラアングルを変えさせられたのは初めてだ」と言われました(笑)。

高倉健との再会

――高倉さんと森繁さんの場面では、二人が北海道を臨む岩場に立って、トンネルに対する想いを語る場面も印象的ですね。

紅谷 あのときは健さんの着ているコートが、風に吹かれてバタバタ雑音をたてるんですよ。だから衣裳部の責任者を呼んで、バタバタする音を止めたいので、ガムテープでコートを貼りつけたいと言ったら、「あのコートは高価なので、そんなことをするのはとんでもない」と言われました。それでコートの裏側を糸で縫い付けてもらって、何とか音を抑えました。ほかにも小高い丘の墓地に行って、健さん、森繁さん、小百合が話すところ。あそこも海から丘へと吹き上がってくる風が強いんです。それで大道具の西田君に頼んで、杭を五、六本持ってきてもらってね。これを地面に一メートル間隔で打ち込んで、杭に毛布を釘で打ちつけて、五メートル幅の幕のように張ったんです。これによって人物に直接当たる海からの強風をカットしたんですよ。この幕はキャメラからフレームアウトしているのでアングルの邪魔にはならない。それでセリフを録ってみたら、ときどきマイクに当たる風は感じましたが、風自体が緩やかになってセリフは使用に耐えられる音が録れました。

――それでも俳優さんの体が持っていかれそうなほど、風が強かったそうですが。

紅谷　そうなんですよ。僕自身も風でよろけて、這いつくばって作業していました（笑）。健さんは森繁さんのベルトにチェーンを巻いて、それを健さんが引っ張って森繁さんをガードしていました。

――そこにいるだけで大変な場所だったんですね。

紅谷　そんな過酷な状況でもこういう作品の場合は、録音部だけ「アフレコにします」と言っていると、現場に締まりがなくなるんです。やっぱりどんな困難なときにもスタッフが一緒になって、周りを待たせてもいいから工夫してがんばって、使える音を録っていくと、現場に緊張感が芽生えてくる。それがここでは大きなプラスになったと僕は思うんです。でも周りの人たちには狂気の人だと思われたかもしれないですが（笑）。

――そういう紅谷さんの仕事に対する姿勢を、見ている人は見ているんじゃないですか。例えば、これが「野性の証明」に続いて二本目の付き合いになった主演の高倉健さんとか。

紅谷　健さんと急に親しくなったのは、この「海峡」でした。10月に、父親役の笠智衆さんと健さんが話す岡山ロケの場面で再会したんですが、いつ会っても礼儀正しくて、独特のオーラがある方でした。笠智衆さんとは初めてでしたけれど、笠さんはテンポがゆったりとしていて、セリフを聞いていて気持ちがよくなる方でしたね。また健さんは、こっちが一所懸命にやっていると分かってくれるんです。同じ昭和六年生まれだからどこかに戦友みたいな想いがあるのかもしれません。

あるとき、セットで雪を降らせながら健さんと小百合の長い一シーン一カットの芝居を撮ったときのこと。撮影所のセットの二重から雪降らし隊のスタッフが数人がかりで雪を降らせる。これが本番テストまでは雑音をたてずにうまくいったんです。ところが本番の芝居の後半になって、二重のところからギーギーきしむ雑音が出始めた。カットがかかった瞬間、僕は「もう一回行ってくれ」と言いました。森谷さんは「こんないい芝居、二度とはいけない!」と。そこで僕が「この音は使えません。それならアフレコにしますか?」と言ったら、現場が一瞬シーンと静まり返りました。

そこで健さんが、「やりましょう」と言ってくれたんです。それでもう一度、本番をやってくれたのは嬉しかったですよ。要はそこでものが言えるか言えないか。監督に「もう一度」と言うのは、人によっては度胸がいるんですよ。それはある種のかけひきでもあるんです。僕は撮影現場の同時録音は戦場だっていつも言っていますけれど、要は相手が監督だろうが誰だろうが、押すか引くかなんです。そんな僕の在り様を、健さんは見ていたんだと思いますよ。

――また高倉さんは一発勝負の芝居をする方ですから、アフレコはできないですよね。そういう意味では森繁久彌さんも、アドリブが多いのでアフレコできない俳優でしょう。

紅谷　だから大変なんです。森繁さんが灯台の中で、亡くなった自分の娘と小百合演じる多恵を重ね合わせて、彼女の前で『流浪の旅』という歌を歌う場面がある。あれは撮影所のセットでしたが、外は吹雪という設定なんです。でも窓外に大扇風機で吹雪の雪を降らせたら、扇風機の音で森繁さんの歌は録れない。それで東宝の特機担当に「音のしない扇風機はないか」と聞いたら、手回しの扇風機が三台あると。それを持ってきてもらって、窓と窓の間に三台の扇風機を並べて吹雪用のカポック(発泡スチロール製の光の反射板)を飛ばしたら、何とか吹雪の感じになりました。そうやって工夫しながら、同時録音をやり続けていったんです。

――自然条件だけでなく、俳優さんたちの個性に合わせる意味でも、同時録音は必然だったんですね。

――風も大敵だったでしょうが、実際の青函トンネルの中での撮影は、残響音などが大変だったのでは?

紅谷　残響音のこともありますが、トンネルでの撮影は温度差が一番つらかったですね。何せトンネルの外はマイナス五度、これが作業坑のエレベーターでトンネル内を二五〇メートルほど降りた現場へ行くと、気温が二九度で湿度は九五%にもなるんです。着ていた防寒着を脱いで、ラ

「海峡」のクランクアップ記念撮影。前列中央に森谷司郎監督、森繁久彌がいる。

ンニングシャツ一枚になっても汗が噴き出てくる。その中で三浦友和演じる作業員・成瀬たちが歩くセリフを録ったんですが、残響が強くてマイクポジションには苦労しました。それで撮影が終わると防寒着を着こんで、外へ出ると身を切るような寒さですから。この約三〇度の温度差は、体力的に消耗しました。

――トンネル工事を阻む、漏水や出水の場面が大きな見せ場ですが、このトンネルは、東宝スタジオにセットで作ったのですよね。

紅谷　トンネルのセットでは見えないところに水道のホースを何本も埋め込んで、落ちてくる水を出したり止めたりできる仕掛けを作ってあったんです。木村大作キャメラマンは水でも通常の数倍降らせる人ですから、放っておいたらトンネルの天井や側面から降って来る水の音で、健さんや森繁さんのセリフが聞こえにくくなる。それで一カットごとにフレームに入らない部分のホースの水を止めて、下の見えない部分には、落ちてきた水でビチャビチャ音を立てないように地面にシーツを張って、セリフを録っていきました。それを一カットごとにやるんですから、準備だけでもかなり大変でした。録音助手たちはそんな僕のこだわりに呆れ果てていましたが、後半になるとあきらめて協力してくれましたよ（笑）。

――同時録音に対する、紅谷さんの執念を感じますね。

紅谷　スタジオ撮影のときに、みんなを三時間半待たせたことがありました。吉永小百合と女将の伊佐山ひろ子が、居酒屋の奥の部屋で大きな火鉢に手をかざしながらぼそぼそと語り合う、脚本で二ページにわたる一シーン一カットの場面があったんです。イメージ的には火鉢にかけてある薬缶のお湯が沸いて、シュンシュンいい具合に音を立てている。でもキャメラマンの大ちゃんは、薬缶から垂直に蒸気が出ている画が欲しいというわけですよ。垂直に湯気を出すために、装飾部は火鉢へギンギンに炭火を入れて、とにかくお湯を沸騰させようとした。確かに蒸気は垂直に出るんですが、薬缶はシュンシュンなんていうものじゃなくて、ものすごい音がするんです。そんなときは、普通だと木の葉っぱとか濡れた布巾を薬缶の中に入れると音が小さくなるので、それを試してテストをやったんですが、これではとても追いつかないんです。

　僕は思わず森谷さんに「考えがあるので、ちょっと時間をください」と言いましたが、大ちゃんが「この人がＯＫしないと撮れないから、まあ待ちましょうよ、監督」と言ってくれて、待ち時間を作ってくれました。僕はとっさの思いつきで、自衛隊帰りの装飾部の親方に「圧力釜はないか」と聞きました。そして装飾の倉庫へ行き中を探したら、フタのところにちょうど丸い穴が開いた圧力釜があったんです。「この穴に合うビニールのホースはないか」と言ったら、運よくありましてね。それで圧力釜をセットに持ち込んで、現場から一〇メートルほど離れた場所に七輪で火を起こして釜をかけ、ビニールのホースをキャメラの死角になる火鉢の薬缶の口の裏に貼りつけて、ホースの反対側の先を圧力釜の丸い穴に差し込んだんです。七輪の火で煮えたぎった圧力釜から出た蒸気が、音もなくホースを通して薬缶の口から勢いよく出たときには「やった！」と思いました。

はっきり言って、うまくいくかどうか絶対的な自信はなかったんです。やってみないと分からない賭けでした。これで失敗したら、みんなを長く待たせているので、かなりひどいことになっていたでしょうね。それでテスト一回、本番一回で撮影は終了したんです。スタッフ全員が残業になったので製作担当は渋い顔をしていましたが、待たせただけのことはあったと思いますよ。

——木村さんの画の狙いを活かして、工夫しながら音も録ったわけですね。またこの映画の音では、トンネル工事の場面で何度も発破の爆発音が出てきますね。音の大きさも含めて、爆発音のバリエーションも様々あった気がするんですが。

紅谷　最後にトンネルが貫通するところの爆発音を一番大きくして、部分的に貫通させるところは音を抑え目にしてと、最後から逆算して音の大きさとキャラクターを決めました。またこの貫通する場面のすぐ後に、貫通したトンネルを通って地上へキャメラが出ていく主観ショットがあるんです。あそこで重要なのが、〝風が抜ける〟音だと思いました。だから音楽録音のときに、シンセサイザーで風の音をその場で作ってもらったんです。その音をうねらせて、主観移動で地上へ向かうキャメラに合わせ、音を動かしていきました。この風の音と音楽をダブらせて、本州から北海道へ風が抜けていく感じを表現してみたんです。

どんな過酷な条件でも同時録音

——現場での同時録音とは違う、トータルでどんな音に仕上げるかという、サウンドデザインのセンスが光る場面でしたね。この映画の音楽は南こうせつさんが担当していますが、南さんとの作業は？

紅谷　南さんは初めての映画音楽担当で、正直不安もあったんですが、よくがんばったと思います。アレンジャーが優秀な人で、こちらの意見を理解してくれたので助かりました。困ったのは効果音でしたね。僕の狙いとしては、竜飛岬の自然の厳しさを感じさせる音にしたいし、トンネル内の出水場面は水が襲ってくる音や破壊音を際立たせたい。それでいろいろな注文を出したんですが、ダビングのときに効果音の担当者が、「紅谷さんの要求通りにとてもできないから、あなたにミックスもやってほしい」と言ってきて。しょうがないので効果音のフェーダーも僕がやって、ドラマに合わせてメリハリを付けていきました。

――森谷司郎監督とはこれが初めての仕事でしたが、その印象は？

紅谷　最初に自分の責任で僕をこの映画に参加させると請け負ってくれたときにも感じましたが、やはり男っぽい監督ですね。撮影の最初の頃には僕がこだわっていろいろ言うから様子を見ていた感じもしますが、一所懸命にやっていると何も言わないので、非常にやりよい監督でした。忘れられないのはゼロ号試写を東洋現像所（現在のイマジカ）の試写室で観終わったとき、森谷さんが僕に抱きついてきてね。「あなたには、いろいろ付き合いのある監督がいるだろう。今村昌平さんや浦山桐郎さんとかね。できればその次に、俺の名前を加えてくれないか」と言ったんです。それくらい森谷さんは興奮されていた。現場でがんばってきたことが報われた気がしましたよ。

――これまでの仕事は今村さんや浦山さんなど、監督のやりたいことを録音技師としてどうやったら叶えられるかを第一にしてきましたよね。でも「海峡」は、紅谷さんが〝同時録音〟という自分のこだわりと信念を貫くためにやった部分が大きい仕事だった気がします。

紅谷　それは確かにありますね。でもそれは「海峡」という作品に必要だと思ったからです。自分の仕事の中でも、この作品は一つの大きなヤマ場だったんです。過酷な条件でも同時録音で通したことで、どんな作品が来ても怖くないぞという自信が持てました。大きな山を登りきった感じで、手応えがありました。東宝映画製作担当の橋本利明氏もスタッフの扱いが上手な人で、最初は「紅谷、何者ぞ」という感じだったんですが、徐々に結果を出していくうちに、すっかり意

南こうせつ　1949年生まれ。フォークシンガー。70年にフォークグループ『かぐや姫』を結成し、『神田川』や『妹』が大ヒット。75年にグループは解散したが、ソロとして活躍している。映画音楽では、「海峡」(82)のほかに「国東物語」(85)を担当した。

東洋現像所　32年設立の『極東フィルム研究所』を前身に、35年の『極東現像所』を経て、42年から『東洋現像所』として映画フィルムの現像を手掛ける。86年には『IMAGICA』に改称され、現在では映画のポスト・プロダクション全般を請け負う会社である。

気投合して、結局終わってからも、長いお付き合いをさせてもらいました。
——第六回日本アカデミー賞では最優秀録音賞を受賞して、周りからも紅谷さんの仕事ぶりが評価されたんですね。

「楢山節考」で今村組に復帰

——次は、今村昌平監督との久しぶりのコンビ作となった「楢山節考」(83)です。前項でも少し伺いましたけれど、この映画は熊井啓監督の「謀殺・下山事件」を担当中だった、81年3月に持ち込まれた話だそうですが……。

紅谷　僕は「復讐するは我にあり」、「ええじゃないか」と、今村さんが松竹で撮った二本をやれなかった。それで「もう二度と今村作品を担当できないかもしれない」と思っていました。そんなときプロデューサーの友田二郎さんから、「クランクインは一年後だけれど、今村さんがあなたにこだわっているからどうしても参加してほしい」と言われたんです。そのとき初めて、深沢七郎さん原作の『楢山節考』をやると聞きました。何せ二本やっていないものだから、今村さんが次に何をやるかの情報も入ってこなかったんです。やがて今村さんからもダメ押しの依頼電話がありました。この映画は季節感を大事にして、初春、晩春、初夏、秋、晩秋と一年がかりで丁寧に撮っていきたいので、よろしくと。そのあと81年9月にメインスタッフの顔合わせがあって、久しぶりに今村さんと会いました。僕はほかの作品に入っていたのでロケハンにも行けなかったんですが、聞けばロケ地の真木集落は、大糸線の南小谷駅から徒歩しか交通手段がない道を、山二つ越えたところだというんです。そんな山奥だったら静かだろうと思って、音に関しては心配しませんでした。

82年3月の第一次冬山ロケからクランクインしましたが、このときは「海峡」の仕上げとダブって行けなかったので、チーフ助手の中野君に任せました。幸いそのときはセリフのない芝居だけだったので、今村さんにも了解してもらったんです。

——そして4月から本格的は撮影が始まったんですね。「楢山節考」は深沢七郎さんの小説を原作に、七〇歳になると老人が山に捨てられる『姥捨伝説』を映像化したものですね。木下惠介監督が同じ原作を58年に映画化したことがありますが、それは全篇を人工的な空間で見せた舞台のような作品だった。しかし今村監督は実際に山間の寒村へと赴いて、四季の自然を織り込みながらリアリズムで描こうとしたんですね。そのロケ地に選ばれたのが、長野県の真木集落だったと。南小谷駅から真木集落までは、どのくらい歩いたら着くんですか。

紅谷　健脚の人で一時間四〇分、我々の足で一服しながら行くと三時間半かかるところなんです。藁葺き屋根八棟の小さな集落で、今は人が住んでいない。それを今村さんは航空写真で見つけて、81年6月にロケ地に選んだんです。撮影用の移動レールやクレーンなどの大きな機材や炊事用具、布団、炭、米といった生活用品は前もってヘリコプターで空輸してもらったんですが、キャメラのような撮影機材は助手が背負って運んでいきました。録音部でも調整卓やマイクは自分たちで運びましたね。私物も自分で持っていくんですけれど、頭を痛めたのは酒です。もちろん売店はないですから、ビールのように効率が悪い酒は持って行けない。悩んだ末に度数の高い焼酎を持って行くことにしましたが、とても量的に足りなかったです。本気で粉のお酒を探している人がいましたよ。

――撮影するにあたって、集落の生活環境はどうなっていたのでしょうか。

紅谷　標高約一〇〇〇メートルで山に囲まれているので、晩秋には夜になると寒かったです。八棟の集落にスタッフ、キャストが分宿したんですけれど、一番撮影現場に近い家を本部にして、ここに食堂を設営し、公衆電話も引き、その二階に今村監督と助監督、製作部が寝泊まりすることになりました。照明用のゼネレーターを持って行けるような場所ではなかったので、電柱を立てて電気を通してもらいましたけれど、もちろんテレビもラジオもありません。洗濯機は二台あって順番に使うことにしていましたね。水道らしいものは通っていて、この山の水が美味かったです。寒くなっても暖房はないので、火鉢に火をおこして。我々録音部は、三木のり平さんや緒形拳さんが居住する家の二階を借りました。のり平さんは座長の癖が抜けなくて、毎晩俳優を集めて酒盛りをするんです。年寄りですから大騒ぎすることはないんだけれど、すぐに酒のストックがなくなる。だから付き人が毎朝、二時間半かけて山を下りて駅の近くまで酒の買い出しに出かけるんです。酒を担いで山を上り下りするのは大変だったと思いますけれど、付き人はいつもにこにこしていて、偉い人だなあと感心していました。録音部でも酒がなくなると、一番若い助手に買い出しに行ってもらいましたね。

――三木のり平さん主催の宴会には、今村監督も来るんですか。

紅谷　いえ、今村さんは俳優とは飲まなかったですね。たまに僕たちスタッフを呼んで飲むことはしますけれど、仕事のときは大勢でワイワイ飲むのが好きではない。のり平さんの飲み会は、もっぱら俳優さんだけが参加していました。

――夜になると、酒を飲むしかやることがないわけですね？

紅谷　夜間撮影があるとき以外は、暗くなると寝るしかないし、朝は小鳥のさえずりで起きるという毎日でした。それで起きると朝食をすませて、リヤカーで機材を現場まで運び、夜は石油燃料で沸かした風呂に入って寝る。ある意味で健康的な日々でしたよ。

――環境を整えて順調に始まった春ロケですが、山に捨てられる〝おりん婆さん〟役の女優交代劇が起こるわけですね。

紅谷　4月から始まって5月まで撮った時点で、今村さんが、二葉早苗さんという〝おりん婆さん〟役の女優は体力的にも演技力的にもこれ以上は無理だと判断したんです。あるとき、メインスタッフを集めて「これじゃあ無理だ。乗り切れない。このまま続けたら作品が弱くなるので代えたい」と。それで6月になって急遽、坂本スミ子さんに代えることにしたんですよ。それまで撮った分はリテイクすることになりました。

――当時坂本さんは四〇代後半で、七〇歳のおりん婆さんを演じるためにかなり役作りをしたそうですね。物語の中で前歯を自分で折る場面があるので、実際に前歯を四本抜いてなくした状態で撮影に臨んだとか。

紅谷　坂本さんが今村組に参加するのは、『「エロ事師たち」より　人類学入門』以来ということもあったし、自分が年寄りの役になりきれるのかという心配もあって、最初は緊張していました。ただ小柄な人だったので、背中を曲げると年寄りの形になりやすかった。それと最後は緒形さん演じる息子の辰平に背負われて山へ捨てられに行きますから、節食して細身になるように努力していました。また坂本さんは自分で歯を抜いてきましたけれど、映画で石にぶつけて歯を折るシーンでは、その音作りには苦労しました。石にいろいろな硬いものをぶつけてその感じを出したんですが、あまりオーバーに音を入れると変ですからね。

〝姥捨て〟シーン撮影の苦闘

――辰平役の緒形拳さんは、この年ＮＨＫ大河ドラマ『峠の群像』に主演していますね。

紅谷　だからしょっちゅう山を下りてＮＨＫの現場へ行っていました。緒形さんがいるときには集中して彼のところを撮って。緒形さんと今村さんは「復讐するは我にあり」から始まって「ええじゃないか」を経て、これで三本目のコンビですからね。信頼関係ができていました。ときどき緒形さんが質問することはありましたけれど、常に今村さんの言うことをきちっと聞いていましたね。緒形さんはほかでやるときには癖のある俳優らしいですけれど、今村組ではそれはあまり感じなかったです。またこの映画には、新国劇時代に緒形さんの師匠だった辰巳柳太郎さんも出演していました。辰巳さんのシーンには緒形さんは出ていないんですけれど、いつも辰巳さんの横について付き人のように面倒を見ている姿が印象的でした。

――紅谷さんにとって久々の今村組の現場だったと思いますが、雰囲気はどうでしたか？

紅谷　やはり居心地がよかったんです。ここが自分にとって安住の場所だと思いましたよ。またこの作品ではあき竹城さんや、清川虹子さんが面白いんですよ。だからテーマは重いけれど、現場の雰囲気が明るかったですね。

――人里離れた山の中ですから、音は録りやすかったのでは？

紅谷　これが7月に入ったら、どこからともなく山の向こうから農耕機の音が聞こえてきたんです。見えるところにそんな機械はないんです。周りが静かなものですから、風に乗ってくるその音が目立ってしまう。それで制作部の人間が見当を付けてバイクで走っていってね。音の出元を探すのに苦労していました。この音止めが大変でしたね。

――今村監督にとっては、四季の自然を捉えることも作品のテーマでしたよね？

紅谷　季節感を出すこともそうですが、虫とか蛇とか、生き物を人間と同化して扱うという今村さんの狙いがあったんです。だから生き物の声や這う音を大事にしていました。自然と生き物を感じさせる音を常に意識しながら、現場にいましたね。

――セリフはすべて方言になっていますよね。

『峠の群像』　82年1月から12月まで放送されたＮＨＫの大河ドラマ。堺屋太一の小説を原作に、赤穂事件を経済の観点から見つめた作品で、緒形拳が主人公の大石内蔵助を演じた。

紅谷　そうは言っても今村流の方言ですけれどね。今村さんは自分で脚本も書いていますから、セリフが分からないのが嫌なんです。方言を使っていても、ちゃんと聞こえたいという想いがあるので、「ここが分からない」と言うと比較的こっちの言うことを聞いてくれました。そんなときは今村流のニュアンスで方言らしい感じにセリフを変えてくれました。

――ロケは7月、8月に一〇日間ずつ。9月は四、五日間と進んでいったわけですが、一時山を下りるとき、機材はどうしていたんですか。

紅谷　重いマイクのコードなどは置いてきましたが、調整卓やマイクなどの核になる機材はその都度運びました。というのも通常は誰もいない集落でしょう。やはり人が住んでいない家は、ものが湿気るんです。だから制作部は大変でしたよ。またロケに向かうとなると三日前くらいから先乗りして、各部屋の布団を干していました。布団も湿気ますから。

――歩いて行かなくてはいけない場所ですから毎回大変だったでしょうが、そのほかに苦労はありませんでしたか。

紅谷　8月ロケのとき、これは一〇日間の予定で行ったんですが、9月4日に坂本さんが発熱したんです。急いで彼女を担架に乗せて下山して、帰京の途に就きました。坂本さんが入院することになったので、結局スタッフ全員が帰ることになりました。ちょっと中断ということになったので、帰京してスタジオの試写室でラッシュを観たんですが、作品の上がりの手応えを感じましたね。やはり山の中で空気が澄んでいるからでしょうね。画がきれいなんです。

――坂本さんの回復を待って、9月29日から再びロケに向かったわけですね。この頃になると、山は結構寒かったのでは？

紅谷　撮りこぼしもあるし最初の頃のリテイクもあって、この9月ロケは長期戦になると分かっていました。だから着るものも厚手のものを持って、自分で運ぶ酒の量も増えて（笑）。かなりの荷物を担いで登ることになりました。何せこの9月ロケで、全体の三分の二の撮影を消化しなくてはいけなかったですから。

――その中にはクライマックスの姥捨ての場面もあるわけですね。それまでの主なロケ地は真木集落でしたが、そこでの撮影は10月末に終了予定だった。姨捨ての場面は、ロケ地を糸魚川の山間部に移しての撮影だったそうですが、真木集落でのロケは順調に進んだのですか。

紅谷　あそこは雪に降られると身動きが取れなくなるから、その前に撮り終わろうとみんな必死でした。10月24日に雪が降り出してちょっと慌てましたけれど、幸い長く降り続かなかったので助かりました。何とか10月末まで雪がない状態が続いて、真木集落のパートは、クランクインの一番初めに撮った雪のあるトップシーンのリテイク部分を残して終えることができたんです。リテイク部分は、翌年現場に雪が降ってからスタッフもヘリで現地まで移動して撮りましたね。

――それからロケ地を糸魚川へ移動したんですね。

紅谷　〝姥捨て〟の場所は、ロケ地が違うんです。老婆を背負って山を越えていく設定ですから、自然が違っていても問題はないので。音に関しても場所が変われば、聞こえてくる音が違っていてもいい。それで緒形さんが坂本さんを乗せて担ぐ背負子の紐に一本、ワイヤレスマイクを仕込んでおいて、ほかに有線のマイクでも二人に並走しながら音を録っていきました。そうやって同時録音をしていくと何が違うかと言えば、山が高くなっていくにつれて、俳優たちの息遣いが変わってくるんです。どんどんしんどくなっていくんですよ。息遣いに疲れが感じられるのが、同時録音の面白いところです。たとえ撮影が「今日は、ここまで」と途中で終わっても、あくる日そこから始めると前の日の疲れが残っていますから、蓄積された疲れが息遣いに出るんです。

――辰平が一度、おりんを下ろして休憩する場面がありますね。そこでおりんがいなくなる。あそこでいったん、音が消えます。

紅谷　あれがおりんがいなくなるという幻想のシーンなんです。それを画だけでは説明しにくいので、音を消すことで表現したんです。あの幻想は、できれば母親にいなくなってほしいという辰平の願望なんですね。

――この辺の場面から、死を象徴するカラスがかなり登場してきますね。

紅谷　スタッフの何人かに、カラス専門の部隊がいました。生まれたてのカラスを連れてきて、現場から離れたところで飼っていたんです。かなりの数のカラスを小屋で飼っていたんですが、いざ撮影になって飛ばしてみると、言うことを聞かなくてね（笑）。イメージとして最終的に画面全体がカラスで真っ暗になってしまう感じが欲しかったんですけれど、真ん中のあたりが空き空きになってね。これは失敗しました。

――そういう状況で今村監督は？

紅谷　粘っていましたけどね。しかし、このシーンだけはカラスがいなくなるのでOKにするしかなかったですね。このときはもう糖尿病に罹っていたんですが、まだそれを感じさせませんでした。糖尿病にも波があって。「楢山節考」では自分で山にも積極的に登って、撮影場所を見つけていましたからね。

――それで〝姥捨て〟の場所にたどり着くと、そのとき、雪が降ってきますよね。

紅谷　予想はしていましたが、これが大変だったんです。おりんを捨てた日に雪が降り始めなくてはいけないわけですが、いつ降るかは分からない。制作部は気象情報をチェックしていましたが、すぐには難しいということで、降雪以前の部分を11月14日までに撮り終えて、いったん山を下りました。

――次のアタックはいつでしたか。

紅谷　11月23日に再び糸魚川へ行きました。ここは捨てられたおりんが手を合わせて拝んでいると、彼女の髪にも胸にも膝にも雪が降り積もってくる。そのおりんに辰平が「おっかあ、雪が降って運がいいな」と声をかけると、おりんが「帰れ」と手を振るところですから、どうしても降り出しを狙いたい。そうしたら25日と26日に、おあつらえ向きの雪が降ったんです。この二日間でクライマックスを撮り終えました。ここからそこではずっと雪が降り続きましたね。それでいくつかの場面を撮って、12月5日にあたまのファーストシーンのリテイク部分を残してクランクアップしました。

――仕上げのサウンドデザインに関しては、撮影期間も長期でしたから、かなり考える時間があったのでは？

紅谷　そうですね。自然の音や生き物の音を効果的に使うことができました。またこれは特に後半の〝姥捨て〟の場面など、音楽が命なんです。音楽は池辺晋一郎さんが担当しましたが、この音楽は結構よかったと思います。

――そして翌83年4月6日に雪の真木集落でトップシーンのリテイクをして、本当のクランクアップになったんですね。

紅谷　リテイク部分のダビングを終えたのが4月8日。公開は4月29日ですから、撮影に一年かかったわりには、最後は突貫仕事になりました。そうして公開されたのですが、当初はそれほど

池辺晋一郎　1943年生まれ。作曲家。東京藝術大学在学中に室内楽曲を認められ、以降は交響曲、校歌、合唱曲の作曲を始め、TVドラマも数多く手掛ける。映画音楽でも黒澤明監督作品四本、今村昌平監督作品六本を担当している。

話題にならなかったんです。ところがカンヌ国際映画祭（5月7日～18日に開催）でパルム・ドールを獲ったでしょう。そこから急に客足が伸びて。正直言って、カンヌでの受賞は意外でした。まさか海外でこれだけ評価されるとは思ってもみなかった。しかも、このときは大島渚監督の「戦場のメリークリスマス」（83）が本命視されていましたから。でも今村さんにはよかったんです。この大ヒットで、自分が主宰する横浜放送映画専門学院に二億円を投じて、新百合ヶ丘に日本映画学校を開設できましたから。ヒットしても僕らスタッフは、微々たる額の大入り袋をもらっただけです（笑）。でも今村さんに「大入りにしては少ないけれど、この金は学校に使いたいんだよ」と言われると、しょうがないなと思いました。まあ僕としてはこれで今村さんとのつながりが復活してね。以降は一本も欠けずに今村組に参加しました。

――紅谷さん自身も日本アカデミー賞の最優秀録音賞を受賞されましたね。

紅谷　いろいろな意味で忘れられない作品です。

今村組の合間に「南極物語」

――「楢山節考」と並行しながら、長年の仕事仲間である蔵原惟繕監督の「南極物語」（83）にも参加されていますね。撮影時期は、完全にバッティングしていたわけですが……。

紅谷　蔵原さんから最初に連絡をもらったのは81年6月ですが、このときすでに「楢山節考」が決まっていましたから不可能だと言いました。すると海外ロケの機材の準備、ロケに連れていく録音担当の人選、それと仕上げを担当して音に関する総責任者になってほしいと。また「楢山節考」が終わり次第、また手の空いているときには「南極物語」を手伝ってほしいと頼まれました。だから僕は82年に、山の中で撮影しているときは「楢山節考」を、下りてくると「南極物語」をやっていたんです。

――録音担当の人選は、どのように行ったんですか。

紅谷　この映画は寒さはもちろん、仕事的にもかなり厳しいロケーションになることが予想されたので、撮影所育ちの人間よりもフリーでやっている人の方が苦労しているのでいいと思ったんです。それで〝櫂の会〟（註：太田六敏が作った録音グループ）に所属していた橋本泰夫君に現

パルム・ドール　カンヌ国際映画祭の最高賞。39年から54年までは最高賞をグランプリと呼んでいたが、55年からはパルム・ドールを正式名称にした。64年にグランプリに戻したが、75年から再びパルム・ドールと呼称している。また90年からは審査員特別賞をグランプリと呼んでいる。これまでパルム・ドールを二度受賞したのは8組しかなく、その一人が今村昌平監督だ。

「戦場のメリークリスマス」（83年5月28日公開）。監督：大島渚、出演：デヴィッド・ボウイ、坂本龍一。ちなみに「楢山節考」は4月29日公開だった。

橋本泰夫　1944年生まれ。録音技師。67年、太田六敏率いる録音グループ『櫂の会』設立に参加。80年からフリーの録音技師として、「の・ようなもの」（81）、「南極物語」（83）、「植村直己物語」（86）、「敦煌」（88）などを担当している。

地録音を頼むことにしました。橋本君とは一度も一緒に仕事をしたことがないんですが、働き者だという噂を聞いていましたから。それで82年の1月に橋本君と会って、「やれるか」と聞いたら、「ぜひやりたい」と言ってくれました。

――機材に関しては、寒冷地に強い機材はあるんですか。

紅谷　これが特別にないんですよ。だから原始的な方法で毛布やカイロなどで録音機を温めて使うしかない。僕は「復活の日」や「海峡」で寒いところでの録音を経験してきましたから、そのノウハウを全部橋本君に伝達しました。そういう録音関係の準備が進む中、「南極物語」が大変だったのは、主演の高倉健さんがなかなか出演をＯＫしなかったことです。82年2月5日にフジテレビのスタッフルームで最初のメインスタッフの打ち合わせがあったんですけれど、その時点でも出演が決まっていない。25日のオールスタッフの打ち合わせのときにも健さんの返事がもらえていなくて、第一次撮影隊は3月7日にロケ地のカナダのリゾリュートへ出発する予定だったんです。蔵原監督もフジテレビ側もかなり焦っていました。そうしたら3月4日になって、待ちに待った健さんからの出演承諾の返事が来たんです。

――かなりギリギリのタイミングですね。

紅谷　そこまで蔵原さんは、健さんにこだわっていたということですよね。それで第一次撮影隊を送り出した後、蔵原さんは3月11日にロサンゼルスにいた健さんのところへ、打ち合わせをするために飛んで、それからカナダへ向かったんです。橋本君たちは第二次撮影隊に加わって、3月14日にカナダへ向かいました。

――スタッフの一人として状況は知っているけれども、現場に加わらない紅谷さんの心中はいかがでしたか。

紅谷　蔵原さんからはしょっちゅう連絡がありましたから、状況はかなり詳細に把握していました。まず健さんがＯＫしてくれたことを嬉しく思いました。それで僕はみんなを送り出した後、こちらでできる範囲のことをしていました。現地から撮ったフィルムと録音テープが送られてくるんです。フィルムは現像所に入れて、録音テープはフジテレビを通じて僕のところへ直に届く。僕は時間のある限りその音を聞く。現場ではドキュメンタリー風に撮っているから、脚本と構成が変わっている、その変更点を、音を聞きながら書き起こして、自分なりの構成台本を作っていき

「楢山節考」の撮影風景。菅笠をかぶったあき竹城（左）と腰を曲げた老婆の坂本スミ子（右）。

「楢山節考」にて、監督と録音の打ち合わせ。

「楢山節考」のクライマックスの撮影。岩の下にいる坂本スミ子の体に雪が降り積もっているのがわかる。

ました。あとは遅れて出発するスタッフがいると、「もっといい音を録ってきてくれ」と要請したりね（笑）。そうやって「楢山節考」と並行して「南極物語」の作業を進めていったんです。

――「南極物語」は五〇年代に、南極地域観測隊がやむを得ない事情によって南極に樺太犬一五頭を置き去りにしてしまう。その一年後に現地へ赴いた観測隊員が、奇跡的に生きていた犬のタロやジロと再会した実話を基にしたものですね。物語の流れは決まっているけれど、犬たちだけの場面もあるので、現地での撮影はどんどん変わっていったわけですね。

紅谷　極地での撮影なので、天候の都合で脚本と構成がだいぶ変わっていった。ですから、常に連絡を取り合っていました。仕上げのことを考えて、現場で音を録っている橋本君には「とにかくいろいろな状況下での犬の鳴き声の素材を、いっぱい録っておいてくれ」と注文しました。撮影場所が寒いですから、その音を録るのは大変だったと思います。6月20日に橋本君たち、第一次ロケ隊が帰国。7月4日に蔵原監督をはじめ、第二次ロケ隊が帰国しました。みんな雪焼けして真っ黒でしたが、元気な顔をしていてほっとしました。ここから日活撮影所でのスタジオや、京都、北海道のロケなど、国内での撮影が始まったんですが、時間が空いているときにはスタジオでの撮影や、京都ロケでの祇園祭のときに僕も撮影に参加しました。

――この作品には、渡瀬恒彦さんの婚約者役で夏目雅子さんも出演していますね。

紅谷　僕は初めてでしたが、あの人は、感じのいい方でしたね。京都ではロケバスの中で正面に座っていたので、少しおしゃべりをしましたが、素敵な女優さんだと思いました。（高倉）健さんとは撮影現場で会うことはできなかったんですが、アフレコでは一緒にやれたので楽しかったです。

ヴァンゲリスに苦労するが……

――紅谷さんの仕事としては録ってきた音をダビングする、仕上げのサウンドデザインがメインですよね。

紅谷　これで大変だったのは、蔵原監督が秘かにヴァンゲリスを音楽家に使おうとしていたことです。ヴァンゲリスのＯＫをもらうために撮ってきたフィルムを仮編集して、ヴァンゲリスが書

ヴァンゲリス　１９４３年生まれ。ギリシャの音楽家。高校時代からプロの音楽家として活動を始め、67年から映画音楽とかかわる。「炎のランナー」（81）でアカデミー賞作曲賞を受賞。ほかに「ブレードランナー」（82）、「１４９２・コロンブス」（92）、「アレキサンダー」（04）の音楽などを担当している。

いた「炎のランナー」(81)の音楽をレコードから起こして、合いそうな場面に入れ込んで、そのプリントをビデオに起こしてヴァンゲリスのところへプロデューサーが持っていって頼み込んだんです。

――仮の音楽入れをした編集ラッシュを作ったわけですね。

紅谷　編集した後の音入れを全部僕も手伝いました。その作業をしていたので、この年の年末年始は、まったく休みがなかった。それで年が明けた正月の5日に、ヴァンゲリスからＯＫの返事が届いたんです。その編集を進めながら音楽を入れる場所の選択をしているときに、蔵原監督のお母さんが亡くなって。この頃、監督は一番つらい時期だったでしょうね。その後も国内での撮影はまだ続いていて、クランクアップしたのは2月23日でした。

――ヴァンゲリスとの、音楽の打ち合わせはどのように行ったんですか。

紅谷　ヴァンゲリスとの最初の下打ち合わせはプロデューサーが先行してやって、そのあと僕は監督と入念に打ち合わせをして、こちら側の音楽を入れる場所を決めました。それで編集が終わってオールラッシュが仕上がったのは4月3日。音楽録音のため4月21日に蔵原監督と貝山知弘プロデューサーがヴァンゲリスのいるロンドンへ飛び立って、僕も26日にロンドンへ向かったんです。

――音楽録りに立ち会ったんですね。ロンドンにはどれくらい滞在したんですが。

紅谷　結局三週間くらいいました。というのも、ヴァンゲリスが、なかなか作業をしないんですよ(笑)。「今日は頭が痛い」とか、「今日は機材の調子が悪い」と言い訳して、何もしない日が何日も続きました。彼の音楽スタジオは音の調整卓とキーボードが二組セットされていて、サンプリング用の銅鑼、和太鼓、笛などの楽器がところ狭しと並び、彼の音楽が東洋志向であることが想像できました。ただ彼は、作曲している姿を我々には見せなかったですね。

――その時点で、曲はいくつかできていたんですか。

紅谷　いえいえ。何もできていなかったと思いますよ。本人の頭の中ではおそらくすでにテーマ曲を作っていたんでしょうが、まだ僕らに聴かせてくれないんです。そのうちにスケジュールがきつくなってくる。監督とプロデューサー、僕の三人がロンドンに行っていて、仕上げのスケジュールは僕が組んでいるわけですから、タイムリミットが迫ってくるのが分かるんです。ヴァン

「南極物語」。ヴァンゲリスと音楽の打ち合わせをするために、ロンドンで貝山知弘チーフ・プロデューサー(右)と合流。

貝山知弘　1933～2018。映画プロデューサー、オーディオビジュアル評論家。58年に東宝入社、66年からプロデューサーになり、「狙撃」(68)、「赤頭巾ちゃん気をつけて」(70)、「化石の森」(73)、「雨のアムステルダム」(75)などを製作。「南極物語」(83)ではチーフ・プロデューサーを務めた。

ゲリスにもここがリミットだと最初に言ってあるんですがね。

――気持ち的に焦りますよね。

紅谷　早く作業してくれよと思うんですが、彼は何せ世界的に著名な音楽家ですから。そんなある日、妙なことが起こったんです。蔵原監督がホテルの僕の部屋に来て、「嫌なことがあった」と。どうしたのかと聞くと、監督はロンドンで靴を買って、自分のホテルの部屋に置いておいたんだけど、翌日、部屋に戻ったら靴の裏にドクロのマークが鋭利な刃物で彫り込まれていたと。さらに読んでいた本の挟んであった、しおりの位置が違っていたと言うんですね。気味の悪い話で、僕にもその靴を見せてくれましたよ。蔵原さんはホテルに交渉して部屋を替えてもらったんですが、それでも不気味なので、その日は僕の部屋の空いているベッドで寝ました。

――ドクロマークというのが、意味深で怖いですね。

紅谷　結局犯人は捕まらなかったんですが、そんなこともあったので早く仕事が終わってほしいと思っていました。それである日、ヴァンゲリスの家へ夕食に招待されたんです。行ってみると雑誌のグラビアから抜け出たモデルのような美女が三人遊びに来ていて、我々は場違いなところに来たなと思いました（笑）。でもヴァンゲリス本人はご機嫌で、「明日、テーマ曲を聴かせる」と言いました。翌日、メインのテーマ曲を聴かせてもらったときには、鳥肌が立ちました。音楽の発想が普通の人とは違うんです。「炎のランナー」を観たときにも思いましたけれど、彼はリズムの使い方がうまい。「南極物語」は犬たちが南極で生きていく姿が中盤の見せ場になりますから、犬の動きに合わせたリズムがものすごく大事になる。それをよく分かっている人だと思いましたね。

――そこから音楽録りは順調に進んでいったんですか。

紅谷　順調でしたね。ただ僕としては音楽だけにかかわっている場合ではなく、効果音づくりも全部やらなくてはいけない。だからそれまでに上がった音楽テープを持って、一人で先に5月10日に帰国しました。監督とプロデューサーは、残りのテープを持って16日に帰ってきたんです。

――効果音も含めて、この映画のサウンドデザインは見事でしたね。特に高倉健さん、渡瀬恒彦さんの二人が、一年ぶりにタロとジロと再会するラストシーンは印象的です。

紅谷　あそこは健さんたちが犬を確認したところで一度音を消して、溜めるだけ溜めて、健さん

「南極物語」。左から筆者とヴァンゲリス。夕食に招待されたときのもの。

に駆け寄ってくる犬の走り出しからテーマ曲がバーンと聞こえてくるという処理をしたんです。それだけでなくサウンドデザインは非常に細かくやりました。

――「南極物語」は83年7月23日に公開されて、配給収入五九億円、興行収入だと一一〇億円という大ヒットとなり、これはそれまでの日本映画の興行記録を塗り替える数字でしたね。この年「楢山節考」はカンヌ国際映画祭でパルム・ドールを受賞したし、「南極物語」は記録的な大ヒットになって、仕事的には乗りに乗っている感じですね。

紅谷　運もありますよ。僕としては今村さん、蔵原さんという昔から付き合いのある監督との仕事でいい結果が出たので、嬉しかったですけれど。

――83年には「南極物語」が終わってから、降旗康男監督、高倉健さん主演の「居酒屋兆治」(83)に参加していますね。ここから紅谷さんは降旗組にとっても重要なスタッフの一人になっていくわけですが、降旗監督とは初めての仕事ですね。

紅谷　東宝としては、降旗監督と健さんのコンビで「駅　STATION」(81)がヒットしたので、またこの二人の映画を、ということだったと思います。かなり早い時期にプロデューサーから話をもらいました。降旗監督は温和な方で、音に関してもあまり注文がありませんでした。僕は今村さんのような人とやってきたからかもしれないけれど、何も言われないとかえってしんどい(笑)。降旗監督は付き合ってみると、何も言わない静けさのいいところが分かるんだけれど、最初は何を考えているのか分からなくて、とっつきにくい人だと感じていました。

――その印象が変わった瞬間があるんですか。

紅谷　大原麗子さん演じるさよの嫁いだ先の牧場が火事で焼ける場面がありますよね。ああいう火事の場面の撮影は一発で成功させなくてはいけないという緊張感があって、普通は現場がバタつくものなんです。ところが降旗監督は冷静に構えていて「はい、火をつけてください。キャメラ、スタート。演技を始めてください。Bキャメラを回してください」と各パートが動き出すタイミングの指示を電子メガホンで的確に出していって、これが見事だったんです。その冷静な指示の仕方は印象に残りました。それで本番が終わるとキャメラのカット、消防班への消化の指示まで淡々と出して、スムーズに撮影が進んでいった。あれには感心しました。スタッフが降旗監督についていくのが、よく分かりました。

降旗康男　1934～2019。映画監督。57年、東映に入社。66年に監督デビューし、以降は「冬の華」(78)、「駅・STATION」(81)、「夜叉」(85)、「鉄道員(ぽっぽや)」(99)など、高倉健とのコンビ作を多数発表した。

「居酒屋兆治」(83年11月12日公開)。監督:降旗康男、出演:高倉健、大原麗子。山口瞳の小説を原作に、脱サラして焼き鳥屋の店主になった男と、常連客たちとが織りなす人間模様を函館を舞台にして描いている。

――降旗監督の場合は懐が深くて落ち着いた、その人柄が一つの演出になっている部分がありますよね。「居酒屋兆治」は、山口瞳さんの小説を原作に降旗監督が企画した作品です。ある事情から船会社をやめて居酒屋の主人になった高倉健さん演じる英治を中心に、店に集まる常連客との触れ合いを、かつての恋人で今は人妻になりながらも英治を想い続けている大原麗子さん扮するさよの失踪事件を絡めながら描いている。この映画では外の部分は函館でロケをして、居酒屋の中は東宝スタジオで撮影したんですね。

大勢の客の会話を同時に録る「居酒屋兆治」

紅谷　英治が営む居酒屋『兆治』はカウンターだけの小さな店で、客は横に並んで好き勝手に話すんです。狭いといってもL字型のカウンターの端から端まではそれなりの距離がありますから、あちこちでしゃべられると声を録るのが大変で。セリフの邪魔をしてはいけないし、片側の声だけ録って、反対側の声をパントマイムで芝居をしてもらうというわけにもいかない。店内は雑然としていても、ちゃんと俳優のセリフを聴かせなくてはいけないので、技術的に苦労するんですよ。だからマイクを常時三、四本用意して、しゃべる俳優の順番を観ながらマイクを切り変えてやっていきました。

――店の客を演じる俳優さんたちは個性的な人が多かったですね。

紅谷　ポスターのイラストを描いた山藤章二さんとか、演技経験のない人もお客の役で出ていますからね。余計に声が録りにくい。客の中で印象に残ったのが、英治にケンカ腰で絡んでいく河原を演じた伊丹十三さんです。いつも酒を飲んでいる設定なので、うっすらと頬紅を塗ってね。芝居にはすごみがありましたよ。また『兆治』の向かいにあるスナックのママを演じたちあきなおみさんも、ユーモアたっぷりに、楽しみながら嬉々として演じていたようですね。

――スタジオに作った店の中と、函館のレンガ倉庫街に建てた店の外観のロケセットのすり合わせが見事ですね。

紅谷　美術は村木与四郎さんが担当しましたが、うまくできていますね。店の中を撮るときには小道具係が店内で出すおでんや焼き鳥を毎日仕込んで、撮影が終わると余った食べ物をごちそう

村木与四郎　1924～2009。美術監督。44年に東宝へ入社し、54年に美術監督になる。「生きものの記録」(55)から「用心棒」(61)、「天国と地獄」(63)など、黒澤明監督作に欠かせないスタッフとして活躍した。

になるときもありました。

――映画の終盤、さよが亡くなって葬式をする場面がある。これは火葬場に隣接した広場で、みんなで宴会をするのですが、そのロケ地は木村大作キャメラマンの発想で、広い牧場の牧草地で撮ったとか。

紅谷　そうなんですが、これが録音部的には大変だった。遮蔽物が何もない牧草地に、一方ではシートを敷いてみんなが宴会している。そこでちあきなおみさんたちがカセットテープに合わせて北島三郎の『風雪ながれ旅』を歌うんです。そこから離れたところでは、健さんの英治とさよの夫役の左とん平、失踪先でさよと親しかった平田満の3人が話をしている。これを大作キャメラマンは一つの画の中に入れ込んでいるので、大変だったんです。遮蔽物がないので、地面に録音コードを這わせて、ちあきさんの方には歌うきっかけを与えるためにカセットテープで音楽出しもしなくてはいけない。その歌を聴かせながら、健さんたちのセリフも活かさなくてはいけない。これには苦労しました。しかし、あの『風雪ながれ旅』は降旗監督の選曲でしたが、妙に場面に合っていてよかったですね。

――この映画をやり終えて、降旗監督との間に信頼関係が生まれたんですね。

紅谷　そうかもしれませんね。続けて「魔の刻」（85）にも呼ばれましたから。ただあの映画は神奈川県の三崎漁港周辺で撮ったんですけれど、低予算なので毎日日帰りなんです。片道二時間半かかりますから、行き帰りで一日五時間のロスがある。それで撮影日数は二〇日間というハードスケジュールだったので、ほとんど「魔の刻」のことは覚えていないんです。

――少し時間を戻しますと、「居酒屋兆治」が終わったのが83年の晩夏。そこから藤田敏八監督の「海燕ジョーの奇跡」（84）に参加されていますね。

紅谷　この映画は佐木隆三さんの原作で、東映で一度企画されたけれど流れて、松竹富士と三船プロダクションの共同製作で始まったんです。スタッフは録音が僕で、撮影は鈴木達夫さん、照明が熊谷秀夫さんというベテラン勢でしたが、三船プロの製作陣が弱くてね。製作のトップは奥山和由さんになっていますが、製作母体は三船プロだったんです。それでスケジュールの組み方が、普通の組と違って……。熊谷さんは仕事が丁寧なので、ライティングに時間がかかる。それを見越してスケジュールを組まなくてはいけないのに、それを考えていなかった。だから撮影を

「魔の刻」（85年1月26日公開）。監督：降旗康男、出演：岩下志麻、坂上忍。北泉優子の小説を原作に、息子と肉体関係を持ってしまった母親の屈折した愛情の行方を描いている。息子への愛から自立しようとする女性を、岩下が熱演した。

「海燕ジョーの奇跡」（84年4月28日公開）。監督：藤田敏八、出演：時任三郎、藤谷美和子。佐木隆三の小説を原作に、殺人を犯して沖縄からフィリピンへ逃亡した青年と、彼を追ってきた女性が織りなす青春アクション。

鈴木達夫　1935年生まれ。映画キャメラマン。岩波映画製作所の入社し、62年にキャメラマンとして一本立ち。以降、「水で書かれた物語」（65）、「祭りの準備」（75）、「青春の殺人者」（76）、「太陽を盗んだ男」（79）、「少年時代」（90）、「父と暮せば」（04）などを担当した。

奥山和由　1954年生まれ。映画プロデューサー。79年、松竹に入社し、「凶弾」（82）から映画を製作。「ハチ公物語」（87）をヒットに導き、「その男、凶暴につき」（89）、「無能の人」（91）、「うなぎ」（97）といった話題作を発表。98年にはチームオクヤマを設立した。

始めて一〇日くらいしたときに、三船プロの製作部が「これは照明技師を代えないと終わらない」と言い出したんです。これでは予算にはまらないので、熊谷さんを下ろしたいというわけです。僕は頭にきて、「熊谷さんを下ろすなら、俺も下りる」と言ったら、パキさんとキャメラマンの鈴木さんがなだめに入って。結局、途中から鍋島壽夫もプロデューサーに加わって、「何だ、この三船プロの製作部は」という話になった。三船プロ側は「分かりました。こちらはスタッフをいじくりません」ということになって、熊谷さんも僕もそのまま参加することにしたんです。

――沖縄、宮古島、与那国島、フィリピンとロケを重ねて、終盤にはヒロインの藤谷美和子さんが失踪したり、アクシデントが多い撮影だったそうですが。

紅谷　失踪事件が起こったのはフィリピン・ロケでしたが、そのとき、僕は「南極物語」の海外版のダビングとスケジュールが重なっていて、別班を組んでフィリピンへ行ってもらい、僕はロケには行かなかったので、事件の詳細は知らないんです。ただ、自分のプロダクション作品なので、三船敏郎さんもちょっとだけ出演していますけれど、いい思い出がない作品でしたね。一番の問題は脚本がよくなかったことですよ。

――この映画の最中、京都で暮らされていた紅谷さんのお母様が亡くなったとか。

紅谷　ちょうどダビングをしていた、84年の3月でした。だから母親の葬式には出席できなかったんです。亡くなる前には何度も東京と京都を往復して、日帰りで見舞いに行っていたんですが……。こういう仕事は親の死に目にも会えないと言われていますから、それはしょうがないと思いました。また、母親が亡くなったことは周囲に知らせませんでした。言ってしまったら「休め」という話になって、スケジュール調整とか、対外的なことでくたびれてしまうんです。だから黙ってダビングを終わらせました。

――つらかったでしょう。結局、藤田敏八監督とは、これが最後の仕事ですよね。

紅谷　パキさんはこの頃、俳優としても活躍するようになって。うまくはないけれど、妙な味があった。ただ監督一本でやっていたときとは、少し変わってきたような感じもありましたね。

鍋島壽夫　1953年生まれ。映画プロデューサー。75年に三船プロに入社し、映像作品の製作にかかわる。その後「ハチ公物語」(87)、「TOMORROW　明日」(88)、「その男、凶暴につき」(89)、「四十七人の刺客」(94)、「バトル・ロワイアル」(00)などを製作した。

高倉健、田中裕子、ビートたけし「夜叉」

――そして84年には、先ほど伺った「魔の刻」（85）に参加されましたね。さらに降旗監督、高倉健さん主演の「夜叉」（85）の撮影があって、さらに降旗監督、高倉健さん

紅谷　これは製作母体がグループ・エンカウンターと言って降旗監督や大ちゃんら、七人で作ったスタッフ・プロダクションの走りです。このプロダクションが東宝から一括して製作費をもらって、その予算の範囲内で作品を仕上げる、という形でした。予算の管理などは大ちゃんが陰でリードしてやっていました。最初にグループの七人がそれぞれアイデアを出して、それを脚本家の中村努さんに伝えて、脚本に仕上げるという作業をしていましたが、中村さんが京都在住なので、その連絡が大変だと言っていました。僕が参加した頃には、漁師町が舞台になるということは決まっていました。

――そうして生まれたオリジナル脚本は、高倉健さん演じるかつて大阪のミナミで〝夜叉〟と恐れられたやくざの修治が、今は若狭の漁港、日向で漁師をやっている。そこに田中裕子さん扮する居酒屋の女将・螢子がミナミから流れてきて、修治は彼女と触れ合うことで〝夜叉〟の血を蘇らせていく。これに螢子のヒモである、ビートたけしさんのチンピラやくざ矢島が絡んでくるという物語です。

紅谷　メインとなるのは漁師町の日向です。雪を狙ってこの漁港をロケ地に決めて、11月15日にメインスタッフの顔合わせがあり、大ちゃんの提案で年末年始の休みを返上して、雪狙いのロケ撮影を敢行することが決まり、それで12月24日にクランクインしましたが、雪が降らないんです。スケジュールに関しても大ちゃんが主導で決めていますから、天候に合わせていろいろな準備をするんです。普通の映画では、その日に撮る三シーンくらいのスケジュールを出す。天候が思うようにいかない場合を想定しても、ここの外ロケがダメなら室内のここを撮るとか、代替案は一つくらいですよ。でも大ちゃんは、その日の予定を四つも五つも出して、そのどれを撮るかを当日の天候を見て決めるんです。だからいつどの俳優が必要になるか分からないので、スケジュールがないビートたけしさん以外は全員の俳優のスケジュールを押さえて待機させていました。それで雪が降り出すと、ものすごい勢いで撮っていく。とにかく大ちゃんのキャメラ主導の現場で

「夜叉」（85年8月31日公開）。監督：降旗康男、出演：高倉健、田中裕子。今は港町で漁師をしている、かつて大阪のミナミで夜叉と恐れられた元やくざの男が、ミナミから流れてきた女と出会ったことで、昔の血を蘇えらせていく。

グループ・エンカウンター　市古聖智、降旗康男、高倉健、木村大作が中心になり、自分たちが作りたい映画を企画・製作するために立ち上げた映像制作集団。ほかにもいくつかの企画が検討されたが、結局実を結んだのは「夜叉」（85）だけで終わった。

中村努　１９３３年生まれ。脚本家。64年、大映京都撮影所に入所し、「大殺陣・雄呂血」（66）を星川清司と共同脚本した後、71年に大映が倒産してから脚本家として一本立ち。以降は「子連れ狼・冥府魔道」（73）、「夜叉」（85）、「あ・うん」（89）、「座頭市」（89）などを執筆。

した。

――自然条件と向き合うことを第一に考える木村さんらしいやり方ですが、ほかのスタッフは準備することが多くて大変でしょうね。

紅谷　そうなんです。僕は宿屋で彼と同室だったから分かるんですが、大ちゃんは翌日撮るシーンの脚本を、夜遅くまで読み込んで、晴れたらこのシーン、曇りならここ、雪だったらここと、全部頭に入れて、翌日には脚本を見なくても指示ができるような状況を作っておくんです。あれは偉いなあと思っていました。

――本当にこのときは、正月返上で働いたんですか。

紅谷　さすがに元旦と二日は撮休にして、スタッフ、キャストのみんなで新年の宴をしました。元旦はスタッフ全員で餅つき大会、二日には出演者も参加したカラオケ大会が開かれました。カラオケ大会では、僕は歌わないので審査委員長を、あき竹城さんが副委員長を務めました。結果は最優秀歌唱賞を若い照明助手にあげて、優秀歌唱賞を降旗康男監督に、特別歌唱賞を（高倉）健さんに贈りました。健さんは何といっても歌手でもあるし当然ですが、意外だったのは降旗監督です。声がよくて観客を包み込むようなムードがある。歌自体もうまいんですよ。

――いい雰囲気の現場だったようですね。「居酒屋兆治」に続いての参加でしたから、紅谷さんも、高倉健さん、降旗監督、撮影の木村大作さんというトリオのチームに溶け込んでいたのですか。

紅谷　そうですね。一員に近い感じになっていきました。この作品のこともそうですが、これからトリオでやろうとしている企画のことも大ちゃんから情報が流れてきて、それは次回も頼むよということじゃないですか。だからある時期、僕はこのトリオの中に入りつつあったという感じですね。ところが後にこのトリオで「あ・うん」（89）をやることになったとき、僕は黒澤明監督の「夢」（90）とスケジュールが重なって断らざるを得なかったです。やがて「鉄道員（ぽっぽや）」（99）でこのトリオと再び仕事をしたときに、健さんから「紅谷さん、黒澤さんが入ると、僕との仕事はできないんですか」と、真面目な顔をして言われました。やっぱりいろいろなことを思われているんだなって、そのとき感じましたね。

――人間関係と仕事のタイミングを調整するのは大変ですからね。話を戻すと、「夜叉」には田中裕子さんとビートたけしさんが出演していますよね。

「あ・うん」（89年11月3日公開）。監督：降旗康男、出演：高倉健、富司純子。

紅谷　録音の立場から言うと、田中裕子という人は芝居にメリハリがあって、セリフが声にならない息だけの部分があったり、強めにいう部分があったりと、いろいろ使い分けるので非常にセリフが録りにくい女優さんなんです。また大阪のミナミから流れてきた女の役ですから、大阪弁のニュアンスを出そうとすると余計に分かりにくい。でも、どんな場面でも芝居を持たせるし、演技的にはさすがだと思いました。

　ビートたけしさんはこの頃、勢いがありました。セリフ一つ言うのにも馬力があって、矢島というシャブ中の男の怖さとか、情けなさみたいなものは、たけしさんが持つ個性が活かされていたと思いましたね。それと、この映画で健さんは久しぶりに刺青を入れた背中を見せますよね。健さんの場合は自分の裸を撮るとき、前もっていつ撮るのか予定を教えてくれというんです。そこに合わせて体を作ってくるんですね。だからかなり前から予告しておかないと、OKは出ない。また刺青を描くのも時間がかかるんです。撮影日の前日の夜から描き始めますから。描かれている間、健さんはほとんど寝っぱなしだと言っていましたけれど（笑）。

――この映画で紅谷さんがイメージしていた、サウンドデザインはどのようなものですか。

紅谷　昔大阪でやくざだった男が、今は北陸で漁師をしている。それをどうやって表現できるかを考えたときに、これは漁師町の雰囲気を音で際立たせるしかないと思いました。波の音やカモメの鳴き声、吹きすさぶ風の音で寒さを出すことで、逆にこの土地に異物の人間が入ってきた感じを出そうと思いました。それで自然の音で綴られていく日向の部分が終わって、健さんが大阪のミナミへ乗り込んでいく後半では、そこは現代的な街の人工音を強調して、音に差をつけようと思いました。

――その大阪での撮影ですが、当時の大阪では暴力団同士の抗争が行われている最中だったとか。

紅谷　そうなんです。大変だったですよ。撮影もゲリラ的に行って、いつでも逃げられる態勢でやっていました。健さんには本番だけ出てきてもらって、芝居に関しては陰で監督と打ち合わせをしておく。キャメラの位置とやるべき芝居を説明して、あとはぶっつけ本番でやっていました。

――音楽に関しては、トゥーツ・シールマンスさんと佐藤允彦さんの二人が担当されています。

紅谷　トゥーツ・シールマンスさんは、ヴァンゲリスとは違って、早くからしっかりと音楽を作ってきました（笑）。映画の雰囲気と曲が合っていて、コロムビアのスタジオで音楽録りをしま

トゥーツ・シールマンス　1922～2016。ベルギーのハーモニカ奏者、ギタリスト、口笛奏者。映像作品では「真夜中のカーボーイ」(69)のハーモニカ・ソロを担当し、「夜叉」(85)の映画音楽を担当。また「あなたへ」(12)でもハーモニカ奏者として参加している。

佐藤允彦　1941年生まれ。ジャズピアニスト、作曲家。映画、TV、CMの音楽も手掛け、映画では「パンダコパンダ」(72)、「哀しみのベラドンナ」(73)、「神田川」(74)、「ロケーション」(84)、「怖がる人々」(94)などの音楽を担当した。

したが、気持ちよく仕事ができました。

――次は蔵原惟繕監督との「春の鐘」(85)ですが、これは北大路欣也さん、古手川祐子さん、三田佳子さんを主演に迎え、二組の不倫カップルを描いた作品ですね?

紅谷　「南極物語」が記録的な大ヒットになったことで、蔵原さんはこの頃、映画監督としてすごく自信を持っていました。実際、「エンタテインメントの作品を撮らせたら、人に負けないぞ」という気負いがありましたから。ところが次の企画として選んだのが立原正秋原作の「春の鐘」でしょう。確かに愛の不毛を描くというのは蔵原監督の得意な世界なんですが、読んでみると脚本が弱い。東宝映画だから古手川祐子さんなのはしようがないとしても、三田さんと北大路さんは、どこかすっきりいかなかったような気がしますね。

――「海峡」のときもそうでしたが、当時紅谷さんのような外部スタッフが東宝作品に参加するのは、大変だったのでは?

紅谷　大変でしたね。前に「海峡」をやっているから、今回もいいだろうということではないんです。東宝の組合が、僕と撮影の椎塚彰さんが参加することに難色を示しました。椎塚さんの方はなんとかOKが出たんですが、僕の方はこの問題が長引いたんです。最終的にはOKが出たんですが……。

――問題があっても紅谷さんと仕事をしたいというのは、蔵原さんの要望なんでしょうね。現場での蔵原監督の様子は?

紅谷　結構悩んでいて、すらすらとは進まなかったですね。やはり脚本が弱いのと、キャスティングが、どこかイメージと違っていたんでしょうかね? 夏場の撮影だったこともあって、監督が水をガブガブ飲んでいたことを覚えています。それでタイトルは「春の鐘」だけど、撮ったのは夏場でしょう。春のシーンなのにセミが鳴いて、これには困りました。蔵原さんの映画だから精いっぱいやりましたが、どうもしっくりいかない仕事でしたね。

幻に終わった深作欣二監督の「敦煌」

――そしてここで、深作欣二監督で準備が進められていた時期の「敦煌」に参加されたのですね。

「春の鐘」(85年11月9日公開)。監督:蔵原惟繕、出演:北大路欣也、古手川祐子。立原正秋の小説を映画化。美術館の館長をしている男とその妻、陶工家の娘という三人が織りなす愛の葛藤を描いている。

椎塚彰　1935年生まれ。映画キャメラマン。日本大学芸術学部中退後、TV、ニュース番組の撮影助手を経て、68年にキャメラマンとして一本立ち。主な作品に、「キタキツネ物語」(78)、「黄金の犬」(79)、「南極物語」(83)、「春の鐘」(85)、「敦煌」(88)などがある。

「敦煌」(88年6月25日公開)。監督:佐藤純彌、出演:佐藤浩市、西田敏行。

井上靖さんの歴史小説が原作で、中国を舞台にした壮大な物語です。この映画は当初小林正樹監督が温めていた企画でしたが、製作総指揮の徳間康快氏と意見が対立して小林監督が降板。次に深作監督となり、最終的には佐藤純彌監督の手で映画が完成しましたが、深作さんの時期にお呼びがかかったのは、どういう経緯だったんですか。

紅谷　僕が参加する前から深作さんで準備は進んでいたんです。深作さんは中国でロケハンもして、ここでこんなシーンが撮りたい、馬はこれだけいると要望を出して、製作の大映側に準備を進めてもらっていた。その頃からチラチラ僕に話があったんです……。それで翌年の85年8月に本格的に撮影準備を始めようとなったときに、遅れて参加してきた結城良熙プロデューサーから連絡が入って、正式に11月1日から「敦煌」の録音担当として参加することになったんです。

――深作監督の要望に応えた、撮影の準備は進んでいたんですか。

紅谷　監督がその一昨年前から要望を出していたのは相当数の馬を走らせるので、その馬の確保と調教をちゃんとやってくれということと、指揮能力があって時代劇を経験したことがある中国側の助監督を雇ってくれと。ところがこの時期になっても、この二つの問題がまったく解決していなかったんです。言っては悪いですが、大映のプロデューサー・サイドが全然機能していなかった。さらにこの時点で脚本は第七稿までできていたんですが、大映側がこの脚本はよくないと判断し、また予算をオーバーするとの理由で没にして、第五稿に戻すと言ってきました。その時点で我々は、第七稿に合わせて準備を始めていましたからね。ここでも混乱が起きていたんです。

――紅谷さんは、どの程度準備をされていたんですか。

紅谷　僕は音楽家を含む、軍楽隊の楽器編成のプランニング。録音機材の保安対策などの準備を始めていました。砂漠で撮影するための対策として、録音車が絶対に必要だと思って、トヨタの中古の四輪駆動車も購入していました。その車をサウンドワゴン車に改良するために自動車修理工場とも打ち合わせを重ね、二名の助手と相談して、内装の改良を進めていたんです。おそらく馬の大群を走らせるモブシーンでは、スピーカーで号令をかけないと指揮する監督などの声が聞こえないだろうから、車の頭に大きなスピーカーを取り付けるようにして、かなり撮影状況を計算した、改良を考えていました。さらに現地での生活環境を考えて、ホテルや食事の問題、医者を同行する問題などを大映側に問いただしたんですが、具体的な返答はなく、全体的に何の進展

小林正樹　1916〜1996。映画監督。41年に松竹に入社し、52年に監督デビュー。主な作品に『人間の條件』6部作（59〜61）、「切腹」（62）、「怪談」（65）、「日本の青春」（68）などがある。「敦煌」は小林監督が長年温めていた、念願の企画であった。

徳間康快　1921〜2000。実業家、映画プロデューサー。印刷会社、新聞社、雑誌社の経営を経て、61年に総合出版会社『徳間書店』を創設。74年には大映を子会社にして映画製作に乗り出し、「敦煌」（88）、「おろしや國酔夢譚」（92）などの大作を製作。また85年に設立されたスタジオジブリの初代社長で、その作品作りを全面的にバックアップした。

結城良熙　1939年生まれ。映画プロデューサー。61年に日活に入社し、73年からプロデューサーになる。手掛けた主な作品に「㊙色情めす市場」（74）、「おんなの細道・濡れた海峡」（80）、「十階のモスキート」（83）、「敦煌」（88）などがある。

もしていなかった感じでしたね。
――具体的なことが決まらないまま、大々的に中国ロケをする大作ですから準備だけは進めないと、間に合わないわけですね。

紅谷　数百頭の馬の調達や現地での撮影環境など、もろもろの問題が山積する状態のときに、当初予定されていた中井貴一が主役を降板することになった。また製作する大映側は、音楽に坂本龍一を起用したいと言い出したが、深作監督がこれに難色を示した。すると大映の武田敦専務が僕のところへ来て、どうしても深作さんを説得してほしいと言うんです。深作さんはそのとき、「火宅の人」(86)の撮影で東映京都撮影所にいたので、僕は京都へ電話をして「今の状況では、何も具体的なことが決まっていない。ここはとりあえず、坂本龍一に決めておいたらどうですか」と言ったら、深作さんは「分かった。坂本でOKしよう」と了解してくれました。そこまではよかったんですが、ほかのことがまったく進展しない。そのうちに、佐藤純彌監督が水面下で脚本直しに参加したという噂が飛び込んできたんです。

――これは佐藤監督に直接聞いたことですが、深作監督に焼肉屋へ呼び出されて脚本協力を打診されたそうですが、一応深作監督の意向を反映した脚本ができていたので、「深作さんが思うようにやったらどうですか」と言って断ったそうです。

紅谷　その辺の事情はよく分かりませんが、裏では大映が佐藤監督と早くから接触していたと思いますね。というのも翌86年3月20日に、製作側の大映と電通、深作監督をはじめ僕を含めたメインスタッフが大映本社に呼び出されたんです。そこで武田専務が言うには、このままでは中国に建てるセットの敦煌城が完成するのが、9月末になってしまう。すると狙いだった砂漠のオアシスが冬になって撮ることができない。資材運搬の面でも限界があり、美術関係が間に合わない。電通側は、北京で撮影所を使ったシーンからでも入れないのかと言ってきましたが、深作さんは今の準備の状態では難しいと。結局4月2日に再度招集がかかり、作品は無期延期と決定。全スタッフは、解散することになったんです。それから三日後、全員白紙の身となり、僕は深作さんの「敦煌」から解放されました。

しかし、この中止を待っていたかのように、キティレコードの社長の多賀英典さんが第一回監督作品「プルシアンブルーの肖像」(86)を撮るというので伊地智啓プロデューサーから声がか

坂本龍一　1952年生まれ。ミュージシャン、作曲家、俳優。78年にYMO(イエロー・マジック・オーケストラ)を結成。「戦場のメリークリスマス」(83)では俳優のほかに音楽も担当し、以降は映画音楽家としても「ラストエンペラー」(87)、「シェルタリング・スカイ」(91)、「御法度」(99)、「母と暮せば」(15)などを担当している。

武田敦　1927〜2011。映画プロデューサー、映画監督。51年、新星映画社に入社。55年に監督デビューし、「ドレイ工場」(68)などを発表。74年に大映の専務に就任し、以降は「金環蝕」(75)、「ダイナマイトどんどん」(78)、「未完の対局」(82)、「敦煌」(88)などを製作した。

「**プルシアンブルーの肖像**」(86年7月26日公開)。監督：多賀英典、出演：玉置浩二、高橋かおり。次々と不審なことが起こる小学校を舞台に、すべての事件にかかわる用務員の存在がクローズアップされていく異色のオカルト・ホラー作品。

かり、即そちらに編入されました。片や「敦煌」の製作は無期延期のはずが、同じ4月の26日、佐藤純彌監督で「敦煌」再開の記事がスポーツ新聞に載ったんです。だから大映は、以前から佐藤監督と接触していたのでしょう。まあ、この時点でかなり予算を使っていましたから、製作サイドはとにかく映画を完成させる必要があった。それで引き受けてくれた佐藤監督を、すぐに呼んだのかもしれませんね。

——佐藤純彌監督による「敦煌」は88年に完成して6月25日から公開され、配給収入四五億円をあげる大ヒットとなりました。

紅谷　ええ、深作さんが思い描いていたものとは少し違う感じでしたけれど。でも結果的に深作さんは、やらなくてよかったと思いますよ。深作さんが考えていた「敦煌」は、大量の馬を使った活劇調でしたし、そのままやっていれば予算もスケジュールも、かなりオーバーしていたでしょうから。

今村昌平監督の念願の企画「女衒」

——そこから紅谷さんは、「プルシアンブルーの肖像」を終えて、今村昌平監督の「女衒」(87)に参加したんですね。今村監督はかねてから、『楢山節考』(深沢七郎)、『黒い雨』(井伏鱒二)、そしてこの映画の原作になった『村岡伊平治自伝』(村岡伊平治)を映画化したいと思っていたとか。村岡伊平治は明治後期から昭和初期にかけて、東南アジアを舞台に娼館の経営を始め、手広く商売をして、日本人女性を各国の娼館へ売り飛ばした人物ですが、原作は六〇年に出版されています。今村監督はいつ頃から興味を持っていたのでしょうか。

紅谷　『「エロ事師たち」より　人類学入門』を作っていた頃から、これと「ええじゃないか」のことはよく言っていました。「ええじゃないか」では高速道路で車を全部ストップさせて、そこに群衆を入れて〝ええじゃないか踊り〟をさせたいと言っていましたよ。同じ頃に村岡伊平治を撮りたいと言っていたんですが、これはアジア各地でロケーションが必要ですし、気力も体力もいる。だから、やるならもっと若いときにやるべき企画だったんです。

——「楢山節考」の後、東映の岡田茂社長から次に何をやりたいか聞かれて、本当は「黒い雨」

岡田茂　1924～2011。映画プロデューサー。47年、東横映画に入社。「日本戦歿学生の手記　きけ、わだつみの声」(50)を製作して注目を浴び、以降は東映の製作部門の中枢として時代劇、任侠映画をブームに導く。71年、東映の社長に就任し、以降も実録やくざ路線などをヒットさせた。

をやりたかったけれど、体力があるうちに村岡伊平治はやるべきだと思って、今村監督はこちらの企画にしたと。でも、このときでもタイミングは遅かったわけですね。

紅谷 そう思いますね。「楢山節考」がカンヌ国際映画祭でパルム・ドールを獲ったことで、今村さんは次の企画がやりやすくなった。でも自分の映画学校を新百合ヶ丘へ移転させるとか、ほかにやらなくてはいけないことがいろいろあって、三年空いたんです。その間にどの企画をやるか考えて「女衒」にしたのでしょうけれど、七〇年代初頭に今村さんは東南アジアへTVのドキュメンタリーを撮りに行きましたよね。その頃から、村岡伊平治のことは意識していましたから、やっぱりもっと早くにやるべきでした。でもまあ、製作の準備が始まって僕は86年7月のロケハンから参加して、台湾の基隆や香港、シンガポール、オープンセットを建てることにしたマレーシアのマラッカなどを見て回って帰ってきました。

——ロケ地を見て回った感想は？

紅谷 今村さんの映画は同時録音が基本ですが、この映画の時代背景は明治でしょう。どこへ行ってもバイクや車のノイズがすごいんです。撮影に入ってから通訳を通して現地のコーディネーターに「音を止めてくれ」と頼んでも、近くに三叉路や六叉路が方々にありますから、人手を含めてすべての道を止めるのが大変なんです。特にマラッカでは、やっと音を止めたと思ったら、ロングでバイクの音が聞こえてきたりしてね（笑）。きりがなくて、音止めには苦労しました。

——すべての音を止められなくても、撮影しなくてはいけない場合もあるんでしょうね。

紅谷 完璧にやろうとしても不可能だから、瞬時の判断が必要なんです。セリフと被らないアクション・ノイズなどは、音を絞ってそこに後で何か別の音を足そうとか。これは後で処理すれば何とかなると判断するか、もう一度やっておいた方がいいと決めるか、その決断を瞬時にしなくてはいけない。全部をやり直さなくても、部分的にセリフだけをサウンド・オンリーとして別録りしておくことも必要になりますが、オンリーを録るのも同じ場所なので、結局ノイズが入ってくるから簡単にはできない。「アフレコにします」と言えればいいんですが、今村組は同時録音が基本なので、それは禁句ですしね。毎日ノイズのストレスがたまって、髪が真っ白になりました（笑）。でも撮影が終わると、元に戻りましたけれどね。

「女衒」の撮影現場。

「女衒」の撮影現場。

「あなたの耳は、神様の耳か」

――明治期の東南アジアを再現できる場所が少ないことは予想がつきますが、見た目を重視してロケ地を選ぶと音の面にしわ寄せがくるわけですね。

紅谷　これはしょうがないことです。それで台湾の基隆で撮影していたときにね。ここは海が下に見えて、高台になっていたんですよ。そこを女郎屋の一室に見立てて、二分間の一シーン一カットを撮ろうとした。車止めが終わって、さあ本番ということになって、監督が「ヨーイ」と「スタート」の掛け声をかける直前、僕は「ちょっと待ってくれ！」と言いました。ヘッドフォンで聞いてみると、はるか遠くにバイクの音がする。このまま本番をやったら、二分間のシーンですから途中からバイクの音が入ってきてNGになる。でもスタッフはみんな、けげんな表情で僕の方を見ているんです。こんな静かなのに、なぜ止めるんだと。僕が「バイクが来るから」と言っても、彼らには聞こえないんですね。それから四〇秒くらいして、バイクが近くを通り過ぎていったんです。そうしたら中国人の通訳が近寄ってきて「あなたの耳は、神様の耳か？」と聞いてきました（笑）。

――「女衒」でノイズのほかにも大変だったと思われるのが、主人公の伊平治の方言。彼は長崎県の島原の出身ですよね。ほかにも島原出身のキャラクターが登場して、言葉には島原弁が使われている。これにも苦労されたのでは？

紅谷　かなり苦労しました。特に大変だったのが、冒頭の海の場面です。貨物船を抜け出して子分二人と泳いで香港に上陸する緒形拳演じる伊平治が、泳ぎながら島原弁のセリフを言うんです。この夜間ロケはクランクインの日に行われ、夜の香港で撮ったんですが、海は汚いし悪臭はするしね。しかも俳優は泳ぎながらしゃべるので、何を言っているのか分からない。まるで外国語を聞いているような感じでしたから、僕らは並走してマイクで音を拾っているんですけれど、相当セリフを注意しました。

――いつもの今村流方言にアレンジされているのでしょうけれど、それでも泳ぎながらなので聞き取りにくいわけですね。娼婦役の女優たちも島原弁を使うので、彼らの会話が観客に伝わるかどうかのジャッジは難しかったのでは？

紅谷　だから、そのことを今村さんと話し合いました。全員が島原弁を使うとまったく分からないと。ある雰囲気がなくてはいけないから、主役の緒形拳はしょうがない。でも女郎役の女優たちは、もう少し分かりやすくした方がいいって。今村さんもセリフが聞き取れないのは困ると言って、結構抑えた形にはしたんです。でも芝居に熱が入ってくると、俳優は最初に方言指導に教えてもらった通りの方言で演じようとするんです。それで相当注文を出しました。

――今村監督念願の企画でありながら、録音一つとっても前途多難な予感がする現場だったんですね。撮影隊は9月にマカオ、香港、台北でロケし、10月初旬にはいったん帰国したそうですが。

紅谷　10月3日に帰国して、我々は次のマレーシア・ロケの準備を始めましたが、並行して今村さんは芝居のリハーサルを重ねました。ところがどうもいつもと感じが違うんですね。主人公の村岡伊平治に対して、演じる緒形拳と今村監督が抱いているイメージにギャップがあったと思うんです。緒形は伊平治を豪放磊落な人と捉えて、演技をオーバーにやりたがる。彼のキャスティングは今村さん自身の希望でしたが、監督はもっと武骨な人物像を求めていて、自然な演技をやってほしかったんじゃないですかね。だから緒形がオーバーにやればやるほど、面白くないわけですよ。芝居を「抑えろ、抑えろ」と何度も言うんですが、緒形はなかなか思い描いたような人物像になってくれない。今村さんは悩んで、何度も脚本を書き直していました。

――監督の不満が解消されないまま、マレーシア・ロケに出発したと。

紅谷　まあそうです。マラッカはとにかく暑かった。体調的には大丈夫でしたが、車のノイズがひどくて撮影は毎日大変でした。このロケは12月10日に帰国するまで続いて、結構長期にわたったんですが、今村作品の割には内容の細かいことを覚えていない。それは今村さんが、今一つ乗っていなかったということでしょうね。

――帰国して、年末に編集作業に入ったわけですね。

紅谷　海外ロケで撮影した分の編集作業を進める傍ら、翌年1月にはスタジオのセットで撮り増し分の撮影、1月31日からは北海道のサロマ湖と網走刑務所の表で撮影を行い、2月6日にクランクアップしました。ただ仕上げのときに問題が起きたんです。当初からこの作品は、画のトーンにはアグファカラーが最適と決めて、アグファ社も日本に売り込むのに好都合だということで、撮影用フィルムを無料で提供してくれたんです。ただサウンドフィルムまでは考慮に入れていなくて、光学録音にフジフイルムを使用したんです。ところが現像のときに、アグファカラーのポジフィルムにフジフイルムのサウンドネガでプリントしたことにより、サウンドネガの適正濃度が得られず、音の高域がつぶれてしまったんです。最初は原因が分からず、サウンドの光学録音を何回かやりなおしをしたりして、それでもうまくいかなくて、それを聞きつけたアグファ社の人が、アグファのサウンドフィルムを提供してくれました。これで光学録音をやり直してやっとまともなプリントをあげることができたんですけれど、そこに行き着くまで一カ月ほどかかりましたね。

――いろいろな意味で、苦労の多い作品でしたね。

紅谷　そうなんです。それで前作「楢山節考」がカンヌ国際映画祭のパルム・ドールを受賞していることもあって、「女衒」もカンヌのコンペティション部門に出品されました。でも、無冠に終わりましたね。

――このときのカンヌ映画祭には三國連太郎さんの監督作「親鸞・白い道」（87）も出品されていて、こちらは審査員賞を受賞しました。そして「復讐するは我にあり」からの常連だった緒形拳さんも、長篇作品としてはこれが最後の今村映画主演作になった。そういう意味でも一つの分かれ目になった作品だったと思います。

――この後の紅谷さんの動きとしては、神山征二郎監督の「ハチ公物語」（87）に参加していますね。

紅谷　撮影期間が「女衒」とひと月くらいダブっていたので、その間は若い録音技師に「ハチ公物語」の現場をやってもらいました。これは松竹作品で、プロデューサーが奥山和由さんだったんです。この作品は何せ犬が主役だから、現場に犬の調教師が付くんですよ。調教師が「座って、座って」とか「待て、待て」とか、犬へ指示する声をしょっちゅう出す。できるだけセリフとセリフの間を縫って指示を出すんだけれど、この声が気になるので、そこはシネコーダーにリーレコのとき、音を絞っておいたんです。それでラッシュを観たときに奥山さんが、「紅谷さん。これ、商売になりますかね」と聞くので、「どうして?」と言うと、「犬が芝居をしているところが、全体的に音がない」というわけです。指示を出しているところは音を絞っているし、まだ効果音も

「親鸞・白い道」（87年5月9日公開）。監督：三國連太郎、出演：森山潤久、大楠道代。

神山征二郎　1941年生まれ。映画監督。63年、近代映画協会に参加。71年に監督デビュー、以降は「ふるさと」（83）、「ハチ公物語」（87）、「遠き落日」（92）、「ひめゆりの塔」（95）、「大河の一滴」（01）などを監督した。

「ハチ公物語」（87年8月1日公開）。監督：神山征二郎、出演：仲代達矢、八千草薫。渋谷駅で主人の送り迎えをした忠犬ハチ公の実話を描いた大ヒット作。犬の目の高さで捉えた映像が、臨場感をもたらした。

入っていませんしね。プロデューサーとしての経験が浅い奥山さんとしては不安だったんでしょう。「ダビングのときに音付けをするから、大丈夫だよ」と僕は言いました。やがて音入れをしてゼロ号の試写を観たときに、奥山さんが僕のところへ走り寄ってきて、「紅谷さん、ありがとうございました。これで安心しました」って言われたことを、よく覚えています。僕としては動物を使ったら画だけでも結構保つことが分かっていたし、サウンドプランも十分に立てて計算していたので、まったく心配はしていませんでした。映画も大ヒットして、松竹はここから犬の映画を連発していきましたね。

「海へ―See you―」でパリ－ダカール・ラリーと同行

――そしてこの年、蔵原惟繕監督、高倉健さん主演による「海へ―See you―」(88)の仕事の依頼があったんですね。これはパリ－ダカール・ラリーを舞台にして、高倉さん演じるメカニックの神様・本間英次を中心に、ラリー・チームの奮闘を壮大なスケールで描いたもので、蔵原監督としては「栄光への5000キロ」に続くラリー映画でしたが。

紅谷　これは東宝とニュー・センチュリー・プロデューサーズ（NCP）の共同製作で、プロデューサーはNCPの岡田裕が担当しました。それで岡田プロデューサーと蔵原さん、脚本の倉本聰さん、健さんの四人が脚本の方向性やスケジュールのことで倉本さんが住む富良野で会談し、正式にやることが決まったということで、岡田プロデューサーから87年6月8日に担当の依頼を受けたんです。大まかなスケジュールとしては87年12月1日に日本国内でクランクイン、12月22日からフランスロケを行い、翌年1月1日から本物のパリ－ダカール・ラリーを二二日間にわたって密着撮影し、2月にはヨーロッパかアフリカでラリー場面を再現したドラマ部分を撮影。3月20日にクランクアップということでした。

――撮影期間だけで丸四カ月という長期ロケですね。

紅谷　そうなんですが、この時点でまだメインスタッフは誰も決まっていなくて、一番初めに僕が声をかけられたんです。というのも岡田プロデューサーは健さんと初めて仕事をするでしょう。僕は岡田とは日活時代からの知り合いですから、キャメラマンや照明、美術を誰にするかといっ

「海へ―See you―」（88年5月18日公開）。監督：蔵原惟繕、出演：高倉健、桜田淳子。パリ－ダカール・ラリーに挑むチームの姿を、伝説のメカニック担当の男とこのチームに忍び込んだ女性歌手を中心に描く。

倉本聰　1934年生まれ。脚本家、劇作家、演出家。59年、ニッポン放送に入社し、同年から脚本家としてもデビュー。『文吾捕物絵図』(67)、『2丁目3番地』(71)、『前略おふくろ様』(75〜76)、『北の国から』(81〜02)といったTVドラマのヒット作を発表。映画でも「ブルークリスマス」(78)、「冬の華」(78)、「駅・STATION」(81)などの脚本を担当した。

たメインスタッフの編成に関しても相談を受けました。ただキャメラマンに関しては蔵原監督の意見もあるだろうからと明言を避けたんですが、それで蔵原さんが選んだのが、テレビマンユニオンの佐藤利明さんだったんです。この人は蔵原さんと日大芸術学部の同期で、TVのドキュメンタリーを撮っていたんですが、映画は初めてだったらしいのです。そして結果からすると、二人のコンビがうまくいっているようには思えなかった。大変な題材なだけに難しかったと思いますが……。

――本物のラリーを題材にしているとはいえ、ドラマで構成された映画とTVのドキュメンタリーとでは、勝手が違うでしょうからね。

紅谷　ほかのスタッフも初めての人が多いので編成の不安もありましたけれど、ほかにも問題が山積みでした。これは一〇カ国に及ぶ海外ロケがあって、そのために移動も多い。またラリーを再現したドラマ部分をどこで撮るかも決まっていなくて、そこには実際のラリーで使用した壊れた車やドライバーを持っていかなくてはいけない。協力して車を提供してくれるチームがどれだけあるのか。プロのドライバーがそこにどれだけ参加してくれるのか。もちろん大人数のスタッフ、キャストの宿泊設備のことも含めて、決めなくてはいけないことがたくさんあったんです。

――ラリーの開催日は決まっているわけですから、そこを基本に撮影スケジュールを決めなくてはいけないんですね。

紅谷　ええ。そんな状況の中、石原裕次郎が7月17日に五二歳という若さで亡くなりました。彼の全盛時代を共にしただけに、大変ショックでした。僕は、これで一時期隆盛を極めた日本映画のある時代が終わったなと思いましたね。

――裕次郎さんとは蔵原作品を含めて、ずいぶん仕事をされていましたからね。それで、映画の状況はうまく転んでいったんですか。

紅谷　8月にはようやくメインスタッフが決まって、みんなが集まって問題を討論したんですが、すべての段取りが遅れ気味でね。一番の急務はラリーの再現場所の選定です。ダカールの近くにロケ場所を持っていければ、車もドライバーも移動が楽なんですが、事前にロケハンした蔵原監督によれば、あのあたりでは不可能だと。隣国のモーリタリア、マリ、ギニアといったところも政情不安で撮影が難しい。結局、侃々諤々の末、最終的にはチュニジアに決定したんです。この

佐藤利明　1929年生まれ。キャメラマン、プロデューサー。日活でのキャメラマン助手を経て、TBSの報道局に勤務。70年、テレビマンユニオンの創立に参加し、『遠くへ行きたい』、『欧州から愛をこめて』などのキャメラマン兼プロデューサーを務めた。映画ではほかに、ドキュメンタリー「生きている日本列島」(60)、「ねじ式映画　わたしは女優？」(69)の撮影を担当した。

映画は翌88年5月に公開することが決まっていたので、逆算すると時間がない。だから一時は10月中旬にクランクインすることも検討されましたが、結局諸問題の決め込みが遅れていたので、12月5日に東宝スタジオのセットから、やっと撮影を始めたんです。

――慌ただしい状況の中で撮影を始めたようですが、蔵原監督の様子は？

紅谷　この頃、蔵原さんは体の調子が悪かったんです。東宝スタジオでの撮影の後、12月17日から北海道の夕張で健さんの登場シーンを撮影しました。二日目の夜間ロケが夜明け近くまでかかったんですが、撮影が終わったときに「心臓の調子がよくなくて不安だから、ホテルで一緒の部屋に泊まってくれ」と蔵原さんが言うんですよ。ホテルの部屋はツイン・ベッドで一つ空いていたので、しょうがないので、僕はその隣で寝ることにしました。

――「南極物語」でヴァンゲリスとの打ち合わせのときにも、そんな話がありましたね。

紅谷　外国のホテルで蔵原さんが何者かに変な嫌がらせを受けたときですね。「海へ―See you―」の初めの頃の蔵原さんはひどく疲れた様子でした。僕の方は酒をかっ食らって、高いびきをかいて寝ていましたが（笑）、翌日には元気そうに見えたので、まずは一安心。おそらく蔵原さんとしては、この映画のスタッフは初めて組む人が多かったので、古い付き合いの僕を頼ってきたところがあったんだと思うんです。そして12月20日に国内での撮影を終えて、僕らは最初のロケ地であるクリスマス・イヴのパリへと向かいました。シャンゼリゼ通りでパリのクリスマス風景を狙う、実景から撮影を始めたんです。

――ここから三カ月に及ぶ海外ロケが始まったんですね。

紅谷　前途多難な予感がしましたよ。

健さんから新年の挨拶が聞こえてきた

パリ市内や郊外での撮影を順調にこなし、12月31日の大晦日を迎えました。いよいよこの日の午前0時からパリ―ダカール・ラリーの本番が始まるんです。スタート地点のヴェルサイユ宮殿前は夕方から見物人が多くなって、撮影時に混乱が予想されましたから、我々が狙う群衆入れ込みの俳優たちによる出発風景の撮影は、本物のラリー車が出発する午前六時の三時間前に終える約束になっていました。しかし相手側の意見不統一もあって当日になっても撮影許可が出ない。一応我々は一五時にホテルを出発して、ヴェルサイユ宮殿のところで三台のキャメラをセッティングし、撮影準備を終えました。やっと撮影許可が下りたので二〇時から撮影を開始。ゲリラ的な撮影でしたが、思いのほかトラブルなく進みました。

——そのスタート地点で、群衆がいる中で新年を迎えたわけですね。

紅谷　午前0時になるとともに花火が上がり、車のクラクションがあちこちから鳴り響いて、群衆からは大歓声が上がる。異様な雰囲気の年明けでしたね。僕は撮影用のラリー車隊の中で大型のパジェロに乗っていて、後ろの大型カミオン（トラックのこと）には高倉健さんが乗っていたんです。健さんのカミオンには、ハンドルの近くにワイヤレスマイクを仕込んでありました。すると新年を祝う花火が上がったときに、「紅谷さん、新年明けましておめでとうございます」と、僕のヘッドフォンに健さんの声が飛び込んできたんです。あれには感動しましたね。音の洪水のような新年を祝う喧噪の中で、健さんが僕だけに新年の挨拶をしてくれたんですから。

——感激したでしょうね。高倉さんが乗るカミオンも、このとき、同時に出発したんですか。

紅谷　いえ、俳優陣はこの出発風景を撮ったらホテルに戻って、後日空路で移動してニジェールのアガデスという町で1月10日に我々実景班と落ち合うことになっていました。つまり僕らラリー車隊は、一〇日間走り続けてアガデスに到着しなくてはいけなかったんです。

——ラリー車隊の編成は？

紅谷　このラリーには四輪車だけで約三〇〇台が参加するんですが、メーカーが速く走るために改造したプロトタイプ、市販車改造タイプ、市販車無改造タイプに大別されていて、僕らのパジェロは市販車改造タイプで参加しているという設定です。編成は大型のパジェロが二台、小型パジェロが二台で、これにベンツのカミオンの大型と中型、さらにリタイアした人を救助していくカミオンが各一台ついて、計七台のクルーでした。全車両ともラリー仕様に特注したもので、ラリーのゼッケンナンバーも車体に貼り付けてあるのでちゃんと被写体としても使えるんです。カミオンのドライバーは大型に乗るリーダー格のフランス人のジェフをはじめ、みんなパリ—ダカール・ラリーの経験者でした。パジェロには小型二名、大型に三名しか乗れないので、ドライバー四名を除くと、助監督一名、撮影部三名、録音部一名、美術部一名しか同行できない。録音部

「海へ—See You—」。パリ—ダカール・ラリーのスタート地点、ヴェルサイユ宮殿前にて。筆者の後ろに三菱パジェロ（左後ろ）と、その奥にカミオンも見える。

では僕が、ドライバーの山本君、B班監督の丸久生君と大型パジェロの八一七号車に乗り込むことにしました。ただ一人だけで作業をすると、ラリー車関係の効果音が絶対不足すると思ったので、チュニジアでラリーの再現部分を撮影するときに、効果音を専門に録れる人間を、別班で増員してもらうことにしました。また蔵原監督と撮影の佐藤利明さんは、空撮で我々地上班を撮っていくという二班体制が組まれましたが、当初はヘリコプターで撮影するはずだったんです。しかしヘリの調達が難しく、小型飛行機に変更されました。丸君は空撮班と専用の無線で話し、地上班とは別に連絡が取れるように無線を二つ用意して、指示を出していましたね。

——パリを出発してから、どのようなルートをたどったんでしょうか。

紅谷　最初はパジェロでパリから港町のセートまで行って、そこからフェリーに乗ってアルジェへ向かうんです。このフェリーが乗船を待つラリー車で渋滞して、乗船するまでに一時間半かかりました。フェリーの中は車と人が満載で、食事は入れ替え制で出されるんですが、二時間も並ばなければならない。船旅でゆっくりするどころか、とても休養できる状態ではなかったです。アルジェに着くと、ここで地上班の車両が結集し、最初のキャンプ地エルウェッドを目指しました。水は一人ずつボトル数本が支給され、その水を自分で計算しながら使うんです。エルウェッドに着いたのは深夜の一時でしたが、夜の砂漠はかなり冷える。二人用のテントを張って、トイレに行きたくなったら懐中電灯を頼りに人気のない場所を探して、毒虫に噛まれないように軍手で穴を掘って用を足すんですけれど、しゃがみこんだらお尻をなでる風が吹いて、震えがくるほど寒い。終わると貴重な水を使って手を洗って寝るんですが、セーターにダウンを着て寝袋に入らなくてはいられないほど、夜は寒いんです。それでウトウトとすると、三時にはもうラリーに参加しているオートバイがエンジン調整を始め出すんです。その音がバカでかいのでゆっくり寝ているわけにもいかないんですけど、こっちも五時には起床ですから、何とか寝ておこうとしてね。疲れが取れない日々が続きました。

——一日二〇時間近く活動しているわけですね。そのペースで、実際のラリーに並走していくわけですか。

紅谷　いえいえ、ラリー車と同じコースをたどって走っても、とても追いつかない。プロトタイプなんかは、スピードがまったく違うわけですから。我々は国道を利用して近道をし、さらにキャンプ地をいくつかカットして先回りしながらアガデスを目指しました。ただずっと国道を走っているわけにはいかない。ラリーに参加している部分の実写を撮るのが目的ですから。空撮班と連携して砂漠を走ってゆく実写を撮影する。しかしアガデスには、約束通り1月10日に着かなくてはいけない。走行スケジュールを決めるのに、実写をできるだけ多く撮りたいB班監督の丸君と、ラリー車隊を目的地まで安全に運びたいリーダーのジェフとの間で、しばしば意見の衝突がありました。ジェフは、我々がラリーと別行動しているときはその日に泊まるキャンプ地も決めるのですが、小高い丘の裾野を選んでキャンプ地にすると、大型のカミオンから大きな板と角材を持ち出してきて簡易テーブルを作り、そこにテーブルクロスを敷いて簡単な食卓を作るんです。食事はサラミやコールドハムといった干物でしたけれど、必ずワインを用意する。砂漠を一日走ってきた後の、このワインが救われるんです（笑）。やはりフランス人は、食事を楽しむ文化があると思いました。あとは静かな夜の砂漠を楽しむ心の余裕があれば申し分ないですけど。

――朝食はどんなものが出るんですか。

紅谷　ティーバッグの紅茶とパンといった簡単なもので、何せ暗いうちから出発の準備を始めますから。というのも砂漠の朝は比較的砂が硬くて、走りやすいんですよ。午後になると砂が軟らかくなって、タイヤの空気圧を変えて走らなくてはいけない。だからできるだけ午前中に走行距離を稼ごうとしたんです。また空撮班の飛行機から、「もっとスピードを上げて、砂埃を立てるように」と指示が出たりするんですが、上空から見ると砂漠は平坦に見えても、実際はかなりデコボコしていて、アクセルを全開にして走るのも限界がある。1月5日にキャンプ地のボルジ・オマール・ドリスに到着した頃には、本物のラリー車の破損が激しくなって、壊れた車を修理する光景があちこちに見られました。

全身砂埃を被りながらなんとかアガデスに到着

――過酷なラリーの状況が窺えますが、空撮班とはずっと別行動だったんですか。

紅谷　この小さな空港のあるボルジ・オマール・ドリスで空撮班と合流して、この先の作戦を練りました。しかし小型飛行機では、やはり思うような映像が撮れないらしく、撮影の佐藤さんはイラついていたし、蔵原さんにも笑顔がなかったですね。

――アガデス到着予定まであと五日ですが、無事に着いたんですか。

紅谷　サハラ砂漠、テネレ砂漠のラフロードをひたすら走っていきました。録音機材は厚いクッションを張ったボックスに入れて、そのボックスをさらに厚いクッションで覆って、車の台にガムテープで固定しておきました。何せものすごい振動と埃なんです。防護は完璧でしたが、機材の出し入れをするのが面倒でしたね。ときには絵に描いたようなラクダの大群に遭遇したり、砂嵐にも遭ったりしました。砂嵐が来たらひたすら通り過ぎるのを待つしかない。車内にいてもすごい砂埃でしたけれど、ターバンを巻いていたので何とかしのげました。アルジェリアの国境を越え、ニジェールに入った頃、我々の車にもトラブルが発生し始めました。でも約束の1月10日午後、無事にアガデスに着いたんです。

――ほっとしたでしょうね。

紅谷　着いたときには全身砂埃を被って、ひげから何もかも茶色になっていましたよ。ドライバーたちと我先にと争って震えながら水しか出ないシャワーを浴びました。それで空撮班や俳優たちと合流したんですけれど、健さんがいの一番に駆け寄ってきて、「無事でよかった」と握手をしてくれて。現地人から買ったという銅と真鍮で作られたブレスレットを、「記念に」と言ってプレゼントしてくれたんです。ラリーが終わった後、イタリアのジェノバでロケをしているときに健さんは五七歳の誕生日を迎えたんですが、お祝いの花束を渡してささやかなパーティーをしました。僕と岡田裕プロデューサーと蔵原さん、そして健さんの四人だけでね。健さんは蔵原さんとは「南極物語」で一緒にやっていますが、ほかに馴染みのスタッフが僕しかいなかったんです。だからしゃべる人がいなくて、僕は健さんとはよく話しましたね。しんどい撮影でしたが、健さんとはいい思い出が作れた映画として記憶に残っているんです。

1月11日アガデスで俳優たちが演じるドラマ部分を撮影しました。12日には同じニジェールのニアメに移動。ここには大きなホテルがあるので助かりましたが、ドラマ部分を撮影していくうちに、スタッフやキャストに徐々に不満がたまっていきました。移動撮影が続く中で、初顔合わせの外国人スタッフやキャストも多いのに、彼らと馴染む機会がない。仕事の段取りも今ひとつで、プロデューサー・サイドに対して不信感が募っていったんです。

――海外ロケの場合は、どうしてもストレスが溜まると言われますよね。でもラリーは進行中ですし、撮り進めなくてはいけないのでは？

紅谷　そうなんです。14日には空撮班が出発。ラリー車隊も、パジェロに乗るのを、僕から助手の廣川英治に代わってもらって、ダカールに向け出発していきました。残された僕らは15日にニアメ空港を出発して、深夜二時にダカール空港に着きました。ダカールの立派なホテルに落ち着いて、ゴールするラリー車を待っていると、これまで一〇日間に及んだ砂漠でのテントの寝袋生活をしみじみ思い出しましたよ。

――それだけつらい日々だったわけですね。ゴール地点の様子はいかがでしたか。

紅谷　22日の深夜にホテルを出て、ゴール地点の車内で仮眠をしながらラリー車の到着を待っていたんですが、確かな情報が来ないんです。いきなりプジョーが飛び込んできたので、それっ！とばかりに機材を持って走りましたが、ラリー車がバラバラに入ってくるので、順位が分かりにくくて、しかもワーッと盛り上がる感じもない。過酷なレースで、実際にゴールできる車も多くないんです。ちょっと意外で拍子抜けしましたが、そこは後にチュニジアでの再現撮影で何とかすることにして、とりあえずパリ―ダカール・ラリーは終了したんです。

――ここからドラマ部分を本格的に撮っていったのですか。

紅谷　まず1月25日にパリへ戻って、そこから2月初めにイタリアのジェノバへ飛び、ここからイタリア・ロケを始めました。イタリア・ロケでは製作、助監督、グリップ（特機）、美術助手、照明助手、メイク、衣裳にイタリア人スタッフが加わるほか、撮影監督システムがとられて、撮影監督が照明を担当することになりました。撮影監督のペピーノ・ティネリは典型的な陽気なイタリア人で、照明助手にてきぱきと指示を出して仕事が早い。通訳を通して、彼とはすぐに仲良くなりました。彼のおかげもあって、イタリア・ロケは予定通り順調に終わりました。

――その後、ラリー部分を再現するチュニジア・ロケに向かったんですか。

紅谷　ええ。首都のチュニスから六〇〇キロメートルほどのところにあるトズールという町の周辺でロケをしました。この町には大きなホテルが二つあるので、撮影環境は悪くない。スタッフはペピーノをはじめとするイタリア人スタッフが一部参加し、それに製作、助監督、特機、メイク、衣裳、美術助手としてチュニジア人スタッフが新たに参加しました。

「海へ ―See You―」。ゴールのダカール海岸で車両がヴィクトリーランを行う音を収録。

――ロケ地と共にスタッフの顔ぶれが、入れ替わる体制なんですね。

紅谷　だから健さんもこの状況に馴染めなかったんじゃないですか。ストレスを抱えているようでした。僕がスタッフと健さんの間に入って何かやれればよかったんですが、こっちも外国人のスタッフとはペピーノや何人かと馴染んだだけですから、なかなかうまくいかないんです。ただペピーノとの連携は悪くなかったと思いますよ。イタリア・ロケはデイ・シーンがメインだったので問題なかったんですが、ラリーの再現はドラマ部分の多くが夜のキャンプ地になる。するとジェネレーターのノイズが問題になるし、撮影時にライトが当たるマイクの影も問題になるんです。イタリア映画はほとんどがアフレコだということで、照明スタッフは比較的音に関して無関心なんです。だからペピーノはこれらの問題を解決するために、事前に話し合いたいと言ってきました。それで僕の方はマイクポジションを早く決めるから、マイクの影を照明で切ってくれと。ジェネレーターは、チュニジアのジェネレーターだと音が静かなものは期待できないので早めにテストをして、できるだけ離しておくようにする。そんな話し合いができたので、ペピーノとはうまくいったんです。撮影が終わって別れるときに、彼が日本語で「アリガトウ」と、僕は「ありがとう、お疲れさまでした」と言って、固い握手をかわしましたよ（笑）。

三カ月強の過酷な海外ロケで肉体的、精神的に疲労困憊

――ここで映画のストーリーを簡単に整理します。スポンサーからラリーに人気スターの吉井（大橋吾郎）をドライバーとして参加させたいと言われたチームのリーダー・水木（小林稔侍）は、メカニックのプロである本間英次（高倉健）を、サポート車のカミオンに乗車させる。ラリーには英次の前妻ケイ（いしだあゆみ）と彼女の現在の夫・アントニオ（トーマス・アラナ）も参加していて、英次を含めた三角関係が生じる。さらに吉井を追ってきた歌手・夕子（桜田淳子）がカミオンに隠れて乗っていて、吉井と夕子の愛も綴られる。ラリーと二つのラブストーリーが同時進行するわけですよね。

紅谷　回想シーンが多い脚本で、アントニオの職業が闘牛士だったので、スペインのヴァレンシアで闘牛場と火祭りを撮るために、チュニジア・ロケをいったん打ち切って実際に祭りが行われ

る日程に合わせてスペインへ渡って撮って、また戻ってこなくてはいけなかった。とにかく慌ただしかったです。ただ蔵原さんはクランクインの頃は体調を心配しましたが、このあたりになると気力で保たせているのか、元気そうで健康面の不安は感じませんでした。

——俳優たちは、どんな雰囲気でしたか。

紅谷　いしだあゆみさんが一番気楽そうにやっていましたね。桜田淳子は歌手ですから映画人に慣れていない感じがあって、いい子なんだけれど現場に打ち解けにくい感じがしました。小林稔侍は東映時代から健さんの子分のようなものですからいつも傍に付いていました。

——ドラマ部分は、夜のキャンプ地がメインですよね。問題は起こらなかったですか。

紅谷　3月5日の夜、砂漠で撮影していたら遠くで稲妻が光ったんです。リハーサルが始まったんですけれど、今度はもう少し近くで雷鳴が響きました。嫌な予感がしたので、僕は助手に機材車を近くに持ってくるように指示しました。危険を感じて調整卓とナグラをバラそうとしていたら、突然砂嵐が発生した。そこへ機材車が到着して、急いで後部座席に機材を入れた瞬間、稲妻が光って周りが全部ピンク色になったと思った途端、雷鳴が地鳴りのように轟いて、ものすごい雨が降ってきたんです。間一髪とは、まさにこのことですね。以前に「富士山頂」で、富士山の九合目でロケをしているときも、いきなり雷雨に遭ったことがあるんです。富士山の上では下からピカっときて、足元が全部光る。もう逃げ場のない怖さでしたが、この砂漠の雷もそれに匹敵する恐怖でした。

——周辺にライトをはじめとする機材がたくさんありますから、雷が落ちなくてよかったですね。

紅谷　ええ。そんなことも経験したので、肉体的にも精神的にも疲労困憊していきました。3月25日に何とかチュニジア・ロケを終えてパリに戻りました。そこから当初アラスカで撮影するはずだった雪の部分を、予定を変更してフィンランドのロバニエミで撮ることにして、フィンランド・ロケが終わったのが4月5日。日本に帰国したのは4月7日でしたね。

——公開日は5月14日。仕上げ作業の時間はあまり残されていなかったのでは?

紅谷　そうなんです。すぐに編集作業を始めましたが、倉本聰さんの脚本は変更してはいけないことになっていたので、それがネックで、作業がはかどらないんです。東宝からは「間に合うのか」とか、「長くなると聞いているが、短くしてくれ」という要求が何度も来る。また編集中に蔵原さんの体調が悪くなって、血圧が高くなり、鼻血も出していました。蔵原さんは頑として尺を短くしないので、さらに東宝ともめて……。長い回想シーンなどは未整理のまま仕上げた感じでした。最終的には二時間五四分の大作になりましたが、結局、当初予定していた5月14日の封切日に間に合わなかったんです。

――だから翌週水曜日の18日公開という、変則的な封切日になったんですね。

紅谷　公開初日の日程が変更になり、満足な宣伝もできなかった。それが直接の原因かどうかは分かりませんが、健さんの主演映画でしたが興行的には厳しい結果に終わりました。

――蔵原監督と高倉健さんの前作「南極物語」は日本映画の興行記録を塗り替える大ヒットでしたが……。

紅谷　「南極物語」の後、蔵原さんは「春の鐘」を東宝で撮りましたが、これも興行的にもう一つだった。続くこの作品で封切日に間に合わないということになり、しかもヒットしなかったので、東宝からの信用を完全に失ったんです。

――蔵原監督作品には、ラリーを題材にした「栄光への５０００キロ」があって、女性が恋人を追いかけていくロードムービーとしては「憎いあンちくしょう」がある。どちらもいい映画だったので、この映画も得意な題材だったとは思うのですが……。

紅谷　しかし、今回はそれら二本を作っていたときのようなエネルギーと意欲は現場でもあまり感じられませんでしたね。やはり自分の世界に引き寄せられなかったことと、撮影の段取りが思うようにならなかったのが大きかったのでしょう。体調も万全ではなかったようですし。長年の仕事仲間として、この仕事は傍で見ていてつらかったですよ。

――映画作りの難しさを感じます。紅谷さんはこの作品が終わった後、盟友・今村昌平監督の「黒い雨」（89）へ参加するわけですね。

今村昌平念願の企画「黒い雨」

――今村昌平監督は小学生の頃から作家・井伏鱒二のファンで、井伏さんの小説『黒い雨』の映画化は念願の企画だったとか。この作品は米国の広島への原爆投下によって、放射能を含んだ

「黒い雨」（89年5月13日公開）。監督：今村昌平、出演：北村和夫、田中好子。井伏鱒二の小説を原作に、広島で原爆投下時に黒い雨を浴びた女性が、戦後になって被爆後遺症を発病しながら、叔父夫婦の支えによって生きていく姿を清冽に描きだした作品。

黒い雨を浴びた矢須子と、その親代わりである叔父夫婦を主人公に、戦後になって縁談が持ち込まれる矢須子に原爆症が発症して、苦しみと悲しみにとらわれていく彼女らの日常を映し出したものですね。これまで何度も映画化の話がいろいろな映画人から持ち上がったが、いずれも原作者が難色を示して実現できなかった。しかし今村監督は、何とか映画化に漕ぎつけたんですね。映画化が難しかったのは、脚本の問題なんですか。

紅谷　誰が脚本を書いても、井伏さんから映画化の許可が下りなかったんです。それで一つのきっかけになったのが、浦山桐郎なんです。85年に浦山が亡くなったでしょう。彼は生前、『黒い雨』をアニメーション映画として構想していましたが、果たせずに逝ったんです。浦山の葬儀に出席した今村さんは、ここで脚本家の石堂淑朗と再会して、二人で「黒い雨」の脚本を書くことにしました。彼らは、広島に原爆を投下した爆撃機エノラ・ゲイの先発として飛び立ち天候観測を行って原爆投下の場所を広島に決定づけた爆撃機、ストレート・フラッシュの機長クロード・イーザリー少佐の娘を登場させるものなど、いろいろな脚本を書いて紆余曲折を経て、最終的には原作に最も近い脚本に仕上げて、88年3月に井伏邸を訪れたんです。そしてこの脚本に許可が下りたことから、一気に実現に向けて動き出しました。

――クランクインが6月ですから、急ピッチで準備が進められたんですね。

紅谷　僕にはかなり早い段階で依頼が来ていましたし、脚本以外の準備はすでに並行して進行していたんです。例えば、今村さんはこれをモノクロで撮ろうとしていた。それでキャメラマンを「楢山節考」や「女衒」で組んだ栃沢正夫ではなく、川又昂さんに頼みました。今村さんと川又さんは松竹大船で小津安二郎監督の現場を共にした、助手時代からの知り合いなんです。それに川又さんはモノクロの映像を熟知しているし、またこれは昭和二〇年代を背景にした家庭劇ですからね。川又さんがピッタリだと思ったんでしょう。初のコンビとなります。ただ川又さんは構図的に引きの画が多くて、録音する身としてはマイクポジションに苦労しました。だから結果的には、屋外はワイヤレスマイクを多用することになりましたけれどね。

――後にＤＶＤの特典映像に収録されましたが、田中好子さん演じる矢須子が二〇年後に四国を巡礼する、お遍路さんの場面がカラーで撮られていますね。最終的にはカットされたわけですが。

石堂淑朗　１９３２〜２０１１。脚本家。55年、松竹に入社し、60年に脚本家デビュー。主な作品に「太陽の墓場」(60)、「非行少女」(63)、「水で書かれた物語」(65)、「無常」(70)、「南極物語」(83)、「ジャズ大名」(86)、「黒い雨」(89)などがある。

栃沢正夫　１９３２〜１９９９。映画キャメラマン。ＰＲ映画などを経て、68年に映画キャメラマンとして一本立ち。主な作品に、「神々の深き欲望」(68)、「楢山節考」(83)、「海と毒薬」(86)、「女衒」(87)、「ひかりごけ」(92)、「深い河」(95)などがある。

川又昂　１９２６〜２０１９。映画キャメラマン。45年、松竹に入社し、多くの小津安二郎作品で撮影助手を経験した後、59年にキャメラマンとして一本立ち。主な作品に、「青春残酷物語」(60)、「太陽の墓場」(60)、「砂の器」(74)、「八つ墓村」(77)、「事件」(78)、「鬼畜」(78)、「疑惑」(82)などがある。

紅谷　冒頭とラストにカラーで撮った矢須子のお遍路さんの場面が入る予定でした。そこだけカラーにするのは当初からの案で、井伏さんに提出した脚本にもその場面はあったんです。

――撮影の川又さんのほかに、武満徹さんが初めて今村映画の音楽を担当しましたね。

紅谷　音楽の人選は難航したんです。最初は今までコンビを組んできた黛敏郎さんに依頼したんですが、黛さんは思想的なことがネックになってダメになった。続いて武満さんに依頼したけれど、初めからウンと言わなかった。しょうがないのでロケに行っている間、プロデューサーがいろいろな音楽家のデモテープを送ってきて、僕も今村さんから五人くらいの曲を聴かされたけれど、これといったものがなかった。それでやはり武満さんにこだわりたいということで、再度武満さんにオファーして、プロデューサーが我々には内緒で武満さんにラッシュの一部を観せたら、「なかなか質のいい作品だ」ということになって、やっとOKしてくれたんです。音楽を作るときに武満さんはずいぶん悩んだそうですが、結果的には弦主体の静かで深い力のこもった旋律で、とてもよかったと思います。

――これでメインスタッフは決まったと。それから原作にある昭和25年の小畠村を映像化するために、岡山県の吉永町八塔寺（今の備前市）をロケ地に選んだんですね。

紅谷　ここには茅葺きの民家が全部で一四戸点在していて、水車小屋や小川もある。懐かしい里山の風景が『八塔寺ふるさと村』として、保護されていたんです。映画の主な舞台は、矢須子の叔父・閑間重松（北村和夫）の家で、この家は山奥にあった廃屋を、半年かけて移築しました。さらにこの地区にあった電柱三〇数本を引き抜いて、舗装された道路の上に約四〇トンの砂を敷き詰め、約四〇年前の小畠村を作り上げたんです。

ロケ出発の前日にもらった黒澤組への誘い

――ロケセットも出来上がった6月、岡山へと向かったんですね。

紅谷　クランクインは6月10日でしたが、ロケに出発する前日の7日に、思いがけない人から電話がかかってきました。相手は長年黒澤明監督の記録を務めているのんちゃん（野上照代）でね。のんちゃんと僕は、共に大映京都撮影所の出身で「羅生門」で一緒だったんだけれど、その後付

武満徹　１９３０～１９９６。作曲家、音楽プロデューサー。50年に作曲家としてデビューした後、芸術集団『実験工房』に参加。映画、舞台、ラジオ、TVなど、幅広いジャンルの音楽を手掛けた。映画では「切腹」(62)、「砂の女」(64)、「乾いた花」(64)、「心中天網島」(69)、「儀式」(71)、「乱」(85)、「黒い雨」(89)、「写楽」(95)などを担当した。

野上照代　１９２７年生まれ。スクリプター。49年、大映京都撮影所に入所。50年、「羅生門」の現場で黒澤明監督と知り合ったのをきっかけに、東宝へ移籍。以降、「生きる」(52)から「まあだだよ」(93)まで、黒澤明監督の全作品でスクリプターを務めた。

き合いはまったくなかった。毎日映画コンクールで「影武者」（80）が主な賞を独占したときに、僕だけが「復活の日」で録音賞をもらって、司会者が『影武者』の紅谷さん」と間違えて紹介してね（笑）。その会場で久しぶりにのんちゃんと会って、軽い挨拶したくらいのことだったんです。それが突然電話をもらって「最近どうしてる？」といきなりスケジュールを聞かれたので、「明日から今村組の『黒い雨』で、岡山ロケに行く」と言ったら、「ええっ」と驚かれて。『黒い雨』は初号試写が12月末に決まっているよ」と言ったら、「問題はスケジュールね」と、独り言を言うんですよ。このあたりで、これはひょっとして黒澤組の話かなと思ったんです。黒澤明監督が新作に入るという噂は聞いていましたからね。そうしたら、「正直に言います。黒澤さんが新作に入ります。できたら、お願いしたいんです。クランクインは来年早々です」と言うわけです。でも僕は年内いっぱい「黒い雨」にかかりきりなので、スケジュールが難しいでしょうと。のんちゃんは、「とりあえずロケ先の住所と電話番号を教えてちょうだい」と言って、この電話は終わったんです。

——その新作が黒澤明監督の「夢」（90）だったわけですね。

紅谷　そうなんです。黒澤映画の録音をずっと手掛けてきた矢野口文雄さんが前作「乱」（85）の撮影中に亡くなられたことは知っていましたが、代わりをやるのは当然東宝系の録音技師だと思っていました。まさか日活系の僕に話が来るとは夢にも思わなかった。正直、気が重かったです。助手時代に「羅生門」の現場で、怒鳴りまくる黒澤監督を見ていましたし、怖いという印象がいまだに強く残っていて（苦笑）。

——断ろうと思ったんですか。

紅谷　とも思ったりして……ずいぶん迷っていました。そうしたら岡山ロケに入ってすぐの6月15日、ロケ先にのんちゃんから手紙が届いたんです。「黒澤さんに事情を話したら、それでもいいからぜひ紅谷さんにやってほしいと言っていると。ついては岡山ロケから帰ってきたら、すぐにでも会いたいと黒澤さんがおっしゃっているので連絡してほしい」という文面でした。作品の内容も分からないまま、とにかく黒澤組に参加することが内定する形になってしまった。この手紙をもらってから、常に黒澤監督のことが頭から離れなくなって、さらに気が重くなりました。

——ここから後の展開は、「夢」について伺うときにじっくりとお聞きします。「黒い雨」に戻

「夢」（90年5月25日公開）。監督：黒澤明、出演：寺尾聰、倍賞美津子。黒澤監督が自身の夢をモチーフに描いた、八つのエピソードからなるオムニバス作品。各々違った映像表現によって、イマジネーションあふれる短編集になっている。

矢野口文雄　1917〜1985。録音技師。36年、PCLに入社。「野良犬」（49）から「乱」（85）まで、黒澤明作品12本の録音を担当。他にも『社長』シリーズや「モスラ対ゴジラ」（64）など数多くの娯楽映画を手掛け、映画黄金期の東宝映画を支えた。

「乱」（85年6月1日公開）。監督：黒澤明、出演：仲代達矢、寺尾聰。

「黒い雨」。原爆が落とされた直後の、広島市街を再現した場面。

「海へ―See You―」。カミオンのロールケージに踏み台を取り付け、キャメラを筆者がしがみついて走行中の運転席の様子を収録した。

って、6月のロケはいつまで続いたんですか。

紅谷　最終的に岡山では第三次ロケまであって、延べ九五日間撮影しました。例によって今村組ではスタッフ、キャスト七〇名ほどが合宿生活をする。八塔寺のお寺と農家に分宿したんですが、まず全員が集まる食堂と風呂場が設営され、そこを中心に最も近い家に今村さん。僕ら録音部は食堂から歩いて三分ほどの家に落ち着いたんですが、都合のいいことにここは元民宿でね。風呂、洗濯機、冷蔵庫、トイレを完備して、部屋も六室あったので、宣伝部や特殊メイクの人も泊まることになりました。

――でも田園風景広がる場所ですから、周りには何もないわけでしょう。

紅谷　もちろん売店もないから、お酒が調達できない。制作部が気を利かせてビールの自動販売機を設置してくれたんですが、みんなが買いに行くからすぐに空になって、制作部は日々その補充に追われていましたよ（笑）。合宿でも今村組の場合、一週間に一日休みを取る。そんな日は重松役の北村和夫さんが、「紅谷くーん、遊びましょー」って幼い子どもの声をマネて、麻雀に誘いに来るんです（笑）。北村さんと僕、今村さんと重松の妻・シゲ子を演じた市原悦子さんの四人で、何度も麻雀をしました。市原さんはよく冗談を言うし、こっちが冗談を言うと笑い転げて、とても面白い人なんです。麻雀をやらないときは、今村さんにときどき呼ばれて、お酒を飲みながら撮影の現状について話していました。

――現場は、いい雰囲気だったようですね。

紅谷　幸いこの第一次ロケは好天にも恵まれて、撮影は順調だったんです。ところが6月20日、アクシデントが発生しました。重松の友人・庄吉役で出演していた小沢昭一さんが、本番中に村道から六メートル下の田んぼに転落して、左手首を骨折したんです。落ちたとき、かなり高さがありましたからみんな心配しました。その現場を見ていた市原悦子さんは「あなた大丈夫？　一回転していたわよ」って小沢さんに言っていましたから。医者に行ったら全治六カ月と診断されたんですが、小沢さんの出演場面はまだ相当残っていた。残りは第二次ロケに回すしかないと判断して、第一次ロケを早めに切り上げることになりました。監督も悩んだ結果、庄吉の設定を変えて、彼は元軍人で戦地へ行って負傷して、常に左腕を吊っていることにしたんです。それまで小沢さんを撮影した分も、第二次ロケで撮り直すことにしました。だから第一次ロケは予定よりも早く6月27日に終えて、いったん東京に帰ってきたんです。

今村監督の狙いを汲んだサウンドデザイン

――次のロケは、いつから始めることになったんですか。

紅谷 幸い、小沢さんケガの経過がよくて、彼が無理をしてでも出たいと言ってきたので、7月16日から第二次ロケが始まったんです。第一次ロケのときから問題だったのは、この季節の撮影現場のカエルの鳴き声でした。周りに田んぼが広がっているので、常にカエルが大合唱している。その声を防ぐため、あぜ道に手が空いている人たちを広範囲に配して、本番前に棒で水面を叩いたり、田んぼの中で足踏みしました。震動を起こすと、カエルは鳴き止むんです。止んだ瞬間、監督が「スタート」の号令をかけて、短いカットはうまくいったんですが、長いカットになると後半、またカエルが鳴き出す。仕方がないのでその部分は、お寺の一室を借りて、セリフだけサウンド・オンリーを録音して、後日はめ替えました。

昔「神々の深き欲望」のときには石垣島で蝉の声に泣かされて、毎日棒で蝉を追い払っていましたが、それから二〇年経って録音機材は発達したけれど、相変わらず同じようなことをしているなと複雑な気持ちになりました。

――この映画は、セリフが全篇岡山弁なんですよね。

紅谷 そうです。しかし、方言に関しては、今村さんが相当妥協しました。この映画はセリフがとても大事なので、ちゃんと聞こえないとまずい。だから、今村さんは方言指導の人に「役者には、徹底して教え込まないでくれ」と言っていたんです。劇中では方言のニュアンスだけを大事にして、分かりやすくしゃべっているはずです。

――人物のセリフがとてもクリアで、会話劇としても素晴らしいと思います。紅谷さんの数々の優れたお仕事の中でも、最高級の一本ではないでしょうか。

紅谷 ありがとうございます。セリフとか、印象的に使われる時報の音とか、必要な音だけ際立たせて、余計な音を全部抑えるように計算してやりました。ロングで聞こえる小さな人声も、レベルを考えながら、ほどよくちりばめて、ダビングのときにも細心の注意を払っています。この映画の録音に関しては、僕も気に入っている作品の一つなんです。今村さんは「これは原爆の恐ろしさを伝えるものだけれど、そのテーマの伝え方が声高であってはならない。低声だが、強いメッセージを呈したい」といつも言っていました。だから音に関しても、日常性とセリフの響きをすごく大事にしたんです。

——またそんな監督の意図を汲んで、矢須子役の田中好子さんが素晴らしいですね。

紅谷　矢須子が原爆症の不安を感じて鏡をのぞき込み、顔を鏡に近づけていく場面や、入浴中に抜け落ちた自分の髪の毛を見つめる場面など、彼女は鬼気迫る入魂の演技をしています。ああいうところで今村さんは「ああしろ、こうしろ」と細かい指示は出さない。田中好子さんは、ちょっとアドバイスされただけで矢須子になり切っていましたから、すごい女優さんだと思いました。

——この第二次ロケでは、原爆投下直後の広島市街を、矢須子と叔父夫婦が逃げ惑うシーンを撮影していますね。このオープンセットはどこに建てたんですか。

紅谷　岡山県牛窓町（現・瀬戸内市）の広大な塩田跡に、二万平方メートルに及ぶオープンセットを建てました。倒壊した瓦礫を表すコンクリートの塊や、黒焦げの路面電車、傾きかけた電柱をロケセットに持ち込んで、美術部が苦心の末に広島の大惨状を再現したんです。被爆者として一〇〇〇人を超すエキストラが参加したんですが、肌がケロイド状になった人や、皮膚が溶けた人を作るために、特殊メイク班として十数人が待機し、夜中の一二時からメイクを始めて、やっと朝からの撮影に間に合うという慌ただしい状況でした。この市街地の撮影は一週間続いたんですけれど、何千本もの古タイヤを燃やして空を覆う黒煙を作り、爆風を起こす大扇風機を持ち込んだり、火焔を上げるガスバーナーもかなり用意してやりましたから、大掛かりなものでした。助監督たちは逃げ惑う群衆を大声で指示し続けていたので、モブシーンが終わると嗄れて声が出なくなっていた。現場にいた人間は、みんな黒煙の煤だらけになっていましたね。

——このオープンセットを作るだけでも、かなりの予算がかかっていますよね。

紅谷　ゼネラル・プロデューサーを兼任する今村監督は、膨らむ美術費や小沢さんの骨折による撮り直し分の経費など、資金繰りに日夜苦しんでいました。だから酒量も増えましたね。あるとき、資金調達のためにどこかへ出向いて、一日撮休にしたこともあります。でも何としても作るんだという強い意志を感じましたよ。

「黒い雨」。広島の惨状を目の当たりにした、右から北村和夫、田中好子、市原悦子の場面。

――過去の時代をリアルに再現することの難しさが、そこにあるわけですね。

紅谷　時代背景もそうですが、原爆投下によって何が起こったかを映像で見せるのも大変なんです。例えばタイトルにもなっている黒い雨。矢須子はその雨を船の上で浴びるんですが、難航したのは、にわかに大粒の黒い雨が降り注ぎ、矢須子の白いブラウスが点々と黒くなるというシーンです。クランクイン前から演出部と美術部が研究を重ね、雨の色、風を考慮に入れた水滴の材質をいろいろ試したんです。また走っている船の上ですから、船のスピードとそのときの風の具合を考えないと、雨の水滴が点々とブラウスに黒いシミを作る感じに降ってくれない。さらに一度失敗すると衣裳もメイクも黒くなるので替えなくてはいけないんです。船も汚れを取るために洗わなければいけませんしね。結局撮影は、四度目の挑戦でやっとＯＫが出ました。

――テーマがテーマだけに、重いシーンの撮影が続いたんですね。

紅谷　それで第二次ロケも半ばに入った8月下旬、プロデューサーの粋な計らいで、お寺の駐車場を借りてバーベキュー大会が開かれました。翌日は撮休だったので、スタッフ、キャスト共に大いに酒を飲んで田中好子と狂ったようにゴーゴーを踊って思い切ってストレスを発散しました。間にそんな息抜きがないと、この手の長期ロケはしんどいですからね。

武満徹さんに褒められたのは嬉しかった

――第二次ロケはいつまで続いたんですか。

紅谷　9月23日に終了しました。東京に帰って編集ラッシュを観たんですが、かなり見応えのある作品になるという手応えを感じました。しかし今村さんは、冒頭とラストに入れる予定のお遍路さんの場面に違和感を覚えていた。この二〇年後の矢須子を描いたカラーの部分は香川県で撮影したんですが、これがあるとどうしても説明的すぎるんです。今村さんは何度も見返して、やはりカットしたいと。カットするということは、ラストを撮り直さなくてはいけないんです。そこから変更したラストの脚本を作って、再度スタッフとキャストを集めました。

――一度ばらした後なので、俳優のスケジュール調整が大変そうですね。

紅谷　とにかく年内に終わらせたいと。重松役の北村さんも、矢須子の田中さんも了解してくれましたね。第三次の岡山ロケは11月19日から開始しました。標高五〇〇メートルの八塔寺はもう肌寒く、紅葉のシーズンに入っていました。そして11月21日に、変更したラストを撮影しました。病状が悪化した矢須子を乗せた車が、遠くに山が見える白い道を走っていく。それを見送る重松の顔に「今もし向こうの山に虹が出たら、奇跡が起こる。色鮮やかな五彩の虹が出たら、矢須子の病気は治るのだ」というナレーションで映画は終わるんです。ラストの変更は苦渋の決断でしたが、僕は全篇をモノクロで通したことで、全体的にぐっと締まった映画になったと思いますよ。

——そこからダビング作業に入ったんですね。音楽に関して武満徹さんはかなり悩んで曲を作っていたそうですが。

紅谷　悩んだだけのことはあったと思います。残念だったのは、当時は四チャンネルのドルビーサウンド全盛時代だったんですが、プロデューサーの要請で、どうしてもモノラルで仕上げなくてはいけなかったことです。これは経済的な問題でした。でもゼロ号試写が終わったとき、武満さんが僕のところに寄ってきて「音が素晴らしい！」と褒めてくれました。あれは嬉しかったですねえ。この映画に参加できたことを僕は誇りに思いますし、今村さんの中でもベスト三に入る作品だと思います。昔の今村映画のように変なしつこさがなくて、無駄な部分はスパンと切ってある。押しつけがましいことをなるべく避けて、原作の味わいを活かしたいい作品になったと思います。

——89年5月に開催されたカンヌ国際映画祭にも出品されましたね。

紅谷　前評判はグランプリの声も高かったんですが、結果は高等技術委員会賞でした。まあ、僕としては12月26日に初号試写が無事に終わって、完全に「黒い雨」が自分の手を離れたので、頭は黒澤明監督の「夢」のことでいっぱいになっていましたけれど。

黒澤監督と「一日でも早く会ってほしい」という電話

——時間を戻します。第一次岡山ロケの最中に野上照代さんから手紙をもらったんですね。帰ってきたら黒澤監督と会ってほしいと。

紅谷　第一次ロケを小沢さんの左腕骨折のため中断して予定より早く6月28日に東京に戻ってきて、

「黒い雨」。村の道での葬式のシーンを撮影。

30日にのんちゃんと会いました。そこで初めて「夢」の脚本を渡されたんです。家に帰って読んでみると、はっきり言って「黒澤さんは、どうしてこんな脚本を撮るんだろう」と思いましたね。様々な夢の羅列なわけじゃないですか。僕がイメージする黒澤映画は、やはり骨太の人間ドラマだったので。でもこういう作品だからこそ、画と音がとても重要になるなとも感じました。想像以上に大変な仕事になると思っていたら、のんちゃんから電話がかかってきて、「黒澤監督と一日でも早く会ってもらいたい」と。それで覚悟を決めて7月5日、のんちゃんと一緒に黒澤邸を訪れたんです。

実は黒澤監督と会う前に、今村さんに相談したんです。のんちゃんからは、一刻も早く黒澤さんと会ってほしいと言われていましたが、僕は「少し時間が欲しい」と。岡山ロケ中に今村さんと会って、「実は黒澤さんから話が来ている。ただ『黒い雨』の仕上げを考えると、黒澤組のクランクインまでのスケジュールがギリギリなんだ」と。そうしたら今村さんは「黒澤さんとやれる機会はそんなにないんだから、しんどくてもやった方がいい」と言ってくれました。今村さんの助言もあり、「夢」をやるとほぼ決めたんですが、実際に黒澤さんと会うまでは正直まだ迷いがありました。

――それはどうしてですか。

紅谷　大映京都撮影所での助手時代に参加した「羅生門」の現場で体験した黒澤監督のすごい怖さがイメージとして根強く残っていたんです。それでのんちゃんに付き合ってもらって黒澤監督を訪ねていったんですが、黒澤邸は意外とこぢんまりした家でしたね。最初にお手伝いさんが顔を出して、すぐに黒澤監督がラフな格好で二階から現れました。そこにはハンチング帽に革ジャン、ジーパン姿の怖い黒澤監督のイメージはまったくなかった。「よく来てくれたね」とグローブのような大きな手で握手されて、二階の応接間へ通されました。

ソファーに座った黒澤さんが改めて「よろしく頼みます」と言われたので、僕は思わず姿勢を正して「こちらこそよろしくお願いいたします」と挨拶するしかなかった。やはり独特のすごいオーラがあるし、断るなんてとてもできない雰囲気でした。のんちゃんが「紅谷さんは『羅生門』の現場に就いていたんですよ」と言うと、「悪いけど全然覚えていないよ」って黒澤さんは頭をかきかき照れ笑いしながら言っていましたが、その笑顔はまさに童子のように純粋そのもので、

「黒い雨」。当時の広島を再現するため、広大な敷地の中に大規模なオープンセットが建てられた。

まるで好々爺といった感じでした。それから「スケジュール的にご迷惑をおかけするかもしれません」ということを了解してもらって失礼したんですが、表に出たら思わず空を仰いで大きく深呼吸していました。やはりすごく緊張していたんですね。ふと、のんちゃんを見たら、してやったりといった感じでニヤッとしていましたよ（笑）。もう逃げられないなって思いましたね。

「黒い雨」ロケの合間に黒澤組「夢」のプレスコ

――それが「黒い雨」の第一次岡山ロケが終わったときのことですね。第二次ロケが終わったときにも、「夢」の準備をしていたそうですね。

紅谷　第二次ロケは9月23日に終了し、ラストシーンの撮り直しを含めた「黒い雨」の第三次ロケまで季節待ちで一カ月半ほど時間ができたんです。それで10月10日にのんちゃんとチーフ助監督を務める小泉堯史さんと会い、もろもろの打ち合わせをしました。とにかく体が空いているときには、横浜の黒澤スタジオのスタッフルームに顔を出してほしいと黒澤さんに言われていました。それで14日に初めて黒澤スタジオに行き、そこでキャメラマンの斎藤孝雄さん、製作の黒澤久雄さん、飯泉征吉プロデューサーに紹介されました。この日の黒澤さんは、キャスティングが難航していて、表情が厳しかったです。ただ監督自筆の絵コンテを見せてもらって、やはり具体的にイメージが膨らみました。黒澤監督を中央にしてメインスタッフが並んで昼食を食べましたが、まだこの組の雰囲気に慣れていなくて相当居心地が悪かったです。昼食後、飯泉プロデューサーと、僕と助手の条件面のことや、録音機材の打ち合わせをしたんですが、お金に関して予想に反して渋かったのは意外でした。また、この日は音楽の池辺晋一郎さんと現実音としての音楽に関する打ち合わせもしたんです。

――つまり撮影前にプレスコといって音楽を事前に録音するための打ち合わせですね。「夢」は、黒澤監督が見た夢を基にした〈日照り雨〉、〈桃畑〉、〈雪あらし〉、〈トンネル〉、〈鴉〉、〈赤富士〉、〈鬼哭〉、〈水車のある村〉の八篇からなるオムニバス映画ですが、完成した映画を見ると、いくつかのエピソードで音楽が効果的に使われていますね。

紅谷　ええ、この映画は黒澤監督の夢のイメージを具現化するものですから、特に画も音も重要

小泉堯史　1944年生まれ。映画監督。70年に『四騎の会』に所属して以降、黒澤明監督に師事。「影武者」(80)から「まあだだよ」(93)まで助監督を務め、黒澤監督亡きあとは、その遺稿を映画化した「雨あがる」(99)で監督デビューした。

斎藤孝雄　1929～2014。映画キャメラマン。46年、東宝に入社。「椿三十郎」(62)でキャメラマンとして一本立ちし、以降は「まあだだよ」(93)まで九作品で黒澤明映画のキャメラマンを務める。ほかにも「赤毛」(69)、「優駿　ORACIÓN」(88)、「虹の橋」(93)などを担当した。

黒澤久雄　1945年生まれ。映画プロデューサー。黒澤明の長男。67年に芸能界デビューし、歌手、俳優、司会者、DJとして活躍。83年にクロサワ・フィルム・スタジオを開設。以降は黒澤プロダクションのコーディネーターとして「乱」(85)、「夢」(90)、「八月の狂詩曲」(91)、「まあだだよ」(93)をプロデュースした。

だと思っていました。それで今村組が空いている11月14日から、アバコスタジオでプレスコを始めたんです。〈日照り雨〉の音楽が最初でしたが、黒澤さんはモニタールームにいて、僕はその横に座らされました。スタジオで音楽を指揮する池辺さんへの注文は、全部僕を中継して指示が出されるんです。僕は池辺さんとは旧知の中なので気が楽でした。この一連の作業の中で黒澤さんはこっちがしっかりした意見を持っていれば、それほど難しい人ではないなと感じましたね。翌日には倍賞美津子さんを呼んで、セリフのリハーサルを録音。倍賞さんは緊張気味でしたが、今村組で顔馴染みの僕がいたので、気分がほぐれたようです。さらに18日には、主人公の少年が日照り前の中で観る〝狐の嫁入り〟の踊りをリハーサルしました。先日録音したプレスコの音楽を流して、本番と同じ扮装をした踊り手たちに振り付けをしていくんですが、ある程度形が出来上がったところで黒澤さんが修正する。監督の中ではかなりイメージが出来上がっているらしく、動きのメリハリを大事にしながら細かく注文を出していました。

――11月19日からは「黒い雨」の第三次岡山ロケが始まりましたから、ここで黒澤組の作業が中断したんですね。

紅谷　ええ、それで第三次ロケが終わった後、12月2日からプレスコ作業を再開しました。〈桃畑〉の雅楽、〈雪あらし〉のハミング、〈水車のある村〉のブラスバンドなどのプレスコをしたんですが、ブラスバンドの音楽にかぶせる女性たちの「ヤッセー、ヤッセー」という掛け声を監督が気に入らず、これは後日録り直すことにしました。また〈トンネル〉のラッパの音なども録ったんですが、これはトンネルで響くエコーが重要だと思っていたので、このときは参考録音ということにしました。

――並行して「黒い雨」の仕上げ作業もしていたんですよね。

紅谷　だから、くたくたに疲れていました。そうしたら12月7日夜に小泉堯史さんから、プレスコのことで黒澤さんがどうしても相談したいと言っているので来てほしいという連絡があったんです。それで今村組の効果アフレコがあった日の朝に都合をつけて、横浜の黒澤スタジオまで行きました。そうしたら黒澤さんが「忙しいところを悪いね」と言われて、相談されたのは一点だけ。〈水車のある村〉のブラスバンドの音は、各楽器の音がもっとアンバランスに聞こえた方が面白いのではないかと。全部の音がバランスよくきれいに聞こえるのではなくて、トロンボーンや大太鼓の音が、ときには大きくなったり小さくなったりしながら全体的に躍動感をもたらす感じにしてみたらどうかと黒澤さんは言うんです。僕もその意見には賛成だったので、話し合いはものの五分で終わりました。この音に関しては、後日僕が相当楽器のバランスをいじくって、最終的にOKになりましたけれど、このとき、僕は黒澤さんがすごく信用できる監督だと思ったんです。音のバランスに関しては、のんちゃんや小泉さんに相談せず、「音の問題だから紅谷君を呼んでくれ」と黒澤さんは言ったそうです。自分の中で引っかかっていたことがあったら、音についてはまず僕と直に会って相談したいと。担当者を大切にする監督だと思いました。

――こうして、徐々に黒澤監督に魅せられたんですね。プレスコ作業はそれで終わったんですか。

紅谷　〈トンネル〉のエコーの響き音を録音するために、12月23日に御殿場近くの金時トンネルへ行きました。このトンネルは全長約三〇〇メートルあって、坑内は音に独特のエコーがかかるので、スタジオではこの音を再現することが難しかったんです。だからラッパの音も奏者をトンネルに来てもらって、実際にトランペットを吹いてもらって録りました。年末の寒い日でしたが、こういうプレスコ録音には黒澤さんじゃなくて、演出補佐の本多猪四郎さんが立ち会うんです。本多さんは、すべて僕に任せてくれました。

――翌89年1月10日のクランクインまで間がありませんが、かなりギリギリまで作業をしていたんですね。

紅谷　12月28日に〈桃畑〉の五人囃子の部分を、リハーサルとキャメラテストしました。五人囃子が演奏する音に関してはすでに録ってあったんですが、それに合わせて演奏するアクションをリハーサルしたんです。これも結構時間がかかりましたね。これで年内の作業はやっと終わったんです。

――クランクイン前にすでに一カ月以上、音に関する作業をしていたわけですね。

紅谷　それだけでは終わらないんです。12月29日に横浜で黒澤組の忘年会、明けて1月5日には成城の黒澤邸で、メインスタッフに香川京子さんが加わった新年会もありました。そして1月7日には、再度〈水車のある村〉の女性たちの掛け声のリテイクも録音しました。黒澤さんが指摘されたように、掛け声も含めてブラスバンドの各楽器の音を大きくしたり小さくしたりして、メリハリをつけるようにしました。いろいろ試してみて、全体の音に躍動感が出たと思います。

――そして、いよいよクランクインですね。

紅谷　〈桃畑〉の古い大きな屋敷の部屋から撮影に入ることになったんですが、クランクイン前日。東宝撮影所の第二ステージ内に建てられたセットを観に行ったら、床や柱が黒光りするほど磨き込まれていてね。さすがに村木与四郎さんの美術セットだと思いました。そしてセットいっぱいに移動用のレールが敷かれている。セット自体もステージいっぱいに建て込んであるので、録音ベースをどこに置けばいいのか迷いましたが、移動車レールの後ろに、かろうじて狭いスペースがあったので、そこをベースにしようと決めました。スタッフのポジションが決まると、リハーサルで人物の動きを確認し、キャメラのフレームを決定する。これでようやくクランクインの準備が終了したんです。

四〇年ぶりの黒澤明監督の現場に緊張する

――そして1月10日に「夢」がクランクインしたんですね。最初に撮ったエピソード〈桃畑〉は、旧家に暮らす主人公の少年が、桃の精である少女に導かれて家の裏の段畑にやってくると、そこには六〇人の雛人形がいる。彼らが少年の家が桃の木を切ったことを責めると、少年は自分の非力さを語り、無念な想いから涙を流す。彼の純真さに打たれた雛人形たちは、雅楽を奏でながら少年に最後の花盛りを見せてくれるという物語。東宝撮影所には冒頭の、少年が暮らす旧家のセットが組まれたんですね。

紅谷　撮影初日は二人の録音助手も黒澤組が初めてですから、さすがに緊張していました。一カット目の芝居で、障子を開ける動きのときにどうしても撮影作業の都合で余計なノイズが出るところがあったんです。黒澤さんにそこだけサウンド・オンリーを後で録りたいと言ったら、「分かった、僕もいつもそうしているよ」とニコッと笑いながら言われたときに、これは委縮することなく言いたいことはすべて言う、いつもの自分流でいこうと思いました。最初のカットにOKが出て、やはり気持ちが少しほぐれましたね。この日は、作品に提供としてクレジットされているスティーヴン・スピルバーグと、〈赤富士〉の特撮を担当するILMのジョージ・ルーカスが見学に来ていました。彼ら海外のヒットメーカー二人と和やかに立ち話をする黒澤さんは、彼ら

スティーヴン・スピルバーグ　1946年生まれ。映画監督、プロデューサー。71年にTV映画として監督した「激突！」が海外で劇場公開され、注目を浴びる。74年に映画監督デビューし、「ジョーズ」(75)、「未知との遭遇」(77)、「E．T．」(82)、『インディ・ジョーンズ』や『ジュラシック・パーク』シリーズなど、大ヒット作を連発した。

ILM　アメリカの特殊効果およびVFX制作会社。インダストリアル・ライト＆マジックの略。75年にジョージ・ルーカスが開設し、最先端のVFX技術を次々に開発。『スター・ウォーズ』シリーズをはじめ、その映像表現は世界的に革命をもたらした。

ジョージ・ルーカス　1944生まれ。「THX1138」(71)で監督デビューし、第三作の「スター・ウォーズ」(77)が世界的に大ヒット。以降は製作総指揮として多くの作品にかかわっている。

に劣らず堂々として見えました。

――順調なスタートだったと。

紅谷　ええ、翌日には桃の精の少女に導かれて、少年が彼女を追いかけて表に出ていくところを撮りましたが、家の土間を長く見せるためにセットの大扉を開けて、ステージの外に美術部が竹林を作って奥行きを出し、そこに向かって少年が出ていく芝居でした。ただ大扉を開けての撮影ですから、表通りの雑音がすごいんです。東宝撮影所の外のすぐそばに交通量の多い通りがありましたから。制作部が本番のときに車止めをしてくれて、何とか撮り終えました。竹林から先の部分は京都の竹林でロケしましたが、見事に風景がつながっていたのは美術の村木与四郎さんの腕ですね。

――〈桃畑〉の次は、〈鬼哭〉を三宅島で撮影したそうですね。

紅谷　1月24日に三宅島へ飛行機で行こうとしたんですが、強風のために午前中の飛行機が飛ばず、結局一五時二〇分のフライトになりました。島では黒澤さんとメインスタッフが同じ宿舎、ほかのスタッフは別の宿なんです。制作部の人に一八時から夕食をメインスタッフで食べると言われたので、宿の風呂に入って開始時間ギリギリに食堂へ行ったら、テーブルが横長で中央に黒澤さんが座る席が空いていて、ほかはその正面しか席が空いていなかった。あとはもうほかのメインスタッフが座っているんです。しょうがないので黒澤さんの正面に座ったら、みんながニタッとするんですよ。これはやられたなと思いました。それで黒澤さんが少し遅れてやってきて、乾杯して食事が始まる。そこからは黒澤さんの独演会なんです。「酔いどれ天使」(48)や「七人の侍」(54)、「デルス・ウザーラ」(75)などのエピソードや撮影の苦労話をされて、僕は初めて聞く話ばかりなのでどの話も面白い。身を乗り出して聞き入っていました。また黒澤さんは話すのがうまいんですよ。それで二一時ごろになったら、周りの人たちがシレッとした顔をしているんです。その瞬間、察知しました。みなさんはすでにこの話を何度も聞かされているんだと。それなのに新参者の僕が相槌を打って、興味深く聞いているものだから、黒澤さんの話はなかなか終わらない。いい加減にしてくれよと思っていたんでしょう。だからと言って、急にそっぽを向くわけにもいかないので、この日の監督の独演会は二二時ごろまで続きました。

――それが毎日だと……。

「夢」の撮影現場にて。

紅谷　だから翌日からの夕食は早めに食堂へ行って、黒澤さんとは横並びの席の一番端に座るようにしました。僕の正面の席がBキャメラ担当の上田正治君で、その並びで席順が固定したこともあって上田君とは急速に仲良くなっていきましたね。僕が前にいようがいまいが、基本的に黒澤さんの独演会は連日続くんですが（笑）、ときどき麻雀になることもあるんです。撮影の斎藤孝雄さん、照明の佐野武治さん、飯泉征吉プロデューサーが、大体決まったメンバーでした。監督を含めた四人は、仕事のときと同じような難しい顔をして麻雀を打つんです。こんな風に麻雀をやっていて楽しいのかなと、傍から見ていて思いましたけれどね（笑）。僕も麻雀はやれますけれど、この中に入れられたら大変なことになると思って、麻雀はできないということにしておきました（笑）。酒もそんなに強くないと最初に宣言して、できるだけ巻き込まれないようにしました。だんだん分かってきたのですが、黒澤さんは麻雀をやる日は、夕食のときに酒を飲むピッチが遅い。酒量も抑えるようです。それで「今日は麻雀をやるな」と思ったら、監督は「軽くやるか」と言って席を立ち、いつものメンバーが後をついていくんです。

――紅谷さんは食事の後は、どうされていたんですか。

紅谷　ときどき、斎藤孝雄さんは麻雀に参加しないこともあって、そのときは一緒にお酒を飲むことがありました。斎藤さんはお酒が大好きで。僕はあまり飲まない方なのでお付き合い程度でしたが、斎藤さんも話が面白いので、ついつい深酒してしまう。そんなあるとき、黒澤さんが麻雀が終わって部屋へ戻る途中で僕のところへ近寄ってきて、「紅谷君、唇の色が悪いから早く寝た方がいいよ」と言ったんです。僕も少し飲み過ぎたかなと思って部屋に戻って寝たら、案の定、翌日二日酔いでした。その日は天候が悪くてロケが中止になったので助かりましたが、しばらくして制作主任の熊田雅彦君が「黒澤さんが心配しているけれど、大丈夫ですか。これ黒澤さんから」と言って、二日酔いの薬を持ってきてくれました。ほかにも歯が痛かったときに、いち早く察知して声をかけてもらったし、黒澤さんは見ていないようでちゃんと周りの人たちのことを見ているんです。

――だんだん黒澤組の一員になってきた感じですね。それで〈鬼哭〉の撮影現場は？

紅谷　〈鬼哭〉は人々が死に絶えて巨大植物がはびこる終末の世界で、寺尾聰演じる〝私〟がいかりや長介さん扮する一匹の鬼と出会う話です。ここではいかりやさんの長いセリフの芝居がある

上田正治　1938年生まれ。映画キャメラマン。56年、東宝に入社。71年にキャメラマンとして一本立ちし、「影武者」（80）からは黒澤明作品のセカンド・カメラを担当。黒澤監督亡きあとは、小泉堯史監督と名コンビを組んでいる。

佐野武治　1930〜2011。照明技師。48年、松竹京都撮影所に入所。57年に照明技師になり、「無常」（70）、「はなれ瞽女おりん」（77）、「影武者」（80）、「曽根崎心中」（81）、「瀬戸内少年野球団」（84）、「乱」（85）、「夢」（90）、「八月の狂詩曲」（91）、「まあだだよ」（93）などを担当した。

る。そこを三キャメラで一シーン一カットで撮ったんですが、いかりやさんはセリフをしゃべるうえで都合のいいように自分の目線のところに石を置いておいて、その石のところ来たらこのセリフを言うという風に、自分で段取りを考えていた。その石を置く様子を見ていた黒澤さんが、いきなり灰皿用に置いてあった金物のバケツを蹴飛ばして、いかりやさんを一喝したんです。その瞬間、現場が凍り付きましたよ。いかりやさんもビビっていました。黒澤さんは段取りを最も嫌う監督で、そこは今村さんと似ていますね。常に新しい芝居を見たいんです。あのとき僕は、「羅生門」の頃の怖い黒澤さんを思い出しました。

――〈鬼哭〉に関して、音ではどんな工夫をされましたか。

紅谷　夢の話ですから現実音である必要はないんですが、夢を見ている〝私〟もその中に登場するでしょう。だからすべてを夢の音にはできない。ここでは鬼たちがうごめいてしゃべっているところは、動物みたいな音にエコーを付けたんです。それで〝私〟も含めて普通にしゃべっているところは、エコーを外しました。そうしないと違和感があるんです。

〈トンネル〉のシーンでは自然なエコーを活用して

――夢と現実をつなぐ存在としての〝私〟を意識して、音を処理したんですね。そして次は、戦争から一人だけ生還した〝私〟が部下の兵隊たちの亡霊と出会う〈トンネル〉の撮影に入ったんですね。

紅谷　御殿場近くの金時トンネルで撮影しましたが、夕暮れを狙って撮っていたんです。トンネルと周囲の山のディテール、遠くに見える民家の電灯の明かりが分かる日没ギリギリの時間を狙ったので、一日一カットしか撮れない。基本的に長廻しの一シーン一カットで撮影しましたが、結局五日間かかりました。〝私〟は最初、トンネルで狂犬のように吠える犬と遭遇して、ある予感に襲われる。犬に関しては調教師が現場にいて、犬に「吠えろ」など声を出して指示を出しているんです。だから、同時録音で録っていたけれど、これでは現場の音は使えない。犬の鳴き声の素材は過去に録ったライブラリーの音がいろいろあるので、それを後日トンネルへ持っていって音を出し、エコーを付けて音を細工して使いました。〈トンネル〉では〝私〟の歩く足音、トンネルから出てくる軍靴の響き、兵隊たちと〝私〟の会話、トンネルの奥から聞こえてくるラッパの音など、音のすべてを長いトンネルが作り出す自然なエコーを活用して、その効果を強調しました。〝私〟の足音も効果アフレコをして、後日またトンネルまで行って、犬の声と同じように音をトンネルの中で出して作り直して使っているんです。

――エコーの響きが重要だとすると、ほかのノイズが入っていては困るわけですよね。

紅谷　それが大変なんです。例えば今村組の場合だと、同時録音した音をそのまま使いたいから、現場ではほかのノイズを完全に近いかたちで止める。でも黒澤組は、各パートともそこまで徹底しようという感じではないんです。移動車を引く音も、照明部のジェネレーターの音もこっちが言わないと止まらない。〈トンネル〉のときには、照明部との闘いがありました。日没間近の撮影でトンネル近くにライトを置かなくてはいけないので、ジェネレーターも置き場がなくてトンネルの傍まできている。するとエコーが大事なのに、どうしてもジェネレーターの音が邪魔になるんですよ。だからジェネレーターの前に塀を立ててもらって、遮音しました。直接音はそれでどうにかなったんですが、背後の山にうっすらと響く音が聞こえる。それは特種なイコライザーである周波数帯をカットして何とかごまかしました。現場には今村組ほど徹底して同時録音を活かすという意識がないけれど、黒澤さん自身は仕上げのときに同時録音の完成された音にこだわる方なんです。だからかなり神経を使いましたね。

――次に撮影したのが、〈雪あらし〉。これは雪山で遭難した寺尾聰さん演じる〝私〟が意識の薄れていく中で、原田美枝子さん扮する雪女と出会うエピソードです。猛烈な吹雪に襲われる雪山の場面は、横浜にある黒澤スタジオで撮影されたそうですが。

紅谷　黒澤組の撮影現場には、音に関してはアフレコになっても仕方がないという雰囲気がどこかにあるんです。撮影しているときには画に集中しているから、ほかのスタッフは音のことは二の次という感じなんです。でも編集に入ると黒澤さんは同時録音の音を大事にするから、めったやたらに「ここはアフレコにします」と最初からは言えない。できるだけ同時録音の音は使いたいという方なので、素材はなんとかがんばって一応使えるように録っておかなくてはいけないんです。

ただ〈雪あらし〉の場合は、大扇風機で雪に見立てた大量のカポックを吹き飛ばして〝雪降らし〟をしたので、最初から全篇アフレコにすると決まっていました。雨でも雪でも大胆な表現をする黒澤さんですから、スタジオが埋まってしまうほど、ものすごいカポックの量でしたね。大扇風機の轟音が入るのでシンクロ（同時録音）の音は使えませんが、アフレコの参考用に現場で、ワイヤレスマイクを使って同時録音もしたんです。この撮影はハイスピード撮影で速度を二倍、二・五倍、三倍にして撮っていって、結局一三日間かかりました。録音するときには全部キャメラのスピードに合わせて音を録りました。例えばカット一のAキャメラが三倍のスピードなら音も三倍にする。ラッシュを観るときには、それぞれのキャメラのスピードに合わせた音を貼り付けました。すると映写するときにはフィルムのスピードが落ちるから、セリフがモガモガした音になる。それがまた不思議な効果になっていました。それがアフレコのときに、息遣いの音などの参考になったんです。登山用具の金具の音とスローモーションの画面マッチングも参考音として、意外な効果を上げました。〈雪あらし〉のアフレコは、スタジオでやったら感じが出ないので、御殿場の太郎坊まで行って、そこでビデオに落とした映像を観ながらオンリー録り（セリフだけを録音すること）をしたんです。お弁当を持って行ってハイキング気分でしたよ（笑）。そういうときに現場に立ち会うのは黒澤さんでなく、演出補佐の本多猪四郎さんなんです。ただ、本多さんは付き合っているだけで何も言いませんけどね。

――本多さんは、普段の現場ではどんな役割を担っているんですか。

紅谷　黒澤組では三台のキャメラを同時に廻すんですが、A、B、Cと三つのキャメラがあると、その全部を黒澤さんが覗いてアングルを決める。普通だったらBキャメラは本多さんに任すということをやるんでしょうが、それはやらないんです。では本多さんは何をやるかと言えば、監督の話相手ですね。本多さんは軍隊生活が足掛け一〇年あったから監督になったのは黒澤さんより遅いけれど、東宝の前身P・C・Lに入社したのは、黒澤さんより三年早い先輩なんです。だから現場で黒澤さんを「クロさん」と呼べるのは本多さんしかいない。現場ではいつもほどよい距離感を取りながら、黒澤さんの傍にいました。

本多猪四郎　1911～1993。映画監督。33年、PCLに入社。51年に監督デビューし、「ゴジラ」(54)をはじめとする特撮映画の名作を数多く生み出した。また「影武者」(80)以降の黒澤明作品で、演出補佐として監督を支えた。

P・C・L　東宝の前身となった映画製作会社。33年に設立され、37年にP・C・Lをはじめとする四社が合併して東宝映画が生まれた。

〈水車のある村〉黒澤さんに内緒でワイヤレスマイクを使う

——次に〈水車のある村〉を、長野県安曇野市の大王わさび農場近辺で撮影していますね。ここでは〝私〟がユートピアのような村で笠智衆さん演じる一〇〇歳を超えた老人と出会い、天寿をまっとうしたある村人のにぎやかに祝福された葬列を見るシーンです。

紅谷　黒澤組は三台のキャメラを同時に回して、しかもその一台はロングから狙うので、マイクの置き場所がないんです。だから僕はこのシーンではワイヤレスマイクを使おうと決めていました。でも黒澤さんはワイヤレスが嫌いだと噂で聞いていたんです。だから助手たちには、絶対に撮影現場でワイヤレスをいじるなと。俳優には衣裳部屋で衣裳を着るときにマイクを付けて、万全の状態にしておいて、現場では一切触ってはいけないと厳命しておいたんです。

——黒澤監督に秘密で使っていたわけですね。ではワイヤレスで音を録っているほかに、現場ではマイクも構えていたんですか。

紅谷　もちろん、マイクを構えていますよ。ワイヤレスはロングショットでどうしてもマイクの置き場所がないときだけ使うようにしていました。それで〈水車のある村〉では、三キャメラで一シーン一カットで撮る、笠さんの長ゼリフの芝居の場面があったんです。前日にリハーサルをやったら、さすがに笠さんもお歳でセリフに力がなくてね。しかも背後で水車が回っているから水音でセリフが聞こえにくいんです。これはワイヤレスマイクを使うしかないなと思いました。それで夕飯のときに黒澤さんから、「紅谷君、どうしたら笠さんのセリフが聞こえるかね」と聞かれましたが、「ワイヤレスを使います」とは言えないですからね。「マイクを寄せるしかないですね」と答えたら、「そうか、じゃあ明日、僕は君の隣に座らせてもらってヘッドフォンでセリフを聞くよ」と黒澤さんが言ったんですよ。

翌日、助監督が嬉々として僕の横に監督の椅子を置いてね（笑）。それでテストが始まったんですが、Aキャメラは寺尾聰と笠さんの引きのアングルを狙っているからマイクが高くなる。すると黒澤さんがマイクを持っている録音助手に「もっと、マイクを下ろせ！」と怒鳴るんです。ワイヤレスのことを知らないから、助手たちが構えるマイクをギリギリのところまで笠さんに近づけようとしたんですね。撮影部の助手たちは、マイクが下りてくるとフレームに入ってしまうから困ってオロオロしていて。それでマイクを下ろしたままテストになったんですが、監督はセリフがよく聞こえると。当然ですよね（笑）。テストが終わると笠さんの芝居で気になるところがあると言って、俳優たちのところへ行ったんです。それで黒澤さんが演技指導している間に、僕は助手たちにAキャメラのロングサイズまでマイクを上げさせて。黒澤さんは芝居の方に神経がいっているので、もう音のことは気にしなくなって、そのまま本番を撮りました。最後までワイヤレスを使ったことはバレなかったと思いますよ。ただ、監督を騙したようで心苦しかったですけどね。

この撮影の後、マーティン・スコセッシ監督は自作の「グッドフェローズ」（90）の撮影が終了した翌日に来日したそうです。

――スコセッシがゴッホを演じた〈鴉〉を北海道の女満別で撮りましたが。

紅谷　おそらく何の準備もできなくて、撮影現場に来る途中、セリフを覚えたと思いますけれど、それでも素直に芝居をしていました。日本へ着いた日に網走の料亭へ招待して、メインスタッフと食事をしたんです。彼は小柄で日本人のような体型をしていました。黒澤さんのことをとても尊敬していて、現場でも黒澤さんの言う通りにやっていたけれど、中には黒澤さんがＯＫを出したのに、もう一度やりたいと言ったこともありました。そこは自分も監督ですから、こだわりがあったんだと思うんです。僕としては、スコセッシのセリフは後でアフレコするなんてことはできませんから、全部同時録音するのにかなり神経を使いました。

――もう一つの〈赤富士〉のエピソードには、富士山が溶けていく特撮がありましたが……。

紅谷　〈赤富士〉の特撮合成を残して8月25日にクランクアップしたんです。結局アメリカでＩＬＭが作った特撮部分は何度もやり直して、翌年の1月に全作業が完了しました。

――そこからダビングに入ったわけですか。

紅谷　ダビングはきわめてスムーズでした。だんだん分かったことですが、黒澤さんは二人だけでじっくり話すと、何でも分かってくれるんです。例えばダビング開始は当初九時だったんです。ダビングスタジオは黒澤さんのご自宅から近いからいいけれど、僕はスタジオまで小田急線で一時間半近くかかるところに住んでいて、しかもその時間帯は通勤時間と重なってものすごいラッ

マーティン・スコセッシ　1942年生まれ。63年に短編映画で監督デビューし、「タクシードライバー」（76）で世界的に注目を浴びる。以降も「レイジング・ブル」（80）、「グッドフェローズ」（90）、「ギャング・オブ・ニューヨーク」（02）など話題作を発表している。

「**グッドフェローズ**」（90年10月13日、日本公開）。監督：マーティン・スコセッシ、出演：レイ・リオッタ、ロバート・デ・ニーロ。

「夢」の現場にて。黒澤明監督（左）と筆者。

シュに遭うんです。だから、スタジオにつく頃にはヘトヘトになって仕事どころではなくなってしまう。そこでダビング初日の昼食のときに、黒澤さんに理由を話して「開始時間を一時間ほど遅らせたいんですけれど」と頼んだら、「いいよ。ダビングは君が主役だから」と黒澤さんは快諾してくれました。とても優しかったですね。それと黒澤さんは大相撲が好きなので、本場所の時期になると早めに帰りたいんですよ（笑）。まだすべての音が揃っていないのに、「紅谷君、そろそろ本番でどうだ?」って言い出して。だからこっちも、一五時までにその日のノルマを上げるように、終わってから翌日の準備を丁寧にしました。一五時になって「監督、今日はこの辺で」と言うと、「ああ、そうか」と言って喜んで帰られました（笑）。その後に、翌日分の仕込みをして、テストを何度かやって、翌日のダビングに備えました。

――ダビングの際、黒澤監督からどんな注文があったんですか。

紅谷　細かい注文はほとんどなかったんですが、〈桃畑〉で桃の精の少女に誘われて少年が駆けていって立ち止まると、少女がどこにもいない。そこから木管楽器の音楽が入るんですが、そこのクラリネットの音をちょっと大きくしてくれないかと言われたくらいでした。黒澤さんの映画を観ていて分かったのは、ゼロの音から一〇〇の音まで、音のバランスの使い方に特徴がある。例えば音楽は、シーンの頭から小さく聴こえるのではなく、本当にゼロからスッと入ってくるとか、パッとカットアウトしたらほどよい間をおいて、次の音が出てくるとか、メリハリのある使い方が好きなようで、そのメリハリの付け方に黒澤監督の生理があって、そこは僕の生理にも合っていたと思うので、あまり注文がなかったのかもしれませんね。

――では、初めての黒澤明監督との仕事は、いいコンビネーションで終わったんですね。

紅谷　のんちゃんからこの仕事の依頼の電話をもらったときには、大映京都時代に一番下の録音助手で参加した「羅生門」のときの怖い印象が強烈に残っていて、引き受けるかどうかずいぶん迷いましたが、思い切ってやらせてもらって、本当によかったと心の底から思いました。苦労も多い現場でしたが、黒澤監督に大事にしていただきましたし、黒澤監督の映画づくりに対しての純粋な想いに触れて、得難い経験をさせてもらいました。黒澤監督とは次の「八月の狂詩曲（ラプソディ）」（91）でもご一緒することになります。

「夢」の撮影現場にて。

「八月の狂詩曲（ラプソディ）」（91年5月25日公開）。監督：黒澤明、出演：村瀬幸子、井川比佐志。村田喜代子の『鍋の中』を原作に、長崎での原爆体験を持つおばあちゃんと、四人の孫とのひと夏の触れ合いを描いた作品。

柳町光男監督「チャイナシャドー」の仕上げ

──次の映画は柳町光男監督と初めて組んだ「チャイナシャドー」(90)ですね。この仕事の依頼は、いつ来たんですか。

紅谷　アソシエイト・プロデューサーの桜井勉さんから、「夢」をやっている最中の89年7月に連絡がありました。最初から録音の仕上げを頼みたいという話で、柳町監督とは面識がなかったんですが、以前に「火まつり」(85)の録音を依頼されたことがあって、そのときはスケジュールがほかの作品と重なって断っていましたから、今度はスケジュールが合えばやりますと。撮影は、監督以外はオールアメリカのスタッフで、主に香港で行われましたが、録音の仕上げ自体は日本でやりたいので、「夢」の仕事が終わってからでも大丈夫ですと言われて、引き受けたんです。

──「チャイナシャドー」は西木正明さんの『蛇頭(スネークヘッド)』を原作に、ジョン・ローン演じる野望に燃える男の姿を描いた作品です。日本、アメリカ、香港の合作映画ということですよね。

紅谷　そうです。アフレコを香港とロサンゼルスで行うことは最初から決まっていたんです。アメリカスタッフの現場で同時録音した音はノイズが大きいと聞いていたので、ラッシュを観てアフレコをするポイントを早く決め込む必要がありました。黒澤組の休日を利用してアオイスタジオのダビングルームでラッシュを一巻ずつ観ていったんですが、確かに街のノイズが大きくて、セリフの録音もワイヤレスマイクを多用していて、決して音質がいいとは言えない。柳町監督は静けさが欲しいというので、とりあえず同時録音をそのまま使うところと、アフレコするところを決めました。同時録音の音も整音し直さなくてはいけないと思ったから、これはとても黒澤組をやりながら片手間にできる仕事ではないと思いましたよ。

──アフレコのために、香港やロサンゼルスへ行かなくてはいけないわけですしね。

紅谷　ええ、それで黒澤組の「夢」の特撮部分がまだ残っている〈赤富士〉以外のダビング作業が終わった時点でアメリカの特撮待ちで時間ができたので、まず街のノイズを録り直すために香港へ向かいました。香港の街は騒音の渦ですから、ここでの同時録音はアメリカのスタッフも苦労しただろうと思いました。そのあと11月20日に成田経由でロサンゼルスに移動し、ＡＤＲシス

柳町光男　１９４５年生まれ。映画監督。69年からフリーの助監督となり、74年に自ら製作会社を立ち上げて、76年に監督デビュー。主な監督作に、「十九歳の地図」(79)、「さらば愛しき大地」(82)、「火まつり」(85)、「チャイナシャドー」(90)などがある。

「チャイナシャドー」(90年5月12日公開)。監督:柳町光男、出演:ジョン・ローン、佐藤浩市。西木正明の小説『スネークヘッド』を原作に、香港で名を挙げた男ヘンリー・ウォンの、謎に包まれた過去が暴かれていく様を、サスペンス・タッチに描く。

桜井勉　１９４８年生まれ。映画プロデューサー。70年からフリーの立場で映画製作にかかわる。主なプロデュース作品に「おろしや國酔夢譚」(82)、「火まつり」(85)、「阿弥陀堂だより」(02)、「博士の愛した数式」(06)などがある。

「火まつり」(85年5月25日公開)。監督:柳町光男、出演:北大路欣也、太地喜和子。

テムでアフレコをやりました。主演のジョン・ローンは神経質で気難しい一面がありました。「ラストエンペラー」(87)の後でしたけれど、彼はアメリカでそれほど注目されているようには見受けられませんでしたね。そこから香港へ戻って、やはりADRシステムでアフレコしたんですが、こちらはアフレコルーム自体が狭く、ロサンゼルスと違って機材の電気ノイズがスタジオ側に漏れてきて、あまりいい条件でやれませんでした。年明け早々に東宝で仕上げ作業をしたんですが、柳町監督はわりと粘る性格で簡単にあきらめない。仕事に厳しい人だなと思いました。

「ラストエンペラー」(87、88年1月23日日本公開)。監督:ベルナルド・ベルトルッチ、出演:ジョン・ローン、ジョアン・チェン。

「夢」の〈水車のある村〉のロケ現場。黒澤明監督(左)は、俳優がワイヤレスマイクを付けていることを知らないので、筆者(右)はひやひやしている。

「チャイナシャドー」。ロサンゼルスのメリディアン・スタジオでアフレコ作業を行った。右はエンジニアのボブ。

「夢」の〈トンネル〉のエピソードを、金時トンネルで撮影。

「夢」の〈日照り雨〉のオープンセットの前で記念撮影。

第六章 尊敬する黒澤明監督 盟友・今村昌平との別れ……

「ストロベリーロード」スケジュールの遅れにひやひや

——この仕事を終えてすぐに、蔵原惟繕監督の「ストロベリーロード」（91）に入ったわけですね。

紅谷　この映画の企画は日活時代から蔵原さんと何度もコンビを組んできた脚本家の山田信夫さんが、芸能プロダクションの東京宝映テレビ（現・宝映テレビプロダクション）の社長を蔵原監督に紹介して始まった企画なんです。その社長が第二〇回大宅壮一ノンフィクション賞を受賞した石川好さんの原作を、自分の会社のトップスターである松平健主演で映画化したいという願望を持っていたんですね。

——原作は高校を卒業して兄を頼って渡米した主人公が、カリフォルニアでイチゴ農園を兄弟で成功させていくまでを、六〇年代を背景に描いたノンフィクションですね。

紅谷　だから全篇アメリカ・ロケの作品なんです。僕は決して蔵原さん向きの題材だと思わなかったですけれど、その頃の蔵原さんは「海へ—See you—」の失敗で東宝と決別して、仕事もなかったのでやってみようかと。でも僕は山田信夫さんが書いた脚本を読んだとき、少し不安になりました。

——どこが不安だったんですか。

紅谷　脚本の大半が、片言の日本語、英語、スペイン語の会話の面白さで構成されているんです。録音担当としては、その面白さを活かすためにはアフレコは困難だし、また会話の面白さに流れすぎて、人物が描き切れていないと思いました。案の定、脚本は再考されることになって、それでスケジュールがまた遅れましたが、不安な点は解消されなかったんです。

——クランクイン前から、危険な匂いがしますね。

紅谷　ええ。それと僕自身の問題もありまして、早くも黒澤明監督の「八月の狂詩曲」（91）の話が来ていたんです。そのクランクインが90年7月5日に決まった。この日程は動かせないと蔵原さんに伝えると、「ストロベリーロード」のアメリカ・ロケは6月25日に終わるので大丈夫だから、現場だけでもやってほしいと。僕としてはこの蔵原作品のダビングはスケジュール的に担当できないのであきらめるけれど、せめて現場の録音まではきちっとやり終えてから黒澤組に入りたい。その旨を「八月の狂詩曲」の黒澤プロのプロダクション・マネージャーののんちゃんと

「ストロベリーロード」（91年4月27日公開）。監督：蔵原惟繕、出演：松平健、石橋保。60年代のアメリカを舞台に、イチゴ畑によって成功することに夢を託して渡米した、日本人兄弟の奮闘を描いていく。

山田信夫　1932〜1998。脚本家。シナリオ作家協会コンクール入選後、58年に日活と契約。70年からフリーで活躍した。主な作品に「憎いあンちくしょう」（63）、「乱れ雲」（67）、『戦争と人間』三部作（70〜73）、「動乱」（80）、「野ゆき山ゆき海べゆき」（86）などがある。

アソシエイト・プロデューサーの飯泉征吉さんを通して黒澤さんに伝えてもらって、黒澤組はその条件を了承してくれたんです。蔵原さんも黒澤さんはこの業界の先輩だから、スケジュールに関しては協力すると言ってくれていました。

――蔵原組のアメリカ・ロケを終えて一〇日後には黒澤組に入ることが決まったうえで、「ストロベリーロード」に参加したんですね。

紅谷　そうなんですが、現実はいろいろと問題もあって撮影が思うようには進まなかった。映画は日本が全額出資していますが、各パートのメインスタッフは日本から連れていくけれども、制作担当、助監督をはじめ一般のスタッフはアメリカで雇って、撮影方式はすべてアメリカ・スタイルで行うかたちだったんです。だからユニオンの問題で、助手の人数にも制限がありましてね。録音助手は日本から一人しか連れていけなくて、マイクマンなどはユニオンに所属している向こうの人間を使わなくてはいけない。また撮影に関しても朝ホテルを出発してから六時間後には昼食をとらなくてはいけないとか、作業が一二時間を超えるとオーバーギャランティーが発生するとか、作業終了から一〇時間後でないと次の作業に入れないなど、ユニオンの細かい取り決めがあるんです。さらに農園の話ですから天候にも左右されて、スケジュールはどんどんズレていきました。

――紅谷さんとしては、気が気じゃないでしょうね。

紅谷　そうなんですよ。6月の中旬ぐらいになると、毎日黒澤組からファックスが届きました。「いつ帰ってくるんだ」とか、「助手の編成は決まったのか」とか。蔵原さんとしても紅谷を期日通りに渡すと約束しているんだから、他人事ではない。やがて最後のニューヨーク・ロケの部分の、一週間分がどうしても6月25日までには終わらないということが分かった。僕を最後までこっちに残して、「八月の狂詩曲」の最初の何日かを誰か代理を立ててやってもらうというのは、黒澤組では不可能なことですよね。それならこっちに代わりの録音担当者を日本から呼んで、僕が予定通り帰るというしか手はない。では、その交代要員を呼ぶ費用を誰が持つのか。話し合った末、その費用は黒澤組が持つことになりました。

――他人の映画の人件費を黒澤組が持ったわけですか。それだけ、紅谷さんを必要としていたということでしょうけれども。

「ストロベリーロード」のアメリカロケ。筆者(中央)と三船敏郎(右)。

紅谷　そんなやり取りを毎日していましたから、正直しんどかったですよ。結局交代の録音担当者・信岡実君が日本から来たのは6月27日。彼にはダビングまでやってもらうわけですから、そこでもろもろの打ち合わせをして一緒にニューヨークへ移動してね。僕はニューヨーク・ロケに後任者とダブって二日間だけ付き合って、7月2日に日本へ帰ってきた。日本にはのんちゃんが成田空港で待ち構えていて、僕はアメリカ・ロケのトランクを持ったまま「八月の狂詩曲」のロケ地、秩父へ連れていかれたんです（笑）。

――家にも帰らず、次の現場へ行ったわけですか。すごい話ですね。黒澤組の話は後ほどじっくりお聞きします。「ストロベリーロード」の撮影自体はどんな感じだったんでしょうか。

紅谷　アメリカ・ロケでは、一日のサイクルが大変でした。朝八時にホテルを出ると、カリフォルニアではこの時期、日が暮れるのが遅いので夜八時までデイ・シーンが撮れるんです。一二時間働き詰めでしょう。また向こうでは、その日に撮影した分を現像所へ放り込むと、翌日にはラッシュが上がってくるんです。だから撮影が終わってホテルへ帰っても、携帯用の映写機で毎日上がってきたラッシュをみんなで観て、寝るのは一二時過ぎですから。この連続で体が休まる暇がない。これがきつかったですね。

――アメリカのシステムとペースに慣れていくのが大変なんですね。

紅谷　もちろん、いい部分もあるんです。ロケ地は泊まっているホテルから車で四〇分以内のところと決められているので移動が楽だし、自宅から車で通ってくるスタッフも多いので、そんな人たちがロケ地へ行く案内として、ロケ地までの道の電柱すべてに場所を示す矢印の張り紙がしてあるので、絶対道に迷わないんです。制作部のスタッフが事前に貼っておくのでしょうが、そのシステムは見事なものでした。

――現場のノイズに関しては、どうでしたか。

紅谷　本番のときの音止めも、警察を呼んでやってくれますから。もちろん警察にお金を払うんですけれど。俳優や各パートに一台ずつワゴン車があてがわれ、これらには冷暖房が完備されていて、充電用に小型ジェネレーターを搭載しているんです。だからこの車輛基地からは、ジェネレーターのものすごい騒音が出る。でもサード助監督が本番テストからトランシーバーで音止めの指示を出すと、ジェネレーターの音がピタッと止まるところも、さすがアメリカだと感心しま

信岡実　１９３４年生まれ。録音技師。58年、日活に入社し、75年に録音技師になる。主な担当作品に、「金環蝕」(75)、「セーラー服と機関銃」(81)、「ションベン・ライダー」(83)、「魚影の群れ」(83)、「お葬式」(84)、「リボルバー」(88)、「いつかギラギラする日」(92)などがある。

した。とにかくすべてにおいて規模が大きいし、お金がかかるシステムになっているんです。

――カリフォルニア州のリゾート地モントレーを拠点に、二カ月近くロケを行ったそうですね。

紅谷　向こうへ着いてすぐにアメリカと日本のスタッフの親睦を兼ねたバーベキュー・パーティーが開かれました。風が強くて寒いのには驚きましたね。ほどなくオールスタッフの顔合わせがあったんですが、メインスタッフ以外はほとんどアメリカ人ですから、自己紹介されても人数が多くてとても覚えきれない。彼らは少しでも早く名前と担当ポジションを覚えてもらおうと、自分の名前を日本語で書いたガムテープを胸に貼り付けていました。思いのほか、女性スタッフが多いのに驚きました。スタッフにはノン・ユニオンの人たちもいましたが、この現場ではユニオンの待遇に準じて仕事をする取り決めでした。

――録音のマイクマンはアメリカのスタッフでしたか。

紅谷　ええ。プロダクション・マネージャーから「なかなかいいマイクマンが見つからない。女性でもいいか」と打診されたので、ＯＫの返事を出したんです。それでやって来たのが、日系三世のバーバラ高橋。映画の経験が二〇本はあるということで期待したんですけれど、これがまったく使いものにならなかった（苦笑）。マイクを持たせると体勢が不安定でマイクマンとしての経験は怪しいと思いました。ケーブル捌きには慣れていたので、彼女はケーブルウーマンでしたね（笑）。見た目は日本人なのに、まったく日本語が話せないのは不思議な感じでした。最初は我慢してバーバラを使っていましたけれど、日本から連れていった録音助手の廣川英治君の負担が大きくなってしまうので、結局プロダクション・マネージャーに頼んで、もっと戦力になるマイクマンに替えてもらいました。廣川君はアメリカのスタッフにもマイクマンとしての仕事ぶりを高く評価されて、僕も嬉しかったです。

――日米の混成チームですから、慣れるまで大変だったでしょうね。

紅谷　それでも何週間かするとすっかり打ち解けて、辞書を片手に片言の会話をするようになりました。アメリカの女性スタッフも、「オハヨウゴザイマス」と日本語で話しかけてくるようになりました。ただ、さっき言ったように風が強くて砂塵が舞い上がるし、昼と夜の気温の寒暖差が激しいので、撮影スケジュールをこなしていくのは大変でした。近くにあるプロペラ機専用の空港のノイズや農耕機のノイズに悩まされながら作業していましたね。感心したのは、一日の撮影が終わるとロケ現場からホテルに帰るバスの中で、日本人のスタッフは疲れ果ててすぐに居眠りをしてしまうんですが、アメリカスタッフは大声でずっと話しこんでいるんです。その体力の差はすごいなと感心しました。

――主演の松平健さんをはじめ、石橋保さん、桜田淳子さんなど日本人俳優が出ていますが、彼らとアメリカ人スタッフとの関係は、いかがでしたか。

紅谷　一番印象に残ったのは、出演場面は少なかったんですけど、三船敏郎さんが出ていて、三船さんに対するアメリカ人スタッフの態度ですね。やはりクロサワ映画をみんな見ているわけですから、三船さんを心から尊敬しているんです。明らかにほかの出演者たちとは扱いが違っていました。僕も撮影中に「夢」のときに支給されたネーム入りの〝黒澤組〟の黒いジャンパーを着ていたら、アメリカ人スタッフが全員交代で見に来るんです。「これはクロサワ・クルーのものですか」と聞くので「そうだよ」と答えたら、「私の一番大事なものと交換してほしい」とみんなに言われましたよ（笑）。やはり黒澤さんは偉大だなと改めて思いましたね。

――蔵原監督は、現場の雰囲気に馴染んでいたんですか。

紅谷　まあねえ、特に日本人スタッフに対する不満が出ていたようですね。このときは僕以外のメインスタッフ全員が、蔵原さんと初めてだったんです。それで蔵原さんは特にプライドが高いところがあるから、不満をぶつけてしまう。だから監督に何か言いたいことがあると、チーフ助監督なんかも僕のところへ相談に来るんです。僕は蔵原さんの性格も知っているから、この状態はまずいなあと思いました。本来はプロデューサーが間に立ってその辺のやりくりをするものですが、日本側のプロデューサーもうまく対応できなくてね。脚本も練り上げられていなかったですし、そういう意味ではいろいろなことが中途半端なまま撮影に入った作品でした。僕は蔵原さんに義理を立てて参加したようなかたちでしたし、やはり結果的に思うような作品にはならなかった。公開しても話題にならなかったですね。

――その後、蔵原監督は２００２年に亡くなったので、この「ストロベリーロード」が結果的に最後の映画になりましたね。

紅谷　残念でした……。蔵原さんは当時横浜に住んでいて、この映画が終わった後も、東京に出てきたときには「一緒に飯を食おう」と誘いの電話をかけてきて、ちょこちょこ会ってはいたん

いつもの昼食風景。ケータリングカーが肉や魚料理を用意してくれる。ジュースもコーヒーも自由。

車の牽引車。アメリカの機材は日本よりはるかに優れている。

ロケ終了後、イチゴ畑で記念スナップ

です。長い付き合いだし、僕は裏方の中ではわりと親しい方だったから。会って映画の話をすると、「俺はエンタテインメントに関して自信がある」とあの人は言うんです。自分で考えた企画も二、三本あったようですが、どれも流れてしまった。「エンタテインメント」というわりには、あの人が考える企画はどこか一般向きではないところがあるんです。そこが難しかったですね。

成田空港に着いた足で黒澤組「八月の狂詩曲」の撮影現場へ

――心身ともにつらい仕事だった「ストロベリーロード」を終えて、すぐに黒澤明監督の「八月の狂詩曲」に参加したのですね。

紅谷　7月2日にニューヨークから帰国して、成田空港で待っていたプロダクション・マネージャーだったのんちゃんにトランクを持ったまま連れられて、ロケ地の秩父にあるホテル『美やま』に直行しました。ホテルに着いたのは夜九時半ごろだったと思うんですが、食堂へ行ったら黒澤さんをはじめ、メインスタッフが全員揃って待っていてくれました。「遅くなって申しわけありませんでした」と言って僕が入っていくと、ほかのスタッフは待ち疲れた顔をしているのに、黒澤さんだけは笑顔で拍手して出迎えてくれたんです。あんな嬉しそうな黒澤さんの顔は見たことがなくて、いまだに忘れられません。本当に穢れのない子どものようなにこやかな顔をしていてね。あの笑顔を見たとき、「やっぱり、黒澤組に帰ってきてよかった。この人のためなら！」という思いになりました。とにかく、黒澤さんにご迷惑をおかけしたことをお詫びし、スタッフのみなさんとゆっくり話をする間もなく、録音助手たちと翌日からの仕事に備えて夜遅くまで打ち合わせをしました。

――黒澤監督とは最初に組んだ「夢」のときとは違った、絆のようなものを感じたわけですか。

紅谷　やはり「夢」の仕上げを一緒にやったことで、ある種の信頼関係ができた感じがします。着いた翌日、リハーサルのためにロケ現場へ行ったら、そこにはおばあちゃん（村瀬幸子）が暮らす、立派な民家のロケセットが建て込んである。秋田から古い日本家屋をばらして移築したこの家は、建坪約六〇坪（約二〇〇平方メートル）もある見事なものでね。セットに入ったら、僕は居間の中央にある監督の椅子の横に座らされて、黒澤さんが「どうだい、いい家が建っただろう」とセットの説明をしてくれて。リハーサルのときも、僕を横に座らせながらやるんですよ。明らかに前とは扱いが違っていました。僕の呼び方も「夢」の最初の頃は「紅谷さん」だったのが、後半からは「紅谷君」になって、「八月の狂詩曲」の中盤になると、「紅やん」になったんです（笑）。どんどん親しくなっていった感じでした。驕った言い方をすれば、一緒にやってみて、自分と波長が合う人間だと思ってくれたのかもしれませんね。

——本格的に黒澤組の一員になった感じですね。この日はクランクインの二日前ですが、その間リハーサルをやったんですか。

紅谷　ええ、翌日もリハーサルでした。吉岡秀隆君演じる縦男がチューニングの狂ったオルガンで『野ばら』を弾いていると、大寶智子扮する従姉妹のたみが絡んできて、そこから孫たちとおばあちゃんが手紙を読んでの会話になる、冒頭のシーンをやったんです。まずオルガンが音的に狂っているというのを、同時録音で録ってその音色で説明しなくてはいけないので、どのくらい狂っているかをチューニングするのが難しかった。

それと気になったのは、孫を演じた四人の子役たちが、今風の雰囲気でセリフをしゃべってしまうから、何を言っているのか分からないんです。だから僕が黒澤さんに「セリフが分かりにくいんですけれど」と言ったら、黒澤さんが「作業、ストップ。みんなここに集まれ。これから紅谷君が、セリフの不明瞭なところを注意するから」と言って、四人を集めたんです。僕は照れくさいのと、まだ時差ボケで頭がボーッとしているのとで気持ちに余裕がなかったですけれど、脚本を見ながら子どもたちに一言一句注意していきました。

——おばあちゃんを演じた村瀬幸子さんは撮影当時八五歳でしたが、セリフに関しては大丈夫だったんですか。

紅谷　村瀬幸子さんはお歳でしたけれど、さすがに大ベテランの舞台女優ですからセリフも明瞭で、たいしたものでした。舞台の女優さんじゃなかったら、一カット九分間の長廻しもあるこの映画をやれなかったと思います。黒澤さんは、村瀬さんのことを特に大事にしていました。何せ自分よりも五歳年上の方で、夏の撮影だから体調を崩されると困るし、この年の秩父は猛暑で、連日気温が四〇度前後になるほど暑かった。村瀬さんは体力的にも大変だったと思うんですよ。定期的な検査のため東京の病院に行く日は撮影が休みになりました。でも最後の猛烈な雨のシーンまでやり切りましたから、立派でしたね。

――「八月の狂詩曲」は村田喜代子さんの芥川賞受賞作『鍋の中』を原作に、夏休みにおばあちゃんが暮らす長崎の家で過ごす四人の孫と、昔ハワイへ移住したおばあちゃんの兄・錫二郎の息子クラーク（リチャード・ギア）との触れ合いを描きながら、おばあちゃんの心から消えない長崎への原爆投下の記憶を織り込んだものですね。紅谷さんとしては映画の準備に参加できず、いきなり現場に入ったわけですが、スタッフとはうまくやれたんですか。

紅谷　前に「夢」をやったメンバーと同じですからね。夕食のときに座る位置も、僕の真向かいがBキャメラマンの上田正治君で、僕の左隣が演出補佐の本多猪四郎さん、本多さんの左横が黒澤さんと前回と同じく決まっていました。本多さんはあまり酒を飲まない、飲むのは撮影の斎藤孝雄さんと上田君、美術の村木与四郎さんとプロダクション・マネージャーののんちゃんで、照明の佐野武治さんは酒より甘いものが好きなんです。助監督の小泉堯史さんは一滴も飲めない。飲めない人が黒澤さんの独壇場になる夕食会にずっと付き合うのはきついだろうと思いますが、小泉さんは黒澤さんを大変尊敬していますからまったく苦痛に感じていないようでした。困ったのは黒澤さんの話が長くなると、本多さんがテーブルの下で自分の部屋の鍵をカチャカチャ鳴らし出すんです。「黒さん、もういい加減にしてくれ」という本多さんの合図なんでしょう。本多さんは黒澤さんと古くからの付き合いだから、その辺は遠慮がない。そんなとき、僕は鍵を鳴らしているのは自分じゃないことを証明するために、急いでテーブルの上に手を出すようにしていました（笑）。

「蝉が鳴き止むまで待ってください」と頼んだけれど……

――夕食会の雰囲気がよく分かりますね（笑）。宿泊していた場所もロケ地も夏の秩父ですけれど、この辺は虫の鳴き声が問題にならなかったんですか。

紅谷　周囲に田んぼがないのでカエルの鳴き声はしないので助かりました。後半は初秋になりますが、この辺ではコオロギが鳴かなかったのでダビングのときにライブラリーの音を使って雰囲気を出しました。ただオープンセットの裏が山だったので、松蝉がよく鳴くんです。あるとき脚本にして九ページの夜のシーンを、三キャメラで一気に撮ることになって、前日の昼間、現場でリハーサルをしたんですが、リハーサルの間中、蝉が鳴き続けていた。黒澤組では監督が夜までやるのがあまり好きではないのでナイト・シーンでも少し明るいうちに、明かりが差し込むところは暗幕を張って撮ってしまうんですね。でも夜のシーンに蝉が鳴いていたら具合が悪いなと思って、僕はリハーサルが終わった後もそこに残って、何時になれば蝉が鳴き止むかを確認しました。鳴き止んだのは夕方の七時五分だった。翌日、午後三時にホテルを出発して最初のリハーサルが終わったのが四時くらいでした。そのときに黒澤さんのところへ行って、「お願いがあります。七時五分になったら蝉がピタッと鳴き止みます。このシーンに蝉の鳴き声が入るのは具合が悪い。本番にいくのを七時五分まで待ってください」と頼んだんです。黒澤さんは「よし、分かった」と言ってくれました。

——紅谷さんのお願いを聞き入れたんですね。

紅谷　ええ、それでもう一回リハーサルをして、各パートの最終的な準備が終わったのが五時過ぎ。そこから陽が落ちるまでみんな手持ち無沙汰になるわけです。またこれが暑い日で、黒澤さんはタオルを首に巻いて、やたらと空ばかり眺めている。僕はキャメラの横にいる黒澤さんの前に椅子を持ってきて、座っていました。この間がずいぶん長く感じられました。そこで気晴らしになるような話でもできればよかったんですが、僕は話上手じゃないんで（笑）。六時を過ぎたら黒澤さんがなんとなく落ち着かなくなってきた。そうしたら照明部の誰かが六時四五分に、「本番、どうぞ」と言っちゃったんです。照明部としたらライトの加減がちょうどよくなったんでしょうね。そう言われたものだから、黒澤さんは蝉のことなんか頭から吹っ飛んでしまって、「よし、本番いこう！」と号令をかけた。これは天の声ですよ。それでも僕は「ちょっと、待ってくださ い。もう少ししたら蝉が鳴き止むんです」と言ったんです。しかし監督は、「本番いこうという気持ちになったときにいくのが、一番いいんだよ」と譲らない。助監督の小泉さんが僕のところへすっ飛んできて、「紅谷さん、申し訳ないけれど本番いってください」と懇願するので、もうやるしかなかった。

——その本番がスタートしたのは、何時だったんですか。

紅谷　ちょうど七時でした。あと五分ですよ。それで九分間一カットの長いシーンが始まったん

「八月の狂詩曲」。キャメラのファインダーを覗き、フレームを確認する筆者。フレームにマイクが写り込まないように、位置を確かめている。

ですが、やはり最初の五分間は蝉の鳴き声が入っているんです。でも松蝉は高い周波数の連続音なので、これはダビングのときに何か効果音をダブらせれば処理できると判断しました。芝居が終わって黒澤さんが「OK！」と言ったから、今さらどうしようもない。僕が「もう一回お願いします」と言っても、とてもやれないと感じましたし。

——紅谷さんとしては不本意だったわけですね。

紅谷　そうなんです。夕食のとき、それが態度に出てしまいました。いつものテーブルにもう黒澤さんは座っていて、目の前に上田君もいたんです。僕は自分の席に着くとおしぼりで手を拭いて、そのおしぼりをあまり目立たないように監督の方へポンと投げるように置いたんです。それを見た上田君は、ニヤッとしましたがね（笑）。夕食が始まってビールで「お疲れさま」の乾杯をした直後、黒澤さんがいきなりこっちを見て「紅谷君、ああいうときは本番いくしかないんだよ。蝉は何とかごまかせるだろう？」と言われました。僕に対する申し訳ないという気持ちがわずかにあって、黒澤さんも気になっていたんでしょうね。僕がおしぼりを投げた、ささやかな抵抗も感じ取っていたんだと思いますよ。

——撮影現場では絶対的な存在と思われている黒澤監督ですが……。

紅谷　そういう周囲の人たちへの気遣い、繊細なところがあったと思います。また、よく周りの人のことを見ていると思いました。例えばこの映画だと、ラストで豪雨の中をおばあちゃんが傘をさして走っていきますよね。あそこはものすごい雨降らしをして、大扇風機も回していますから同時録音はできない。だから録音部は手が空いてしまったので、僕は風の強さを表現するために木を揺らすスタッフの手伝いをしていたんだけど、後から黒澤さんが「あのとき、木を揺らしてくれていたね」と言ってくれて。スタッフが何をやっているか、細かいところまでしっかり見ている監督なんですよ。

気さくで人あたりのいい勉強家リチャード・ギア

——秩父でのロケは、いつごろまで続いたのですか。

紅谷　第一次ロケは7月31日に終わりました。ここで、やっと僕は家に帰れたんです。「ストロベリーロード」のアメリカ・ロケから数えて一〇二日目の帰宅でした（笑）。8月に入って、今度はハワイからやって来たクラーク役のリチャード・ギアが参加して御殿場ロケが始まりました。

——リチャード・ギアの出演はこの映画の大きな話題でしたが、彼の印象は？

紅谷　とても人あたりのいい、気さくな人でした。彼の出演場面は御殿場のほかに、浄蓮の滝、秩父、長崎、東宝スタジオのセットと広範囲にわたっていたので、移動が多くてね。黒澤さんは通常、撮ったシーンがまとまればすぐに編集していくんだけれど、このときはリチャード・ギアの撮影が終わるまでは編集をしなかったです。彼が日本で撮影したのは約三週間ですが、とにかく彼の出演シーンを優先して撮りました。僕も後でアフレコができないので、彼のセリフには特に気を使いました。感心したのは、リチャード・ギアが意味をよく理解して日本語のセリフを言い、リアクションをしていたことです。もちろん現場に彼専属の通訳はいるんですけれど、日本の俳優と日本語で会話するシーンが多いので、事前に自分で相当勉強してきたことがよく分かりました。

——では、録音も苦労しなかったのですか。

紅谷　いやいや、浄蓮の滝のところで彼が滝を指さし、「コイノタキノボリ」と言うべきところを、「タイノタキノボリ」と言い間違えて、みんなが吹き出す場面があったんですが、リチャード・ギアは「タイ」がうまく言えなくて。このセリフが不明瞭だと、笑いにつながらないから苦労しました。僕の注文があまりしつこいので、彼も辟易していましたよ（笑）。

——意味が解っても、実際にセリフを言うのはまた違った難しさがあるのでしょうね。

紅谷　それと長崎ロケで、空港から井川比佐志さんたちとタクシーに乗って車内で話すシーンは、ライティングの関係で車の屋根を取っ払って撮影しているから、実際は雑音がひどい。それでリチャード・ギアに「悪いけれどアフレコをする時間がないから、オンリー（別の静かな場所でセリフのみを録音すること）を録るので、貴方のホテルの部屋に押し掛けるよ」と言ったら、気持ちよく了解してくれて。それでホテルの静かな一室を借りて雑音の入った原音を聞かせながらオンリーを録ったんです。彼は「僕はいつも録音部にいじめられる」って苦笑していましたよ。本当かどうか分からないですけれどね（笑）。

——秩父の家で、夜に縁側に座って月を見ながらリチャード・ギアとおばあちゃんが話すシーンが印象的ですね。

紅谷　あそこでリチャード・ギアは、脚本で八行ほどある日本語のセリフを言うんです。結構長い二人の芝居でね。でも最初のリハーサルから会話が淀むこともなくて、おばあちゃんの村瀬さんと気持ちが通じ合っている雰囲気がよく出ていました。だからテストを何度もやる必要はなくて、すぐ本番に入れた。黒澤さんもご機嫌でしたよ。リチャード・ギアは黒澤さんをすごく尊敬していて、二人の関係はとてもよかったです。

――撮影が終わって仕上げの作業に入ったんでしょうが、「八月の狂詩曲」はヴィヴァルディの『スターバト・マーテル』や劇中でオルガン演奏されるシューベルトの『野ばら』などクラシックの曲が使われていますが、全体的に音楽は少ないですよね。

紅谷　そうです。ヴィヴァルディを使うのは、黒澤さんがクランクイン前から決めていました。黒澤さんは、場面にイメージが合うようなクラシック曲を、あらかじめ編集するときに貼り付けていくんですよ。だから音楽家はやりにくいですよね。監督がイメージしたクラシック曲を超えるものを書けと言われても、難しいですから。それで過去に音楽家ともめたことがありました。この映画で音楽を担当した池辺晋一郎さんも大変だったと思うんです。

――映画のオープニングは、夏の入道雲を入れ込んだ青空を背景にクレジット・タイトルが出てきますね。ここで音楽は一切なくて、蝉の鳴き声だけが響いて、暑い季節の感じを出しています。

紅谷　実はあそこに最初音楽を入れる予定で、録音もしたんですが、イメージに合わないと言って監督が外しちゃったんです。だから苦肉の策で蝉の声を入れたんですよ。ほかにも音楽を入れる予定だったのに、外したところが何カ所かありました。だから余計にこの映画では、虫の声など現実音をちりばめる必要があった。本当は音楽が入ってくれた方が、こちらとしては楽なんです。そこは現実音を省略できますからね。一番困るのは最初にサウンドプランを考えるとき、ある場面に音楽が入ると想定して、現場でもそのつもりで音を録っていたのに、仕上げの段階で音楽を外されることなんです。新たに音楽の代わりになる音を考えて、対応していかなくてはいけないですから。

――完成した映画では虫の声だけが響く夜の風景など、静かな田舎の雰囲気がよく出ていて、効果的だったと思いますが。

紅谷　そう言ってもらえるとありがたいですけれど。うまくいったと思ったのは、ラストの豪雨のシーンです。あそこで雨の中、傘を差したおばあちゃんが歩いていくと、風で傘がお猪口になる。そこでストップ・モーションになって、現実音をカットアウトする。しばらくの間があって、『野ばら』の歌がほどよい音量で入ってくる。そのメリハリの利いた音の入れ方が、黒澤さんの生理だと思うんです。要は音のメリハリと、間の取り方なんですよ。その感覚は僕も理解できましたし、気持ちがピッタリ合っていると感じました。だからこのときもダビングが終了すると、黒澤さんは笑みを浮かべながら近づいてきて、「次も頼むよ」と大きな手で握手してくれました。あの笑顔で握手されると胸が熱くなりましたね。

——「夢」、「八月の狂詩曲」と黒澤組を二本続けてやった感想は？

紅谷　本音を言えば、「用心棒」（61）や「椿三十郎」（62）のような大型娯楽時代劇の黒澤映画で録音を担当したかったです。僕がやったものは、内容が地味でしたからね。ただ黒澤さんは「僕が映画を撮ると『用心棒』や『椿三十郎』のような作品をみんな期待するんだけど、僕だってやりたい作品が歳とともに変わっていくのは、当たり前のことなんだよ」と言っていました。まったくそうだと思います。僕には「羅生門」のときの怖い印象が残っていて、最初は担当するのを悩みましたが、結果的には黒澤さんと仕事ができて本当によかったと思っています。撮影現場では苦労が多かったし、面と向かってこちらがものを言い難いところもありますが、しっかり自分の意見を言って理解してもらえれば受け入れてくれる。それに黒澤さんがニコッと笑って握手されると、すべての苦労が吹き飛んでしまう。本当は人間的にもすごく魅力的な人なんです。しかしその黒澤さんの仕事を、次は断ることになってしまって……。

「まあだだよ」を断った後ろめたさ

——「まあだだよ」（93）のことですね。

紅谷　この話が来たのは、91年の8月下旬。プロダクション・マネージャーののんちゃんから電話が入って、黒澤さんが新作の脚本を書きあげたので、来年2月から撮影に入ると。ところがこ

「まあだだよ」（93年4月17日公開）。監督：黒澤明、出演：松村達雄、香川京子。

のとき、僕には今村昌平監督の新作「新宿桜幻想」の話がすでに来ていたんです。この映画は第二次世界大戦の終戦直前から直後の新宿二丁目を舞台にした遊郭もので、今村さんの温めていた念願の企画でした。原作は辻中剛の『遊郭の少年』。この撮影は桜が咲く時期を狙って、同じ頃にクランクインする予定でしたから完全に黒澤組と重なってしまう。

――紅谷さんとしては苦渋の選択になったわけですね。

紅谷　そうなんです。ある人が「贅沢な悩みだ」と無責任なことを言っていました。僕だって黒澤組もやりたいですよ。でも、今村さんは助手時代から一緒にやってきた人だし、断ることはできない。だからのんちゃんに、「もう今村さんの映画が決まっているから、今回だけは勘弁してくれ」と返事をしたんです。でも、のんちゃんとアソシエイト・プロデューサーの飯泉さんがその年の8月から11月まであきらめないで、七、八回交渉に来ましたね。「申し訳ないけれど、黒澤さんに断ってくれ」と僕は何度も頼んだけれど、「私たちからは黒澤さんにそんなこと言えないから、とにかく一度監督と会ってほしい」とのんちゃんは言うんです。そこでピンときました。もし僕が直接黒澤さんと会って、黒澤さんにニコッとされて「紅谷くん、頼むよ」と言われて握手をされたら、思わず「分かりました」と言ってしまうのが目に見えているから、「僕は黒澤さんに会わない。その代わり、手紙を書くよ」とのんちゃんに返事をしたんです。便箋に三枚ほど、「自分が今日あるのは、今村さんと巡りあえたからです。今村さんとの仕事があったから、黒澤さんとも仕事をすることができました。だから今村さんの仕事を断ることはできません」といったような内容の手紙を書きました。それで納得してくれたのでしょう。手紙を出して四、五日経ってから、別の録音技師（註：西崎英雄）が決まったんです。でもこれで自分は黒澤さんと縁が切れると思いました。

――黒澤映画を断って参加した、今村昌平監督の「新宿桜幻想」の方は、どうなったんですか。

紅谷　「まあだだよ」は予定通りに翌92年2月にクランクインしたんですが、「新宿桜幻想」は遅れて4月3日に、井の頭公園で桜のシーンから撮影を始めました。ところがその翌日、撮影にストップがかかったんです。資金調達がうまくいかず、結局6月20日に製作中止が決定しました。確かにお金がかかる作品だったんです。当時の新宿にあった遊郭をオープンセットで作る予定でしたから、その費用だけで四億から五億円はかかる。総製作費は一〇億円を超えたでしょうね。

「新宿桜幻想」　辻中剛の小説『遊郭の少年』を元に、今村昌平監督が映画化しようとしていた、幻の企画。戦時中の新宿二丁目界隈の遊郭を舞台に、ここで生まれ育った少年の目から街の人間たちを描く作品だった。

その辺の見積もりが甘かったプロデューサーの責任ですが、この映画ができていれば間違いなく、今村さんの代表作になったと思うだけに残念でした。今村さんの中には、ラストシーン、新宿のバーの表で、夜、雪が降ってくる中、男と女がどのように芝居をするかというところまで、具体的なイメージも出来上がっていましたから。

――「まあだだよ」を断ったことで、黒澤監督とはそれっきりになったのですか。

紅谷　いえ、その後、僕が東宝スタジオで杉田監督の「ラストソング」(94)の仕上げをしていたときだったと思いますが、その映画のプロデューサーが「黒澤さんが紅谷さんに会いたがって、探していますよ」と言ってきたんです。そんなことがあって後日、小泉堯史さんと連絡を取って黒澤さんに会ったら、黒澤さんはいま建設会社のPR映画を監修していると。〝石〟をテーマにした確か八、九分の作品だったと思うけれど、画は撮って、黒澤さんが編集もした。それで「仕上げは、紅谷君にやってもらいたい」と。「まあだだよ」を断ったのに、また声をかけてくれたんですから、これには感動しましたね。そこから黒澤さんと小泉さんと三人で音楽の打ち合わせをして、ダビングに入りました。黒澤さんはダビングの初日に来て、「これでいいから、あとは頼む。今夜家で、一緒に食事をしよう」と言って、帰っちゃったんです。そこから小泉さんとダビングしながら、少人数で黒澤さんと食事をするのは気が重いなあって話して、結局二人ほど誘って、黒澤邸に伺って極上のステーキをご馳走になりました。

――では黒澤監督は、紅谷さんに対してマイナスな感情を持っていなかったんですね。

紅谷　ええ、また黒澤組の一員になったわけです。ところが95年の3月、黒澤さんは京都でシナリオを執筆中に転倒して骨折された。それで東京へ戻ってきたとき、僕も呼ばれてメインスタッフが一度集まったことがあるんです。監督は車椅子姿で、僕は「もう作品を作るのは無理なのかなあ」と思いました。そのときは、次に「雨あがる」をやりたいと言っていましたね。結局それが、僕の黒澤さんと会った最後になりました。

――「まあだだよ」を断っていただけに、紅谷さんとしてはもう一本、黒澤監督とやりたかったでしょうね。

紅谷　もちろんやりたかったですよ。98年9月6日、黒澤監督が亡くなったとき、僕のところにもすぐに知らせをもらって、すぐに駆け付けました。……もう涙が止めどなく流れました。「八

「ラストソング」(94年2月5日公開)。監督：杉田成道、出演：本木雅弘、吉岡秀隆。ロック・スターになる夢を抱いて上京してきた青年その仲間たちとの、四年にわたる人間模様を描いた青春映画。

月の狂詩曲」で成田空港から撮影現場に直行した僕を迎えてくれたときの黒澤さんの嬉しそうな笑顔が思い出されたのと、「まあだだよ」を断ったことに対して「申し訳なかった」というお詫びの気持ちがあふれ出たからなんです。黒澤さんは本当に魅力のある人でしたから。

——紅谷さんから見て、黒澤監督のすごさというのは、人間的な魅力に尽きますか。

紅谷　黒澤監督はすべての発想がすごかったですね。傑出した天才であり、やはり世界中の映画人から尊敬を受ける「世界のクロサワ」です。どんなに大変なことがあっても黒澤監督に「おつかれさま、次も頼むよ」とニコッと笑って握手をされると、すべてを許してしまう。それほど、人間的に豊かで魅力ある方でした。黒澤監督は「この人のためなら」と思わせる、偉大な巨人でした。

「曼荼羅　若き日の弘法大師・空海」と「ラストソング」

——「八月の狂詩曲」を終えた後に話を戻しますが、日中国交正常化二〇周年記念の日中合作映画「曼荼羅　若き日の弘法大師・空海」(91)に入ったんですね。

紅谷　「曼荼羅」は監督のテン・ウェンジャとキャメラマン、通訳が中国人でしたが、ほかはスタッフも出演者も全部日本人でした。かなり長期にわたって中国ロケもしたんですが、監督の演出力がイマイチでね。脚本も監督が書いているので、日本語にするとおかしい部分が結構あったんです。だから主人公の空海を演じた永島敏行君をはじめ、日本の俳優から不満が出てきました。彼らは「紅谷さん、このセリフおかしいですよね。直せないですかね」と、僕のところへ相談に来るんです。僕は通訳を通して「日本流には、このセリフはおかしい」と監督に伝える役目をしていました。まあ監督が中国人ですから、中国では普通の観光客が行けないような珍しい場所へも行けましたけれど、さほど記憶に残らない仕事でしたね。

——その後は、深作欣二監督の「いつかギラギラする日」(92)と神山征二郎監督の「遠き落日」(92)の仕上げを担当、アジア四カ国のオムニバス映画「サザンウィンズ」(93)の統括サウンド・ディレクター、やはりオムニバス映画「結婚」(93)の恩地日出夫監督作『佐藤・名取両家篇』の録音を担当していますね。

「曼荼羅　若き日の弘法大師・空海」(91年12月14日公開)。監督:テン・ウェンジャ、出演:永島敏行、桜田淳子。日中国交正常化二〇周年を記念した日中合作映画。空海の青年時代を、中国で大々的なロケも敢行しながら描いている。

テン・ウェンジャ　1944年生まれ。映画監督。91年に「曼荼羅　若き日の弘法大師・空海」手掛けたほか、03年には「ゴールデン・スパイ」の製作に携わる。

「いつかギラギラする日」(92年9月12日公開)。監督:深作欣二、出演:萩原健一、木村一八。北海道を舞台に、元ギャングの男と若い凶暴な男が、強奪した現金を巡って戦いを繰り広げる。深作監督久々のアクション大作として話題を集めた。

「遠き落日」(92年7月4日公開)。監督:神山征二郎、出演:三上博史、三田佳子。肉体のハンディを背負いながら世界的な医学者になった野口英世の半生を、彼と母親との絆を中心に描いた人間ドラマ。

「サザンウィンズ」(93年1月30日公開)。監督:スラメット・ラハルジョ・ジャロット、マイク・デ・レオン、チュート・ソンスイ、鴻上尚史、出演:クララ・シンタ、フーリオ・ディアズ、ソラポン・チャトリー、麿赤兒。アセアン諸国と日本が共同で製作した四編からなるオムニバス映画。紅谷は統括サウンド・ディレクターとして参加した。

紅谷　現場のダブリもあって、撮影に参加できない作品が多かったんです。でも仕上げだけでもやってほしいと言われて、いろいろな作品に参加しました。

——黒澤明作品が終わっても相変わらず多忙だったわけですね。次が杉田成道監督の「ラストソング」です。

紅谷　東宝の「海峡」のときに制作担当をしていた橋本利明さんと仕事で信頼関係ができて、その後もよく一緒に飲みに行ったりしていたんです。この頃、橋本さんは製作部長になっていましたが、ある日電話がかかってきて、今度杉田監督で「ラストソング」という映画を撮ると。これはミュージシャンが主人公のライブ作品で、ぜひやってもらいたいというんです。杉田さんはフジテレビのディレクターでTVドラマの『北の国から』などで有名でしたが、映画は「優駿　ORACI-ÓN」(88)を一本撮っただけでした。だから、まず脚本を読ませてくれと。

橋本さんから脚本を預かって読んでみたら、これは録音部的には大変な仕事だと思いました。ライブや演奏シーンが多くて、そこにセリフが絡んでくる。また博多から東京に出てきた男女三人の、四年間にわたる青春の屈折を描くストーリーですから、歌も演奏も四年間の軌跡がリアルに描かれなくてはいけない。そこで僕が橋本さんに言ったのは、「この脚本をやるならライブシーンは、全部同時録音でなくてはダメだ」と。普通だったらライブで演奏する音はスタジオでプレスコして(映像作成に先行して音楽を収録する手法)、現場でその音をプレイバックして流して、歌は口パクにしますよ。でもこの作品では、一つのシーンに芝居がからんでそこから歌に入って、歌が終わるとそのまま芝居にまた入っていくという流れが多い。そこに臨場感を持たせるには演技者が実際に歌い、ギターを弾いてドラムを叩き、ベースを弾かなければ感動は伝わってこないと思ったんです。

だから例えばライブシーンはマスターショットとして全体の引きの画と、必要に応じた寄りの画を、三キャメラで一気に撮って、同時に録音していくというやり方をしなくては成功しない。それがやれるのならやりましょうと言いました。このやり方だと予算枠は膨らむんですが、橋本さんは製作部長の判断として僕の条件を全部飲んでくれたんです。もしダメだったらこの話は断るつもりでした。

——杉田監督はどういう考えだったのですか。

「結婚」(93年4月24日公開)。『陣内・原田御両家篇』＝監督：鈴木清順、出演：陣内孝則、原田知世。『佐藤・名取御両家篇』＝監督：恩地日出夫、出演：佐藤浩市、名取裕子。『中井・鷲尾御両家篇』＝監督：長尾啓司、出演：中井貴一、鷲尾いさ子。三つの結婚にまつわる物語を描いたオムニバス作品。紅谷は『佐藤・名取御両家篇』の録音を担当した。

恩地日出夫　1933年生まれ。映画監督。60年に監督デビューし、「伊豆の踊子」(67)、「四万十川」(91)がある。テレビドラマでは『傷だらけの天使』(74〜75)を手掛けた。

杉田成道　1943年生まれ。演出家、映画監督。67年、フジテレビジョンに入社し、70年にTV演出家としてデビュー。73年にはTVドラマも演出し、81年にスタートした『北の国から』で一躍注目を浴びる。88年、「優駿　ORACI-ÓN」で映画監督になり、以降は「ラストソング」(94)「最後の忠臣蔵」(10)を発表。

『北の国から』　81年から02年に放送された、倉本聰脚本、杉田成道演出のTVドラマ。北海道の大地で生きていく黒板五郎(田中邦衛)とその子どもたち、純(吉岡秀隆)、螢(中嶋朋子)の成長を描いている。

「優駿　ORACI-ÓN」(88年7月23日公開)。監督：杉田成道、出演：斉藤由貴、緒形直人。

紅谷　杉田さんに会ったときも、僕は口パクではダメだと言いました。全部同時録音で、マスターショットにする一カット目を三キャメラで同時に回す必要がある。その覚悟がありますかと聞いたら、杉田さんも「紅谷さんの言う通りだ」と言ってくれました。この時点では僕以外、メインスタッフは決まっていなかったので、僕は「ストロベリーロード」で一緒だった加藤雄大君をキャメラマンに推薦しました。そこからスタッフが次々に決まっていったんです。

――俳優に歌も演奏もさせるということだと、オーディションが大事になりますね。

紅谷　助監督に「オーディションから立ち会ってほしい」と言われて、僕もオーディションの審査には参加しました。当初よりも一カ月遅れて、93年の3月上旬からオーディションを始めましたが、ドラム、ベース、ギターの経験者で芝居心のある若者が大勢応募してきました。みんな度胸がありましたね。

――それで劇中に登場するロックバンド〝シューレス・フォー〟のメンバーとして、メインとなる本木雅弘さんと吉岡秀隆さんの二人と、長岡尚彦さん、奥脇浩一郎さん、藤田晴彦さんが決まったんですね。

紅谷　そうです。彼らはかなりリハーサルをしましたよ。歌と芝居のリハーサルには、僕も立ち会いました。同時にポニーキャニオンの音楽チームと劇中で使うオリジナルの歌の選曲もやっていきました。またライブシーンを同時録音でやることにしたため、録音機材も撮影機材も通常より多くなるし、それに伴うスタッフの増員も必要になってくる。音に関しては一六チャンネルの機材を持ち込んで、音楽だけをチャンネル分けして録音する別班の録音担当を一組作って、僕はセリフと聴衆の歓声、拍手を録って、全体の音のバランスは後で僕がやることにしたんです。だから音楽録音チームとはライブシーンの打ち合わせも、ずいぶん入念にやりました。

――ライブシーンの録音は、うまくいったんですか。

紅谷　最初は手探りでした。やっと見通しがついたのは、5月下旬にクランクインして一カ月ほど経ってから。一発目のマスターショットのときは三キャメラ、同時録音で録っていますから、演奏も思い切りやってもらうわけですよね。さらに別のピックアップ・ショットを撮るときは演奏者にイヤフォンを装着して、マスターテープの音に合わせて演技してもらい、セリフに関しては同時録音にしました。

加藤雄大　1943年生まれ。映画キャメラマン。61年、東宝に入社し、78年にキャメラマンとして一本立ち。主な作品に、「連合艦隊」(81)、「近頃なぜかチャールストン」(81)、「ゴジラVSビオランテ」(89)、「ラストソング」(94)、「この空の花　長岡花火物語」(12)などがある。

このとき、プレイバックの音が大きすぎると、セリフのマイクに音が回り過ぎて、セリフが明瞭に録れない。でも演奏者も演出部もライブ感が欲しいから、プレイバックの演奏の音を現場に大きく流してほしいというんです。それは当然の要求ですが僕としては、ミックスしたときの全体のバランスを考えてやっているんだと言っても、演奏者や演出部はトータルな音のイメージができないんですね。僕が頭の中で全体のサウンドデザインを考えているということが、ひと月くらいしてやっと分かってもらえた。それまではこっちから、「これで大丈夫だから」と言ってあげないと、なかなか納得してもらえないことが多かったです。確かに、プレイバックの音を抑えすぎると、撮影的にライブ感がなくなってしまうから、この辺の調整が大変だったですね。

――初めて組んだ杉田監督の印象はいかがでしたか。

紅谷　杉田監督は常時キャメラを覗いてアングルを確認し、セリフもヘッドフォンで必ずチェックする。絶対に妥協しない姿勢には敬服しました。ただ杉田さんは早朝や夕景、ナイト・シーンを好むんです。早朝シーンとなると、僕らは午前三時起床ですからね。これはしんどかった。夕景シーンもナイターみたいなものですから、クランクインして一週間もたたないうちに徹夜が二回という、かなりハードなスケジュールでした。また博多、北陸、ライブハウスでのロケセット撮影など、場所移動も多かったので機材の運搬だけでも大変でしたよ。

――劇中で歌われる歌とは別に、劇伴の音楽もありますよね。

紅谷　劇伴の音楽は、監督の強い希望でロサンゼルス在住のニッキー・ホプキンスに依頼したんです。まずロスから音楽のデモテープを送ってもらって、その選曲を僕と監督でやって国際電話でこちらの注文を伝える。このやり取りを何度も繰り返して、最終的な音楽のマザーテープを送ってもらって、そのミックスダウンを僕がやりました。

――「ラストソング」は本木雅弘さんが、第六回東京国際映画祭で男優賞を受賞したこともあって話題を集めました。

紅谷　ロック・ミュージシャンを主人公にした若者の音楽をベースにした作品ですけれど、時代が少し昔に設定してあるということもあって、意外にもオーソドックスな映画になったと思いましたね。

ニッキー・ホプキンス　1944〜1994。イギリスのミュージシャン。ピアノやオルガンを演奏し、セッション・ミュージシャンとして世界的に有名。また日本のTVドラマ『逃亡者』、『パ★テ★オ』、『並木家の人々』や、映画「ラストソング」(94)の音楽も担当した。

「居酒屋ゆうれい」撮影現場でのトラブル

――続いて渡邊孝好監督の「居酒屋ゆうれい」（94）に参加していますね。これは山本昌代さんの小説を原作に、居酒屋『かづさ屋』の主人（萩原健一）が、妻（室井滋）が亡くなるときに再婚はしないと約束したのに、若い後妻（山口智子）を迎えたことから、妻の幽霊が現れて騒動が巻き起こるファンタジー・ラブコメディ。製作がキティ・フィルムで、プロデューサーの一人が、紅谷さんと何度も組まれている伊地智啓さんですね。

紅谷　監督とも撮影の藤澤順一君とも初めての仕事で、話は伊地智から来たんです。メインスタッフはみんな若くて、僕一人が年寄りでした（笑）。主演のショーケン（萩原健一）は、もめごとが多いという噂でしたが、こっちは年齢が上だし、特別気を使いませんでしたね。現場は『かづさ屋』のセットを使った、スタジオでの撮影が多かったんです。僕はセットに入ってくる入り口のところに録音のベースをセッティングしていたのでよく分かったのですが、俳優たちはセットに入ると一応スタッフに挨拶しますよね、でもショーケンはセットに入ってきても誰にも挨拶をしない。それで近くまで来ると、僕にだけ頭を下げるんですよ。当時彼は倍賞美津子さんと仲がよかったから、倍賞さんは今村組で僕のことをよく知っていますからね、ひょっとしたら彼女から何か聞いていて、僕にだけ挨拶していたのかもしれない。そういう態度の部分ではちょっと引っかかるところはあったけれど、撮影は順調に進んでいったんです。

――萩原さんが撮影現場でトラブルを起こしたという話はよく聞きますが、このときはなかったんですね。

紅谷　初めはそうでしたが、ある日、居酒屋のシーンではなく、表通りという設定でセット撮影をしているときに事件が起こりました。そのとき、僕は現場が見えない裏の方に録音ベースを組んでいたので、芝居場で何が起こったのか最初は分からなかったんです。とにかく遠くからショーケンが怒鳴り散らしている声が聞こえてきました、しかも尋常ではない感じで。

――現場の空気が変わったわけですね。

紅谷　ええ。やがて制作部がやってきて「紅谷さん、ちょっと中断しますからスタッフルームへ行っていてください」と言うんです。何が何だから分からないままスタッフルームにいると、し

渡邊孝好　1955年生まれ。映画監督、脚本家。77年に美学校卒業後、鈴木清順や大森一樹に師事し、89年に監督デビュー。主な作品に「君は僕をスキになる」（89）、「居酒屋ゆうれい」（94）、「君を忘れない　FLY BOYS' FLY」（95）、「新・居酒屋ゆうれい」（96）、「ヒナゴン」（05）などがある。

「居酒屋ゆうれい」（94年10月29日公開）。監督：渡邊孝好、出演：萩原健一、山口智子。若い後妻を貰ったことから、亡くなった妻の幽霊に悩まされる居酒屋の店主を描いた異色のラブコメディ。

藤澤順一　1950年生まれ。映画キャメラマン。三船プロダクションを経て、85年にキャメラマンとして一本立ち。主な担当作品に、「カポネ大いに泣く」（85）、「リボルバー」（88）、「月はどっちに出ている」（93）、「マルタイの女」（97）、「空中庭園」（05）、「八日目の蝉」（11）、「舟を編む」（13）などがある。

ばらくして監督と助監督がやって来た。事情を聞くと、ショーケンが表通りを歩いて居酒屋の方へ入っていくシーンで、歩いているエキストラが邪魔になって芝居がしにくいと言い出した。それで怒って、「エキストラ担当の助監督を降ろせ！」と言い出したらしいんです。

――萩原さんとしてはエキストラを動かす助監督に怒っていたのですか。

紅谷 そうらしいんですが、そうこうしているうちに制作部もやって来て、「今日は中止するにしても、明日からは撮影を再開したい」と。確かにスケジュールが詰まっていましたから、監督もその意見に乗って「明日からやりたい」と言い出して、ほかのメインスタッフもその意見に同調したんです。

――つまり助監督を降ろして、翌日には再開したいと？

紅谷 そういうことなんでしょう。普通、こんな程度のことで大騒ぎにはならないけどね。

――プロデューサーの伊地智啓さんは？

紅谷 あいにく彼はその日は不在でした。しばらくして、スタッフルームへショーケンもやってきました。彼は明らかに普通の顔ではなかった。僕は彼を無視していましたが、制作部がそこで「明日から再開でいいですね」と各スタッフに念押しをして、ショーケンもそれをＯＫしたんです。僕はスタッフの年長者としてこらえきれなくなって、「ちょっと待て。助監督が降ろされることになって、明日からやるというのはおかしいんじゃないか。俺はもめごとが起きたまま仕事はできない。途中で助監督を降ろすということは大変なことなんだよ。問題がきちんと解決しない限り、俺はやらない」と言ったんです。筋を通さないと僕はこの仕事を降りると。本当のところはこんなもめごとが起きるところで仕事をしたくないという気持ちもありました。

――紅谷さんは萩原さんの言うままでなく、助監督の擁護に回ったわけですね。

紅谷 結果的にそういう形になりましたね。そうしたらショーケンが「ちょっとお待ちください」と言って、監督と一緒にスタッフルームを出ていきました。しばらくして戻ってきたら、一番下の助監督だけを降ろして、明日から撮影を再開したいということになった。それを聞いて「いや、これは演出部全体の問題だよ。助監督がいたく傷ついているのに、このまま明日からやれる状態ではない。助監督が四人いて、一番下の人間を降ろすということだが、ほかの三人だって気分がすっきりしないだろう。再開するならショーケンは二度とこういう問題を起こさないと固く約束して、助監督たちがそれで納得するのか、しないのか。その見極めをしない限り、俺はやらない。だから明日から撮影は二日間休んで、その間にこの問題を解決して、三日目にはショーケンも笑顔でセットに入ってくるのが条件だ」と言いました。

——正論だと思いますが、すごいですね。

紅谷 仕方がないでしょう。このままでズルズルと再開したらまた同じことが起きかねないですから。その条件が通って二日間撮影は中止になりました。翌日、チーフ助監督から電話がかかってきて、「紅谷さんにああ言ってもらって助かりました。ありがとうございました」とお礼を言われました。続けて、一番下の助監督はこれ以上現場にいるのが難しく、本人も降りたいと言っているので、今後は三人でやりますと彼は言いました。

——後味は悪いですが、それで問題は解決したんですね。

紅谷 ええ。それから一切もめごとはなかったですけれど、ショーケンの悪いところが出たときにぶつかったなと思いましたよ（苦笑）。でもね、僕はスタッフの中では年長者だし、あの状況でみっともない態度はとれない。誰かが助監督を守ってあげないといけないと思ったんですよ。

——現場ではそんなことがあったにもかかわらず、完成した映画は良質の大人のラブコメディに仕上がって、評判を呼びましたね。

紅谷 里子を演じた山口智子さんの魅力が大きかった。彼女はとても気立てがよくて、チャーミングな女優さんでね。現場でもそれに救われました。後日談になるんですけれど、ショーケンが騒ぎを起こした償いなのか、「横浜へ寿司を食べに行きましょう」と、山口智子さんと監督、メインスタッフを誘ったことがあるんです。店はL字形のカウンターになっていて、なぜかショーケンの指示で座る席が事前に決まっていた。L字形の短い方のカウンター端にショーケンが座って、隣に山口さん、その隣が僕だったんです。長い方のカウンターには監督、キャメラマン、そして照明、美術の順番で座って、なぜか主演二人の横に僕が座らされた。本当なら監督が座る席ですよ。これはもめごとのこともあって、ショーケンなりに僕に気を使ったのかなと思いましたけど、居心地が悪かったですね。

——紅谷さんは萩原健一さん主演の「いつかギラギラする日」もやられていますが、あれは仕上げだけだったので、実際に現場で萩原さんと一緒にやったのはこの「居酒屋ゆうれい」一本だけですね。そういう意味でも印象に残る作品になったのでは？
紅谷　本当はショーケンは笑顔もいいし、存在感のあるいい役者でした。鬼籍に入ってしまって大変残念です。
――「居酒屋ゆうれい」が終わると、日本とポルトガルの合作「アジアの瞳」（97）にも参加されていますね。これはポルトガル人のジョアォン・マリオ・グリロ監督によるドラマとドキュメンタリーをミックスさせた作品で、戦国時代にローマへ旅立った天正少年使節団の足跡を描いたものだそうですが。
紅谷　僕は日本で撮影した、ドキュメンタリー部分の録音を手伝ったくらいです。ロケ地は長崎でしたが、チャップリンの娘のジェラルディン・チャップリンが出演していました。彼女が長崎のいろいろな店を歩き回る場面だったんです。だから芝居らしい芝居はなかったんですが、すべて同時録音でした。ポルトガル人の監督に、「黒澤明監督作品の録音技師をしているあなたに、こんな私のような者の作品をやっていただいて、ありがとうございました」と挨拶されました（笑）。やはり海外では黒澤さんの名前は絶大なものがあるんです。そのスタッフだったということで、僕にまで敬意を払ってくれました。

「うなぎ」七年ぶりの今村組の仕事

――次が、今村昌平監督の「うなぎ」（97）です。「新宿桜幻想」が実現しなかったので、「黒い雨」以来となる、久々の今村組ですね。

紅谷　原作は吉村昭さんの『闇にひらめく』で、これをやると聞いたときにちょっと驚きました。あまり今村さんが気を入れてやる題材ではない感じもしたんです。でも映画化にあたって、ストーリーは大きく変えていると。だから題名も最初は「翔べないうなぎ」にして脚本を書いていたんですが、製作する松竹側の意向で『闇にひらめく』に戻したんです。でも製作発表の場で、今村さんがどうしても〝うなぎ〟にこだわりたいと言って、結局タイトルは「うなぎ」に落ち着いたんですよ。

――タイトルからして迷走していますが、内容も妻を殺した男が、仮出所後に沼の畔で床屋を

「アジアの瞳」（97年9月5日公開）。監督：ジョアォン・マリオ・グリロ、出演：笈田ヨシ、ジェラルディン・チャップリン。戦国時代、日本からローマへ派遣された天正少年使節団の少年たちがたどる運命を、フィクションとドキュメンタリーを織り交ぜて描く。

「うなぎ」（97年5月24日公開）。監督：今村昌平、出演：役所広司、清水美砂（現・清水美沙）。吉村昭の小説『闇にひらめく』を原作に、殺人罪で服役した男が出所後、自殺未遂した女と触れ合うことで気持ちに変化が起きていく様を、個性的な人々とのエピソードを交えて描く。

始めるというメインの話に、自殺未遂した女や一癖も二癖もあるキャラクターが登場して、ＵＦＯまで絡んでくる。いろいろな材料を放り込んだ、不思議なテイストの作品でしたね。

紅谷　脚本は映画学校卒業生の脚本家が書いたんですが、上がってきた最初の脚本がよくなくて、何度も手直しをしたんです。結局今村さんの息子の天願大介君まで加わって、何とか決定稿まで持っていった。でもなかなか松竹からＧＯサインが出ませんでした。理由はいろいろありますけれど、脚本を練り切れなかったのはこの作品の頃に今村さんは糖尿病の影響があって、体力が衰えていて常に杖をつくようになっていた。ロケ現場でもインスリンを注射しながら演出していましたから、やはり体調の衰えが大きかったと思います。

――そんな状況の中で臨んだ作品にもかかわらず、今村監督にとってはここからもう一つ大きな波が起こっていくわけですね。その映画に対する反響に関しては後述するとして、撮影スケジュールはいかがでしたか。

紅谷　千葉県佐原市（現・香取市）の与田浦へロケハンに行った96年2月には、海風が吹き付けて風の強さは気になりましたが、廃屋の周りは東に向かって一〇〇メートル先に小さな町工場風の建物があって、これが造船所なんです。西に向かって一五〇メートルほど行くと水生植物園があるんですが、民家からは離れていて、脚本に近いイメージで音的にも問題はないと思いました。成田空港が近かったですけれど、六時間余り滞在している間に、ジェット機は二度ばかり遠くを飛んだだけでしたしね。ところが数日後、地元とロケ交渉してきた制作担当が、困った顔をして戻ってきました。この映画はクランクインが4月28日で、クランクアップは7月10日の予定だったんですが、6月には水生植物園でひと月にわたって『あやめ祭り』が開催されるというんですよ。植物園のスピーカーから音楽も流れるし、観光バスや自家用車の出入りは激しくなる、観光客を運ぶ船の往来も多くなる。制作部はとてもすべて音止めをして撮影するわけにはいかないと言うんです。

――しかし、今村組では同時録音が基本ですよね。

紅谷　すぐに今村さんから電話がかかってきて、一応同時録音でやるが、現地の状況を考えて、ジェット機や船のエンジン音が入って使えないところは、アフレコになっても止むを得ないというんです。今まであれほどアフレコを嫌っていた今村さんがそう言ってくるんだから、よっぽど

天願大介　１９５９年生まれ。映画監督、脚本家。今村昌平監督の息子。90年に自主製作映画「妹と油揚」で注目され、「アジアンビート／アイラブニッポン」(91)で劇場映画監督デビュー。「ＡＩＫＩ」(02)、「デンデラ」(11)といった自身の監督作を発表する傍ら、「うなぎ」(97)、「カンゾー先生」(98)、「赤い橋の下のぬるい水」(01)など、今村作品の脚本も手掛けた。

のことだと思って気のない返事を返しました。今村さんとしては久しぶりの映画ですから、少々の問題があっても何とか撮りたいということだったんでしょう。

――同時録音にこだわってきた紅谷さんとしては、苦渋の了解だったわけですね。

紅谷　ええ、でも撮影が始まってから5月までは、何とか同時録音でがんばれたんですよ。ところが6月になったら案の定、船は行きかうわ、風の向きが変わるとここは飛行機の着陸コースになるという話を聞いていたんですが、本当に頭の上を飛行機は着陸してくるわで、大変なことになって。ただ船に関しては与田浦経由の水路から利根川に出るところに水門があって、一度にたくさんの船は出られない。大体四、五艘まとまって水門から出ていくので、次の集団が来るまでに少し間が空くことが分かったんです。そのわずかな時間を利用して撮影することにしました。スタッフにトランシーバーを持たせて船のところへ張り付かせ、数十分間が空きそうだとなったらチーフ助監督のところに連絡が入って、大丈夫と判断したら監督に「本番どうぞ」と伝達する仕組みを作りました。ジェット機に関しては時間帯によって飛ぶ数が少ないことがあって、その時間を狙ってやるようにしたんです。

――周りに人気のない一軒家をロケ地に選んだと思ったら、音に関してはかなり騒がしい環境だったんですね。

紅谷　画面的には沼の畔にポツンと佇む一軒家というイメージですから静寂が欲しい。荒漠たる感じを音にも要求されるんですが、それにはかなり苦労しましたね。

――キャストは妻の不倫現場を目撃して彼女を殺害し、服役後、仮出所してここで床屋を始める主人公の拓郎役に役所広司さん。自殺未遂したときに拓郎と出会い、彼の店で従業員として働きはじめる桂子役の清水美砂（現・美沙）さんがメインで、ほかにも柄本明さん、田口トモロヲさんなど、今村作品には初めての俳優が多かったですね。

紅谷　ですから、いつもよりリハーサルが多かったですね。撮影に入る前に、東京でも入念なリハーサルをやりました。そこで監督が演出意図を伝えて、監督と俳優の雰囲気を作ってしまうんです。俳優側もリハーサルの間に、これは並みの監督じゃないというのが分かってきて、自然に尊敬の念が生まれてくるんでしょうね。現場に入っても、必ず前の日にリハーサルをやりました。それらを見てきたスタッフも何を準備すればいいのか分かっているので、撮影はスムーズに進行

「うなぎ」。筆者の後ろに見えるのが廃屋を改装した理髪店。室内が狭いので、録音機材は中に入ることができない。

できました。

――役所広司さんと監督とのコンビネーションはどうでしたか。

紅谷　役所さんは監督の言うことをよく聞いて、役に溶け込んでやっていました。クランクインした日は佐原駅前の食堂を借り切って、八年ぶりに仮出所した主人公の拓郎が、温かい飯と味噌汁を食べるシーンを撮ったんです。監督は役所さんに細かい演技の注文を出して、納得するまでテストを繰り返していました。僕が心配していたのは監督の体力です。糖尿病のこともあるし、七年ぶりの現場だし、スタミナが持つだろうかと。でも周囲を圧するような張りのある「ヨーイ、スタート！」の掛け声を聞いて、安心しましたね。ただ通常の今村組は順撮りですが、この映画では予算も含めて俳優のスケジュール調整が難しく、部分的にシーンの飛び飛びの撮影もしていました。体力的にも撮影環境的にもきつい仕事だったと思いますが、今村さんは糖尿病からくる足の痛みと闘いながら、よくがんばっていましたね。

――清水美砂さん演じる桂子の夫役、田口トモロヲさんがやって来て、床屋で乱闘になる場面がありますね。店内はかなり狭いので、撮影も録音も難しかったと思いますが……。

紅谷　あそこは大変でした。床屋ですから大きな鏡があるでしょう。その写り込みに各パートが苦労しました。俳優にワイヤレスマイクを仕掛け、上からの有線マイクでも狙って音を録ったんです。動きが激しいのでマイクアレンジは難しいんですが、ワイヤレスマイクの音だけを使うと、こもった音になってしまうので、有線マイクの音と両方をバランスよく組み合わせて、良質の音になるように現場でミックスしました。

それにしても、ジェット機と船の音には悩まされました。しかし、現場のイキのよさを大事にする今村組はやはり同時録音が基本であり、それを理解してスタッフ全員がよく協力してくれたのはありがたかった。もし自分が弱音を吐いて安易に「アフレコにしよう」と一言でも言ってしまえば、おそらく作品の半分以上のシーンがアフレコ処理になっていたでしょうね。撮影が進むにつれ、今村監督も準備段階では「アフレコもやむなし」と言ったことを忘れたかのように、いつものように同時録音にこだわってくれたことが、最後までがんばれた要因だと思います。

「うなぎ」。佐原与田浦にてクランクイン。

バカ騒ぎのシーンだから飲んじゃえ

――中でも一番大変だった場面は？

紅谷　ラスト近くに、床屋の裏庭で宴会が開かれる場面がありますね。役所さんたちが酔って騒いでいると、哀川翔さん演じる祐司がギターを弾いて、清水美砂さんがカスタネットを鳴らしてフラメンコを踊りながら階段を下りてくる。それに合わせて周りの人たちが手拍子を打ち、ギターとカスタネットの伴奏が高鳴って踊りも最高潮に達していくわけです。ここは普通の撮影なら、事前に音楽スタジオでカスタネットとギターの音をプレスコで録っておいて、現場ではその音をプレイバックして流します。でも僕も今村さんも普通じゃないですから（笑）、これを同時録音でやろうという話になったんです。場面の状況を考えると、祐司はご愛敬でギターを弾いている村の男だし、清水さんだって酔っぱらいながらフラメンコを踊っている。周りも飲んで騒いでいるわけだから、きれいごとですまさ

「うなぎ」の撮影終了記念撮影。前列中央に今村昌平監督が座り、筆者は左端にいる。

「うなぎ」。第五〇回カンヌ国際映画祭パルム・ドール受賞後の祝賀パーティー。左から役所広司、今村昌平監督、清水美沙、筆者。

れないと思ったわけです。だから同時録音することを事前に伝えて、清水さんにも哀川さんにもフラメンコとギターの練習をしてもらいました。彼らはプロの先生の指導を受けて、何回かリハーサルをして、これなら同時録音でもやれるというレベルまで達していたんです。

——今村さんと紅谷さんのコンビらしいこだわりですね。

紅谷　それで本番当日になったんですけれど、この場面は次のカットへの音のずり下げ分を含めて約八分に及ぶ長いシーンになる。当日朝からリハーサルをやってナイト・シーンでしたから、準備にも時間をかけました。それでテストではうまくいったんです。ところが本番前のテストで、俳優たちが本物の酒を飲み出したんですよ。監督もそういうのが好きで、バカ騒ぎのシーンだから飲んじゃえと。でもテストから飲んじゃったから、哀川さんは弦を押さえる指の力が弱くなってギターの鳴りが悪くなり、ほかの俳優も飲んでいるからこちらの注文通りの音を出してくれなくて、全体的に思った音にならなかった。それで監督に、「イメージ通りの音ではないけれど、このどんちゃん騒ぎの感じはプレスコしてもうまくいかないだろうし、このまま同時録音の音を使っても僕は構いませんよ」と言ったら、「その方がありがたいな」と今村さんは言いました。実際このシーンに関して言えば、あれはあれでリアリティがあったと思いますね。

——俳優が酒を飲んでしまったら、やり直しもきかないでしょうしね。でもそのライブ感が、今村映画の魅力でもあると思います。

紅谷　そう言ってもらえるとありがたい。この映画は音を録るのに苦労したし、思うようにいかない部分もありましたが、オールラッシュのときに、観終わって試写室を出るところで今村さんがすれ違いざまに「全部同時録音で録れてよかった」と言ってくれたので、ホッとしました。

——そういう意味で、この映画も忘れられない一本となったわけですね。

紅谷　この映画は厳しい予算で甘い考えは許されず、精神的にも苦労の多い仕事で、スタッフはそれぞれ人にも言えない不満があったと思うんですが、今村組のスタッフはチームワークもよく、全員よく働きましたねえ。ときには監督のユーモアあふれる演出の指示によって、ともすれば暗くなりがちな撮影現場にホッとした空気が流れ、明るいスタッフの笑い声が疲れた神経を癒してくれました。まさに今村監督の人間的魅力に現場が支えられていた。当然、スタッフ・キャストは今村信者へと傾斜していきますよ。

「うなぎ」で第21回（1998）日本アカデミー賞で優秀録音賞受賞。

――そして完成後に大きなことが起こる。カンヌ国際映画祭でパルム・ドールを受賞しました。

紅谷　申しわけないけど、思ってもいませんでした。

――今村監督としては「楢山節考」に続いて二度目のパルム・ドール受賞でしたが、このときは誰もが意外な感じだったのでは？

紅谷　だから余計に、今村さんの喜びようがすごかったんです。あの人は普通、賞をもらっても照れて、あまり喜ばない方なんですね。でもこのときはものすごく喜んだ。やはり本人も意外だったんだと思います。この作品は決して重量級の映画ではない。従来の今村作品とは一味違い、後半大人のラブストーリーがドラマを構築し、愛の余韻を残し、ラストをしめくくる。監督自らが言うように小品であるかもしれない。しかし、人間を見据えるしたたかな視点はやはり今村作品ならではと思います。多彩な出演者の中でひときわ異彩を放っていたのはフミエ役の市原悦子さんでした。撮影中、監督は「俺は人間に興味を持つ。貪欲なまでに興味を持つ」と盛んに言っていましたが、この映画が国際的に認められたのは、今村さんにとって大きかった。すぐに次の作品に取り掛かれることになりましたから。

――それが「カンゾー先生」（98）だったわけですね。

「カンゾー先生」主演俳優が撮影中に降板

紅谷　今村さんが「黒い雨」を終わった後に、一番撮りたかったのが坂口安吾の『肝臓先生』なんです。原作は49年に発表されたんですが、今村さんはその頃に小説を読んで、以来ずっと映画化の構想を練っていたんです。この映画化にあたっては、坂口安吾の『堕落論』や『行雲流水』も組み合わせて一つのストーリーにしています。また監督の個人的な想いとしては、今村さんのお父さんが開業医だったこともあって、これは「現代医療に対する批判と、同時に父への鎮魂歌である」と言っています。しかし、昭和20年の終戦より前が時代背景になっているため、時代設定が予算のかかる作品として実現は困難とされていたんです。

――「カンゾー先生」は、太平洋戦争敗戦間近の昭和20年を背景に、瀬戸内海の田舎町で開業医をしている赤城風雨（六二歳）が、世間にはあまり知られていない肝臓炎を撲滅しようと奔走す

「カンゾー先生」（98年10月17日公開）。監督：今村昌平、出演：柄本明、麻生久美子。坂口安吾の数編の小説を元に、第二次世界大戦敗戦間近の瀬戸内海で、肝臓炎を撲滅しようと奔走する開業医の奮闘を描いている。

る物語。彼のバイタリティーあふれる人間性を柱に、個性的なキャラクターが絡む群像劇で、撮影は岡山県の牛窓町（現・瀬戸内市）で行われたそうですが。

紅谷　昭和20年の設定なので、昔の風景が欲しい。牛窓町にはその雰囲気がまだ残っていたんです。牛窓町を中心に、岡山市犬島、香川県小豆島、広島県広島市の出汐などで全員合宿のロケを、97年の7月中旬から約四カ月間敢行しました。主人公の赤城風雨は岡山弁なので、いつものように〝今村流方言〟の岡山弁が主体になっていますが、かなり入念なリハーサルをやってから現地へ乗り込んだんです。

――主演は当初、三國連太郎さんでしたね。

紅谷　今村さんは最初の段階から、馬力のある頃の三國さんをイメージして脚本を書いていました。それで7月16日にクランクイン、順調に撮影が進むかと思われていましたが……、23日の向日比のロケセットで撮影していたときに問題が起こったんです。赤城風雨と若い職員が話す、脚本にして二ページ強の一シーン一カットの場面だったんですが、赤木役の三國さんが何度やっても途中でつっかえてセリフが出てこなくなったんですね。

――どうしたんでしょうか。

紅谷　すごく暑い日でもあったんですが、やはり三國さんの問題ですよね。普通、俳優は一度自分の体を通してセリフを覚え、それを脚本に描かれた人物像として表現しようとする。三國さんが今村映画に出演するのは、「復讐するは我にあり」以来十八年ぶりでしたが、その間に「釣りバカ日誌」シリーズなどにレギュラー出演して、長い月日の間に三國連太郎流のセリフ回しというのを「釣りバカ」風に身に付けてしまった。つまり劇中の人物よりも晩年の三國連太郎本人の色合いを強く出すようになってしまいました。今村監督は、脚本を自分で書いていることもあって、特にセリフの微妙なニュアンスが崩れるのをとても嫌がる監督です。実は今村さんは前から自分の生理でセリフを言ってしまう三國さんの芝居があまり好きじゃなかったんです。

――それでも三國さんをキャスティングしたんですよね。

紅谷　今村さんの中で赤城風雨役のイメージはどうしても馬力があった頃の三國さんなわけですよ。だから芝居さえ何とかすれば、と思っていたんでしょう。それでこの日の撮影はＮＧが続いて、テイク三〇までいったのかな。セリフが長いので覚えきれないということもあったと思うんです

「釣りバカ日誌」シリーズ　88年から09年までに全二二本が作られたコメディ映画シリーズ。釣りが大好きなハマちゃん（西田敏行）と、彼の会社の社長で釣り仲間のスーさん（三國連太郎）が毎回大騒動を巻き起こしていく。

けれど、この日は特に暑い日で、三國さんの奥さんが氷枕を持ってきて頭を冷やしながらたびたび休憩を取ってやっていたんです。結局この日は、撮り切れずに中止になりました。

――翌日も同じシーンを撮影したんですか。

紅谷　ええ、朝一番になんとかこのシーンを撮り終えましたが、監督は決して満足しているわけではなかったんです。ところが次のシーンがまたダメで、これがテイク一〇〇までいったんですよ。おそらく三國さんの頭の中は真っ白だったと思います。フィルムをガラガラ回して、フィルム・チェンジばかりやっていた感じでしたね。こうなると、要は監督と役者の意地の張り合いです。今村さんは途中で芝居を止めないので毎回シーンの終わりまでやって、「もう一回!」となるんですから、体力的にもかなり厳しい。それでこの日は撮り切れずに中止になったんです。

――監督が芝居を気に入らないということが大きいんでしょうが、三國さんとしてはかなり体力を消耗したでしょうね。

紅谷　もともと赤城風雨というのは冒頭のナレーションでも自分で言っていますが、「開業医は足だ、片足折れなば片足にて走らん、両足折れなば手にて走らん、疲れても走れ、寝ても走れ、走りに走りて生涯を終わらん……」という役ですからね。走るシーンもふんだんにある。それがこのシーンをやってみて、長台詞とはいえその調子ですから、今村さんとしては三國さんの体力や精神的な馬力に対して、疑問を感じたと思うんです。僕も見ていて、これはおそらく今の三國さんではやりきれないだろうなあという予感がしました。この分だと翌日も中止だろうと思って、僕はその夜、助手たちの宿舎に行って、みんなと一緒にしこたま酒を飲んだんです。

――紅谷さんの宿舎は助手さんたちとは別だったわけですね。

紅谷　そうです。僕の部屋は民宿の二階の角部屋で、前の部屋には今村監督夫妻が泊まっていて、隣には三國夫妻、身動きできない位置でした。ほかの部屋には麻生久美子や女性スタッフがいました。それで二日酔いになるくらい酒を飲んだ翌朝、今日も中止だと気楽に寝込んでいた早い時間に、今村さんの奥さんに叩き起こされました。「ちょっと、紅谷さん起きてください!　監督が相談したいと言っていますから」と。慌てて顔を洗って、監督の部屋ではなく隣の三國さんの部屋へ行ったら、もぬけのから。キレイに片付いているんですよ。それだけで十分理解できました。そこに監督が待っていて、「実は昨日、中止してから二、三時間経って、三國連太郎に呼ばれて話をした。彼は自分の体力に自信がないというんだ」というわけです。おそらくそこでセリフが言えないという話が出たと思うんですが、表向きには走る医者の話だから体力的に自信がないと。「だから三國は、『降ろしてほしい』と言うんだよ」というわけで、今村さんはその申し出を了承した。そうしたら三國夫妻はすぐに東京へ帰ってしまった。ついては代役を誰にするかを相談したいと。

正直言って、今から主役級の俳優のスケジュールを押さえるのは至難の業ですよ。でもしょうがないから僕からも、候補者としていくつかの名前を出しました。僕の意見も聞いて、その日のうちに監督は東京へ戻り、主役探しに奔走したんです。それで二日間撮影は中止になって、二日目に柄本明さんを代わりの主演に決めたんです。このときの今村監督の決断は早かった。

――柄本さんは、別の役で出演されていたんですよね。

紅谷　鳥海という友人の外科医の役でした。三國さんがNGを繰り返したときも柄本さんは撮影に参加していたんです。だから事情も呑み込めていたし、何より降板が急すぎてほかの俳優では対応ができない状況だった。予算的にも長いロスは許されない。それで柄本さんを大抜擢することにしたんです。撮影を中止して三日目には監督は牛窓町の現場に戻ってきて、赤城風雨役になった柄本さんと脚本の読み合わせをして、その翌日から撮影を再開しました。柄本さんは役者魂というか、気持ちが入っていましたね。彼は田舎の町医者という感じの素朴さもある。走れるしね（笑）。ただ主役は脇役と違いますから、主役になり切るのは難しかったと思いますし、相当な苦労をしたと思います。主役交代劇があってからは、撮影は順調に進んでいきました。

――瀬戸内海を臨む牛窓町はかつての田舎を思わせるいいロケーションでしたが、昭和20年頃の雰囲気を同時録音で録るのは大変ではなかったですか。

紅谷　音は苦労しましたね。瀬戸内海をしょっちゅうエンジンを響かせながら船が通るんです。あとは車ですよね。まあ、細い道が多かったので車止めはできたんですが。そういう現代の音を除外するために、本番のときは、室内シーンで映らないところの窓を閉めて、できるだけ雑音を切ってやっていました。でもこれが真夏の7月でしょう。地獄のような暑さで食欲も減退しがちだったんですけれど、今村夫人がロケ先の片隅にキッチン・スペースを確保して、昼食や夕食に野菜の天ぷらとか、ソーメンを作って出してくれたのはありがたかったです。

――前作「うなぎ」では、糖尿病の持病がある今村監督は杖をついて演出していたそうですが、このときはどうだったんですか。

紅谷　やはり足の具合が悪くて、ステッキは常用していました。でも本番やカットの掛け声は、どこにこんなエネルギーが蓄積されているのか、と思わせるくらい元気で迫力がありました。俳優に芝居を自由にやらせておいて、必要な部分だけを自分流に料理するというやり方が顕著になってきたと思います。

――赤城医師と行動を共にする看護師役・ソノ子役で麻生久美子さんが出演し、注目を浴びましたね。現場ではどうでしたか。

紅谷　今村さんにはかなり絞られていました。でもあの子は変に色が付いていなかったので、よかったですよ。唐十郎さんの人間臭い躍動感も印象的だったし、とぼけた味の山田昌さんとか、俳優陣はみんなよくやっていた感じがします。

9月末、ソノ子が小舟から鯨（作り物）に飛び移って格闘するシーンを撮りました。クライマックスでもあり、予算と規模からいっても仕掛けの大きな撮影で、海上と海中での撮影は困難を極めましたが、麻生久美子は死にものぐるいでよくがんばった。事故がなかったのは何よりでした。

――今村監督はこの年、七一歳になっているんですね。

紅谷　9月15日の誕生日には、みんなでパーティーをやりました。撮影は無事に終わって編集に入ったんですけれど、最後の編集ラッシュは三時間を超えていました。すでに現場でそのことは分かっていたんですが、これを二時間一〇分にまとめるために、監督は結構思い切りよくズバズバと切っていきましたよ。「うなぎ」と同様、編集のときに部分的にセリフを変更して、その部分をアフレコすることも多くなっていました。それは脚本が練りきれず、迷っているときには説明過多になる危険性もあるのですが。

――音楽はジャズ・ピアニストの山下洋輔さんが担当しましたね。

紅谷　山下洋輔氏とは初めての仕事で、ジャズ・ピアニストで高名な彼を起用するということは、ジャズが基調になることが予想できました。トップ・タイトルは赤城先生が走っている画にうまくジャズが乗ったんですが、ドラマ部分ではこちらと解釈が違うところもありました。監督はそ

山下洋輔　1942年生まれ。ジャズ・ピアニスト、作曲家、エッセイスト。中学時代からジャズに傾倒し、高校時代からプロのピアニストとして活動を始める。その一方で映画音楽も手掛け、「ジャズ大名」(86)、「ファザーファッカー」(95)、「カンゾー先生」(98)、「助太刀屋助六」(02)などの音楽を担当した。

んなときでも、悠然と構えているのには驚きました。木管楽器のアドリブなどは、昭和20年頃の話だから画と合わせると違和感がある箇所があって、山下さんに相談しました。彼は「僕は映画音楽に関しては素人だから、楽器のバランスなどはお任せします」と言ってくれたので、音楽のミックスダウンのときに違和感のある音色の楽器のバランスを抑えたり、自由にやらせてもらったんです。これまでの今村映画は予算の関係もあって、全作品モノラルで仕上げてきたんですが、この映画は共同製作した東映の希望でドルビー・SR（四チャンネル）で仕上げたんです。初号試写の後、音楽の評判がよかったので安心しました。

——作品は高く評価され、柄本明さんや麻生久美子さんは多くの映画賞を受賞していますね。

ただ興行的に報われなかったのが残念でした。

「鉄道員（ぽっぽや）」キハ一二型の警笛をいかに録るか

——98年に入って降旗康男監督、高倉健主演の「鉄道員（ぽっぽや）」（99）に参加しましたね。この作品は直木賞を受賞した浅田次郎さんの小説を原作に、北海道の終着駅で駅長を務める仕事一徹に生きてきた男・乙松（高倉）が定年間際に、幼くして亡くなった娘と奇跡の出会いを果たすファンタジーです。降旗康男監督とは「夜叉」以来一四年ぶり、高倉さんとは「海へ—See you—」以来一一年ぶりの再会となりましたね。この映画は東映東京撮影所の企画で、かつて高倉さんと一緒に仕事をしたスタッフの一人が、自分の定年前にもう一度高倉さんと映画を作りたいという想いから撮影所の所長だった、坂上順プロデューサーに「ぜひ健さんで映画を！」と企画を持っていったことから始まった。高倉さんが東映の映画に出演するのは、「動乱」（80）以来一九年ぶりですが、旧知のスタッフの熱意に打たれて承諾したという経緯がありました。紅谷さんには、誰からこの仕事の依頼があったんですか。

紅谷　撮影所の製作部長から連絡があって、所長の坂上さんに会いに行きました。僕は東映が配給する映画はずいぶんやっていますが、東映本体が製作する作品を担当するのは初めてで、久しぶりに大泉の東京撮影所に行きました。坂上所長からは「鉄道員（ぽっぽや）」の録音はもちろん、撮影所の録音部全体を活性化させて、新人も育ててほしいと。思わぬ重責を背負わされたという

ドルビー・SR（四チャンネル）　SRとはスペクトラムレコーディングのこと。ドルビーステレオからノイズリダクションを改良し、85年から使われたシステム。フィルムから取り出した光学式の二チャンネル信号を、ノイズリダクション処理してノイズを減らし、ステアリング処理して四チャンネルで上映する。

「鉄道員（ぽっぽや）」（99年6月5日公開）。監督：降旗康男、出演：高倉健、大竹しのぶ。直木賞を受賞した浅田次郎の短編集を原作に、仕事一途で妻や幼い娘の死に目にもあえなかった鉄道員が、冬のある日に奇跡の出会いを体験する大ヒットしたファンタジーだ。

「動乱」（80年1月15日公開）。監督：森谷司郎、出演：高倉健、吉永小百合。

想いで気が重くなりました。それでまず撮影所のダビングルームに行ってみたら、いまどき、まだこんな機材を使っているのかと思うくらい、調整卓や周辺機器は古くて非常に使いにくい状態でした。ここでダビングするのは、大変な仕上げ作業になるなと覚悟しました。

——録音助手は撮影所のスタッフだったんですか。

紅谷　チーフ助手とサード助手を東映の人間にしてくれというのが条件だったので、チーフを高野泰雄君に、サード助手を新入社員の室園剛君にやってもらうことに決めましたが、彼らだけでは保たないと思ったので、外部からその頃すでにチーフをやっていた矢野正人君に無理を頼んでセカンド助手として就いてもらったんです。

——ロケ地は北海道ですが、ロケハンから参加したんですか。

紅谷　事前に撮影の大ちゃん（木村大作）がメインの舞台となる乙松の赴任地・幌舞駅の候補地として、北海道の豪雪地帯、南富良野町の幾寅駅を探してきたんです。僕も実景の音録りを兼ねてロケハンに参加して幾寅駅に行ってみたんですが、そこでパッと思いつきました。撮影するのは雪が降り積もった冬でしょう。健さんが演じる乙松は一人駅長でプラットホームでの芝居が多い。すると駅のホームにスタッフが雪の上を歩いた靴跡が付くのは厳禁ですから、撮影では録音のマイクポジションを確保するための足場が困難になる。だからこの段階で録音機の基地を駅の待合室の片隅に設定し、そこを起点にしてマイクコードをあちこちに張り巡らせて、雪が積もっても、どの場所にでもマイクコンセントが使えるように準備しておいたんです。結果的にこれが撮影時、威力を発揮しました。仕事で成果をあげるためには、撮影時の状況を先読みして準備しておくことも必要なんです。

——高倉さんは一人の場面が多く、マイクが近づきにくいですからね。

紅谷　健さんはいつも駅長の長いコートを着ているでしょう。ほとんどがあのコートを着ている芝居ですから、最初からコートの内側の一番音の抜けがよい場所に、ワイヤレスマイクを縫い付けさせてもらったんです。かなり分厚いコートだから内側を少し削って縫い付けたのですが、衣裳が傷つくので衣裳部は嫌がっていましたけどね（笑）。でもそのおかげで毎朝、コートの内側にマイクをセッティングするという手間が省ける。送信機の電池だけ換えればいいわけですから。健さんも毎朝、マイクを付けることになると煩わしいでしょうし。

高倉健さんとの最後の仕事になった。「鉄道員」のロケ地での一枚。

――東映の人たちにしてみれば高倉さんは自分たちの会社から出た大スターなので、誰もが歓迎していたし、周囲は気を使ったでしょう。

紅谷　撮影所全体が大騒ぎでした。所内の健さんの控室の内装を、ホテル並みに改装しましたし、本当に別格扱いでした。だから健さんも大事にしてもらっている心地よさを感じていただろうし、気合も入っていて、気持ちよく仕事をしていたと思います。

――この映画のキーになる音は何だと思いましたか。

紅谷　脚本を読んだ段階で、主人公の乙松を象徴する音は、キハ一二型の警笛の音以外にはないと思いました。キハ一二型はもう使われていない古い型の機動車でしたが、この映画のために復元したんです。それと映画には一七年前、二年前、二八年前、一五年前とランダムに回想シーンが挿入される。機関車のD51も登場しますし、そういう汽車や機動車の音は効果音としてこだわろうと思っていました。クランクイン前から効果音にこだわったのは久しぶりでした。

――それらの音は、どうやって録音したんですか。

紅谷　98年の12月27日から29日にかけて、まず会津若松へD51の実景を撮影しに行きました。今回は実景も全部録音部が付き合うと決めていたので外からも音を録ったし、機関車に乗り込んで車上でも録音したんですが、D51の機関車があんなに揺れるものだとは思わなかった。昔のD51の音より重量感に欠けるような気がしたのは、実際の編成で運行していないからか。そんなことを考えながら童心に帰って飽きることはありませんでした。

年が明けて北海道へ飛び、1月10日にキハ一二型の実景撮りの下見。11日から14日にキハの実景撮影をしたんですが、三人の助手をいろいろな場所に配備して、警笛の音を録りまくりました。機動車を走らせている根室本線は地形が変化に富んでいて、山の形が変わると警笛の音の響きも違うんです。山肌への反響の度合が違いますから。警笛の音によって情感が加味されるので、その音の変化をシーンによって使い分けたいと考え、場所を変えて異常なほど録音テープを回し続けました。

――汽車や機動車の音を際立たせることで、ランダムに出てくる回想シーンの時代色も表現できるという計算があったんですか。

紅谷　もちろんそれは考えましたが、はっきり言って一般の人には汽車の汽笛や機動車の警笛だ

「鉄道員(ぽっぽや)」。山にこだまするキハ一二の警笛を録音するため、雪山の中を歩き回る筆者。

けで時代色は感じ取れないと思いました。作る側はそういう思いを込めていたとしてもね。だからここでは、あるところでは異常にエコーが広がって聞こえるとか、音の聞こえ方を細かく細工して、あくまで人物に対して音を付けているんだということを強調してみました。だからちょっと誇張した表現になっているところもあるんです。例えば冒頭はD51の走る力強い音から始まって、それがキハ一二型の警笛に変わっていくことで、ある時代の流れとともに、若々しい力強さが過去のものになっている感じを音で表現しました。

――この警笛の音とともに、乙松が駅のホームで吹くホイッスルの音も印象的ですね。

紅谷　あそこは山が近いから残響も結構あるので、ホイッスルの音がかなり響くんです。ロングショットのところはさらにエコーを効かせて、残響も作ったものを使用しています。雪に覆われた極寒の幌舞駅のプラットホームに立ち続ける健さんは凛々しく、さすがに画になりました。遠くの山肌にキハの警笛が鳴り響けばもう言うことなしです。

ただ撮影自体は大変でした。幾寅駅は、劇中で描かれた幌舞駅とは違って終着駅ではなく、根室線の通過駅ですから、撮影のたびに終着駅としてのストッパーを線路において、電車が通過しない時間帯を狙って撮影しなくてはいけない。いつも時刻表とにらめっこしながら、集中的に撮影しました。

またあの幾寅駅は、結構離れた山にスキー場があって、その山と遮蔽物がない場所に建っていますから、スキー場から流れてくる音楽がまともに聞こえるんです。

――それをどうしたんですか。

紅谷　ロケハンのときに耳をすまして、何が邪魔な音になるかを全部制作部へ指示しておきました。だからスキー場の音も、制作部が現地へ行って音を止めていたんです。ただここは、実際に乗り降りする乗客の数もあまりなかったし、それは助かりました。

――久しぶりに仕事をした降旗康男監督、木村大作キャメラマンの印象はいかがでしたか。

紅谷　大ちゃんは以前にもまして、プロデューサー的な動きが強くなった感じがしました。現場の仕切りは、ほとんど彼の判断で動いていました。でも肝心なところは、ちゃんと監督に相談する。またこれも彼の考えで、撮影のスタート時間を昼からにしたんです。それは健さんが朝に弱いということで、大ちゃんらしい配慮ですね。それが分かっているから健さんも、気持ちよく現場に入れる。全体を見ての気配りを、彼はかなりやっています。

降旗さんは相変わらず穏やかな演出ぶりで、撮影中はロケ、セットを問わず、いつも立ったままで、椅子に座らないその姿には頭が下がりました。健さんとも長い付き合いですからお互いの信頼関係ができているのはよく分かり、多くを語る必要もなく、常に笑顔があり、やさしい監督はスタッフにも人気がありました。我々にも細かい注文はしないですけれど、それだけに重責を感じましたね。こっちが何か一つアイデアを持って進めていくときに、監督からは何も言ってこないけれどちゃんと考えていかないと。何がいいのか悪いのかすべて分かっている人でしたから。

――北海道は明治以降の移民によって生まれた場所が多いですから、特定の方言が特徴的な土地ではない。だるま食堂の女将を演じた奈良岡朋子さんは、意図的に彼女の故郷である青森のイントネーションを織り交ぜて、北海道らしい方言を使っていましたし、完全な標準語のやり取りではないですよね。

紅谷 健さんの乙松もちょっと方言を取り入れてしゃべっているところがあるんですが、これが徹底していないので分かりにくいところが結構ありました。そこは注意しましたけれどね。全篇を方言でしゃべる作品ではないので、その管理が中途半端になったという想いがあるんですよ。ただ方言は大きなポイントになる作品ではないので、そこは許されるかなと思ったんです。

健さんと『テネシー・ワルツ』

――1月の北海道ロケが終わると、東映東京撮影所でのセット撮影が始まりましたね。いよいよ録音部の活性化と新人育成にも本腰を入れていくのですね。

紅谷 それほど大げさなもんじゃないですけどね。サード助手で就いていた室園剛君は東映の新入社員で見習いのようなものでしたから、やはり大変でした。今では立派なミキサーとして独り立ちしていますが。それよりも問題だったのは、撮影所のダビンググルーム全体をどういう風に変えていくかでした。機材的にも不満なところがいっぱいあったので、セットに入る前に時間を作って、撮影所長と製作部長、技術関係の責任者に会議室に集まってもらって、相当厳しい要求をしましたね。撮影所の録音部全体を少しでもよくしてくれという向こうからの頼みですから、僕の言うことを素直に聞いてくれました。それによって多少状況は改善されたと思うんですが、それにしてもギャラに関してはしっかりしているんですよ（苦笑）。

――それは残念でしたね（笑）。セット撮影に入ると、駅長室や乙松（高倉健）が通う駅前のだるま食堂での芝居がメインになって、俳優さんたちが集まってきますね。その方たちの印象を伺いたいんですが、乙松の親友・仙次を演じた小林稔侍さんは？

紅谷　小林稔侍は「夜叉」にも出ていますけれど、東映時代から健さんと仲がいい。その仲のよさを芝居で表現している感じはありましたが、ちょっとやりすぎかなと思うところもありましたね。頭の方で乙松の娘の墓の前で、仲間の鉄道員たちが歌を歌う場面があるでしょう。あの歌は降旗監督が作詞したもので、撮影現場で音を録ったんですが、稔侍は音が外れているんです（笑）。でも鉄道員たちが歌うんだから、そういう人がいてもいいかと。

――乙松の妻の役で大竹しのぶさんが出ています。高倉さんとは初共演でしたが、紅谷さんも初めての女優さんですね。

紅谷　ええ、初めてです。気さくな方で、芝居の達者な素敵な女優さんですね。それと客観的に見て、男性を引き付ける魅力を持った女性だと思いましたね。劇中で彼女が歌う『テネシー・ワルツ』が夫婦の思い出の曲として流れますけれど、この曲を使うことは監督と健さんとが、あ・うんの呼吸によって決めたんです。

――『テネシー・ワルツ』は高倉さんの亡き妻・江利チエミさんのヒット曲ですからね。そこに重ね合わせたイメージがあったと思います。また九州から流れてきた炭鉱夫の役で、志村けんさんも出演していました。

紅谷　役者としても味のある俳優でしたね。喜劇だけの人じゃないと思いました。シリアスな芝居もいけるし、もっと活躍してほしかったと思います。ほかに仙次の妻で田中好子が出ていますが、彼女とは「黒い雨」を一緒にやりましたから、現場で「紅谷さん！」と寄ってきてくれて。あの子はこの人と思ったら一途に信用してくれるタイプですから。

――仙次の息子役で吉岡秀隆さんが出ています。ＪＲ北海道の職員である彼は、乙松の定年後の仕事を見つけようとしていたが、うまくいかない。彼がそのことを伝えようと乙松に電話する場面での、吉岡さんと高倉さんの会話が強烈に印象に残ります。

紅谷　北海道ロケで先録りした吉岡君のセリフを、撮影所のセットで芝居する健さんの電話機に実際の吉岡君のセリフを流して、二人の芝居をからませたんです。長いシーンでしたが、二人の呼吸が見事に合っていて、うまくいきましたね。吉岡君もなかなかよかったですが、ああいう場面をやるときの健さんは、セットに入ってくるときからいつもと雰囲気が違うんです。

——と、いいますと？

紅谷　重要なシーンだと、セットに入ってきたときから健さんが集中しているのがよく分かる。スタッフが声をかけるのもはばかるようなオーラが感じられるんです。

——高倉さんがセットに入ってくると、一瞬セット全体がピーンと張りつめたような緊張感に包まれる……。

紅谷　そんな感じがあるんです。リハーサルをして本番前になると、健さんは一人になって、静かに自分の緊張を高めていく感じがあり。健さんの乙松と成長した娘（広末涼子）と奇跡の出会いをする場面も、長いシーンは脚本で三ページあったんですが、二キャメラを使って一カットで撮りました。

——このときの広末さんの印象は？

紅谷　普通の控えめなお嬢さんという感じでしたね。芝居も素直で、降旗監督が乙松の娘にイメージするその世界観に、このときの彼女は合っていたと思います。

——仕上げに入って、主題歌として坂本美雨さんが歌う歌が入りましたね。これは誰のオーダーだったんですか。

紅谷　東映側が強硬に主題歌を入れたいと言ってきました。実は監督も僕も、この歌は映画のラストシーンに合わないと主張したんです。この映画はあくまで乙松（高倉健）のイメージで観るものですよ。だとすると女性のか弱い歌では、気持ちがいかないと思ったんです。特に降旗監督はすごく反対しました。このときは特別に監督の意志の強さを見た感じがしましたね。結果的には会社に押し切られましたけれど、降旗さんのこだわりは強烈な印象として今も残っています。だから僕としては、映画の最後のシーンで仙次が運転しながら去っていくキハ一二型の警笛の音に、愚直にひたすら走り続けてきて亡くなった乙松のイメージをすべて込めようと、二〇〇種類以上録音してきたキハの警笛の中から、これぞと思う音を慎重に選んで使いました。

「ホタル」への参加を断念

――一徹な鉄道員人生を送ってきた乙松を象徴するような、キハの警笛だと思いました。「鉄道員（ぽっぽや）」は興行的にも大ヒットして、降旗監督と高倉さんの代表作の一本になりましたね。その成功を受けて、２０００年、同じスタッフ、主演による「ホタル」（01）がすぐに企画されました。しかし、紅谷さんは参加されていない。なぜですか。

紅谷　本当は僕も最初は参加していたんです。ロケハンにも一緒に行ったし、準備も進めていた。ところがロケハンから帰ってきたら、製作を中断するという話になったんです。

――「ホタル」は特攻隊の生き残りの漁師と彼の妻を主人公に、亡くなった韓国人の特攻隊員を絡めて戦争に対する彼らの想いを描いた作品ですね。

紅谷　脚本は竹山洋さんと降旗さんのオリジナルでしたが、歴史的背景がある題材なので、脚本が固まるまでには二転三転した経緯があって、一時企画の言い出しっぺである健さんがやめたいと言い出したんです。それで中断ということになったから、僕は坂上プロデューサーに「この中断はすべて白紙と考えていいのか。それとも現状は待機ということなのか」と聞いたら、「う～ん、白紙に近い中断だ」というわけで、どうもはっきりしなかったんです。そこへ今村昌平監督の「赤い橋の下のぬるい水」（01）の話が舞い込んできた。それで坂上さんに相談したんです。「もし『ホタル』が再開するのであれば、しょうがない。今村組の現場を誰かに任せて、自分は仕上げだけをやる。道義的には降旗組を蹴って、ほかの組へ行くわけにはいかない」と。坂上さんはしばらく考えて、「今村組をやっていい」とはっきり言ったんです。

実は今村さんとすでに降旗組の話をしていて、「ホタル」をやることになっていると。そのときはもちろん今村組の仕上げだけは僕がやりますが、現場の録音を誰にするのか、その人選まで決めていたんです。今村さんは不承不承うなずいて、はっきりとはＯＫしないけれども「しょうがないな」という感じでした。だから坂上さんには何度も、「本当に、今村組をやってもいいんですか」と念押ししたんです。それで「いいです」ということで今村組に参加することになって、「赤い橋の下のぬるい水」の富山ロケに行っているときに、東映の製作部長から連絡があって、「ホ

「ホタル」（01年5月26日公開）。監督：降旗康男、出演：高倉健、田中裕子。

竹山洋　1946年生まれ。脚本家。いくつかの職を経て、73年から脚本を書きはじめる。代表作に大河ドラマ『秀吉』（96）、『利家とまつ～加賀百万石物語～』（02）があり、映画でも「四十七人の刺客」（94）、「義務と演技」（97）、「ホタル」（01）、「かあちゃん」（01）などを執筆している。

「赤い橋の下のぬるい水」（01年11月3日公開）。監督：今村昌平、出演：役所広司、清水美砂。辺見庸の小説を原作に、リストラされた男とセックスをすると大量の水を体内から放出する特異体質の女性との触れ合いを描いている。

タル」が再開することになったと。ついては録音担当を誰にすればいいのか、知恵を貸してほしいと言われましたが、こっちとしては答えようがなかったですね。

——それで本田孜さんが担当したんですね。

紅谷 そうです。それで「ホタル」に参加できなくなったんですが、僕が降旗監督と健さんのコンビ作の仕事を断ったのは、これで二度目なんです。「あ・うん」のときにも、黒澤明監督の「夢」と重なって断っている。申し訳ないと思ったので、ロケ地の富山から降旗監督と健さんに、断りの手紙を出しました。結局、健さんとは七作品一緒にやってきましたが、残念ながら「鉄道員（ぽっぽや）」が最後の仕事になりました。

——信頼されているスタッフだからこそ起こる、仕事のバッティングですね。しかし振り返ってみれば、「赤い橋の下のぬるい水」は今村昌平監督の最後の長篇映画になったわけですよね。これまでの紅谷さんと今村監督との長い付き合いを考えると、もしも「ホタル」に参加して今村作品をやれなかったら、それこそ大きな悔いが残ったのでは?

紅谷 まさに千思万考。非常につらい問題ですね……。果てしなく悩みました。今村さんとはずっとご縁が続いてきたし、僕が長年この仕事を続けられたのも今村さんとの出会いがあったからだと思いますから。確かに「赤い橋の下のぬるい水」をやっていなかったら、いろいろ思うところはあったと思います。どの作品をやれて、どの作品ができなかったのか。それは人とのつながりも含めて、運命的にも奇妙な縁だなと思うんです。

「雨あがる」黒澤組が再結集

——「赤い橋の下のぬるい水」へいく前に、小泉堯史監督のデビュー作「雨あがる」（00）について伺います。98年9月6日に黒澤明監督が亡くなった。その知らせを聞いてすぐさま弔問に駆け付けた紅谷さんは、黒澤組のスタッフたちと再会したそうですね。その通夜が終わってから、みなさんの間で新たな作品の企画が持ち上がった。それが「雨あがる」だったとか。

紅谷 小泉堯史さんは助監督として、黒澤監督に尽くした最後の愛弟子です。その働きは、スタッフみんなが認めるところでした。それで黒澤さんが亡くなってから、未完のまま残されていた

本田孜 1942年生まれ。録音技師。有楽町録音、セントラル録音を経て、録音技師になる。主な担当作品に、「ガラスのうさぎ」（79）、「海潮音」（80）、「鉄拳」（90）、「戦争と青春」（91）、「死んでもいい」（92）、「ホタル」（01）、「あなたへ」（12）、「ペコロスの母に会いに行く」（13）などがある。

「雨あがる」（00年1月22日公開）。監督：小泉堯史、出演：寺尾聡、宮﨑美子。山本周五郎の小説を脚本化した黒澤明監督の遺稿を、愛弟子の小泉堯史が監督して、デビューを飾った。愛妻の腕は立つが報われない武士と、その妻の愛情を描いた爽やかな後味が残る時代劇。

遺稿「雨あがる」の脚本を、小泉さんの監督で映画にできないかという話が持ち上がったんです。小泉さんは黒澤さんがこの脚本を書いているときにも付きっ切りで傍にいたし、作品のことを一番理解している人でした。それと、のんちゃんや親しいスタッフたちには、小泉さんの先々の面倒を見なきゃいけないという想いもあった。それでこの企画は、当然のようにすぐ具体的に動いていきました。

——黒澤監督が亡くなったのが9月6日で、メインスタッフが集められてゼネラル・プロデューサーを務めたアスミック・エースの原正人さんから作品についての説明を受けたのが、11月2日と記録にあります。ものすごいペースで話が進んだようですね。

紅谷　原さんから、予算や撮影のスケジュール、そして翌99年のヴェネチア国際映画祭の特別招待作品に出品したいという説明がありました。原さんは映画の企画から予算、脚本作り、監督の起用、キャスティング、製作、配給、興行まで見据えた日本映画界でも数少ないゼネラル・プロデューサーで、海外の映画界にも通じていますから。原さんが具体案を出してくれたことで、企画を本格的にスタートさせることができたんです。

——「雨あがる」は山本周五郎の小説を原作に、実直な人柄で剣豪でもあるけれど、世渡りが不器用なために仕官できない浪人・三沢伊兵衛（寺尾聰）と妻・たよ（宮崎美子）との夫婦愛を柱にした時代劇です。

紅谷　主人公の三沢伊兵衛はとても真面目な男なんですけれど、脚本を読んだときに、これはひょっとして小泉さん夫婦がモデルの話じゃないかと思いました。小泉さんの奥さんにはお目にかかったことがないですが、大体想像はつきます。小泉さん自身が、真面目過ぎて決して要領のいい人ではないですから。我々は映画界に毒されていますけれど、小泉さんはその毒を持っていない映画界には珍しい人だという印象がありますね。

——小泉監督は自分で剣術もやりますし、どこか現代に生きる侍みたいな一徹さも持っている感じがします。

紅谷　自分の信念を曲げず、やると決めたことは「これでいいんです」と言うタイプ。常にまっすぐで、そこが魅力です。99年の4月26日に、俳優を集めてリハーサルを兼ねた脚本の読み合わせをしましたが、このときもリハーサルを重ね、芝居の輪郭が見えるまで粘っていました。時間

原正人　1931～2021。映画プロデューサー。今井正、山本薩夫らの下で独立プロ作品の制作、宣伝を担当。58年、日本ヘラルド映画に入社し、81年にヘラルド・エースを創設。96年にエース・ピクチャーズに改称し、98年にアスミック・エースエンタテインメントの社長に就任。プロデューサーとして、「赤い帽子の女」(82)、「瀬戸内少年野球団」(84)、「乱」(85)、「失楽園」(97)、「雨あがる」(00)、「明日への遺言」(08)などを手掛けた。

をかけて自分が納得できる世界を作る。そこが小泉さんらしいと思いました。

——主演は晩年の黒澤作品で、当時助監督だった小泉監督と何度も顔を合わせた寺尾聰さんです。二人の関係性はいかがでしたか。

紅谷 寺尾君は、黒澤さんの映画では監督の言うことを素直に聞いてやっている感じでしたが、この映画のときは自分がやりたいことをいろいろ注文していたと思います。剣術の稽古もかなりやって、先生から免許皆伝をもらったくらいですから、俳優として意欲満々という感じがしましたね。小泉さんの方は、そんな寺尾君がやり過ぎないように抑えていく、そういう関係性だったと思います。

——クランクインは5月7日の静岡県の掛川ロケ。小高いところにある掛川城を借りての撮影でした。

紅谷 街ノイズというのは下から上がってくるんですよ。掛川城は町の中にある城ですから、バイクの音なんかがしょっちゅう聞こえてきてね。音は録りにくかったです。ロケハンのときからそれは覚悟していたんですが、監督がこの場所で撮りたいというこだわりがあったので。彦根城でも、同じような苦労がありました。

——小泉監督の演出ぶりはどうでしたか。

紅谷 デビュー作とは思えないほど落ち着いていました。どのシーンも必ず前もってリハーサルをして、本番当日は二キャメラを使って効率よく撮影を進めていきました。我々も不安はまったく感じませんでしたね。小泉さんは脚本も書けるし、黒澤さんの傍で撮り方も見てきたわけですから。監督としてのテクニックは師匠から学んでいて、迷いなくその手法を踏襲していったのではないですか。複数のキャメラを使って一気に撮影していくとか、望遠レンズを使って奥行きのある映像を狙うとかね。そういう意味では黒澤映画の伝統をしっかりと引き継いでいる人だと思います。

——撮影は上田正治さん、撮影協力が斎藤孝雄さん。

紅谷 上田君がAキャメラを担当して、斎藤さんはBキャメラをやりました。黒澤作品のときには斎藤さんがAキャメラで、上田君はBキャメラでした。

この掛川ロケのときには、音楽担当の佐藤勝さんが見学にみえたんです。当時佐藤さんは週に

佐藤勝 1928〜1999。作曲家。国立音楽大学卒業後、映画音楽家を志して早坂文雄に師事。「生きものの記録」(55)から「赤ひげ」(65)までの黒澤明作品の約九割、五社英雄作品、特撮作品などその生涯に三〇〇を超える映画の音楽を手掛けた。

三回人工透析を受けていて、透析を受けた翌日は体調がいい、と。見学に来たのもそんな日で、佐藤さんは僕らと違うホテルに泊まっていましたが、「夜に近くのバーで一杯どうだい」と誘われました。それでキャメラマンの上田君も誘って、三人で飲みに行ったんですけれど、佐藤さんはこの作品を担当できてよほど嬉しかったのか、上機嫌でね。ただ深酒はいけないと思ったので、早々に切り上げたんですが。

――三船史郎さんが永井和泉守重明役で、直情型だけれど人がいい城主を演じていました。槍も振り回して大活躍でした。

紅谷　史郎さんは本格的な日本映画への出演は「二人だけの朝」（71）以来二八年ぶりでしたが、素朴な味がありました。風貌はお父さんの三船敏郎さんに似ているけれど、何とも言えないユーモアがあってこの役にピッタリだったし、新鮮な魅力がありましたよ。

――城の撮影以外で、録音に苦労したことはありましたか。

紅谷　東宝スタジオで撮影した三沢夫婦が泊まっている宿の宴会シーンが大変でした。大井川が雨で川止めになり、安宿に泊まっている大勢の人たちが商売できずに困っている。それを見た三沢伊兵衛が賭け試合をしてお金を調達してきて、みんなで宴会するんです。その宴会を小泉さんは、二キャメラの一シーン一カットで撮りたいと。でも旅芸人の三味線の音があり、唄があり、踊りがあり、手拍子があり、箸や茶わんを叩く音があり、さらに飴売りの太鼓の音まで入るわけですから、まさに音の洪水なんです。しかも長い芝居で、キャメラがロングと寄りでマイクポジションが自由にならず、隠しマイクを多用したので音のバランスには苦労しました。まるで撮影現場でダビングしているような感じでしたね。キャメラポジションを変えて、もう一度同じ芝居を撮ったんですけれど、音としては同時録音の面白さが出ればよしとしようと思いました。撮影自体は順調に進んで、6月29日に無事クランクアップしたんです。

――音的には録りにくくても、撮影スタイルにこだわるのが小泉監督らしい一徹さですね。佐藤勝さんの音楽については、どう感じましたか。

紅谷　先ほど言ったように佐藤さんは人工透析をして、闘病中だったんです。だからこの映画を担当できたことを喜んでいて、「これが俺の遺作になる」とさかんに言っていました。映画の冒頭、タイトルバックに流れる曲は、まさに往年の佐藤さんの音楽でワクワクしました。ただ劇中のド

「二人だけの朝」（71年4月1日公開）。監督：松森健、出演：岡田裕介、三船史郎。

ラマ部分につけた音楽はすべてベストとはいかず、ダビングのときに外した曲もいくつかありましたね。それで音楽録音が終わった7月29日、佐藤さんを囲んで小泉さんやのんちゃんと新宿で一献かたむけたんですが、佐藤さんはご満悦の様子でした。

――ところが四カ月後の12月5日、思いがけないことが起こった……。

紅谷　美術の村木与四郎さんと佐藤さんが紫綬褒章を受章して、スタッフが集まってそれを祝う会が成城の中華料理店で催されたんです。その日、佐藤さんは近くの喫茶店で雑誌の取材を受けて、終わってから二階にある祝う会の会場へ階段を上ってきました。佐藤さんはのんちゃんと一言二言言葉を交わしてから僕の隣の席に座ったんですが、やたらと胸を叩いて、「今日は血圧が高そうだなあ」と独り言を言っていました。それからみなさんに見せようとバッグから勲章を出そうとしたとき急に苦しみ出したので、「どうしたんですか」と聞くと、「ちょっと、しんどい……」と。それですぐに椅子を並べて横になったら、意識が遠のいていく感じだったんです。これはいけないと、すぐに救急車を呼びましたがなかなか来なくてね。やっと来た頃には完全に意識がなくなっていました。

あの日はたまたま佐藤さんの奥さんが出かけていて、我々で病院まで運んで。でもそのまま意識が戻らず、残念ながら佐藤さんは亡くなってしまったんです。後日、佐藤さんの奥さんに会ったときに「佐藤はこの映画をやれて、とても喜んでおりました」と言っていました。だから「雨あがる」の音楽が担当できたことは、本当によかったと思うんです。

――佐藤さんと黒澤明監督とは、「生きものの記録」（55）から「赤ひげ」（65）まで組まれていましたが、「影武者」（80）のときに決裂しました。それだけに、黒澤監督の名前が入った映画を担当できるのは感慨深かったのでしょう。少し時間を戻すと、完成した「雨あがる」は予定通り、99年9月に開催された、ヴェネチア国際映画祭に出品されたんですね。

紅谷　そうです。プロデューサーの原さんに無理を言って、僕と上田君もヴェネチアに連れていってもらいました。映画祭では黒澤監督の命日である9月6日に上映したんですが、僕と上田君は上映二日前の映写テストに立ち会って、映像と音のチェックをして問題はありませんでした。そして映画祭で映画が上映されたんですが、終わった後にスタンディングオベーションが、一〇分くらいやまなかった。あれには感動しましたね。

「雨あがる」のクランクアップ記念撮影。

「鉄道員(ぽっぽや)」。クランクアップ後の記念写真。前列中央の高倉健から左に、降旗康男監督、大竹しのぶ、筆者。

「雨あがる」。ヴェネチア国際映画祭でメインスタッフ。キャスト共に。右から四人目が筆者。

――「雨あがる」は映画祭で緑の獅子賞を受賞し、日本アカデミー賞でも最優秀作品賞などを受賞、国内外で高評価を得ました。ここから紅谷さんは小泉組の一員として、小泉監督の作品に参加していきます。

紅谷　まあ、お役に立てるのであれば……、と一所懸命にがんばりました。

今村昌平監督最後の長篇「赤い橋の下のぬるい水」

――「赤い橋の下のぬるい水」は、辺見庸さんの同名小説と『ゆで卵』、『くずきり』などをベースにした作品です。これは脚本を完成させるまでに、かなり難航したそうですが。

紅谷　今村さんは最初、ある女性ライターに脚本を書かせていて、その段階で僕のところへ話が来て初期の脚本も読まされました。そこから何稿も重ねていって、今村さんは「ダメだ、ダメだ。これでは」と言って、それでもしつこく彼女に書かせたんです。そんなときに「ホタル」の話が来て、僕は「ホタル」に行きますと今村さんに了解を得たわけです。本当に了解されたかどうかは分かりませんでしたが……。脚本は一年ほどいろいろやっていたんですが、このライターでは埒が明かないので、「うなぎ」の冨川元文さんが参加して、再構成しました。

――さらに天願大介さんも加わって出来上がったんですね。当初は鎌倉あたりが舞台だったようですが、結果的には富山になりましたが……。

紅谷　舞台が鎌倉だったことは知らなかったですが、話を地方へ持っていくのは今村さんらしいですよね。あの人は、地方が持っている独特の風土が好きなんです。富山県の氷見を中心にしたロケハンには、僕も参加しました。

――物語は会社をリストラされて、妻にも愛想をつかされた笹野陽介（役所広司）が、北陸の漁港にやって来てサエコ（清水美砂）という女性と出会う。サエコはセックスすると体内から水が大量にあふれ出るという特異な体質の女性で、この二人の愛の物語が、ユニークな漁港の人々との触れ合いと共に描かれていく。ある種のファンタジーですね。

紅谷　映画にするには結構難しい題材なんです。それで脚本に時間がかかったということもある。一応脚本が形になった段階でやろうということになったんですが、出資者がなかなか見つからず

「赤い橋の下のぬるい水」のクランクアップ記念撮影。

冨川元文　1949年生まれ。脚本家。小学校教師を経て、77年に脚本家デビュー。大河ドラマ『峠の群像』（82）で注目を浴び、映画でも「うなぎ」（97）、「赤い橋の下のぬるい水」（01）、「福耳」（03）、「出口のない海」（06）、「赤い鯨と白い蛇」（06）などを執筆した。

クランクインが遅れて、正式に決まったのは２０００年9月中旬でした。この時点で、「ホタル」は中断していて再開がはっきりしないので、僕はやむを得ず降旗組を降りたわけです。

――「赤い橋の下のぬるい水」は製作決定から撮影に入るまでものすごく短時間ですね。

紅谷　音楽以外は前作「カンゾー先生」と同じスタッフなので準備も早くやれたんですが、オールスタッフの打ち合わせが10月15日、クランクインはその三日後の18日でした。そんなペースだから、結局脚本を完全な形に練り上げられなかった。特に後半部分は長いと思ったけれど直しきれなかったので、脚本に問題があるまま撮ってしまって、編集で整理するということになってね。つじつまが合わないところが出てくると、その部分をアフレコして、セリフを入れ替えてしまう。それで不都合が出るとリテイクもしましたからね。そうなると無駄なお金が出てしまうけど、予算がないことなんか、撮っているときの今村さんの頭にはない。そうなってしまうのは、やはり体力が落ちていたからなんだと思います。

――でもそんな今村監督を盛り立てるように、豪華な出演者が揃いましたね。役所広司さんと清水美砂さんは「うなぎ」のコンビですし、北村和夫さん、倍賞美津子さん、坂本スミ子さんなど、これまで今村作品を彩ってきた俳優が結集した感じがします。

紅谷　ただみなさん、年は食いましたよ（笑）。この映画のトップシーンは隅田川沿いに並ぶ青テントで、浮浪者たちが寝ているところで北村和夫さんの長芝居がある。このセリフが、どうもうまく言えない。北村さんは今村さんと一番長い付き合いの親友ですけれど、予算やスケジュールのこともあるから、このシーンだけに時間を取られるわけにはいかない。僕が「監督、どうしますかね。ＯＫできないですけれど」と言ったら、いつもなら妥協を許さない監督も「北村だけ、終わったら部分的にアフレコするか」と。それでも今村さんと北村さんと僕とで話し合って、「セリフを減らすからがんばってくれ」と。北村さんもがんばってくれたけれど、昼食のあとあたりから、どんどんスタミナがなくなって、本番のときには力のない芝居になってしまって。結局部分的にアフレコにしたんですが、隅田川のあたりはロングから聞こえる船のエンジン音や車のノイズがセリフのバックに入りますからね。そのシンクロした音にアフレコした音を差し込むのは、ノイズがぶつぶつに切れるので、ダビングの処理が大変でした。

――この隅田川の撮影を終えて、富山ロケへ向かったわけですね。

紅谷　10月24日に富山の氷見に入って、12月13日までロケ撮影しました。時期的にだんだん寒くなっていくと、監督の体力も落ちてくる。三週間ほどたった頃の夜間ロケで、大きな家を借りて撮影していたんですが、一シーン一カットの長いシーンを撮っていると、芝居が始まって三〇秒くらいしたらいきなり、ガシャーンと大きな音が鳴り響いたんです。何が起こったんだ！　一瞬その場がシーンと静まり返りました。でも監督からカットの声がかからない。みんなが監督の方を見ると、今村さんが、自分の椅子の横のテーブルに置いてあった灰皿を拾い上げている。さっきの音は、今村さんが灰皿を落としたものだったんです。でも、今村さんは何食わぬ顔で、それをゆっくり片付けている。その仕草に現場は大爆笑。本人は悠然としているんですよ。その感じが何ともユーモアがあって。普通なら監督が灰皿を落として撮影が中断したら「なんだ！」となるでしょう。でも今村さんの場合は、何をやっても許せるんです。今村さんの人徳ですよね。

――今村監督は体調的にきつかったんでしょうか。

紅谷　相当、疲れていました。「ヨーイ、スタート」の掛け声だけは大きな声で力強いんですが、芝居が始まると、本番中でも、急に睡魔に襲われることもありました。僕も年をとってきて分かりましたが、フッと一瞬睡魔が襲ってくることがあるんです。「あれっ、カットの声がかからないな」と思って今村さんを見たら目が開いていない、なんてことも。しょうがないから僕が「監督、もう一回いきましょうか」と言うと、今村さんは「う～ん」とか言ってね（笑）。こういうときに監督にものを言える人が誰か一人は必要で、今村組ではその役目が僕になってしまうんです。現場ではいろいろな問題が起こりますからね。僕だと、今村さんの持病の糖尿病からくる血行障害で体調が悪いのも分かるし、どう対処すればいいのかもなんとか分かる。

この作品でも今村監督がキャメラサイドから少し離れている僕をジッと見つめていることがときどきあったんです。何かを訴えていたのでしょう。「もう疲れたよ」ということだったのか、「なかなか思うようにはいかないよ」だったのか、はたまた「長い付き合いだけど、君はいつまで経っても頼りにならないね」ということだったのかもしれません。だからこの頃には、僕はスタッフの中でも別格扱いになっていました。キャメラマンやほかのスタッフは監督とは別の宿舎に泊まるんだけど、僕だけはプロデューサーの計らいで、監督や主演俳優が泊まるホテルに泊まることになる。この映画の現場は寒さもあって監督はかなりつらそうでした。奥さんが傍に付いていましたが、僕も常に今村さんの近くにいるようにしました。

――映画の内容に関して伺いたいのですが、女性の体内からあふれ出る大量の水を表現することに関して、監督はどう言っていたんですか。

紅谷　「水の処理をどうします?」と聞いたら、「これは水がテーマだ。思い切って噴水のように出すんだ」と言っていました。話を聞いたときには信じていなかったんですが、実際の撮影になったら本当にすごい勢いで水を出して(笑)。そのへんの思い切りのよさが今村監督ですよね。そういう表現をしたから、どちらかと言えば暗い題材の作品なんですけれど、仕上がったものはカラッとした喜劇調の映画になった。そんなトーンに映画を持っていくのは、やはり並大抵の演出力ではないと思いました。

――紅谷さんとしては、水の音に関して悩まれたのではないですか。

紅谷　噴水のようにあふれる水の音をどうするか。僕としては、これが一番気になりました。ここは割り切って、なるべく目立つ音を入れないようにしました。だって本当にシューッと噴水が吹き上がる音を入れても、しょうがないじゃないですか。設定自体がありえない話ですから、リアルな音を入れてはダメだと思ったんです。

――サエコを演じた清水美砂さんはこのとき妊娠四カ月だったようですが、撮影に支障はなかったんでしょうか。

紅谷　スタッフも気を使いましたし、問題はありませんでしたね。多少太っていたとしても、今村さんはもともと太った女性の方が好きですし、清水さんとは「うなぎ」で組んで、相性がいいと感じていたと思います。彼女もよくこんな特殊な役を、がんばってやってくれたと思いますよ。

――音楽は「うなぎ」と同じく、池辺晋一郎さんが担当しています。

紅谷　池辺さんは喜劇調を狙って音楽をつけていましたが、難しい仕事だったと思います。監督の中でまだ作品のイメージに迷いがあるまま、撮影に入っていますからね。今村さんが長篇映画を撮れるのは、この頃が体力的にギリギリだったと思うんです。とん挫した「新宿桜幻想」には深い想いがあったと思いますが、ああいう大きい作品は体力的にもう撮れないと、自分で感じていたと思うんです。我々としてもなんとかして撮ってほしい作品だっただけに残念ですけど……。

監督と糖尿病との付き合いはTVドキュメンタリー『未帰還兵を追って』の頃からだから長い

ですよ。あの頃は普通のご飯を食べられなくて、油揚げと豆腐ばかり食べていました。そこからだんだん復調してお酒も飲めるようになりましたが、やはりこのときには、体が思うようにならなかったと思います。

――「赤い橋の下のぬるい水」は翌01年のカンヌ国際映画祭に出品されましたが、無冠に終わりましたね。

紅谷　フランスの新聞などでは絶賛されたんですけれど。

――この映画は結果的に今村監督の最後の長篇作品になりましたが、大人のファンタジーとして愛すべき一本だと思います。

今村さんらしい思い切った映像表現がありますし、よくぞここまでやり切ったと思いました。

小泉組「阿弥陀堂だより」一年をかけて四季を録る

――続いて、小泉堯史の監督第二作「阿弥陀堂だより」(02)の話がきたんですね。前作「雨あがる」に続いて、かつての黒澤組のメンバーが再び顔を揃えた作品です。これは南木佳士さんの小説を原作に、東京の暮らしに疲れた小説家の夫(寺尾聰)とパニック障害にかかった医師の妻(樋口可南子)が、療養のために夫の故郷・信州に移り住む。彼らは自然の中でゆったりと時間が流れる田舎での生活に溶け込んでいき、村の死者が祀られた阿弥陀堂に暮らす九六歳のおうめ婆さん(北林谷栄)や、ガンによって余命を悟り、潔く死を迎えようとしている夫の恩師・幸田(田村高廣)、のどの病でしゃべることができない娘・小百合(小西真奈美)らと触れ合うことで、心が癒されていくという物語です。その撮影は四季を狙って一年がかりで行われましたが、この映画は小泉監督の企画でしたね。「雨あがる」は黒澤明監督の遺稿を映画化しましたが、この第二作で監督としての真価を問われることになったと思います。

紅谷　「雨あがる」はどちらかというと黒澤明色が強い作品でしたからね。この映画は小泉監督が原作のファンで、「爽やかに吹き抜ける風を感じられる作品」をテーマに、自然の中で生きる夫婦の姿を描こうとしたわけです。撮影は長野県の飯山市を中心とする奥信濃で行われたんですが、この場所を見つけたことがこの作品の大きなポイントになりました。01年4月の25日から28

「阿弥陀堂だより」(02年10月5日公開)。監督：小泉堯史、出演：寺尾聡、樋口可南子。南木佳士の小説を原作に、パニック障害を抱えて、信州の山村に移住してきた女医とその夫を中心に、この地に住む人々との触れ合いを美しい自然をバックに描いている。

日にかけてロケハンに行きましたが、この時期の飯山周辺は素晴らしいんです。バックの山々には残雪があって、手前には早春の菜の花が満開で、向こうにゆったり流れる千曲川が見える。まさに日本の原風景という感じがしました。ここで春夏秋冬それぞれの美しさを描きだそうというのですから、画面的にはいいものになると感じましたね。

——一年がかりの撮影スケジュールなんですね。

紅谷　撮影の実数的には七〇日以上。季節ごとにいい時期を狙って、撮影隊は東京と飯山を計六往復したんです。「撮影に一年をかけるのは、初めからの狙いです。自然の中で生きている人間を描こうと思うと、四季だけは外せないですから」とは小泉監督の言葉です。ロケハンでは、おうめ婆さんが暮らす阿弥陀堂を建てる場所の最終確認もしました。このあたりには日本の棚田一〇〇選にも選ばれた見事な棚田があって、その眺望の最もいい場所に阿弥陀堂を建てることにしたんです。

——美術の村木与四郎さんと酒井賢さんが手掛けたセットは素晴らしいですね。昔から、阿弥陀堂がある感じがしました。

紅谷　風景に溶け込んでいる感じでしょう。また水がいいから米も美味いし、空気もきれい。まさに心が洗われるような場所でした。ロケハンが終わると東京へ戻って、5月11日にオールスタッフの打ち合わせ。13日には、飯山へ最初のロケに出発しました。

——録音的な狙いは、やはり自然の音ですか。

紅谷　雑音が入ると日本の風景が壊れてしまいますから、自然の音を大事に、繊細に扱うようにしました。四季を表現するので一番目立つのは、小鳥の鳴き声なんです。だからこの春のロケでは幼い鶯などの鳴き声をずいぶん録りました。5月16日からクランクインしたんですが、最初は正受庵というお寺の一室を、田村高廣さんの幸田の家の居間に見立てて撮影したんです。ここは飯山市の高台に建っているんですが、市内の街のノイズが風に乗ってせり上がってくる。静寂を表現しようという狙いがあるので、結構苦労しました。ただ出ている俳優さんは田村さんと妻役の香川京子さん、それに寺尾君と樋口可南子さんですから、みんなベテランでセリフに淀みがない。ヘッドフォンでセリフを聴いていても、とても気持ちがよかったですね。脚本で四ページ強の場面でしたが、小泉監督の指示も的確で予定通りに撮り終えました。

酒井賢　1938年生まれ。美術監督。61年に東宝へ入社し、77年に美術監督になる。主な作品に、「『さよなら』の女たち」(87)、「マイフェニックス」(89)、「ゴジラVSキングギドラ」(91)、「阿弥陀堂だより」(02)がある。

――この映画には、地元の方も多く出演されていますね。

紅谷　例えば樋口さん扮する医師・上田美智子先生の歓迎会の場面には、飯山市役所の職員や地元の老人たち、小学校の子どもにも出てもらっています。助監督があらかじめ配役を決めて、各自にセリフを渡し、撮影するだいぶ前から彼らが立ち会って何度もリハーサルをして本番に臨みました。その土地に生きる人のたくましさといった俳優にはない別の魅力というのが、小泉監督の狙いでした。素人なので最初はみなさん緊張していましたが、テストを重ねるうちに芝居が面白くなってきたんでしょうね。すっかり画面に溶け込んで、広い部屋でお酒を飲みながらしゃべるところも、市役所の人たちの感じがすごく自然なんですよ。また本物の老人たちが方言を使ってしゃべっていると、まるでドキュメンタリーを撮っているような感じがしました。小泉監督も基本的に芝居の雰囲気を大事にしてOKにしました。小泉監督は撮影現場では声を張り上げるタイプではなく「少し力を抜いて」とか「自然体の気持ちで」とか静かに指導し、演出も内面からにじみ出る感情や自然さを大切にしていました。

――俳優では、当時九〇歳の北林谷栄さんがおうめ婆さんを演じたことも話題になりましたね。

紅谷　彼女が初めて阿弥陀堂のロケセットに入った瞬間、それまでの空気をあっという間に変えてしまいましたね。さらに、演技を始めると大女優から一変して阿弥陀堂に住んでいるおばあさんになってしまった。これには驚きました。おうめ婆さんは脚本上ではセリフが多かったのですが、小泉さんは気を使ってなるべくセリフを少なくしていました。それでも北林さんはセリフをアドリブで言うんです。脚本通りではないのでこっちは困りましたけれど、小泉監督は意味が通じていればいいということにして、脚本の正確さよりも北林さんのよさを活かして存分に芝居をしてもらうことを優先したんです。

――録音担当として、それでOKを出していいのか迷わなかったですか。

紅谷　撮る直前にリハーサルをしても、本番では全然違うことをしゃべりますから（笑）。セリフだけでなく、どう動くかもまったく見当がつかない。でも北林さん独特の味は出ているから、よしとするかと。それと高齢ですからみんな心配もしていました。早く撮り終えないと何が起こるか分からないという危惧を、いつも持っていました。

——北林さんは劇団民藝の大ベテラン女優で、寺尾さんの父・宇野重吉さんとは劇団の同志でしたね。

紅谷　だから何かにつけて寺尾君が、北林さんのことをサポートしていました。北林さんも「聰ちゃん」と寺尾君のことを呼んで、息子のように可愛がっていましたよ。

——樋口可南子さんや小西真奈美さんとは初めての仕事でしたが、その印象は？

紅谷　樋口さんは気さくな人で、すぐに親しくなりました。僕と二人のアップで女性誌のグラビア用の写真なんかを撮りました。「私は小泉監督と寺尾さんとも初めてでしたが、お会いしてすぐに言葉を重ねなくても通じ合える方たちだと思いました。小泉監督から『とにかく楽にやってください』と言われて、それが今回の私のキーポイントになりました」と話していました。小西君はちょっと硬い感じがしましたが、セリフがない役で難しかっただろうけど、この役には合っていたと思いました。

——撮影は翌年1月の冬まで行われた、と。

紅谷　年明けに土地の行事「剣の舞」のシーンを撮ってクランクアップしましたが、小泉さんは土地の祭りとか、伝統的なものを取り入れて四季の雰囲気を出そうとしていました。その後の作品もそうですが、祭りや能を入れるのが好きなんです。それと秋の場面で地元の子どもたちに童謡『赤とんぼ』を歌わせているでしょう。ああいうものも、季節感を出すのに効果的に使っていますね。

——そこからダビングに入って、小泉監督から何か音に関する注文はありましたか。

紅谷　小泉監督は、この映画では静かな感じが欲しかった。だから僕はかなり多めに自然の音を用意したんですけれど、「この音とこの音は要りません」とか、狙いははっきりとしていました。譲らないところは頑固に譲らない。それだけに限られた音で自然や四季の移ろいを表現するのに、結構苦労しました。

——音楽は、加古隆さんが担当していますね。

紅谷　加古さんはこの映画から参加して、以降すべての小泉映画で音楽を担当しています。加古さんのピアノ主体の音楽は、透明感があってこの作品に合っていたと思います。ただ小泉さんは静けさを求めたので、音楽の入れ方には苦労したようでした。

加古隆　1947年生まれ。作曲家、ピアニスト。東京藝術大学在学中に毎日音楽コンクール作曲部門・管弦楽曲第2位を受賞。73年、フリー・ジャズのピアニストとしてデビュー。95年、NHK『映像の世紀』の音楽を担当して注目され、以降は「阿弥陀堂だより」(02)、「博士の愛した数式」(06)、「明日への遺言」(08)、「最後の忠臣蔵」(10)、「蜩ノ記」(14)、「散り椿」(18)などの映画音楽も担当。

「阿弥陀堂だより」のロケ現場で、加古隆(右)と音楽の打ち合わせ。

――この映画で、本当の意味での監督・小泉堯史の世界が誕生した印象があります。

紅谷　そうだと思います。小泉さんは俳優に自然体で演技をさせて、監督の思う枠の中へ無理にはめ込もうとしない。だから俳優さんたちはやりやすかったと思うし、結果的に北林さんの存在感も際立っていたと思います。それとロケ地の選定もそうなんですが、環境作りがうまい。みんなが気持ちよく仕事ができる雰囲気を作ってくれます。だから季節ごとに何度も飯山まで行ったり来たりしていても、苦にならなかったんですよ。向こうへ行けば静謐な自然が待っていて、すぐに作品の世界へ入っていける感じがありました。トータルとして心地よい映画に仕上がった。これが小泉さん独自の、映画の味でしょう。

――師匠の黒澤明監督とは、また違う個性を持っていますよね。結果としてこの映画は北林さんが、キネマ旬報ベスト・テンや日本アカデミー賞の助演女優賞に輝いて、小西真奈美さんも各映画賞で新人賞を受賞した。新人監督には2作目のジンクスというのがありますが、小泉監督はそれを乗り越えて俳優の魅力を引き出し、監督として新たな一歩を踏み出したと言えます。

紅谷　演出力には何の不安もない人ですから。現場での監督のあり方は黒澤さんを傍で見ていて分かっていたし、自分なりの世界もしっかり持っている。その経験と彼の人間性が、うまい形でこの作品に出ていたと思います。

今村監督最後の作品「おとなしい日本人」

――02年の春、今村昌平監督による「おとなしい日本人」(02)の録音を依頼されましたね。この作品は01年9月11日に発生したアメリカの同時多発テロに対する想いを込めた作品を、世界一一カ国の映画監督に表現してもらうオムニバス映画「11'09"01/セプテンバー11(イレブン)」の一本です。今村監督のほかにもクロード・ルルーシュ、ショーン・ペン、ケン・ローチ、アレハンドロ・ゴンザレス・イニャリトゥ、サミラ・マフマルバフ、ユーセフ・シャヒーン、ダニス・ヴィッチ、イドリッサ・ヴエドラオゴ、アモス・ギダイ、ミーラー・ナイールと、各国のそうそうたる顔ぶれの監督たちがこのプロジェクトに参加したわけですが。

紅谷　これはフランスのガラテ社が製作したんですが、作る映画の条件は、9月11日の同時多発

「おとなしい日本人」(02年、03年4月5日日本公開)。監督:今村昌平、出演:田口トモロヲ、麻生久美子。アメリカで01年の9月11日に発生したテロ事件を風化させない目的で企画されたオムニバス映画。世界の映画監督一一人が参加し、日本からは今村昌平監督が「おとなしい日本人」を作って加わった。02年のヴェネチア国際映画祭で初上映されている。

「阿弥陀堂だより」。田村高廣（左）と台詞の調子を打合せする筆者。その右に香川京子がいる。

「おとなしい日本人」で、栃木ロケのクランクアップ記念撮影。前列中央の今村昌平監督を囲んで、今村組の常連スタッフ、キャストが揃った。前列右から二人目が筆者。

テロ事件によって触発された作品であること。シンボル的な意味も込めて、すべての作品は一一分九秒一フレームの時間枠であることでした。ほかは映画のジャンルも、ドキュメンタリー、フィクション、音楽ビデオ、アニメーションなど、監督の自由に任されていました。仕上げはドルビーSRD、五・一チャンネルが義務付けられていました。一一作品のフィルムは一つの長篇作品として編集されます。

そこで今村さんは第二次世界大戦の末期、中国戦線から負傷して復員してきた男が、蛇になっていくという寓話的な物語を考えたんです。つまり蛇になれば、もう戦争に行かなくてもいいと。そこにテロに対する反戦の意味を込めて「聖戦なんてありはしない」というメッセージを発している。後に一一本がつながった映画を観ましたが、やはり今村さんの作品は直接的に9月11日に言及していないことでも、異色の映画でした。

——一一人の監督の顔ぶれはこの年のカンヌ国際映画祭で発表され、映画はこの年の9月11日にお披露目されることが決まっていた。かなりタイトなスケジュールですね。

紅谷　6月15日までに完成させて納品することも条件になっていましたから、急ピッチで準備を進めました。4月8日にメインスタッフの打ち合わせをして、翌日には音楽の岩代太郎さんとの打ち合わせ。4月22日から25日まで宇都宮や水海道市、朝霧高原などをロケハンして回りました。5月に入って2日に美術の打ち合わせ、4日に衣裳合わせ、7日には西新宿でリハーサルをして、8日はオールスタッフの打ち合わせと、ひと月の間にキャスティングも含めてすべて準備したんです。

——そんなに急いで作ったとは思えないほど、豪華なキャストが揃いましたね。主人公の蛇になる男が田口トモロヲさん、その妻が麻生久美子さん、彼らの両親役で倍賞美津子さんと柄本明さん、村長に北村和夫さん、村の女役で市原悦子さんが出ていて、久々に今村作品に登場する緒形拳さんが老人役とナレーションを兼ねて、「豚と軍艦」以来の丹波哲郎さんまでもが住職を演じている。ほかにも役所広司さんや今村昌平作品を彩ってきた俳優たちが、一堂に会した感じですね。

紅谷　おそらく今村さんは、この映画が体力的に遺作になるのではないかと自分で分かっていたんじゃないですかね。もう長篇を撮る力はないと。だからプロデューサーが「これで今村さん、

ドルビーSRD（五・一チャンネル）　ドルビー社が開発した五・一チャンネルのデジタル・サウンドトラックと、SRノイズリダクションを活用したアナログ四チャンネル・トラックを合わせ持つ、フィルム用のサウンド・システム。

もう撮れないかもしれない」と声をかけて、今までの今村一家の俳優たちがみんな集まった。そう言われて嫌だという人はいないですから。だから現場は同窓会みたいに賑やかでしたよ。役所広司さんなんてお茶を配るおばさん役で、女装してなるべく目立たないようにロングでちょっと出ていましたからね。誰もが楽しんで現場にいました。

――撮影期間は?

紅谷　5月10日に栃木県烏山町にある大木邸を借りてクランクインしましたが、一週間もかかっていないです。でも最初の三日間は日中の撮影でまだよかったんですが、後半夜間ロケが続くと、さすがに監督も疲れてきてね。

――それは傍目で見ても分かるくらいですか。

紅谷　夜間ロケでライティングの準備をしているでしょう。その時間が待っていられないんです。今村さんの横にはいつも奥さんが付いていたんですけれど、今村さんはきつい冗談交じりで「もう帰りたい」と駄々っ子のように言うんです。僕は「バカなことを言わないでください」と言ったんだけど、まあ、僕や奥さんの前だからそんな冗談を口にしたんでしょうけれど。そんな状態だから夜中の撮影があるときには、今村さんは現場の近くのホテルに泊まるようになりました。前作の「赤い橋の下のぬるい水」でも今村さんは、富山ロケをしていても週に一度は東京へ特別な注射を打ちに帰っていたんです。それで富山に戻って現場に来ると、僕が呼ばれて「今、何の準備をしているのだ」と聞いてくる。僕が「このナイト・シーンの準備をしています」と報告すると、「ああ、そう」とあまり興味があるように見えなかった。

――演出も、昔のような粘りはなかったんですか。

紅谷　田口さんに「もうちょっと蛇らしく」とか、そのへんはなかなか妥協しなかったんですけどね。その程度のことでね。しつこい注文はしませんでした。俳優たちも監督の体調のことは分かっているから、その意を汲んでやっていました。でも「うなぎ」あたりから体調が徐々に悪くなってきて、このときは短篇を撮るのでもギリギリのタイミングだったと思いますね。

――スタッフは紅谷さんと美術の稲垣尚夫は今村組ですが、撮影の岡雅一さんは初めてですね。

紅谷　岡君はキャメラマンとしては、今村組は初めてですが、若いわりに自分から積極的に監督と打ち合わせをするようにして、よくやってくれたと思いますね。俳優さんたちは忙しい中をぬ

稲垣尚夫　1956年生まれ。美術監督。75年より鳥居塚誠一に師事。「楢山節考」(83)から、「女衒」(87)を除くすべての今村昌平作品で美術監督を務め、ほかにも「着信アリ」(04)、「ゲゲゲの鬼太郎」(07)、「デンデラ」(11)、「地獄でなぜ悪い」(13)、「悼む人」(15)などの美術を手掛けている。

岡雅一　映画キャメラマン。今村昌平が主宰する横浜放送映画専門学院を卒業。「八月のかりゆし」(03)、「またの日の知華」(04)、「カラスの親指」(12)などの撮影を担当した。

って参加してくれて、しかもおそらく全員サービスで出演したと思うんです。だから後でアフレコするわけにはいかないので、セリフはすべて同時録音で録りました。まあ一一分の短篇ですからね。あっという前にクランクアップして、5月の半ばには小物撮りを含めて撮影は全部終わりました。31日に渋谷の文化村スタジオで音楽録音をしましたが、音楽家の岩代太郎さんは重低音が利いた素晴らしいテーマ曲を書いてくれて、これはとてもよかったですよ。

降旗康男監督「赤い月」中国で撮影する難しさ

——その後で紅谷さんは、降旗康男監督の「赤い月」(03)の現場に参加しましたね。これはなかにし礼さんの小説を原作に、三〇年代半ばから第二次世界大戦終戦直後までを旧満州で生き抜いた、一人の女性を描いた作品。なかにしさんの母親をモデルにした物語です。脚本づくりは難航したそうですが。

紅谷　舞台が旧満州ですから、その厳しい自然を表現するためには中国東北部でロケしなくては作品が成立しないと最初から言われていました。そうなると中国側の協力が不可欠ですけれど、協力の許可を得るためには脚本の審査がある。第二次世界大戦当時対戦国であった中国でロケを行い、その状況をリアルに描こうとすれば当然脚本上の問題が出てくる。反日感情をあおるような表現は避けなくてはいけないですし、脚本の修正が必要でした。02年12月の段階で中國電影集団公司企画部から問題点を多く指摘されているという情報が非公式に入ってきて、ひょっとして中国ロケは無理かもしれないということから、並行して北海道やロシアでのロケの可能性も、真面目に検討されるようになりました。

でも重要なシーンに出てくる蒸気機関車の撮影一つとっても、現実的に中国以外の場所で撮るのは難しいのではないか? と。それが12月中旬になって、中国と粘り強く交渉していたプロデューサーから、「中国側から数カ所のセリフを書き直せば、予定通りの撮影が可能」という連絡が入りまして、それで急遽、中国ロケ一本に絞って準備を進めることにしたんです。

——年末も押し迫った時期に準備を始めたんですね。

紅谷　正式な許可は下りていなかったけれど、とにかく準備だけは早めにしていましたから。年

岩代太郎　1965年生まれ。作曲家、編曲家、ピアニスト。東京藝術大学大学院在学中に作曲家として認められ、以降はTVドラマや映画音楽も多数手掛けている。映画では「あずみ」(03)、「血と骨」(04)、「蝉しぐれ」(05)、「レッドクリフ」(08)、「あゝ荒野」(17)、「新聞記者」(19)などを担当している。

「赤い月」(04年2月7日公開)。監督:降旗康男、出演:常盤貴子、伊勢谷友介。なかにし礼の小説を原作に、第二次世界大戦中に満洲へ渡った女性が、夫以外の男性と愛を重ねながら、逞しく生きていく姿を描く。

明けの1月4日に中国へロケハンに出発することになりました。結局正式な撮影許可が下りたのは12月28日でしたよ。

——ロケハンでは最初、どこへ向かったんですか。

紅谷　ハルビンです。向こうへ着いたら気温はマイナス一三度。1月のハルビンは平均最低気温がマイナス二四度ですから、寒いですよ。ここで中国側のスタッフと合流したんです。プロデューサー、制作部、助監督、美術部、通訳の人たちがいましたが、とりわけ制作部の人数が多いのが目立っていましたね。ハルビンでは常盤貴子さんのヒロインと夫役の香川照之さんが冒頭に見る、だだっ広い旧満州の冬の原野と旧市街などを見て回って、ハルビンからモンゴルの国境に近い内江（ネンジャン）市に移動したんです。

——そこには何があったんですか。

紅谷　中国もほとんどディーゼル機関車になっていたけれど、ネンジャンにはまだ蒸気機関車が現役で存在していたんです。移動にはハルビンから列車で八時間かかりましたね。向こうへ着いてから鉄道関係者の案内で機関区や列車の走る場所を見せてもらったんですが、何せ街ノイズ（生活音）が多い。中国の制作部スタッフに、撮影時の音止めの注文を出したんですが、彼らはあまり音に関して気にしていないようでした。

——この頃の中国映画は、ほとんどアフレコですからね。

紅谷　不安材料を抱えながら、今度はロシアとの国境に近い黒河（ヘイホー）へ向かいました。これがまたバスで飛ばしても七時間もかかるところにあって、道中に公衆トイレがない。途中でトイレ休憩を取ってもらったけれど、中国人スタッフと並んで雪の大地に放尿したら、あまりの寒さに震えがきました（笑）。

ヘイホーに着くと、ここは黒竜江を挟んで向こう側がロシアなんですけれど、川が凍結していてね。持参した寒暖計で温度を測ろうとしたら、マイナス二〇度で壊れていた。1月の平均気温がマイナス二四度の地域ですから、僕らが着いたときにはそれよりも低かったんでしょう。翌日、常盤貴子、香川照之の森田夫妻が営む森田酒造のオープンセットを建てる予定の郊外の場所へ向かったんですが、ここは静かでほっとしました。しかし、ホテルに着いて夕食のとき「治安が悪いので、夜は外出しないように」という通達がありました。ここでのロケハンを終えて、列車で一二時間かけて、またハルビンに向かいました。寝台車は二段ベッドで二列の四人部屋、日本の車両より少し広い感じでした。走り出したら、窓外は暗闇で何も見えない。乗務員の見まわりは厳しく、治安はいいようでしたね。翌朝、六時四〇分にハルビンに着いたら、朝早くから車が多く走っていて、この街は活気がありました。今回探し求めていた、古い壊れていそうな建物が残っていたのですが、どこへ行っても街ノイズが大きいのが頭の痛い問題でした。さらに市街地のロケハンをして日本へ帰ってきたんです。

――そして2月に中国東北部のロケに向かったんですね。ロケハンの状況から、この冬季ロケではかなりの寒さが予想されますね。

紅谷　ですから録音機材は防寒、防塵、防振対策に十分気を使いました。マイクコードを含んで録音機材だけで総重量四八〇キロになりました。

――機材は日本からできるだけ持っていったわけですね。

紅谷　ええ、機材だけでなく人員も、日本からフル編成のスタッフ五〇名が中国に向かいました。通常、海外ロケではなるべく現地のスタッフと機材を使って、できるだけ渡航する人を削るんですけれど、このときはフルメンバーで行ったんです。というのも中国ロケで日本人のエキストラが随所に必要になるので、キャメラ前の目立つエキストラに関しては我々日本人スタッフが演じるようにしようと。だからみんなに役名が振り分けられていました。僕はちょっとロング目のショットで、鍬を持ってぼけッと立っている農夫の役でしたが（笑）。

――降旗監督も出演していますよね。

紅谷　ええ、ほとんど全員が何かしらの役で出ています。それで日本から五〇名、中国スタッフが三〇名くらいいましたから、かなりの大所帯です。2月16日にハルビンの聴友街からクランクインしましたが、案の定、街ノイズがうるさいんです。中国側の制作部と公安部の人たちが音止めしてくれるんですが、ロングのクラクションノイズには悩まされました。二キャメラでの撮影が多かったので、ワイヤレスマイクを多用せざるを得ませんでしたね。

木村大作の存在なくして成立しなかった

——中国ロケでは現地のプロデューサー、史杰さんの存在が大きかったそうですね。

紅谷　彼の力は絶大でした。彼なくしてはおそらく、このときの中国ロケは不可能でしたね。この人がＯＫすれば、大概のことはできました。例えば日中関係を考えると思想的に微妙なセリフが出てきた場合でも、史さんが了解すればそのまま活かすこともできたんです。またこの史さんと大ちゃん（木村大作キャメラマン）は、相性がいいのか、仲がよくってね。だから現場の制作責任者的な立場を大ちゃんが受け持っていました。ほとんどライン・プロデューサー的な役割も果たしていました。彼の強烈な個性がいい形で中国側に受け入れられ、中国の実力プロデューサー、史氏の信頼も得て、太いパイプでつながりました。大ちゃんの存在なくしては、この作品は無事に終わらないのではないか、とさえ思いました。そういう姿を見ていて、将来この人は決して一キャメラマンだけで終わる人ではないという確信を持ちましたね。その一方で降旗さんとは、きちんと監督とキャメラマンという関係性を保つ。その対応は見事でした。

——ハルビンのロケを終えて、次はどこへ？

紅谷　ヘイホーへ向かいました。ここは黒竜江（アムール川）を挟んでロシアが見える中国の北端で、電力事情が非常に悪いんです。僕らが泊まったのは現地では結構いいホテルだというんですが、風呂の湯は茶褐色で湯温も安定しないし、ときどき停電もする。季節は冬だったから風呂の蛇口からお湯ではなく水が出てくると、飛び上がるほど冷たくてね。

——撮影時には、寒さで問題は起こらなかったですか。

紅谷　アムール川で撮影したとき、テストでは問題なかったんですけれど、本番になると突然、セリフのワイヤレスマイクの音が硬くなったんです。キャメラが大ロングで狙っている場面なので、簡単に俳優に近づいてマイクを直すこともできない。もしかしたらマイクの風防が息で凍り付いたのかもしれないと思いました。俳優も寒さでセリフが言い難そうでしたが、広い大雪原に響くエコーの効果が逆に不思議な臨場感をもたらしてくれて、ＯＫにしました。アムール川の水面は一面氷が張っていてつるつる滑るんです。注意して歩いていたんですけれど、それでも何度か転びましたよ。

――ヘイホーの次はネンジャンへ行ったんですね。

紅谷　ネンジャンでは、大ちゃんが雪景色を背景に走る蒸気機関車の実景を、貪欲に撮っていました。この頃になると、スタッフの中に寒さと乾燥がひどくて風邪をひく人たちが出てきました。すると我々技術パートの通訳をしている馬さんが、しきりに中国の漢方薬を薦めてくるんです。この人は西洋医学をまったく信用していなくて、面白い人でした。

――この冬ロケで、機関車に飛び込もうとする息子をヒロインの常盤貴子さんが助ける、クライマックスのシーンも撮影されたんですか。

紅谷　そうです。線路際に息子役の佐藤勇輝君が飛び込もうとしているところに機関車が迫ってくる。これを咄嗟に常盤貴子さんが助けるという場面ですが、佐藤君の芝居が非常によかったので、我々スタッフも感動しました。この頃になると中国人スタッフも我々のペースに慣れてきて、笑顔を見せるようになっていました。音止めに関しても、最初の頃よりはスムーズに進むようになったんですが、エキストラが入ると、中国人は私語をなかなかやめないので、静かになるまで時間がかかる。これは最後まで手間取りました。

――ネンジャンで冬季ロケをあらかた終えて、いったん帰国したわけですね。

紅谷　帰ってきてから東宝スタジオでのセット撮影に入りましたが、5月の春季ロケまでに消化しなくてはいけない分量がかなりあったんです。だから残業続きでしたね。並行して春季ロケの準備を進めていたんですが、ここでアクシデントが起こった。

――中国でのSARS（SARSコロナウイルスによる全身性の感染症）の大流行ですね。

紅谷　そうです。1月にロケハンに行った頃には、すでにSARSは流行りだしていたんです。でもうがいをして手さえしっかり洗っていれば大丈夫という感じでした。冬季ロケのときにも、まだ感染予防対策はうがいと手洗いくらいでした。僕らが帰国してから中国全土にSARSが広がったというニュースは出ましたけれど、映画を製作する東宝はそれほど脅威に感じていなくて、予定通り5月には中国ロケを開始する予定だったんです。ところが北京まで流行が広がっているというニュースが入って、出演している俳優の事務所が心配しだした。もし中国で俳優が感染したら大変だと。それで結局、東宝としても撮影を中断する決定を下したんです。

――再開の目途は？

「赤い月」の撮影現場にて。

紅谷　夏以降になったんです。この時点で中国ロケの部分は、まだ半分残っていたんです。それを撮り終えるには最低五週間はかかる。そうなると遅くとも8月には再開しないと、冬になったら夏の部分が撮れない。我々はいつでも再開できるように、並行して準備だけは進めていました。中国側でもヘイホーに建てるオープンセットなど、できる準備をやってくれていました。

――SARSは前年11月に最初の感染者が発見され、この年の7月にほぼ終息していきます。

紅谷　WHOの安全宣言が出たのが7月上旬。撮影の再開は8月下旬に決定しました。そこから俳優のスケジュールを組みなおすのが、かなり大変だったようです。

――私は9月になってから、ヘイホーでのロケを見学するために中国へ行きました。そのときは空港で入国するときに、あるゲートをくぐるとサーモグラフィーで体温が分かる装置があって、SARSの対策はそれくらいでした。紅谷さんが行ったときは、何か検査をされましたか。

紅谷　いいえ。8月22日にまず実景撮りをする班が先発して、僕ら撮影の本隊は26日に新潟からハルビンへ

「赤い月」。ハルピン郊外のロケ。子どもたちを連れて逃げる常盤貴子の場面を撮影。

「赤い月」。アムール川を背景に、常盤貴子と伊勢谷友介の場面を撮影。

直行便で向かいましたが、特別な検査はありませんでしたね。まあ安全宣言が出た後でしたから。でも念のために、日本から内科の医師が一名同行しました。

――9月のヘイホーはすっかり秋めいていましたね。ここでは、森田酒造のオープンセットを造って、大掛かりな撮影が行われたと。建物の前の庭で行われたパーティーの場面には多くのエキストラが出ていますが、そこにいる兵士は、人民解放軍の人たちだと聞きましたが。

紅谷　そういう人集めも、史さんの人脈があってこそできたんです。連日三〇〇人を超すエキストラを使っていました。だからどんなに支度を急いでも、撮影を開始できるのは一〇時か一一時にはなってしまう。しかも日本語と中国語が飛び交う中での撮影ですから、現場の作業が終わる日暮れ寸前まで、まるで戦場のような騒ぎでした。

エキストラが動かないと、人民解放軍であろうが誰であろうが、大ちゃんが日本語で怒鳴りながら指示を出していく。彼のように馬力全開で現場を動かしてくれないと、とても終わらなかったでしょうね。そのうち昼食抜きという状態になってきたので、密かにパンやソーセージをいつもポケットに入れて持ち歩くようになりました（笑）。夜の酒はウォッカなんです。それをみんなトマトジュースで割って飲んでいました。この夏ロケのときだったかな。大ちゃんが何かの理由で気分を害して、ホテルの自分の部屋から出てこないときがあったんですよ。誰が説得しに行っても出てこなくて、しょうがないから僕が行って、「降旗さんが心配しているから、いい加減出てこいよ」って言ったら、やっと部屋から出てきた。大ちゃんにとっては、降旗さんに迷惑をかけるというのが一番やってはいけないことなんですね。そういうところにも二人の関係性が出ていますよね。

――撮影はいつまで続いたんですか。

紅谷　10月2日に、ハルビンの景陽街で日没寸前までロケしてクランクアップしました。中断があったのでどうなることかと思いましたけれど、冬が来る直前に何とか終えることができて安心しましたよ。中国ロケは基本的なルールを作り、誠意をもって対処すれば問題はないと思いますが、何よりも人間関係がいかに大事であるかを痛感させられました。

静かな室内劇「博士の愛した数式」

――続く「博士の愛した数式」(06)は、小川洋子さんのベストセラー小説を原作にした小泉堯史監督の三作目です。これは事故の後遺症で八〇分間しか記憶が保てない寺尾聰さん扮する博士と、家政婦として彼の世話をするために雇われた深津絵里さん演じるシングルマザー、そして彼女の息子ルートの三人の触れ合いを描いた作品でしたね。

紅谷 05年1月末に脚本の決定稿をもらったんですが、題材は面白いけれども少年が大きくなってルート先生を演じる吉岡秀隆君が、黒板に数式を書いて説明する部分に問題があるのではないかと思いました。いちいち黒板に数式を書いていると時間のロスになるし、ドラマの運びとしても妙に間が空く。その処理をどうすればいいのか気になったんです。この問題は小泉監督がいいアイデアを出してくれました。要は、あらかじめ数式の書き込まれたボードを黒板に貼り付け、書く時間を省略するんです。例えば『自然数』と書いたボードや、『階乗』を図形で示したボードをその都度貼りながら、ルート先生が生徒に説明していくことで、間があかずにテンポよく進んでいける。このアイデアは成功したと思います。

――ルート先生が教壇に立つ小学校と、博士がヒロイン親子と過ごす離れの建物の中がメインの室内劇ですね。

紅谷 基本的に静かな室内劇ですから、余計な雑音が入ってくるのは避けたい。博士の離れをロケセットで建てようとした場所は、御殿場近くの小山周辺です。制作部からここはノイズが大きいので、あらかじめ現場を見ておいてくださいと言われて、2月の寒い日、制作部を案内係に現場へ行ってみたんです。そこは小学校と中学校に挟まれたところにあって、遠くには高速道路も走っている。同じく遠くの自衛隊の富士演習場からは大砲の音も聞こえてくるといった、録音部的には決していい環境ではなかったんですが、とりあえず近場でノイズが出るようなところや学校の子どもたちの声は抑えるように前もって制作部で処理をしてもらうことにして、あとは撮影に入ってから対応するしかないと思いましたね。

――室内劇ではありますが、四季の移り変わりが物語の流れとして重要ですね。

紅谷 小泉監督はわりと四季にこだわる人ですからね。映像的には深津さんが毎日自転車で博士

「博士の愛した数式」(06年1月21日公開)。監督:小泉堯史、出演:寺尾聰、深津絵里。小川洋子の小説を原作に、交通事故の後遺症で記憶が八〇分しか持たなくなった数学者と、彼の世話を頼まれたシングルマザーの家政婦との触れ合いを描いた作品。

「博士の愛した数式」。教室を使用したシーンの打ち合わせをする筆者(左から二人目)と、小泉堯史監督(右隣)。

の家へ向かうときに見える千曲川沿いの花々で、音としては聞こえてくる小鳥の鳴き声の違いで季節の変化を表現してみたんです。

――出演者ではほかに、寺尾さんの義姉の役で浅丘ルリ子さんが出ていますね。

紅谷　ほかのスタッフはルリちゃん（浅丘ルリ子）とは初めての人が多かったんですが、僕は日活時代から旧知の仲。小泉監督は僕がいるから気楽だと言っていましたけれど、ルリちゃんも懐かしがって昔話に花を咲かせました。彼女は日活の後、舞台でも活躍していましたから、深津さんと脚本にして四ページの長い芝居の場面があったんですけれど、ヘッドフォンでセリフを聴くと以前よりも声量があって、大女優としての貫禄を感じました。

――ノイズを取り除くことも重要ですが、これだけ静かなドラマだとどの音を活かせばいいのかという、選別もポイントになりますね。小鳥の鳴き声のほかにこだわった部分はありますか。

紅谷　音というのは入れようと思えば、限りなくあるわけです。入れすぎると嫌らしいし、省きすぎると物足りない。誰でもそうだと思うんですが、僕の場合は最初に脚本を読んだときから、このシーンはどうしてもノイズを避けたい、ここはルーズにしておいても別の音でカバーするから大丈夫だとか、先読みしておきます。この作品は一つ一つの音が際立つので、必要な音は何種類も録っておいて、その中から最も合う音を選別しました。

――特に聴かせ方で気を使った音は？

紅谷　薪能を観るシーンがありますが、そこは薪能の笛、太鼓、小鼓の音をあらかじめ能楽堂で透明感のある音で録音しておいて、撮影現場ではその音をプレイバックして寺尾君とルリちゃんに演技をしてもらいました。ここでは能楽を澄んだ透明感のある音で聴かせることによって、二人の心象をより表現できると思ったんです。

――撮影は05年3月22日クランクインして、5月19日にクランクアップ。そこからダビングに入ったわけですが、音楽は前作「阿弥陀堂だより」に続いて加古隆さんでしたね。

紅谷　加古さんはピアノの曲が多いんですが、ピアノの音というのはアタックの音がどうしてもセリフの邪魔になるときがあるんですよ。それで音がなるべくセリフの邪魔にならないようにしながら、音楽を活かすレベル設定に持っていくのが微妙な作業で。音楽自体のキャラクターを少し甘めにして、ちょっと耳障りをよくする感じですかね。この映画は音楽が綿々と全篇に流れるところはないですから、少ない音楽をいかに効果的に活かすかが難しかったんです。

――映画全体の音のバランスを繊細に調整していくわけですね。

紅谷　僕が音をミックスするときの大まかなイメージをいうと、ダビングのとき最初の一巻目（約一〇分）では、これからじっくり映画を観てくださいという気分でセリフ、音楽、効果音をミキシングする。そしてラストの一巻では、いかがでしたか、どうぞまた映画を見に来てくださいという気持ちで音をミキシングしているんです。お客さんにはそんなこと分からないでしょうけれど、これは僕が音をミキシングするときの気分の問題。どんな映画でも、自分が気分的に乗って感動しなければ、お客さんに感動は伝わらないと思っているんです。だから自分が感動できるように音の流れを考えているんです。

――この年にはほかに、冨樫森監督が村山由佳さんの小説を映画化した「天使の卵」（06）に参加していますね。

紅谷　冨樫君は相米慎二の助監督だったから付き合いがなかったわけではないけれど、これはプロデューサーの伊地智啓から来た話なんです。全篇京都ロケでしたが、僕以外のスタッフはみんな若いから、あなたが来て場を締めてほしい、そんな狙いで僕を就けたのではないですかね。この作品は若い主役二人のセリフにてこずった思いがありますが、それ以外にも撮影の段取りがあまりよくなかったのが印象に残っています。

「蒼き狼」過酷なモンゴルロケ

――そして翌06年、澤井信一郎監督の大作「蒼き狼　地果て海尽きるまで」（07）に参加されたわけですが、この話はどこから来たんですか。

紅谷　これはチンギス・ハーンの半生を描いた日本とモンゴルの合作映画で、原作は森村誠一さん、製作総指揮は角川春樹さんです。僕のところへは、角川さんがプロデューサーの岡田裕に「紅谷さん、まだ元気かな。頼みたいんだけれど」と言ったらしくて、話が来たんです。全篇モンゴル・ロケでやると聞いて、これは大変だと。最初に脚本を読んだとき、まず何で今時この映画をやるのかなという疑問がわきましたけれど、角川さんに頼まれたものだからしょうがなく参加したん

冨樫森　1960年生まれ。映画監督。フリーの助監督を経て、98年に監督デビュー。主な作品に「非・バランス」（00）、「ごめん」（02）、「鉄人28号」（05）、「天使の卵」（06）、「おしん」（13）などがある。

「天使の卵」（06年10月21日公開）。監督：冨樫森、出演：市原隼人、小西真奈美。村山由佳の小説を原作に、美大志望の浪人生が、ガールフレンドの姉である年上の女医に惹かれていく様を描いたラブストーリー。

澤井信一郎　1938〜2021。映画監督。61年、東映に入社し、マキノ雅弘に師事。81年に監督デビューし、主な作品に「野菊の墓」（81）、「Wの悲劇」（84）、「早春物語」（85）、「福沢諭吉」（91）、「時雨の記」（98）、「蒼き狼　地果て海尽きるまで」（07）などがある。

「蒼き狼　地果て海尽きるまで」（07年3月3日公開）。監督：澤井信一郎、出演：反町隆史、菊川怜。森村誠一の小説を原作に、モンゴルの英雄チンギス・ハーンの波乱に富んだ半生を、総製作費三〇億円を投じ、オール・モンゴルロケを敢行して描いた大作。

です。

――当時の資料には製作費三〇億円とありますから、かなりの大作ですよね。準備も大変だったでしょう。

紅谷　3月1日に主だった製作や宣伝の関係者、メインスタッフが招集されて、そこで角川さんの訓示があったんです。ところが6月1日にはクランクインして8月末日にクランクアップ。そして12月初旬には映画の完成を目指すスケジュールだと。そう言われて、メインスタッフからため息交じりのどよめきが起こりました。その時点では、何の準備もしていなかったんですから。長年やっている僕としたら、この映画にはモンゴル兵が乗る馬の大群をはじめ、牛や羊といった動物がたくさん出てくるから、その場所移動だけでも時間がかかって大変なはずで、モンゴルのどこで撮るか分からないけれども時間的に余裕を持ったスケジュールを組まないと移動するだけでも時間がかかり、無理だと思っていました。でもそのことはまったく検討されていなかったんです。こんなことで映画ができるのかなと。

――それでもスケジュール通りに進んでいったんですか。

紅谷　まあやるしかないということでしょうね。モンゴルには春と秋がほとんどないんです。しかも夏の時期が短い。夏が終わると急ぎ足で厳しい寒さの冬が来るので、確かに映画を撮ろうと思ったら、角川さんが言った時期にやるしかないんです。問題は、夏場の時期に全部の撮影スケジュールがうまくはまってくれるかですよ。とにかく準備の時間がないから、もうバタバタし始めて。

――まずはロケハンに行ったんですか。

紅谷　ええ。僕も同行しました。4月中旬からモンゴルに入って、ウランバートルを中心にロケハンを開始したんですけれど、東、西、南とそれぞれにロケ場所が選ばれているんですが、車で走れども走れども、砂地が広がる代わり映えしない風景が続くんですよ。たまに小さな丘があるだけでどこへ行っても同じような感じなので、あるときドライバーが道を間違えたら、キャメラマンの前田米造君が「こっちだ」と反対の方を指示して、これが見事に当たっていた。やはりキャメラマンには独特の土地勘があるんだと感心したことがありました。同じような風景だけれどドラマ的には部族ごとに違った場所に住んでいる感じを出さなくてはいけないので、いろいろな

「蒼き狼　地果て海尽きるまで」のモンゴルロケ。草原をかける騎馬隊、群衆によって巻き起こる砂塵や土埃から機材を守るため、ビニールカバーを使用。スタッフもマスクとゴーグルは欠かせない。

前田米造　1935～2021。映画キャメラマン。54年、日活に入社。72年に映画キャメラマンになり、以降は「赫い髪の女」(79)、「俺っちのウェディング」(83)、「家族ゲーム」(83)、「それから」(85)、「天と地と」(90)、「ピストルオペラ」(01)などを担当。また「お葬式」(84)から伊丹十三作品の常連キャメラマンとしても活躍した。

ところへ行きました。またウランバートルにある昔ロシア人が建てた「モンゴル・キノ」という古い撮影所で室内シーンを撮影することにしたんですが、ここを下見すると、今はほとんど使われていないんです。ウランバートルは標高一三五〇メートルで、僕らが行ったときには早朝マイナス一二度。昼と夜の寒暖差も激しいんです。そんな土地柄なのに撮影所には暖房設備もなく、セットの床が凍結しているので、建物全体が底冷えしているんです。本当にここでやるのかと、不安に感じました。また現地のモンゴルのスタッフはほとんど映画の経験がなく、TVドラマを少しやったことがある程度。特に助監督が経験不足で、撮影に入ってからスムーズにいかなかったですねえ。

――かなり前途多難な感じがしますね。

紅谷　状況的に不安が尽きないし、ロケハンも時間がなくてすべては回り切れなかったけれど、我々メインスタッフは日本でまだ準備することが山積みなので、まだロケハンを残したまま一週間ほど滞在して、4月下旬にいったん帰国したんです。

今村さんの葬儀に参列できない

――ロケハンから帰ってみたら、今村昌平監督の容態が悪いという知らせが入ったんですね。

紅谷　今村さんの次男・竑介君から電話があって、「どうも長くなさそうだから、(親父に)会ってほしい」と。それで僕は今村さんが入院していた南新宿の病院へ駆けつけました。そのとき今村さんはすでに意識がもうろうとしていて、「今村さん!」と呼びかけるとかすかに反応がありましたが、僕のことを認識できていなかったと思いますね。ずっと傍にいたかったけれど、間もなくモンゴルへ長期ロケに旅立たなくてはいけなかったですから、「本当に長い間お疲れさまでした。大変お世話になり、ありがとうございました」と心の中でお別れの挨拶をして病室を後にしましたが、どうにもやりきれなくて、涙が止まらなかったですね。

――今村さんとは助手の頃から半世紀以上のお付き合いですからね。それで再びモンゴルへ行く準備をしたわけですね。

紅谷　向こうの状況を見て、現地の機材は一切あてにできないと思ったので、全部持っていくことにしました。機材は風と砂塵対策、防振が最優先課題でしたね。向こうでの状況を考えて録音機材はアナログとデジタルの混成にし、パーツの補充が利かないことを考慮して予備も持っていく。だからプロデューサーも頭を痛めるほどの大荷物になったんです。準備している間も今村さんのことが頭から離れなくて……。

——その間、今村さんのところへお見舞いには?

今村監督とのお別れ

本当に長い間お疲れさまでした。
50数年の長い間、色々大事なことを教えていただき、ありがとうございました。
自分にとって何にもましてかけ替えのない大切なことばかりでした。
いよいよ長い旅立ちをされるのですね。
惜別の念をどうすることもできません。
遠く離れたモンゴルの地からでしかお見送りできない事をお許し下さい。
どうか安らかな旅でありますように ——
心からご冥福をお祈りしています。

合掌

2006-6-5
録音　紅谷愃一

今村監督が亡くなったときにモンゴルから今村プロに出した弔文

砂漠での撮影中に今村監督の訃報が入る。断腸の思いで帰国をあきらめた著者。

紅谷　準備に追われ、結局時間の余裕がなくて行けませんでした。それで5月22日に我々メインスタッフはモンゴルへ先発したんですが、向こうへ着いたら本隊が到着する前にロケハン、衣裳合わせ、現地の人の面接など、やるべきことが山積みでした。

――6月1日がクランクイン予定なので時間がないですね。

紅谷　25日に本隊が到着したんですが、今度は香港から到着するはずのキャメラ機材が通関に手間取ってなかなか届かず、キャメラテストもできない状況で準備が進みませんでした。追い打ちをかけるようにプロデューサーから「今年のモンゴルは異常気象で5月下旬になっても温度が上がらず、家畜の餌になる牧草の育ちが悪い。そのため馬の生育に影響が出て、調教が遅れている。だからクランクインを6月4日に遅らせたい」という発表があったんです。

――馬の大群は重要ですから、これは致し方ないですよね。

紅谷　自然には勝てませんから。そしてクランクインに向けて準備していた5月30日、最も恐れていた今村さんの訃報がＦＡＸで入ったんです。6月4日に通夜で、5日告別式だと。僕はプロデューサーに、なんとか都合をつけてとんぼ返りでもいいからいったん日本へ帰らせてくれと頼みました。でもプロデューサーは「4日の初日は、エキストラ三〇〇人を入れたモブシーンを撮るから、紅谷さんにはどうしてもいてもらいたい」と。ウランバートルと日本を往復するとどう計算しても三日かかるんです。だから断腸の思いで帰国をあきらめて、竑介君にその旨をＦＡＸで送り、何回かやり取りをしました。

モブシーン　映画や演劇で、群衆が登場する場面のこと。

澤井信一郎監督と初めての仕事

――この映画は撮影の前田米造さんや照明の矢部一男さんは紅谷さんと旧知の仲ですが、澤井監督とは初めてですよね。

紅谷　ええ、前田君も澤井監督とは初めてだったので、意思の疎通を図るために、なるべく食事は三人一緒にとるようにしていました。澤井監督はしつこく粘るタイプの人ではなくて、ある程度がんばるけれど、しょうがないと思ったら譲るところは譲る。そこは助監督経験が長いので、状況判断がきちんとできる人でした。録音部的に助かったのは、特にセリフを大事にする監督だということですね。長期ロケのために思い通りのキャスティングができなくて滑舌の悪い出演者が多くいたので、監督が朝一番に俳優を現場の片隅に呼んで、大きな声でセリフの発声練習をさせるんです。それは非常に助かりました。僕からセリフの聴こえ方に関して注文を出すと、「じゃあ、そうしましょう」と賛同してくれたし、そういう意味ではやりやすい監督でしたね。

――6月4日のクランクイン以後、撮影は順調に進みましたか。

紅谷　最初はウランバートルから東方面へロケに行ったんです。先発隊は朝六時、本体は八時に宿泊先から出発する。それでまず日本側とモンゴルのスタッフ合わせて一〇〇人以上が、あらかじめ決められた中央基地に集合するんです。そこまで行くのに一時間半ほどかかるんですけれど、この基地からさらに撮影現場まで全員で移動すると、もう昼食の時間になっていました。

――紅谷さんの不安が的中したわけですね。

紅谷　そうなんです。唯一の救いは、ケータリングで昼食を作ってくれるのが日本から来た兄弟でね。彼らの作る美味しい飯だけが楽しみでしたよ（笑）。午後になるとモンゴルも夏ですから、どんどん気温が上がって汗がにじみ出てくる。撮影用の馬や牛、ラクダや羊がいるので、ハエがものすごいんです。その中でモンゴル人のエキストラを入れて撮影をするんですけれど、この作品でチンギス・ハーンを演じる反町隆史君をはじめ、日本人の俳優は日本語でセリフを言うんですね。そこに現地の言葉が交じってはいけないから、モンゴル人の助監督は本番が始まったら私語は一切禁止するようにエキストラに指示を出していました。だから人間は静かなんだけれど、ラクダがトロンボーンのような大きな声で本番中に鳴くのには閉口しましたよ（笑）。

――初日は無事に終えられたのですか。

紅谷　ええ。天候に恵まれたこともありますが、高地だから日が暮れるのが遅い。それでわりと時間が稼げたんです。撮影が終わってホテルに戻ると、監督や前田君とチャイニーズレストランで夕食をとりました。しゃぶしゃぶを食べたんですが、薄切りにした羊の肉を冷凍にしてあるので、羊独特の嫌な臭いもなくて、野菜も豊富だし、その後も重宝して毎晩のように食べましたね。また長いロケでストレス発散のためにも大事なのがお酒。僕らがモンゴル・ウォッカと名付けた現地のウォッカは、トマトジュースとミックスすると結構いけるので、スタッフはホテル近くのスーパーマーケットへウォッカをよく買いに行っていました。

「蒼き狼　地果て海尽きるまで」の撮影現場にて。

――反町隆史さんの印象はいかがでしたか。これだけの大作を主演として背負うと、かなりプレッシャーもあったと思いますが。

紅谷　本人は緊張していたのか、最初はスタッフとあまり馴染みませんでした。現場に来ても挨拶をしないので、評判がよくなかったんです。僕らの方からも話しかけませんでしたからね。でも一〇日くらい経った頃に向こうから挨拶するようになって、親しく話すようになりました。その辺の距離感の取り方と、打ち解けるのに要する時間は人それぞれなんですが、反町君はちょっと時間がかかるタイプでしたね。

――6月は東方面のロケを主にやったわけですか。

紅谷　ええ、ただこの方面は地形の影響なのか、風と砂塵がすごいんです。そのうえ、午前中に天気がよくても、午後から雲が湧いて雷雨になることも多く、機材の保安が大変でした。また毎日動物を運んで、場を作っていかなくてはいけないので、助監督や制作部、美術部は朝早くから夜遅くまでかなり苦労していましたよ。

――ラクダ以外の動物で手を焼いたことはありますか。

紅谷　とにかくハエが多いので、馬の鼻にハエが入り込むんです。すると馬はブルブルと顔を振ってハエを追い払おうとする。このブルブルが、相当大きな音で邪魔になりました。面白かったのはね、毎朝、僕らが車で現場へ向かうとき、牛や羊、ラクダといった撮影に使う動物の群れを追い抜いていくんですけれど、6月の中頃までは痩せ細っていた動物たちが、大地が緑になって草が生え揃っていくほどに、元気になってってね。8月に入るとお腹がパンパンになっていくんですよ。それでも彼らは牧草を食べることをやめない。おそらくその先に待つ冬の厳しい自然に備えるために、できるだけ牧草を食いあさっているんですね。その変わっていく動物たちの姿を見ているだけで、大地の生気が感じられました。

――体調はいかがでしたか。

紅谷　少しは慣れましたね。何が違うと言って、標高が高いから雲なんて、手が届きそうな低いところにぽっかりと浮かんでいるんです。空の色も澄んだ青色で、それは印象的でした。でも昼夜の寒暖差は大変でしたよ。日中は半袖でいられるのに、日が傾くと急に冷え込んできて、ダウンで身をくるむ。撮影していても、日が陰りだすと一刻も早く撤収しようとみんな忙しく作業していました。真っ暗になると真の闇ですからね。7月に入ると東方面が終わって西方面のロケに入りました。その頃になると雷雨が少なくなったんですが、今度は陽光が強くなるにつれ、馬糞の強烈な臭いと、さらなるハエの大群に悩まされるようになりました。

――この映画では馬に乗って戦う場面は、モンゴルの騎馬隊に協力してもらったんですよね。

紅谷　さすがに訓練されていて、モンゴルの騎馬隊の乗馬技術は見事なものでした。隊長が号令をかけると統制がよく取れた動きで、見ていても気持ちがいいんです。あの騎馬隊の協力がなかったら、この映画は成立しなかったと思いますね。

――この頃になるとスタッフワークも、チームとしてまとまってきたんじゃないですか。

紅谷　それはありますけれど、俳優のセリフの調子がいまいち嚙み合わないのが気になりました。やはりこれは時間が足りなくて準備不足だと思うんです。澤井監督も何とかしようとセリフの練習を重ねたんですが、結局解消されないまま進んでいかざるを得ないのが残念でした。

二万人のエキストラ暴動になりかける

――大きな見せ場になるのが、二万人のエキストラを使ったチンギス・ハーンの即位式の場面ですね。この場面は、いつ撮影されたんですか。

紅谷　モンゴルでは7月11日と12日の革命記念日に、『ナーダム』という国を挙げての夏の祭典がある。このときは国民がモンゴル相撲や競馬、弓射などの競技に熱狂するんです。この一大行事が終わるのを待って、14日から16日までの三日間、南方面地区でクライマックスの即位式を撮影しました。近郊から二万人の群衆を集めて現場まで運ぶわけですから、早朝からバス数十台を使ってピストン輸送しました。

――それだけの群衆の音を録るのに、どんな準備をしたのでしょうか。

紅谷　画面に出てくる大太鼓、中太鼓、馬頭琴の音楽はあらかじめ東京で録音しておきました。その音を現場で流すために、舞台があまりにも広いので、ウランバートル市内のカラオケスタジオから五〇〇Wのアンプ三台とボックス型のスピーカー八台を調達して、場所によって音ズレがないように広い範囲にスピーカーを配置し、撮影時に大音響でプレイバックしたんです。また現

「蒼き狼　地果て海尽きるまで」。二万人のエキストラが参加した、即位式の場面。

「蒼き狼　地果て海尽きるまで」。モンゴルキノでのセット撮影が終わって、記念撮影。前列左端に筆者がいる。

場にいる群衆の歓声やざわめきなどの音を録るために、東京から応援として四班呼びました。

――二万人もの群衆を一堂に集めて、撮影は順調に進んだんですか。

紅谷　三日間やった撮影の初日に、問題が発生しました。エキストラは長時間立ちっぱなしで、しかも夏真っ盛りでしょう。汗が噴き出てくるから、水分補給は絶対条件なんです。それなのに、彼らに飲料水が行き渡っていなかった。後で分かったんですが、エキストラの手配をしていた日本人のコーディネーターが、その辺のことをまったくやらずに雲隠れしてしまったんですよ。それで午後になって群衆が騒ぎ出してね。これは暴動になってしまうかもしれないので危険だと。急遽撮影を中止してメインスタッフはホテルへ帰ってくれと言われたんですが、我々撮影隊と群衆との距離は一〇〇メートルほどあったので、差し迫った危険はないだろうと判断してしばらく情勢を見守ることにしたんです。とにかく水を確保することが先決だと、それで急いで軍隊に頼みこんで水の配給をしてもらったら、大きな騒ぎにならずに収まったんです。そんなアクシデントもありましたが、この大群衆を使ったモブシーンが三日間で撮りきれたのは、幸運でしたね。

――当時の資料を読むと、この即位式の場面だけ製作総指揮の角川春樹さんが監督したと記述しているものがあるんですが……。

紅谷　いえ、それは角川さんから監督したいという希望があったんですけれど、澤井監督は笑って取り合いませんでした。実際は、角川さんが予告篇の馬の走りの監督をしたんです。だから予告篇用に本隊と並行して馬を走らせたりしていました。

――撮影中、角川さんは何か注文をしましたか。

紅谷　特にはありませんでした。たまに撮影を見にきて、夜一緒に食事をしましたが、そのときにも別に注文はなかったです。ただ仕上げに入って音楽に少し問題があったので、ダビングをした後のチェックは細かくやっていましたけれど、最終的には任せてくれました。

――この山場を終えて撮影は終盤に入ったのでしょうが、角川さんが事前に言ったスケジュールでは、8月末日にクランクアップでしたよね。

紅谷　8月に入ると、とてもスケジュール通りに終わるのは無理だと誰もが思っていました。結局、クランクアップは二週間遅れの9月16日になりました。その前の9月の7日と8日に、いきなり雪が降ってきたときにはヒヤッとしましたね。モンゴルではもう冬の到来なのかと。でも積もるほど勢いのある雪ではなかったのですぐに消えて、ホッとしました。

――結局、撮影期間は約四カ月ですか。

紅谷　かかりましたね。さすがに疲れ果てました。日本へ帰ってきてダビングをしましたが、澤井監督からは特別な注文は出なかったです。後で聞いたらこのとき、澤井監督が胃の具合が悪くて手術する前だったそうなんです。そんなこともあってか、「紅谷さんの思い通りにやってください」ということでした。だから僕は音楽録りもしたんですが、問題のある部分があって、音楽の選曲も含めて、かなり自由にやらせてもらいました。ダビングではやはり、即位式の大群衆の声の、カットごとのバランスをとるのに苦労しました。

――この映画は翌年3月に松竹系で公開されましたが、それほど大きな話題にならなかったですね。

紅谷　準備不足のことも含めて、始める段階でいろいろな問題もありましたから。澤井監督は多くを語らなかったけれど、その責任を自分ひとりで引き受けている感じがしました。結果としては残念でした。

今村昌平監督の死

――日本へ帰ってきて、紅谷さんとしてはモンゴルに行っている間に亡くなった今村昌平さんのことが気になっていたのでは?

紅谷　そうなんです。仕事の途中では精神的につらいので、ダビングがすべて終わってから、今村さんのお宅へご挨拶に行きました。今村さんの奥さんに「肝心なときにいなくて、申し訳ありませんでした」とご挨拶して、どうしても涙があふれるのを止めることができませんでしたね。

――そこで今村さんの死を実感したんですね。

紅谷　黒澤(明)さんのときも大きな喪失感はありましたけれど、今村さんの死はもっと直にショックが大きくてね。自分が今日まで仕事ができたのは、今村さんと知り合えたからという想いが根底にあったし、僕の映画人生の半分近くは今村さんが占めているようなものでしたから。大きな柱を失って、もう何もやる気力がなくなったというのが実感でした。

――それだけ今村さんの存在が大きかったわけですね。紅谷さんにとって、今村さんのどんなところが一番魅力的でしたか。

紅谷　今村さんは人の心を包み込む大きな度量といいますか、張り詰めた厳しい撮影現場でも、いつもユーモアがあった。常に笑いを忘れなかった。これが今村組の魅力なんですね。とにかく今村さんは勉強家でした。それと人生経験が豊かでね。しゃべっても弁舌さわやかだし、何でもちゃんと教えてくれるんです。だから僕にとって親父のような存在でもあり、偉大な監督であり、師匠であり、またどこかで友だちみたいなところもある。今村さんの方が五歳年上だから、兄貴分というのがピッタリくるのかな。二人きりになって話したら、同僚みたいに胸の内を開いてくれるときもある。要はどんなときにも、どんな話をしていても面白いし勉強になるんですよ。

――監督と録音技師という関係を超えた、人間的な絆を感じていたんですね。

紅谷　決して立派なだけではないんです。人間的に面白いし、スケベなところもある（笑）。豪快なのに、繊細な部分もあって。何か人間のあらゆる要素を持っている人だと僕は思いますね。だから欠点もあるんですが、それも含めて魅力的なんです。

――紅谷さんの六〇年にわたる映画人生の中で、これだけ深く付き合った映画人はいないのでは？

紅谷　それは間違いないですね。蔵原惟繕監督とも日活時代から胸を開いて付き合ってきましたけれども、あの人はどこか自分のスタイルを崩さないから、もう一つ奥に進めないところがあるんです。今村さんの場合はすべてをぶっちゃけて、こちらに突っ込んでくる。だからこっちも本気で向き合わなくてはいけないんです。今村さんは脚本ができたらすぐに送ってくるんです。それで翌日電話がきて、会ったときに「この脚本、どうだった」と聞かれるんだけれど、ただ「面白かった」という感想ではダメなんです。具体的にどこが面白かったのか、どこがダメだったのかという意見を求めてくる。その意見を言うためには、こっちもそれなりに勉強していないといけない。そうやって互いを高め合おうとする仲間という感じもあって。

――つまり今村さんの作品をやっていないときでも、今村さんと対等に話ができるように常に勉強して、自分を磨いておかないといけないわけですね。

紅谷　それほど堅苦しいことでもないんですが、今村さんにもこいつと話していて、面白いとか楽しいと思わせたいじゃないですか。だから今村さんが気になっていることは、僕も多少は勉強しておいてね。ずっと一緒にいたい人というのは、そんなふうに思わせてくれる人だと思うんですよ。僕の人生にとっては、今村さんと出会えたこと自体がかけがえのない大きな財産でした。

——そんな今村監督が亡くなられたので、仕事を続けていくモチベーションも下がっていったわけですね。

紅谷　それは大いにあります。今村さんの死を境に、自分も七五歳近くになって、ずっと現役を続けるわけにはいかないだろうと。めっきり体力、気力ともに衰えを感じるようになったし、もう年貢の納めどきかもしれない。これまで仕事も思う存分やってきましたからね……。そんなときに小泉堯史監督から「明日への遺言」（08）の話が来たんです。その脚本を読んでタイトルを見たときに、この作品をもって、自分の映画録音人生の終わりにしようと、密かに思い始めたんです。

「明日への遺言」で映画人生を終える……

——「明日への遺言」は、大岡昇平さんの小説『ながい旅』を映画化したものですね。第二次世界大戦中、東海軍司令官だった岡田資陸軍中将を主人公に、戦後になって彼がB級戦犯として横浜法廷で裁かれる法廷闘争を描いている。「法戦」と称してこの裁判に臨んでいく岡田中将を藤田まことさん、その妻を富司純子さんが演じましたが、映画の大半は裁判を描いた法廷劇ですね。

紅谷　映画の八〇％以上が横浜法廷の場面なんです。実際の横浜裁判所は残っていたのですが、小泉監督はそこで撮影をする気はまったくなかった。というのも小泉組の場合、三キャメラを同時に長廻ししますし、しかも望遠レンズを使って撮影するのでキャメラの〝引き尻〟の場所を確保しなくてはいけない。それを考えると、実際の裁判所ではスペース的に問題があるんです。ですから東宝スタジオでも一番広い、第八ステージに法廷のセットを組んで撮影することになりました。

法廷内の裁判官側の後ろの壁と、傍聴席の後ろの壁を可動式にして簡単に動かせるように造っておいて、一つのシーンでまず裁判官側の壁を移動させてそこから三キャメラで長廻しをして、次に切り返して傍聴席側の壁を動かして同じように一シーン一カットで撮る。そうすると、最低

「明日への遺言」（08年3月1日公開）。監督：小泉堯史、出演：藤田まこと、ロバート・レッサー。原作は大岡昇平の『ながい旅』。第二次世界大戦中、米軍兵士を処刑した罪に問われ、B級戦犯として裁かれることになった元東海軍司令官・岡田資中将が、〝法戦〟として裁判を戦っていく様を描いている。

引き尻　映画撮影時に、被写体を狙うカメラが後ろまで下がれる最終的な位置のこと。望遠レンズを使った場合、十分な引き尻までの距離がないと、被写体をフルサイズで収めることが難しい。「明日への遺言」では、実際の法廷だと引き尻の距離をとることができないため、セットを建てることにした。

六カットが撮れるので、撮影はスムーズに進んでいきました。
――法廷では、史実とは違って出廷者がヘッドフォンを付けて、同時通訳の声がそこから聞こえるようにしたそうですが。

紅谷　実際の横浜法廷での軍事裁判では、その場にいた通訳者が英語から日本語、日本語から英語に通訳していたそうですが、それを映画でやっていたのでは時間がかかる。それで事実とは違うけれど映画的な処理として、東京裁判と同じ同時通訳システムで描いていくことになったんです。傍聴席の右後方に二人の通訳が入れる防音のブースを作って、二カ国語で同時通訳し、俳優たちの付けているヘッドフォンに声を送るという方法をとりました。大変だったのは傍聴席の四八個のヘッドフォンです。リハーサルのときにも多少の音漏れはあったんですが、これはヘッドフォンの片側に組み込んだ、イヤフォンの音量を個々に抑えるしかなかった。ところが始まってみると、ものすごく音漏れが多いんですよ。みんな通訳の声を大きく聞こうと思って、自分勝手にボリュームを上げるので。小泉組はテストが少ないから、音漏れの犯人を捜すのが大変でしたよ（笑）。

――検察官役でフレッド・マックィーン、弁護人役でロバート・レッサー、裁判長役でリチャード・ニールと、アメリカ人俳優が重要な役で出ています。

　さすがに6月2日の撮影初日は、みんな緊張しているようでした。ハリウッドでも長廻しの撮影はあると思いますが、長い一シーンを三台のキャメラを使って本番二回で終わるというのは、やはり気が抜けない撮影現場だったと思います。でも彼らはどんなに長いシーンでも最初からセリフが頭に入っていたし、陽気で明るくてね。日本側のスタッフともすぐに馴染んで、いい雰囲気の中で仕事ができました。特にフレッド・マックィーンとはすぐに親しくなりましたね。僕は何度も海外で仕事をしてきたし、いろいろな国の俳優と出会いましたけれど、彼らの仕事ぶりを見ていると映画に国境はないと改めて感じました。

――藤田さんは、セリフの量も多いし、難しい役だったと思いますが。

紅谷　しかも同じ芝居を、長廻しで毎回二回やるわけですからね。撮影が進むにつれ、目に見えて気力と体力が持たなくてしんどくなってくる。当時藤田さんは僕より二つ下ですから七二歳。年齢的にもセリフの分量の多さは、かなり堪えたようです。ただ無駄な芝居を一切しないで岡田中将になりきった芝居は見事でした。

——富司純子さんが、藤田さんの奥さん役で出演されています。本篇中では傍聴席で法廷を見つめているだけなので、まったくセリフがない。富司さんはナレーションも担当されていますよね。

紅谷　あのナレーションは、普通はアフレコでやるんですが、今回はそのシーンの撮影が終わったあとすぐに現場で録ったんです。その方が感情的につながると思ったので。だから最初に、富司さんにお願いしにいきましたが、彼女は納得して気持ちよく「やります」と言ってくれました。富司さんのナレーションだけオンリーで録ったんです。みんなが見ている前でやるので富司さんも相当プレッシャーがあったと思いますけれど、毎回見事にやってくれて、出演者から拍手喝采を受けていましたよ。このナレーションに関しては、念のために後からアフレコでも録ってみたんです。でも撮影現場で録ったものの方が明らかによかった。気持ちの入り方が全然違っていました。自分の夫に対するそのときの想いが、自然とナレーションに込められているんです。僕は今村昌平さんのところでずっと同時録音をやってきたから、その場で録ったものを活かした方がいいと思っている。だからこういうやり方をしたんですけれど、効果はあったと思います。

——ほかに音に関して気を使われた箇所は？

紅谷　その日の法廷が始まるときに、検察官や弁護人、裁判長などが入廷してくる。すると彼らの歩く靴音が、法廷内に響くんです。靴で歩くコツコツという硬質な音の響かせ方で、法廷の空間を表現しようとしました。また例えば、検察官と岡田中将の、裁く人と裁かれる人との距離感もセリフの響き方を変えることによって表そうとしたんです。

——その効果は出ていたと思います。

紅谷　それと画のサイズに合わせて空間の響きをカットごとに微妙に変えていったんですが、これは小泉監督があまり乗り気ではなく、却下されました。どの作品でもダビングのとき、セリフ、効果音、音楽などのことで、監督と録音担当者がときには半日くらい時間をかけてディスカッションする場合もあるんです。これが結構楽しいときもありますが、当たり前のことですが、概ね監督が譲ることはないですね（笑）。この「明日への遺言」のダビングの大ラストに主題歌が入るんですが、その歌を聴きながら音を調整するフェーダーを握る手に思わず力が入りましたね。これで長かった映画録音人生が終わる……。長年このわがままな小生を支えていただいた大勢の方々に心の中で深く感謝の念をこめて、エンドマークが出ると同時にゆっくりと音をフェイドア

「明日への遺言」。起訴状を読み上げるバーネット主任検察官役のフレッド・マックィーン。後方に見える藤田まことを含め、俳優たちはヘッドフォンを付けながら演技をした。

ウトしていきました。

わが映画人生に悔いなし

――大映京都撮影所に入ってからここまでご自分の映画人生を振り返っていただきましたが、どんな想いが去来しますか。

紅谷 好きなことをやってきたという想いはあります。しんどい仕事が多かっただけに人様に迷惑をかけたことも多々あったと思いますが、なんとか結果も残せましたし、これでよかったという満足感はあります。今村さんとの仕事を最後までやりおおせたことで悔いはないです。一つ悔いが残っているとすれば、黒澤明監督の最後の作品となった「まあだだよ」(93)を、依頼されながらも担当できなかったことです。ただこれは、結果として幻になった今村さんの「新宿桜幻想」の撮影時期と重なっていたので、僕としてはどうしても今村さんを優先させるしかなかった。だから納得はしているんです。

――長年映画の録音に携わってきましたが、作品に臨むとき、自分で大事にしていたことは何ですか。

紅谷 それぞれ出来のいい悪いはあるだろうけれど、自分が担当したどの作品にも愛着があります。作品に臨むときにまず思ったことは、演出家の想いを汲み取って、その映画をどのように理解していくかということでした。それで、まず脚本を読みますよね。するとここはこうしたいとか、自分なりの狙いやアイデアが湧き上がる。でもロケハンに行ってみたら、脚本を読んだときのイメージと様子が違っている場合もある。それに対応して方法論や、アイデアそのものを変えていく。現場で日々音を録りながら、今度は仕上げのときにどうやって音作りをしていくかを考える。そこでまた、ロケハンで思っていたこととは違うものが浮かんでくる。撮影が終わってラッシュを見ると、また音に関する考えが変わっていくときもある。つまりその都度、自分の考えを変えられるだけの度量を持たないといけないと思うんです。現場で苦労して音を録ったり、ある狙いを持って作った音であっても、作品にとって何が一番いいのかを考えて、どんなに気に入った音であってもあるときは捨てる勇気を持つことも必要だと思います。

――映画は、企画、脚本、撮影、仕上げでどんどん変化していくもので、その変化にどれだけ対応できるかが、録音技師としては重要だと？

紅谷　そう思いますね。一つのやり方に凝り固まっていてはいけない。今村さんも、映画の作り方は一つじゃない、いろいろなことができるんだといつも言っていましたから。今村さん自身、ロケーションでの同時録音が一般的じゃない時代から苦労して同時録音をやっていたし、隠し撮

「明日への遺言」。録音デスクで藤田まこと（右）と台詞の打ち合わせをする筆者。

「明日への遺言」。東宝第八スタジオに建てられた横浜法廷のセットにて。右から筆者、撮影の上田正治、小泉堯史監督。

りやドキュメンタリー・タッチの映像と音を作品の中に活かして、今までにない映画を作ろうとしていたこともありました。

そういう今村さんの世界を、音としてどうすれば効果的に録れるのか。それには現場で録った音はもちろんですが、フレームの外側にある現実音を考えて、想像力を働かせることも必要なんです。ラッシュを見ながら、どんな現実音を効果音として入れ込むか、どんな音楽がそこに入ってくるのかを想像する。効果音は心象風景などの場合、うまく使うと音楽以上にドラマチックな処理をできることがあるんです。それらが一つになることで、映画全体の音が生まれていくんです。

――作品全体のサウンドデザインを想像するにも、演出家の意図を読み込むことが必要なんですね。

紅谷　自分の感覚だけで音を付けても、監督の意に沿っていなかったら結果的に映画のプラスにはなりません。想像力というのは、演出家の気持ちを読み込むことも含めてのことなんです。僕と今村（昌平）さんの場合、自分がやりたいことと、今村さんが狙おうとしていることがうまく呼応していたのかもしれません。そういう監督と出会えたことは、幸せだったと思うんです。

――紅谷さんが持っているアイデアや感覚を、今村さんは必要としたでしょうが、今村さんによって引き出されたとも言えますか。

紅谷　そう思いますね。今村さんとの仕事ではそれが大きかったです。そういう意味では、黒澤明監督とも良好な関係が築けたと思います。こうして振り返ってみると、今村さんを筆頭に、黒澤さんや蔵原惟繕さん、あるいは石原裕次郎さん、高倉健さんといった素晴らしい人たちと出会えたことが、僕の映画人生にとって大きな財産だったと思うんです。

――紅谷さんの映画人生を振り返ると、最初は大映京都撮影所から始まって、戦後に映画製作を再開した日活撮影所に移籍し、独立してからは日本映画史に残る話題作・大作の現場で活躍していった。その軌跡は、まさに生きた戦後の日本映画史だったと思います。映画の音がどのように生まれ、忘れられない人との出会いがどんな作品を作り出していったのか。一つひとつのエピソードが、とても印象深いものでした。貴重なお話を長い間聞かせていただき、ありがとうございました。

「明日への遺言」のクランクアップ記念写真。

映画録音技師、紅谷愃一さんの本ができるまで

金澤　誠

映画の録音技師・紅谷愃一さんの仕事ぶりを実際に観たのは、「鉄道員（ぽっぽや）」（99）の現場が最初だった。この現場では主演の高倉健さん、降旗康男監督を中心に、二人のスタッフが特に印象的だった。一人は撮影の木村大作さん、もう一人が録音の紅谷さんである。木村さんには大声でスタッフたちに号令をかけながら現場を動かしていく〝動〟のエネルギーを感じ、常に録音ベースで機材の前に座って、ヘッドフォンで微細な音も聞き逃さないようにしている紅谷さんには〝静〟の迫力があった。「鉄道員（ぽっぽや）」では根室本線の幾寅駅を、原作の幌舞駅に見立てて撮影が行われたが、少し高台にある駅のホームに立つと、周りには人家がなく、非常に抜けがいい冬景色が広がっていた。ところがはるか遠くの山にスキー場が見えて、ここからかすかに音楽が流れてきた。この音が、撮影本番間際になるとピタリと止まる。同時録音にこだわる紅谷さんは、少しの雑音も現場に入れたくないため、制作担当の人間をスキー場に派遣し、本番のたびにスキー場の音楽を止めさせていたのだ。そのこと一つとっても音に対する厳しさを感じて、印象に残った。

この現場で紅谷さんと知り合ってから、小泉堯史監督の「雨あがる」（00）など、現場で会うと紅谷さんと話すようになった。同時に紅谷さんが担当した映画を音に注目して観ると、四季の移ろいを表現する虫や動物の声、作品の時代性を出す汽車や自動車の疾走音、効果音や音楽の挿入の仕方まで、映画全体の音をサウンドデザインしていることがわかってきた。かつて亡くなった映画評論家・淀川長治さんと話したときに、淀川さんは『映画は科学技術と共に歩んできた芸術です』と言っていたが、映画は最初に動く画を撮る映像に始まり、次にサイレントからセリフを録音するトーキーによって音を手にした。そういう意味でも画と音は、映画の根幹をなす科学技術の二大要素なのである。

その音を録音し、作品にとって最大限の効果を上げる職人として、紅谷さんは60年の映画人生を歩んできた。大映京都撮影所での助手時代に体験した黒澤明監督の「羅生門」（50）の現場に始まり、日活へ移籍してからはトップスターの石原裕次郎、監督デビュー作から遺作まで共に映画作りをしていった今村昌平監督、

代表作の多くでコンビを組んだ蔵原惟繕監督といった人々との出会いを経て、70年代からは角川映画や「太陽を盗んだ男」(79)、「セーラー服と機関銃」(81)などの話題作にも参加。さらに「夢」(90)、「八月の狂詩曲」(91)で晩年の黒澤明作品にもかかわり、俳優では「野性の証明」(78)から「鉄道員(ぽっぽや)」まで、高倉健の主演作を7本担当している。日本映画史にとって重要な作品の現場を、紅谷さんは数多く経験してきた。そのお話を聞くことは個人的にも興味があったし、各々の現場で作品を生み出すために、映画人がどのような在り様だったのかを証言してもらうことは、意義のあることだとひそかに思っていた。

この本は、私とキネマ旬報社の編集者・前野裕一君が二人三脚で企画した取材内容が元になっている、二冊目の映画人の聞き書き本である。最初の本は、「鉄道員(ぽっぽや)」の現場で親しくなった木村大作さんの約半世紀にわたる映画人生を記した『誰かが行かねば、道はできない』(キネマ旬報社・刊)である。その第二弾として聞き書きをする相手は、紅谷さんしかないと前野君と話し合ったのは、もう七年ほど前。そこから紅谷さんの取材を始めたのが六年前の12月末。毎月一度か二度、紅谷さんと会って二時間弱のお話を伺った。取材期間は一年二カ月ほどに及んだが、当時八〇代後半の紅谷さんは精力的に、各作品の撮影状況を事細かに語ってくれた。現場を離れた紅谷さんは、これが自分の最後の仕事だといつもおっしゃっていた。この聞き書きは最初、『キネマ旬報』誌に連載の形で掲載され、それを加筆・訂正したものが今回の本である。紅谷愃一の映画人生を、こうして本の形で残すことができて、正直ほっとしている。やっと紅谷さんに、最後の仕事を終えて『ご苦労様でした』と言えるからだ。何よりも知られざるエピソードを含めて、その内容が面白い。読者の方には、六〇年にわたる『紅谷愃一』という一本の映画を観るつもりで、この本を楽しんでいただけると嬉しい。

あとがき

１９４９年大映京都撮影所録音部入社、１９５４年日活撮影所へ移籍、そしてフリーとして約六〇年間映画界にお世話になりました。

十数年前にキネマ旬報社の前野裕一さんから、私の映画人生を連載したいとのお話があり、映画ライターの金澤誠さんと前野さんから二十数回にわたり取材をしていただき、２０１８年7月上旬号から２０２１年8月上旬号までキネマ旬報誌に連載されました。

映画録音という一般の人々に分かりにくい仕事の一端を、少しでもご理解いただけたらとの想いで、撮影現場の苦労話を伝えたつもりです。

金澤さんと前野さんには大変お世話になり、ありがとうございました。厚く御礼申しあげます。

連載が終わって数カ月、幸運にも青文舎の西垣成雄さんのご協力と金澤誠さんのお力添えがあり、単行本として河出書房新社から出版できることになりました。河出書房新社の岩本太一さんにも厚く御礼申しあげます。

出版にあたってはキネマ旬報に連載した原稿を再編集し、若干加筆しました。

人との出会いから映画作りが始まる。多くの素晴らしい人々との出会いは何ものにも代えがたい大きな財産であり、この仕事に長くかかわってきたことを誇りに思います。

それから文中に登場していただいた方々、その出会いを作ってくれた多くの作品にもお礼を申しあげます。わがままな私を支えていただいた多くの方々、惜しみないご協力をいただいたみなさま、本当にありがとうございました。

２０２２年1月30日

紅谷　愃一

紅谷愃一　略歴

1931（昭和6）年6月7日　京都市中京区油小路四条藤本町に生まれる
1944年3月　京都市立第一工業学校　電気科　入学
1949年3月　同校　卒業
1949年7月　大映京都撮影所　録音課　入社
1954年4月　同社　退社
1954年5月　日活東京撮影所　録音課　入社
1980年10月　同社　退社　フリーになり現在に至る

主な担当作品と受賞歴（年度は、実際に筆者が作品を担当した年）

1965年　牛原陽一監督「三匹の野良犬」で録音技師昇進第一回作品
1965年　「愛の渇き」　蔵原惟繕監督
1966年　『エロ事師』より　人類学入門」　今村昌平監督
1967年　「人間蒸発」　今村昌平監督
1968年　「黒部の太陽」　熊井啓監督
「第23回毎日映画コンクール　録音賞」受賞
1968年　「神々の深き欲望」　今村昌平監督
1969年　「栄光への5000キロ」　蔵原惟繕監督
1977年　「人間の証明」　佐藤純弥監督
1979年　「太陽を盗んだ男」　長谷川和彦監督
1980年　「復活の日」　深作欣二監督
「第4回日本アカデミー賞　最優秀録音賞」受賞

「第35回毎日映画コンクール　録音賞」受賞

「第34回日本映画テレビ技術協会　技術賞」受賞

1981年　「セーラー服と機関銃」　相米慎二監督

1981年　「海峡」　森谷司郎監督

「第6回日本アカデミー賞　最優秀録音賞」受賞

「第36回日本映画テレビ技術協会　技術賞」受賞

1982年　「楢山節考」　今村昌平監督

「第7回日本アカデミー賞　最優秀録音賞」受賞

1983年　「南極物語」　蔵原惟繕監督

「第38回毎日映画コンクール　録音賞」受賞

1984年　「海燕ジョーの軌跡」　藤田敏八監督

「第30回アジア太平洋映画祭　最優秀録音賞」受賞

1985年　「夜叉」　降旗康男監督

1988年　「黒い雨」　今村昌平監督

1989年　「夢」　黒澤明監督

「アメリカ・ゴールデン・リール賞　録音賞」受賞

1990年　「八月の狂詩曲」　黒澤明監督

「第15回日本アカデミー賞　最優秀録音賞」受賞

1996年　「うなぎ」　今村昌平監督

「第51回日本映画テレビ技術協会　技術賞」受賞

「1995年日本映画批評家大賞　特別賞」受賞

1999年　「鉄道員（ぽっぽや）」　降旗康男監督

「第23回日本アカデミー賞　最優秀録音賞」受賞

1999年　「雨あがる」　小泉堯史監督

2000年　「赤い橋の下のぬるい水」　今村昌平監督

2006年　「蒼き狼」　澤井信一郎監督

2010年　「旭日小綬章」受勲

2014年　「第7回日本映画テレビ技術協会　栄誉賞」受賞

2018年　「第41回日本アカデミー賞　会長功労賞」受賞

「第63回『映画の日』映団連特別功労賞」受賞

著者略歴

紅谷愃一（べにたに・けんいち）

１９３１年京都市生まれ。大映京都撮影所、日活撮影所を経て、１９８０年からフリーとなる。主に今村昌平監督作品を手掛け、「黒部の太陽」「楢山節考」「南極物語」などで多くの録音賞を受賞（著者の主な担当作品と受賞歴に詳記）。

取材・文

金澤　誠

１９６１年、青森県生まれ。映画ライター。これまで１万人近い映画人を取材し、日本映画の現場をレポート。その中にはこの本で取り上げた黒澤明監督、今村昌平監督、高倉健も含まれる。著書に『誰かが行かねば、道はできない―木村大作と映画の映像―』（木村大作と共著、キネマ旬報社）、『徳間康快』（文化通信社）があり、構成・文を担当した書籍に『映画道楽』『新・映画道楽　ちょい町哀歌〈エレジー〉』（ともに著者は鈴木敏夫・角川文庫）がある。

音が語る、日本映画の黄金時代
映画録音技師の撮影現場60年

２０２２年２月18日　初版印刷
２０２２年２月28日　初版発行

著　者　紅谷愃一
発行者　小野寺優
発行所　株式会社河出書房新社
〒１５１・００５１
東京都渋谷区千駄ヶ谷２・32・２
電話　０３・３４０４・１２０１（営業）
　　　０３・３４０４・８６１１（編集）
https://www.kawade.co.jp/

装丁・ＤＴＰ　若菜　啓
編集・制作　青文舎（西垣成雄　宮崎守正）
編集協力　田中智沙
印　刷　モリモト印刷株式会社
製　本　小泉製本株式会社

Printed in Japan
ISBN 978-4-309-29186-4